敦煌与丝绸之路石窟艺术丛书编委会

主　编　郑炳林

副主编　魏迎春　张善庆

编　委　马　德　王惠民　宁　强　孙晓峰

　　　　张元林　张善庆　张景峰　沙武田

　　　　罗世平　苗利辉　郑炳林　姚崇新

　　　　徐永明　谢继胜　魏文斌　魏迎春

兰州大学人文社会科学类高水平著作出版经费资助

兰州大学中央高校基本科研业务费专项资金重点研究基地项目『敦煌与丝绸之路历史文化』（2023jbkyjd001）

国家社科基金冷门绝学研究专项学术团队项目『敦煌河西碑铭与河西史研究』（21VJXT002）

国家社会科学基金一般项目『须弥山石窟研究』（21BZS107）

须弥山

北朝石窟研究

郑炳林　主编

王艳　著

敦煌与丝绸之路石窟艺术丛书·第二辑

读者出版传媒股份有限公司

甘肃教育出版社

图书在版编目（CIP）数据

须弥山北朝石窟研究 / 王艳著. -- 兰州：甘肃教育出版社，2023.9
（敦煌与丝绸之路石窟艺术丛书 / 郑炳林主编. 第二辑）
ISBN 978-7-5423-5576-8

Ⅰ.①须… Ⅱ.①王… Ⅲ.①石窟－研究－固原－北朝时代 Ⅳ.①K879.294

中国国家版本馆CIP数据核字(2023)第097621号

须弥山北朝石窟研究

郑炳林　主编　王　艳　著

策　　划　薛英昭　孙宝岩
项目负责　孙宝岩
责任编辑　秦才郎加
封面设计　张小乐

出　　版　甘肃教育出版社
社　　址　兰州市读者大道568号　730030
电　　话　0931-8436489（编辑部）　0931-8773056（发行部）
传　　真　0931-8435009

发　　行　甘肃教育出版社　　印　刷　兰州新华印刷厂
开　　本　787毫米×1092毫米　1/16　印　张　31.25　插　页　2　字　数　448千
版　　次　2023年9月第1版
印　　次　2023年9月第1次印刷
书　　号　ISBN 978-7-5423-5576-8　　定　价　108.00元

总　序

　　丝绸之路是中西文明交流的永恒通途，也是连接中外的一条艺术之路。西域地区的音乐舞蹈、佛教艺术都是通过这条道路传入中原的。隋代"九部乐"、唐代"十部乐"中的西凉、高昌、龟兹、疏勒、康国、安国、天竺等风格的乐舞都来自西域地区，也都是通过这条路线进入中原地区的，特别是"西凉乐"，就是"龟兹乐"与传入河西的中原古乐融合之后形成的一种乐曲。佛教壁画艺术和雕塑艺术通过丝绸之路进入中原，形成自己的特色后又回传到河西及西域地区。丝绸之路石窟众多，各有特色，著名的有麦积山石窟、北石窟、南石窟、大像山石窟、水帘洞石窟、炳灵寺石窟、天梯山石窟、马蹄寺石窟、金塔寺石窟、文殊山石窟、榆林窟、莫高窟、西千佛洞等。祆教艺术通过粟特人的墓葬石刻被保留了下来，沿着丝绸之路和粟特人聚落分布于古代天水、长安等商贸城市。体现中原文化特色的墓葬壁画艺术，也分布于丝绸之路上的河西走廊沿线和吐鲁番地区。文化的交融和碰撞通过艺术内容和风格充分体现出来，所以将丝绸之路称为"艺术之路"一点也不为过，反而更能体现出它的特色。

　　丝绸之路沿线星罗棋布地分散着大大小小的石窟殿堂，让人叹为观止。丝绸之路把古代印度地区，中亚地区，我国的新疆地区、甘青宁地区、中原地区、东北地区乃至朝鲜半岛和日本，都串联了起来。如果说石窟殿堂是耀眼的珍珠，那么丝绸之路就像一条线，经过它的串接，亚欧大陆的颈项上出现了一副华美的璎珞，耀眼而又迷人。百年以来，丝绸之路及其沿线的石窟殿堂以其独特的气质和魅力，吸引着来自世界各地一代又一代的学者，前赴后继，投身于相关的研究领域。

敦煌与丝绸之路石窟艺术是教育部人文社科重点研究基地——兰州大学敦煌学研究所多年来研究的主要内容。30 多年来，我们不但有一批专家持之以恒地进行石窟考古和石窟艺术研究，同时我们还培养了一批从事石窟艺术研究的博士、硕士研究生和留学生，他们在这个领域作出了卓越的贡献。1980 年，我们创办了敦煌学专业刊物《敦煌学辑刊》，截至 2015 年年底已经发行了 90 期，石窟艺术研究专栏连同敦煌文献研究、敦煌历史地理研究等板块共同构成了刊物内容的主体，已然成为国内石窟艺术研究成果发布的重要平台。2008 年，沙武田的博士学位论文《敦煌画稿研究》获得该年度全国百篇优秀博士学位论文提名奖；《吐蕃统治时期敦煌石窟研究》进入"国家哲学社会科学成果文库"。与此同时，为了进一步对敦煌与丝绸之路石窟艺术研究进行梳理和总结，兰州大学敦煌学研究所启动了"丝绸之路石窟研究文库"项目。其中《天水麦积山石窟研究论文集》《永靖炳灵寺石窟研究论文集》和《河西陇右石窟研究论文集》已经陆续出版，龟兹地区和陕西地区石窟研究论文集正在收集、整理过程之中。这种工作虽然耗费人力和物力，但若能对学界研究有所裨益，也是我们最大的荣光。

结合目前学术研究动态，兰州大学敦煌学研究所启动了"敦煌与丝绸之路石窟艺术"丛书项目，研究内容涵盖丝路沿线的大部分石窟，既有石窟群整体性研究，又有石窟个案研究；一方面多层次地透视丝绸之路石窟艺术文化的博大精深，另一方面紧抓学术研究前沿，集中体现了未来丝绸之路石窟艺术研究的方向。

一、石窟艺术专题研究

学界在过去 50 多年中进行了大量基础的测绘调查和壁画内容考释，这种研究基本上是以单个题材壁画为重点，按照时间顺序或者空间划分来对某种特定题材进行考察。这项研究是基础。无数前辈已经为我们做出了榜样。本套丛书中的《敦煌石窟彩塑艺术概论》则是一个新的案例。该书以敦煌石窟彩塑为主要研究对象，同时涉及中国其他石窟的雕塑。其结合洞窟建筑、壁画，以时代为线索，展示出了敦煌石窟彩塑独特的艺术魅力。此类研究还包括《敦煌石窟中的少数民族服饰研究》《敦煌藏经洞出土绘画品研究史》《敦煌隋代石窟壁画样式与题材研究》《北周石窟造像研究》等。

二、石窟艺术与社会历史研究

石窟艺术与社会历史研究丝丝相扣。对于敦煌石窟而言，藏经洞出土的敦煌遗书，包括记录敦煌社会开窟造像的功德记、敦煌历史人物的邈真赞等，都是不可或缺的研究材料。史苇湘先生《敦煌社会历史与莫高窟艺术》提出敦煌本土文化论和石窟皆史论，成功运用艺术社会学方法研究敦煌石窟，这种研究方法意在最大程度地把莫高窟考古资料和藏经洞遗书结合起来，还原敦煌社会历史。本套丛书中的《敦煌阴氏与莫高窟研究》就是运用石窟与文献相结合的方法，在石窟营建史的背景下对阴氏家族开凿或参与开凿的 7 个洞窟进行全面研究，从而分析阴家窟所反映出来的佛教思想、佛教功能以及社会和艺术功能。

三、佛教洞窟与寺院仪轨的综合研究

丝绸之路佛教寺院中的壁画造像题材，不同于博物馆藏品，它没有像藏品一样脱离原来的空间关系。这就为学者通过壁画造像所在的空间位置探索古代佛教仪轨提供了可能。本套丛书中的《麦积山石窟初期洞窟调查与研究》《马蹄寺石窟群汉传佛教图像研究》《陇东北朝佛教造像研究》等主要研究对象集中于甘肃北朝洞窟，其综合造像内容、佛教经典以及中古时期寺院仪轨，系统地阐释了图像与寺院生活的密切关系。这一研究方向是未来石窟艺术研究方向之一。

四、洞窟个案研究

专题性研究是基础，不过其弊端也清晰可见。这种研究割裂了一个洞窟之中壁画和壁画、壁画和塑像之间的互动关系。而实际上所有的造像题材都是一个有机的整体，它们共同诠释了主尊乃至整个洞窟的造像设计理念，同时也反映了洞窟背后的历史信息。因此，我们在过去数十年工作的基础上，将某一特定洞窟的诸种壁画造像题材作为一个整体进行研究，这也是未来丝绸之路佛教艺术研究的大势。本套丛书就包含了莫高窟第 61 窟、第 100 窟、第 454 窟、第 98 窟，麦积山石窟第 127 窟以及瓜州榆林窟第 25 窟的个案研究。这些成果选取特定历史时期极富代表性的洞窟作为研究对象，全面透视洞窟设计理念，深层次构建了石窟艺术发展史。

五、特定历史时期特定区域图像的普查与研究

随着新资料的不断公布以及学者对洞窟历史背景认识的加深，部分特定阶段的佛教洞窟研究有待再探讨。本套丛书中的《敦煌十六国至隋石窟艺术》《川北佛教石窟和摩崖造像研究》和《吐蕃统治时期敦煌密教研究》即属于此类。以敦煌为例，学者们认为，敦煌石窟的晚期，由于西藏后弘期佛教的兴起和广泛流传，敦煌石窟营造被推进到了一个崭新的时期。目前随着藏语文献的整理和藏学研究队伍的壮大，学界对敦煌中唐到元代的历史有了更深的认识，原来对敦煌藏传佛教艺术的认知需要重

新架构。如本套丛书中的《吐蕃统治时期敦煌密教研究》就对相关问题做了探讨，整理了与吐蕃统治敦煌时期密教有关的大量文献与图像资料，对汉藏文献以及图像做了初步的分类与对比；讨论了吐蕃占领时期敦煌密教与其他信仰的关系；总结了中唐密教在整个敦煌密教发展史上的里程碑意义。

本套丛书以丝路沿线石窟整体为研究对象，既注重梳理其内在的逻辑关系，又注重对个别石窟的重点探究，以开放的、广阔的研究视野，重新审视西到龟兹，东到天水、西安，西南到川北的石窟寺遗址，探索石窟艺术风格的发展演变。

本套丛书主要汇集了兰州大学敦煌学研究所近年在敦煌与丝绸之路研究方面的最新成果，希望借此出版机会倾听学界的批评和指正。

郑炳林

2015 年 12 月

序

　　王艳博士的博士论文即将出版，这是须弥山石窟研究的又一部学术著作，从论文的选题到研究，再到现在付之印刷，经过了近八年的时间。

　　固原北魏时置原州，之后很长时间都称原州。该地在六盘山西，与甘肃陇东地区属同一地域。秦汉以前就是少数民族聚居之地。汉代以来，随着汉王朝对该地区的有效统治，成为民族融合之地，铸就了该地区文化的多样性。北朝至隋唐时期，随着丝绸之路的畅通，原州成为粟特人的聚居地之一，使得该地域又呈现出东西方文化并呈的样貌。佛教传入中国后，在北朝时期该地区兴起了石窟寺的营建，据文物调查资料和考古发现显示，固原地区保存有数量众多的北朝至明清时期的石窟寺，以及大量的金石类佛教造像，使该地又出现浓厚的佛教文化氛围，甚至像雷公庙北魏墓葬出现了佛教因素的图像。须弥山石窟就是该地区规模最大、价值最高的遗存。该石窟寺的开凿，使得原州城乡聚落、墓葬和精神信仰的石窟寺三者产生了空间上的统一性，成为古代原州地区城寺墓相互关联的整体。王艳博士在第一章第一、二节对之做了很好的梳理，相关的地理环境、历史背景和佛教文化基础是须弥山石窟研究必不可少的。

　　具有佛教性质的石窟寺,又是以佛教圣山为名的石窟寺,须弥山石窟是典型的代表,其他也有如文殊山、麦积山等以及众多的千佛洞,虽也是中国佛教的圣地,但皆不如须弥山之名更接近佛教发源地印度。须弥山梵语 Sumeru,又译为苏迷嚧、苏迷卢山、弥楼山,意思是宝山、妙高山,又名妙光山。须弥山为古印度神话中位于世界中心的山,须弥山位于一小世界的中央,山顶有三十三天宫,为帝释天所居住之处。《长阿含经》《起世因本经》等均描绘了该山的广大。据《阿毗昙论》卷二"数量品"记载,以须弥山为中心,外围有八大山、八大海顺次环绕,这不由得使我们联想到中国须弥山石窟的构成,即由南往北连绵两千米自然形成的八座山峰上由大佛楼区、子孙宫区、圆光寺区、相国寺区、桃花洞区、松树洼区、三个窑区和黑石沟区八大区域组成。这些石窟寺分布的区域基本上都位于不同的山崖上,并多位于山腰的位置。须弥山石窟之名则名副其实,显示了其宽广的空间分布及对于佛教圣山的崇拜。该石窟寺总体的分布及各时代在空间上的布局,具有独特的意匠。《固原州志》载须弥山曰:"重垣峭壁,静可参禅"。《靖远卫志》曰:"其境幽地寂,可修戒定"。均道出须弥山石窟所处环境的幽静及适合禅修、戒定、礼拜的功能,这与中原北方地区早期石窟寺的功能即具有禅定修行的特征相符。

　　王艳在考上兰州大学敦煌学研究所的博士生时,我即与她商议选择须弥山石窟的北朝洞窟进行研究,尤其要关注洞窟之间的组合关系与空间特征。最终确定的题目为"须弥山北朝石窟研究"。以北朝石窟为主要研究对象,原因是须弥山石窟作为一处大型的石窟寺聚落在形成的过程中,北朝时期是开创时期,最能表现在丝绸之路的重镇即古代原州地区,为什么要选择在须弥山这个地方开凿石窟,并整体系统地探讨北朝洞窟的相关问题。

　　通常情况下,石窟寺的开凿在一个时间段内都会集中在一个区域,如莫高窟最早的北凉三窟,云冈石窟昙曜五窟及第二、三期洞窟在崖面上的分布都比较明显,麦积山石窟的最早期洞窟都集中在其西崖中下段位置。这种情况,可以作为石窟寺研究崖面利用、分期等方面的基本认识,克孜尔石窟据此可以清晰地划分出洞窟分布的区段。须弥山石窟的北朝洞窟主要分布在子孙宫区、圆光寺区和相国寺区等几个区域,也符合这种情况。其中子孙宫区主要是北魏和西魏的洞窟,圆光寺区和相国寺区又以北周洞窟为主。很明显,这些区域相对来说都是独立的单元,每个区域的洞窟不是单一的形制,对于这些不同形制洞窟的管理和使用,使得每个区域都具有寺院的功能,因此就构成了洞窟的组合和整体性。王艳的论文对于每个区域洞窟的功能有比较准确的判断,基本厘清了不同形制的洞窟在日常宗教活动中起到的不同作用。既便于禅观、居住和礼拜,又兼顾日常的生活起居,如子孙宫区既有礼拜功能的中心柱窟,又有类似于印度式兼具禅修的廊柱式洞窟,还有僧房窟以及供僧人生活所需的水窖。圆光寺区有编号的主要洞窟分上下两层,四个洞窟都是中心柱窟,构成上下的组合关系,以礼拜为主要功能,但附属的其他小窟则具有禅观的功能,重要的是在第45窟的附窟中有一个水窖,利用自然降雨进行集雨,用于寺院日常的生活用水。固原地区相对比较干旱,修建人工水窖是当地人们水资源利用的常用策略和措施,这种做法一直持续到当代。须弥山石窟除大佛楼区距水源较近外,其他区域位置较高,用水成为僧人们首先要考虑的大问题,于是在子孙宫区和圆光寺区都能看到水窖的开凿,并从高处引水灌入水窖内。同时,我们还可以看到瘗窟在几个区段内都存在,如子孙宫区、松树洼区等,表明僧人在圆寂后选择就近的区域瘗葬,完成了其一生的宗教行为。

　　石窟寺的空间以最小的单位计,即是每个洞窟的内部空间。造像是洞窟内部构造和空间布局最基本的格局,也就是说造像内容决定了洞窟形制的差异。如中心柱窟、三壁三龛窟等,都因造像的不同,营造出不同的空间布局,反映了不同功能的洞窟的思想性。须弥山石窟北朝洞窟中,以中心柱窟最为重要，从北魏到北周都有。值得注意的是，北魏和西魏的中心柱窟基本上不在壁面开龛造像，以"素壁"的形式出现，造像集中在中心柱上，突出了对塔的礼拜。对佛塔的礼拜和供养，始于印度。犍陀罗的佛塔以佛教故事雕刻作为装饰，突出对释迦牟尼事迹的表现。河西走廊的天梯山、金塔寺和文殊山等石窟，主要造像都雕塑在中心柱各面的龛内外，突显了佛塔的作用。但与须弥山石窟的西魏中心窟不同的是，河西走廊早期中心窟的四壁和顶部以绘画的形式表现与中心柱造像相关联的内容。须弥山石窟的这种特殊性，王艳以"素壁"称之，主要还是强调了这种中心柱窟的功能更强调礼拜的意义。但中心柱造像的内容与布局，又具有禅观的意味以及重视法华思想的宣扬。北周中心柱窟一改西魏"素壁"的做法，不管是相国寺区还是圆光寺区的洞窟，在强调中心塔的本来功能的同时，扩展了空间的利用，但又不失对主题的进一步补充。该书第二章在这一问题上做了很好的解读。

任何石窟寺的开凿都不是孤立存在的。每处石窟寺虽然都处在不同的地理单元，这个地理空间是当地城乡民众的精神家园。但同时，这个地理单元也不是封闭的，就像考古文化一样，佛教文化和佛教艺术在适合本地文化土壤的同时，总是在不断地与其他地域文化产生互动，因此出现了一些其他地区的因素，须弥山石窟第 33 窟就是一个典型的例子。作者在考证该窟出现的原因时，对于须弥山所在的古代原州在丝绸之路上的重要位置、该地区出现的粟特聚落及他们的墓葬遗存进行了较多的分析，提出了这种印度式的双层礼拜道洞窟可能是由活跃于丝绸之路上的粟特人带来的结论，虽然该窟没有留下任何有关开凿者的信息，但这不失为一种新的认识，提出来供大家参考。中心柱窟、三壁三龛窟都不是须弥山石窟的首创，在接受其他地区尤其是中心地区影响的同时，也形成了自己独特的个性。如须弥山石窟第 51 窟是北周时期开凿的大型中心柱窟，体量巨大，开凿者显然有自己的设计理念，不同于其他中心柱窟。供养人像、维摩文殊对坐像、神王像以及伎乐图像都是其他石窟寺尤其是北朝石窟常见的题材和内容，但也都表现出工匠在雕刻这些图像时的不同于其他石窟寺的表现手法和设计。以上都是须弥山石窟的个性或者独特性，表现出须弥山石窟的特点及其地位，王艳博士在第五、六章均有较多的讨论，能够看出她敏锐的观察力以及善于总结归纳的学术能力。

须弥山石窟作为一处重要的石窟寺类文化遗产，具有丰富的内涵和价值，考古学、历史学和图像学等方面的研究方法十分重要，而且是基础性的。但随着更多新方法的运用，其他方法的科技手段也越来越受到研究者的重视。比如营造工程、开凿技术和工具、历史时期环境变化对石窟寺的影响、水资源利用、可能遗存的寺院僧人的生活方式等，这些问题，有待于我们以后进一步加强研究。每一个时代学术的进步，得益于新材料的发现和对所有材料驾驭的综合能力。希望王艳博士在此研究的基础上，继续探索本源，在须弥山石窟的研究上取得更多的成绩。总之，王艳博士的《须弥山北朝石窟研究》一书的出版，必将有益于该石窟寺的总体研究。

是为序！

魏文斌

2023 年 7 月

目　录

绪论 ……………………………………………………………… 001

　　一、研究对象 ………………………………………………… 003

　　二、研究价值与意义 ………………………………………… 005

　　三、相关研究述评 …………………………………………… 007

　　四、研究方法、拟解决的问题与创新之处 ………………… 020

第一章　须弥山北朝石窟概述 ………………………………… 023

　第一节　须弥山石窟的地理位置与环境 …………………… 025

　第二节　固原历史文化与佛教 ……………………………… 031

　　一、固原历史建制与文化 …………………………………… 031

　　二、固原的佛教发展 ………………………………………… 039

　第三节　须弥山北朝石窟的形制、内容与分期 …………… 058

　　一、洞窟形制 ………………………………………………… 058

　　二、题材内容 ………………………………………………… 078

　　三、分期 ……………………………………………………… 080

　第四节　须弥山北朝石窟的营建 …………………………… 082

第二章　须弥山北朝石窟的区段划分与组合类型 ………… 087

　第一节　须弥山北朝石窟的布局 …………………………… 089

　第二节　须弥山北朝石窟的"区段"考察 ………………… 093

一、大佛楼区段 …………………………………… 094

二、子孙宫区段 …………………………………… 095

三、圆光寺区段 …………………………………… 101

四、松树洼区段 …………………………………… 105

五、三个窑区段 …………………………………… 109

第三节 须弥山北朝洞窟组合 …………………… 112

一、方形窟和禅窟的组合 ………………………… 112

二、中心柱窟和禅窟或禅房窟的组合 …………… 113

三、其他类型洞窟组合 …………………………… 118

第三章 须弥山北朝石窟的空间布局及其造像配置 ………… 121

第一节 须弥山北魏素壁中心柱窟的空间布局及其宗教功能

………………………………………………… 123

一、支提与中心柱 ………………………………… 125

二、造像内容与"禅观" …………………………… 128

三、中心佛塔的宗教功能与四壁素壁对礼拜供养功能的凸显

………………………………………………… 133

四、三层十二幅雕像的空间布局 ………………… 141

第二节 须弥山北魏第 14 窟造像的空间布局及其功能 …… 151

一、第 14 窟的造像内容与洞窟结构 …………… 152

二、第 14 窟的四角莲瓣与涅槃象征内涵的独特表现 …… 155

三、"法华"与"禅观"的交融 ……………………… 158

四、涅槃、禅观与法华的会通 …………………… 173

第三节 须弥山西魏洞窟造像的空间布局及其功能 ……… 174

一、多层中心塔柱在西魏的表现 ………………… 175

二、三壁三龛形制的流行与三佛信仰 …………… 179

三、须弥山石窟西魏洞窟窟形的新样式 ………… 183

第四节　须弥山北周第 45、46 窟的空间布局及其功能 ……… 207

一、四壁及中心柱的造像组合 ……………………………… 208

二、天宫或仙境 …………………………………………… 223

三、供养人及其他世俗图像的配置 ……………………… 225

第五节　须弥山北周第 51 窟的造像空间组合 ………………… 228

一、"三门"出现的意义探讨 ……………………………… 230

二、窟门上方"半跏思惟"的身份与信仰 ……………… 231

三、窟内整体图像布局及其义理 ………………………… 242

第六节　须弥山北朝洞窟图像布局思想的变化 ……………… 253

第四章　须弥山北朝石窟与其他石窟寺的关系 ……………… 255

第一节　窟龛形制 ……………………………………………… 259

一、三壁三龛形制 ………………………………………… 260

二、中心塔柱样式 ………………………………………… 262

三、穹窿顶造型 …………………………………………… 266

四、帐形龛形式 …………………………………………… 267

五、仿木结构 ……………………………………………… 272

第二节　造像内容 ……………………………………………… 274

一、佛传故事 ……………………………………………… 274

二、维摩文殊像 …………………………………………… 275

三、大象托塔 ……………………………………………… 277

四、神王 …………………………………………………… 280

第三节　造像样式 ……………………………………………… 284

一、"密集阴刻平行线纹" ………………………………… 284

二、造像面相等的样式 …………………………………… 289

第五章　须弥山北朝石窟相关问题探讨 ……………………… 299

第一节　须弥山北朝石窟供养人像及其变化 …………………… 301

一、须弥山北朝石窟供养人像考察 …………………… 301

二、供养人像的分布位置与图像组合形式 …………………… 303

三、供养人的服饰、手持物品及其他 …………………… 307

四、须弥山石窟第 45、46 窟供养人所反映的历史与民族问题

…………………………………………………………………… 313

第二节　关于维摩文殊对坐的讨论 …………………… 323

一、《维摩诘经》在中国的流播 …………………… 324

二、须弥山石窟第 46 窟维摩诘图像分析 …………………… 326

三、造像与佛经内涵的对应解读及其与《法华经》的"双弘并举"

…………………………………………………………………… 341

四、北朝"义学"的兴起与维摩诘信仰的流行 …………………… 349

第三节　须弥山北周造像的风格 …………………… 354

一、北周造像丰腴之风的来源 …………………… 354

二、北周有纪年的两件夏侯纯陀造像碑与须弥山北周造像的

特点 …………………………………………………………… 356

第四节　须弥山石窟神王及其内涵 …………………… 365

一、须弥山北朝石窟神王雕像形式分析 …………………… 367

二、神王图像来源 …………………… 376

三、须弥山神王出现的原因分析 …………………… 381

第五节　须弥山石窟的伎乐图像 …………………… 386

一、须弥山北周伎乐性质的判定 …………………… 386

二、须弥山石窟伎乐的图像志分析 …………………… 391

三、须弥山北周石窟伎乐所反映的乐舞制度 …………………… 408

四、从伎乐人看须弥山北周洞窟营建 …………………… 414

第六章　须弥山北朝石窟的特点及其地位 …………………… 417

第一节　不同时代洞窟分区明显 ················· 419

第二节　禅窟和中心柱窟数量多 ················· 420

第三节　多种佛教思想的集中表现 ················· 421

第四节　多个民族参与营建 ················· 424

第五节　雕刻技艺表现成熟 ················· 425

参考文献 ················· 429

图版目录 ················· 459

后记 ················· 479

绪　论

一、研究对象

公元 386 年，鲜卑族拓跋珪被各部推举为魏王，后于公元 398 年（即天兴元年）迁都平城，并称帝建立北魏。北魏作为北朝的开端，同随后的西魏、北齐、北周等政权的建立，是中古时期我国北方佛教文化以及佛教艺术发展的基础与铺垫，对于研究中古时期的佛教艺术具有关键性作用。

北朝至隋唐是我国与周边国家以及其他遥远的国家交往最为频繁的历史时期，很多其他民族的民众不畏艰辛来到中国。固原是古代的原州（高平），是古代中西交通要冲，也是古代少数民族进入中原的丝路孔道。在近年的考古中，这里发现了史氏家族和其他昭武九姓墓葬群，可以看出在北朝晚期和隋唐时期，有不少从中亚来的昭武九姓民众在此进行贸易和定居。这些发现引起了国内外学术界的广泛关注。

与这些墓葬处于同一历史时期的须弥山石窟，矗立在丝绸之路东段北道之要道古石门关旁边的丹霞山脉上，可以想象当时那里热闹的景象。拓跋鲜卑对佛教的态度以及往来于丝路上的其他各个民族的文化交流是须弥山石窟艺术呈现的背景。作为北朝佛教艺术的重要代表，它无疑是北朝历史文化的形象再现，这也是本研究的重要契机。因此本书以须弥山北朝开凿的洞窟为主体，考察须弥山北朝石窟的诸多问题，以及北朝原州（高平）的佛教文化。

　　须弥山石窟是中国北方地区规模较大的佛教石窟之一，位于宁夏回族自治区固原市西北55公里处，开凿于六盘山余脉具有丹霞地貌特征的须弥山上，是古丝绸之路东段北道的必经之地。《嘉靖固原州志》云："须弥山，在州北九十里。上有古寺，松柏桃李郁然，即古石门关遗址。"①《万历固原州志》云："须弥山，在州北九十里。上有古寺，松柏桃李郁然，即古石门关遗址。元封圆光寺。"②乾隆六年（1741年）刻印的《甘肃通志》卷五亦有记载曰："须弥山，在州北九十里，上有古石门关遗址，又为逢义山。后汉建宁初，段颎讨先零叛羌自彭阳直指高平，战于逢义山，大破之。"③可见，须弥山原名为逢义山，其上有丝路必经之地石门关（古称"石门水"）。须弥山石窟开凿在整个须弥山东麓，是丝绸之路石窟文化的重要遗存。它初创于北魏，兴盛于北周和唐代。洞窟分散开凿在呈扇面展开的八座山峰的东南崖面上，分八个区：大佛楼区、子孙宫区、圆光寺区、相国寺区、桃花洞区、松树洼区、三个窑区和黑石沟区。④其中北魏和西魏洞窟主要分布于子孙宫区，北周洞窟主要分布于圆光寺区。

　　本书主要对须弥山石窟的北朝洞窟进行研究，包括北魏、西魏和北周时期开凿的洞窟。

---

　　①[明]杨经纂辑《嘉靖固原州志》明固原州志卷之一，载《嘉靖万历固原州志》，银川：宁夏人民出版社，1985年，第12页。

　　②[明]刘敏宽纂次《万历固原州志》地理志第一，载《嘉靖万历固原州志》，银川：宁夏人民出版社，1985年，第134页。

　　③《钦定四库全书史部·甘肃通志》卷五，第81页。

　　④王琨、佘贵孝编著《须弥山石窟》，银川：宁夏人民出版社，2008年，第3页。

二、研究价值与意义

本书研究的价值与意义主要体现在以下四个方面：

（一）全面整体性价值

学者们曾对须弥山石窟进行了研究，大部分是针对具体问题的突破，如洞窟的分期、造像特点、地域石窟文化之间的关系等，也有部分专著问世，主要有韩有成的《须弥山石窟艺术》、宋永忠的《须弥山石窟艺术研究》。然综观前辈们的研究，仍有可突破的空间。须弥山北朝石窟的整体性研究目前比较薄弱，对它进行整体深入的研究，可以补充、架构整个北朝石窟寺考古的完整序列，以期推动须弥山石窟其他时代及须弥山石窟的整体研究。

（二）对深入探讨北朝区域佛教史及佛教思想信仰的意义

北朝时期佛教极为兴盛，须弥山石窟在这一时期达到了第一个高峰，是古代原州地区佛教文化发展流播的重要实物遗存。本书通过对须弥山石窟北朝洞窟的分布、窟形、造像空间布局、具体图像等的研究，试图找出其中的不同造像传统，挖掘这一地区的佛教思想信仰，研究其经历北朝三代的发展演变过程，进而建构这一地区完整的"佛""法""僧"佛教体系，可补充北朝佛教史的内容。

(三)区域间佛教艺术交流与丝绸之路文化交流"双汇并流"的意义

对于中国石窟艺术的研究，仅对其进行单纯的佛教仪轨方面的考量是不够的,社会风土文化、其他思想信仰、社会政治意识形态等必然是蕴含其中的重要影响因素。本书在前人已有研究成果的基础上,亦从文化交流、文化融合的角度对须弥山北朝石窟的洞窟形制、功能、造像组合、造像题材以及雕刻艺术风格等问题进行了研究, 这些洞窟不仅彰显了佛教思想的存在,而且交汇了多种文化,尤其是在丝路背景下,是中原与西域等地区文化交流的结果。因此,须弥山石窟是中印文化、佛教文化和丝路文化交流的历史史实,对它进行研究有着重要的学术意义。

(四)在美术考古上的意义

自 20 世纪初开启现代中国美术史研究以来,如何运用出土考古资料重构中国美术史已经成为学界关注的重要议题。石窟艺术作为重要的考古资料,具有宗教实用的功能,同时其直观的造像又具有艺术与美学的诉求。须弥山石窟开凿史上有两个高峰:北朝和唐代,且这两个时期都有保存较为完整的洞窟,洞窟内有比较精美的雕塑遗存,为美术史研究提供了全新的、具有代表性的美术史料。因此,对石窟艺术本身的深入研究将会深化美术史的研究,并为中国美术史、中国雕塑史的研究做相应的补充,从而推动南北朝美术考古的研究。

三、相关研究述评

　　须弥山石窟研究相对于其他石窟研究而言较为薄弱。从学术史角度看，综合研究成果不多，问题意识需要加强；专题研究多集中于洞窟营建与分期研究，如洞窟形制、图像解读以及碑刻题记等，其他专题亦有少量涉及，同时洞窟个案研究不足；须弥山石窟与丝绸之路的关系以及与其他石窟的比较研究方面也有部分成果。因此展望须弥山石窟的研究，需要深入探究的问题还很多。

　　须弥山石窟是宁夏境内最大的石窟群，地处丝绸之路从长安到河西走廊陇右段北道必经之地的固原地区。现存洞窟共 132 窟，大小造像 315 尊，从北魏至唐均有开凿，延续时间较久。洞窟类型较多，依据功能主要有僧房窟、禅窟和礼拜窟三种类型，中心柱窟居多。因须弥山石窟所处地理位置特殊，石窟群的开凿是丝绸之路上一个重要的文化节点，造像、建筑形制以及洞窟组合受到印度、中亚以及我国其他地区石窟的影响，在借鉴与传承其他地区石窟的基础上又有新元素出现。从 20 世纪 50 年代开始，文物界和学术界都展开了对须弥山石窟的考察与研究。

(一)综合研究

须弥山石窟的研究相对于其他石窟而言,起步较晚,也较薄弱。1956年刘敏最早介绍了须弥山石窟。[1]1961年朱希元对须弥山石窟主要洞窟的内容进行了简单介绍,并对北朝、隋唐洞窟的形制、造像特点以及与其他地区石窟的关系做了简单的梳理比较。[2]这两位学者的研究是须弥山石窟研究的肇始。1982年,宁夏回族自治区文物管理委员会和中央美术学院美术史系联合对须弥山石窟做了综合考察,对洞窟进行了编号、断代、著录和测绘、拍摄等工作,于1988年出版了《须弥山石窟》[3]一书,该书在资料上集大成,在学术史上有不可替代的重要意义。20世纪90年代,林芝以时间为线索,论述了须弥山石窟从北魏初创,历经西魏、北周、隋唐、吐蕃、宋、辽、西夏、元、明、清,在中国大佛教背景下开凿与兴衰的流变过程。[4]陈悦新从须弥山石窟的开凿、分期、装修及寺院建设、石窟的特点等方面进行了较为详细的论述,提出了北魏末年是须弥山石窟的初创期、西魏时期是承前启后的阶段、北周是高峰期、隋代是再度兴起的时期、唐代为兴盛期的论断。[5]

韩国学者朱秀浣把须弥山石窟放入国际大的文化背景中进行考察,借用贾雷德·戴德蒙的观点,认为欧亚大陆文化的发展源于地处相同纬度的频繁交流,而当前从考古学角度研究中国北方文化与韩国文化的关系是学界的热点。文中通过第51、45、46、105、1、5等窟的造像以及形制的研

①刘敏《甘肃固原的石窟造像》,《文物参考资料》1956年第4期,第45页。

②朱希元《宁夏须弥山圆光寺石窟》,《文物》1961年第2期,第27—31页。

③宁夏回族自治区文物管理委员会、中央美术学院美术史系《须弥山石窟》,北京:文物出版社,1988年。

④林芝《须弥山石窟史略》,《固原师专学报》(社会科学版)1996年第4期,第50—54页。

⑤陈悦新《须弥山石窟概述》,载宁夏回族自治区文物管理委员会、中央美术学院美术史系《须弥山石窟内容总录》,北京:文物出版社,1988年,第4—26页。

究,更多地挖掘了它们与中原、河西、新疆石窟等的关系,值得关注的是将中国北方石窟与韩国的石窟进行比对,发现二者之间的关联性,得出南北朝时期,除了丝绸之路—中原—韩国这个传播路径以外,还应考虑丝绸之路—韩国这一直接流入途径。论文中对须弥山石窟第 45 窟窟门上方三身佛之尊格进行了推测,认为中央是施智拳印的坐佛,右侧是施触地印的卢舍那坐佛;第 46 窟窟门上方中央为坐佛,两边可能是维摩与文殊问答的场景;围绕整个天井的浅浮雕飞天,下面有云纹,与韩国上院寺梵钟背面雕刻的飞天像极为相似;第 45 窟窟内中心柱面积较大,因此在窟内很难进行其他仪式,而窟门外面的木构建筑形状的保护架则成为独特的礼佛空间,起到前室的作用,与柏孜克里克石窟和韩国的石窟庵结构比较接近。[①]朱氏的这些观点在学界较为新颖,值得关注。

宋永忠《须弥山石窟艺术研究》从艺术角度对须弥山石窟造像的特征、手法和审美进行了探究。[②]韩有成凭借在须弥山文管所工作的便利条件,2014 年出版力作《须弥山石窟艺术》一书,全面系统地论述了须弥山石窟的分期、建筑、特点、单窟、题记、保护及其与其他石窟的关系等内容,是近年须弥山石窟研究较为全面的论著。[③]

(二)洞窟营建研究

关于须弥山石窟洞窟营建的研究成果,罗丰将须弥山石窟按时代分区开凿的布局进行了梳理,他根据宇文氏与原州刺史李贤的密切关系,对北周洞窟的营建者做了推测,最后从地质学和自然环境角度对石窟的开凿工程进行论述,其中须弥山石窟的排水系统是一大亮点,做了详细的统

①(韩国)朱秀浣《须弥山石窟的佛教美术交流史的意义》,载代学明主编《须弥山石窟研究》,银川:宁夏人民出版社,2016 年,第 108—121 页。

②宋永忠《须弥山石窟艺术研究》,银川:阳光出版社,2013 年。

③韩有成《须弥山石窟艺术》,银川:阳光出版社,2014 年。

计列表。①

　　薛正昌对须弥山称谓的历史渊源梳理以及对须弥山石窟的开创年代进行了研究,后者为其论述的重点。他从十六国时期整个佛教艺术发展的历史背景出发论证了须弥山石窟的初创,通过挖掘大量的史料,从前赵至后秦的历史、地域隶属关系、须弥山石窟与天梯山石窟的比较、须弥山早期石窟与凉州石窟比较等五个方面论证了须弥山石窟群并非开凿于北魏孝文帝太和年间(477—499 年)和北朝时期的常规说法,而是开凿于早于其半个世纪的时代,应为后秦永和二年(417 年)之前,至晚在北凉灭西凉之前,即 420 年之前。②

　　韩有成、李玉芳阐述了开凿须弥山石窟的深刻历史根源:1. 丝路文化与须弥山石窟所处的历史地理位置;2. 两魏时期举国崇佛的大背景;3. 北周宇文泰对原州的着意经营;4. 唐代原州各方面的繁荣发展(政治、军事、经济、文化)。总之,须弥山石窟的开凿,是多种文化碰撞交融的结果,印证了丝绸之路的繁荣。同时也是固原在古代社会繁荣发展中具有重要历史地位的标志。他们的研究也是更多地利用外部材料作为佐证,去推测须弥山石窟的营建。③

　　李志荣主要对圆光寺区石窟遗迹及其重装情况进行了说明,为研究石窟寺修缮理念、方法、工艺和材料等提供了案例,从而可以了解古代匠人高超的技术和他们对佛教信仰的虔诚程度。④

---

①罗丰《须弥山石窟的布局与开凿》,代学明主编《须弥山石窟研究》,银川:宁夏人民出版社,2016 年,第 53—61 页。

②薛正昌《艺术明珠,丝路瑰宝——须弥山石窟的称谓和开凿年代浅议》,《文博》1994 年第 1 期,第 43—51 页。

③韩有成、李玉芳《试论须弥山石窟开凿与形成的原因》,《固原师专学报》2004 年第 4 期,第 64—68 页。

④李志荣《须弥山石窟晚期重装遗迹》,代学明主编《须弥山石窟研究》,银川:宁夏人民出版社,2016 年,第 80—88 页。

　　此外，须弥山石窟第 33 窟的双层礼拜道形制，与阿旃陀石窟形制相似，在中国石窟寺中仅此一例。李裕群认为西域的粟特人也有可能直接参与了洞窟的开凿，因为原州有西域粟特人定居，有可能是通过他们带来了西域的佛教文化。①

（三）洞窟分期研究

　　对于须弥山石窟的分期研究，陈悦新②、李裕群③对须弥山石窟早期洞窟的开凿年代做了推断：一期的年代为北魏末至西魏初年（500—535 年），二期主要在西魏时期（535—557 年），三期的年代应属北周期间，约始于明帝，下限至武帝法难时（558—574 年），四期的年代约始于复法后，延续至隋末唐初（580—618 年），④文章尤其指出了早期洞窟的开凿基本遵循由南向北的路线，这对一些石窟的断代提供了有意义的考证线索。其中一期为开创期，二期为发展期，三期达到高峰，在一、二、三期中，僧房窟和禅窟大量开凿，这与北朝习禅之风紧密相连，且指出了其所受的影响及显示

①李裕群《北朝晚期石窟寺研究》，北京：文物出版社，2003 年，第 187 页。

②陈悦新《须弥山早期洞窟的分期研究》，《华夏考古》1995 年第 4 期，第 78—94 页。

③李裕群《须弥山石窟晚期洞窟分期》，载代学明主编《须弥山石窟研究》，银川：宁夏人民出版社，2016 年，第 62—71 页。

④陈悦新、李裕群研究显示：一期以中心柱窟为主，无仿木佛帐结构，中心柱多层塔式。次为三壁三龛和方形无像窟。洞窟组合有礼拜窟+僧房窟+禅窟，或双礼拜窟，题材为三壁三佛和一佛二菩萨组合。造像特点为秀骨清像，佛像着通肩袈裟，裙摆短，菩萨着长裙，衣纹略显细密。二期以中心柱窟为主，流行仿木佛帐结构，中心柱单层式。次为三壁三龛窟、方形无像窟和方形壁设坛窟。洞窟组合有礼拜僧禅兼用窟，或礼拜窟+僧房窟+僧房窟，出现影塑群。题材有三壁三佛或一壁三佛，后者包括倚坐佛或倚坐菩萨和交脚菩萨。另有四壁四佛，六佛、七佛和十一佛、多一佛二菩萨，个别一佛二弟子二菩萨。佛像肉髻低平，面相方圆，新出现双领下垂式袈裟，裙摆覆座，菩萨披巾交叉穿环或横于膝部二道，璎珞交接于腹部莲花饰上，或垂于膝部。三期以中心柱为主，洞窟组合有礼拜窟+僧房窟。题材有三壁三佛、四壁四佛，四佛中出现一倚坐佛，新出现一佛二弟子组合。造像亦为丰形状，佛像双肩略窄，裙摆短。菩萨披巾不交叉穿环，璎珞作大圆环状垂于膝下部。头略大，下身短，身体扭曲。四期简单方形窟和中心柱窟。造像不清；佛像菩萨像皆面相方圆，佛头部较大，双肩下溜，腹鼓，上体略长，菩萨身体略呈"S"形，没有璎珞与腹部莲花饰交接的式样，其余特征与三期相似。

出的地方特点。①中亚、龟兹以及内地佛教及石窟寺均在一定程度上影响了须弥山北朝石窟的开凿。林蔚通过与其他有年代可考的石窟造像类比进行分期：一期在高宗永隆元年至武周如意元年（680—692 年）；二期在武周如意元年至玄宗先天元年（692—712 年）；三期在玄宗先天元年至代宗大历十四年（712—779 年）；三期附在中宗景龙四年（710 年）至玄宗时期，可并入三期。并指出须弥山大像窟的开凿应是顺应中原地区如陕西彬县大佛寺的大像、龙门奉先寺卢舍那大佛、莫高窟第 96 窟北大像、甘肃永靖炳灵寺等其他地区凿大像之风而开凿的，她认为大像年代应与一期一致或更早。该文还对唐代固原地区政治以及佛教的流行情况进行了简单论述。②

以上三位学者主要运用了考古类型学方法，从窟龛形制、造像布局、特点以及衣纹雕刻方面进行了梳理比对，进而分组分期。他们的分期断代成果，是目前研究的主要依据。由于考古类型学的局限性，期待有诸多直接资料问世。

（四）其他专题研究

所谓专题研究，是对须弥山石窟具体问题的专门研究，涉及的方面主要包括须弥山洞窟形制、内部图像解读以及碑刻题记等研究。

1. 形制和造像研究

关于须弥山石窟洞窟建筑形制和造像特点的研究，陈悦新用考古类型学方法详细地将须弥山石窟北朝和唐代洞窟内的佛衣进行了分类，主

---

①陈悦新指出：一期、二期前期主要受到云冈、龙门、巩县及东部邻近地区诸石窟的影响；二期后期、三期主要受到南部麦积山与东部北齐石窟的影响；四期主要受到东部北齐—隋代石窟的影响。因此须弥山早期洞窟直接受到来自东部、南部石窟的影响更多些，且比东部南部的同期洞窟慢一个拍节，与西部石窟如炳灵寺石窟、敦煌莫高窟等似无直接影响关系。而固原须弥山洞窟开凿的组织结构同新疆克孜尔石窟的性质非常相似。

②林蔚《须弥山唐代洞窟的类型和分期》，《考古学研究》1997 年第 00 期，第 116—137 页。

要有上衣搭肘式、露胸通肩式、中衣搭肘式和通肩式四种类型；北朝的佛衣类型主要受东部地区和南朝文化的影响，变化繁复，而唐代的佛衣主要受到两京地区中衣搭肘式和通肩式范式的影响，变化不大，特征不明显。[①]这种严谨的考古学研究成果，成为此后须弥山石窟研究的重要资料，在学术界有着很大的影响。

韩有成对须弥山北周时期的洞窟建筑和造像特点进行了概括梳理，认为北周洞窟的建筑形式主要有三种类型：中心方柱窟、由四室组成的中心柱窟和方形窟。中心方柱窟样式不同于龟兹地区甬道式中心柱样式，而与云冈、巩县、响堂山等石窟的样式更加接近，仿木结构与中心柱的结合是它最为显著的一个特点。由四室组成的中心柱窟如第51窟是须弥山独有的一种形式。他又概括出北周洞窟造像的特征，认为其表现手法趋于写实，稍显北魏"秀骨清像"的余韵，而更多的是一种圆润丰满的感觉，雕刻技法也更多地采用直平阶梯形的圆润刀法。须弥山石窟北周时期的造像更直接地反映出都城长安新型造像的特点。[②]他又对唐代特殊的四室式中心柱窟第105窟进行了探究，从洞窟形制、雕刻内容、开凿年代及接受的风格影响几个方面展开，指出这一洞窟内主要有结跏趺坐佛、接引佛、倚坐佛、菩萨、弟子、力士、天王等题材，其中弥勒佛、阿弥陀佛、观音菩萨与地藏菩萨出现在同一中心柱的四面，这种组合在这一地区较为独特，可窥见当时固原地区的佛教信仰状况。文章根据题刻"大中三年□□九□"对此窟进行了断代，认为它的开凿时间应该是在吐蕃攻陷原州前（广德元年

---

① 陈悦新《须弥山石窟佛衣类型》，代学明主编《须弥山石窟研究》，银川：宁夏人民出版社，2016年，第72—79页。

② 韩有成《须弥山中心柱洞窟及其造像》，《固原师专学报》2003年第2期，第52—56页。韩有成《宁夏须弥山北周洞窟建筑及造像探析》，《文物春秋》2006年第5期，第23—28页。

763 年前），于广德元年已经全部完成。①韩有成、李玉芳对须弥山石窟大佛楼区的唐代大佛造像进行了初步研究，根据大佛右侧"大中三年吕中万"的题记推断，此大像窟的雕凿与唐代北方凿大像的历史背景相同，开凿于 763 年之前。②

安永军概括梳理了须弥山石窟群每个时期的洞窟形制和造像特点，早期的雕刻方式为密集平行线阴刻的"黄土高原"雕刻风格，以及唐代造像的基本情况和在文化、历史以及科学艺术方面的价值，尤其是对须弥山石窟特殊性的提炼，具有一定的价值。③

此外，谢群将须弥山石窟的云纹图饰放入中国云纹产生与发展的大环境中考察其价值。④周佩妮主要辨识了须弥山北周洞窟第 45、46 窟中心柱下部乐伎所持乐器的内容，⑤但此文把更多的笔墨放在了中国佛教伎乐的背景梳理上。

2. 碑刻题记研究

杜建录对须弥山石窟圆光寺前明成化四年《救赐僧林》碑所载内容进行了考辨，用史实证明了其中的"崇宁三十五年"是"崇宁五年"之误。⑥韩

①韩有成《须弥山唐代中心柱洞窟初探》，《石窟寺研究》2012 年第 00 期，第 224—230、402—403 页。

②韩有成、李玉芳《试析须弥山大佛造像的艺术风格》，《宁夏社会科学》2007 年第 2 期，第 139—141 页。

③安永军《须弥山石窟洞窟形制和造像特点》，《宁夏师范学院学报》（社会科学版）2008 年第 2 期，第 82—85、119 页；安永军《试论须弥山唐代造像艺术及其价值》，《宁夏师范学院学报》（社会科学版）2012 年第 4 期，第 108—109、120 页。

④谢群《漂浮在丝绸之路上的祥云——宁夏须弥山石窟云纹图饰研究》，《美术大观》2010 年第 8 期，第 28—29 页。

⑤周佩妮《佛教乐舞与须弥山石窟中的乐伎雕刻探述》，《宁夏社会科学》2014 年第 2 期，第 115—117 页。

⑥杜建录《须弥山〈救赐禅林〉碑所载崇宁三十五年辨析》，《固原师专学报》1992 年第 2 期，第 52 页。

有成对须弥山石窟第 1、5、45、46、51、72 等窟内重要的题记进行了释读，并对其内容进行了简单说明。[①]他还对须弥山石窟内现存唐以后的题记做了统计说明，最后指出该研究的重要参考价值。[②]这些成果为石窟的进一步研究提供了重要的基础资料。

3. 其他研究

谢继胜利用《明实录》、明清方志和其他汉藏文文献等历史资料对须弥山现存圆光寺石碑碑文以及其他一些题记进行了考释。圆光寺在明正统以前被称为景云寺，与靖远的法泉寺有很大关系，"法泉为上院而景云为下院也"。通过对番僧行迹的考察，更加明晰了须弥山圆光寺的历史，并且指出，须弥山北周第 46 窟中心柱南面的中央佛像为明代重装，是典型的明初藏式风格。[③]薛正昌对须弥山石窟的藏传佛教造像产生的背景、年代进行了探究。[④]韩有成从总体布局、平面形式、窟檐形式、窟内空间形式几个方面比较得出须弥山石窟构造形式的特点。[⑤]安永军对相国寺石窟的分布与开凿状况进行了说明，并以须弥山北周洞窟第 51 窟为例，对其基本情况做了介绍，最后从建造者、题材布局以及艺术风格方面做了整体评述，[⑥]该论文的研究相对广泛，缺乏一些细致深入的历史考证。

---

①韩有成《读须弥山石窟题刻题记札记》，《宁夏师范学院学报》(社会科学版)2010 年第 4 期，第 85—87 页。

②韩有成《须弥山石窟碑刻题记的史料价值》，《固原师专学报》(社会科学版)2000 年第 5 期，第 64—66、73 页。

③谢继胜《宁夏固原须弥山圆光寺及相关番僧考》，《西夏研究》2013 年第 1 期，第 70—90 页。

④薛正昌《须弥山石窟与藏传佛教造像》，《甘肃社会科学》2013 年第 1 期，第 182—185 页。

⑤韩有成《从须弥山石窟看原州古典建筑式样——略析须弥山石窟建筑》，《宁夏师范学院学报》(社会科学版)2009 年第 2 期，第 64—67 页。

⑥安永军《须弥山相国寺石窟探讨》，《宁夏师范学院学报》(社会科学版)2010 年第 2 期，第 125—127 页。

(五)须弥山石窟与丝绸之路及其他石窟等关系研究

1. 与丝绸之路的关系研究

郑炳林从须弥山石窟与固原历史的关系、造像、建筑形制与印度、中亚及我国中原和西域地区石窟的关系入手，证明其在丝绸之路上的重要地位，并对相关研究进行了展望。[①]

关于须弥山石窟与丝绸之路关系的研究还有陈育宁[②]、佘贵孝[③]、薛正昌[④]、陈运涛[⑤]、辛尚桓（韩国）[⑥]、代学明[⑦]等各位学者的成果，这些研究都提到须弥山石窟作为丝路的一个节点，其形制、造像等是丝路文化交流史实的见证，对研究文化交流具有重要的意义和价值。

2. 与其他石窟的关系研究

李裕群对各石窟寺之间进行横向比较，发现时代共性较多，并结合大量历史文献分析"区域成因"，[⑧]这对须弥山石窟的特色研究具有极大的借鉴意义。陈悦新论述了须弥山石窟的开凿受到平城、洛阳、长安文化的影响，如三佛题材与云冈、龙门石窟具有相似性，北周时期的帐形龛与长安

---

①郑炳林《须弥山石窟与丝绸之路的关系、价值及研究》，代学明主编《须弥山石窟研究》，银川：宁夏人民出版社，2016 年，第 3—9 页。

②陈育宁《宁夏境内的丝绸之路及须弥山石窟》，《丝绸之路》1995 年第 6 期，第 9—10 页。

③佘贵孝《丝绸之路与须弥山石窟》，代学明主编《须弥山石窟研究》，银川：宁夏人民出版社，2016 年，第 17—26 页。

④薛正昌《须弥山石窟佛教艺术东传与草原丝绸之路》，《论草原文化》2008 年第 5 辑，第 236—247 页。

⑤陈运涛《须弥山石窟：见证古丝绸之路的文化交融》，《文化学刊》2015 年第 6 期，第 156—158 页。

⑥（韩国）辛尚桓《丝绸之路的多样路线》，代学明主编《须弥山石窟研究》，银川：宁夏人民出版社，2016 年，第 27—33 页。

⑦代学明《论丝路申遗与须弥山石窟的关系》，代学明主编《须弥山石窟研究》，银川：宁夏人民出版社，2016 年，第 46—52 页。

⑧李裕群《北朝晚期石窟寺研究》，北京：文物出版社，2003 年，第 185—199 页。

地区出土的造像碑等具有一致性。同时也受到了龟兹与南方中心文化的影响，如洞窟形制及其组合可与龟兹石窟进行比对，北朝早期造像的"秀骨清像"风格也源于南朝的佛装。①王敏庆的专著《北朝佛教美术研究——以长安造像为中心》第三章"长安造像与须弥山石窟"，重点论证了长安与须弥山石窟造像的关系，发现帐形龛、面相浑圆着圆领通肩袈裟的佛像和独特的铃铛装饰是长安与须弥山石窟造像惊人的相似之处；二是借用文献考察固原在北周政权中的历史地位，用以明确艺术相似性的理由，并通过与陇东、秦州等地石窟造像的比较，证明佛教艺术在丝绸之路东段北道由京城长安向西传播的事实。②陈悦新认为须弥山石窟与龟兹石窟中的穹窿顶形制，应为由西而东传入我国，开凿洞窟的信徒也或许与粟特人有关。③韩有成从窟龛形制、造像题材、雕刻手法和艺术特点等方面论述了须弥山石窟的"平城模式"，认为其与云冈石窟之间具有时代共性。④

3. 其他研究

杨慧玲⑤、韩有成⑥等撰文论述了须弥山石窟的开凿与原州特殊历史的关系。韩国学者赵胤宰通过中国佛教石窟考古学的历史梳理，对须弥山石窟的开凿背景与主要洞窟进行了介绍，认为须弥山石窟的研究较之于

---

①陈悦新《中心文化对须弥山北朝洞窟的影响》，《北京理工大学学报》（社会科学版）2005 年第 1 期，第 8—11 页。

②王敏庆《北周佛教美术研究：以长安造像为中心》，北京：社会科学文献出版社，2013 年。

③陈悦新《龟兹石窟与须弥山石窟中的穹窿顶窟》，《考古与文物》2004 年第 1 期，第 73—79 页。

④韩有成《试论须弥山北魏洞窟中的"云冈因素"》，《固原师专学报》（社会科学版）2005 年第 4 期，第 44—46 页。

⑤杨慧玲《须弥山石窟的凿造与固原社会经济》，《宁夏师范学院学报》（社会科学版）2015 年第 2 期，第 111—114 页。

⑥韩有成《须弥山石窟与北朝原州历史文化》，《天水师范学院学报》2002 年第 1 期，第 58—60 页。

其他石窟的研究稍显薄弱,尤其对于诸多国外学者而言更是凤毛麟角,从而呼吁国外学者对丝路节点上的各个石窟艺术包括须弥山石窟在内,增强了解,加大研究力度。①

对于须弥山石窟艺术的美学研究,宋永忠对须弥山石窟艺术的美学价值、造像艺术审美特征与表现技法、佛教的审美观、石窟艺术的美学风格进行了探析。②他的研究大多是从概念出发,最后又还原到"美""善"等概念上来,缺少将石窟艺术还原到历史实境中的研究。

(六)小结

通过以上研究成果的梳理,须弥山石窟研究表现出以下几个特点与不足:

1. 就中国石窟研究史的整体现状而言,相较于其他石窟研究,固原须弥山石窟的研究较薄弱,研究成果较少,内容较单一,多为单篇文章,或散见于相关专著的部分章节中,专著甚少,具有深度的专题性研究不多。

2. 从研究内容看,成果主要集中在石窟历史概述、开凿营建、分期、造像与形制、碑刻题记、石窟与丝绸之路和其他地区石窟的关系、石窟的艺术与美学风格等问题的研究。

3. 就研究者而言,多为中国国内从事佛教图像和佛教仪轨思想研究的学者,如李裕群、陈悦新、王敏庆等,其中须弥山石窟文管所的几位学者成果较多。国外从事须弥山石窟研究的学者甚少。

以上学术史启示我们进行须弥山石窟的研究要全面综合,要有新的

---

①(韩国)赵胤宰《中国佛教石窟考古学与须弥山石窟》,代学明主编《须弥山石窟研究》,银川:宁夏人民出版社,2016 年,第 97—105 页。

②宋永忠《论须弥山石窟艺术的美学价值》,《大众文艺》2015 年第 17 期,第 102—104 页;宋永忠《浅析须弥山石窟造像艺术审美特征与表现技法的变迁》,《前沿》2011 年第 24 期,第 189—191 页;宋永忠《由须弥山意象图式看佛教的审美观》,《美术界》2015 年第 9 期,第 38 页;宋永忠《须弥山石窟艺术的美学风格探析》,《书画世界》2015 年第 5 期,第 79—80 页。

问题意识，同时洞窟个案研究也要加强。因此，展望须弥山石窟的研究，需要深入探究的问题还很多，如须弥山石窟洞窟组合及其与龟兹石窟的关系，寺院与洞窟的关系，人字形排水的问题，粟特人是否参与洞窟营建，以及经典洞窟的结构、图像布局与思想观念及其功能等，都是需要我们进一步深入研究的课题。

四、研究方法、拟解决的问题与创新之处

（一）本书在研究过程中拟采用的方法

1. 考古学方法

石窟艺术的研究中，考古学方法是最基本的一种方法，如对洞窟布局、形制以及造像组合进行调查、发掘、类比等。本文在充分利用现有考古资料的同时，尽可能细致地对须弥山北朝石窟进行实地考察，取得有价值的一手资料，作为研究的基础。

2. 文献学方法

对文献资料的广泛占有是进行科学研究必不可少的重要环节，进行佛教艺术研究更要倚靠佛教典籍文献和其他的历史文献。本书在对须弥山北朝石窟进行研究的过程中，力求做到石窟造像与各种文献的结合。大量结合与须弥山石窟有关联的不同版本的佛教经典、历史文献以及点校本、注释书等进行分析探究，"以史释图""以图证史"，将提供辅助与深化视觉分析的第二重证据。同时，对须弥山石窟的研究近年来也不断有新成果问世，这些成果为笔者进行进一步的研究提供了新材料。本文繁征博引，尽可能充分地利用好前辈们的研究成果。

3. 图像学方法

图像学的方法是研究图像艺术很重要的一种方法，它一般将图像艺术的释读分为三个层次：寻找构成艺术图像的母题；解释这些母题的象征性意义；揭示图像母题背后在各个文化体系中形成与变化的更本质的内在含义，即所体现出来的思想观念内涵。[①]这种方法也是佛教艺术研究中极为重要的一种方法。

须弥山石窟有大小 132 个洞窟，是西北地区规模较大的石窟群，但诸多洞窟表面风化较为严重，且缺乏题记以及其他文献资料的记载，造成研究上的盲点，因此广义的图像学解释方法为我们研究须弥山石窟营建的佛教思想和当时的社会政治背景提供了很好的方法。通过其与甘肃、陕西、山西、河南等地区造像关系的研究，找出须弥山石窟造像的传播路线与地域性的变化，实现在图像风格上的突破，进而考察北传佛教中包括佛塔在内的涅槃、法华、弥勒等思想信仰问题。如此之方法，尽量将图像还原到创作之初的时空中，并与其他地区的典范图像进行比较，突破了一个缺乏题记与文献的佛教石窟群的研究局限。因此图像学方法是本文最核心的方法之一。

4. 宏观研究与个案研究相结合

本书在研究的过程中首先对须弥山北朝石窟的整体布局进行了研究，然后具体到北朝每个历史阶段的代表性洞窟，对其内部图像的布局展开探讨，最后，再聚焦于洞窟内的具体图像，探究其流变的过程、出现于此地的历史成因等问题。因此，宏观研究与个案研究也是进行本研究的重要思路与方式。

---

①（美）E.潘洛夫斯基著，傅志强译《视觉艺术的含义》，沈阳：辽宁人民出版社，1987 年，第48 页。

(二)本书拟解决的关键性问题

1. 研究须弥山石窟北朝洞窟的区段划分、洞窟组合、寺院与洞窟的关系,以及这种组合关系与龟兹石窟的关联性,从中对个别洞窟的断代问题进行探讨。

2. 探究须弥山北朝典型洞窟的图像空间布局,通过图像之间的比对,挖掘其营建思想及其功能,进而对原州北朝流行的佛教思想进行解读。

3. 对须弥山北朝石窟中的重点造像做个案研究,试图从更微观的角度挖掘须弥山石窟造像所凸显的地域性风格特征。

4. 须弥山北朝石窟的开凿,与其所处的地域文化环境紧密相连,为了厘清须弥山石窟北朝佛教的发展,本书做纵向朝代延伸,横向跨地域研究,将须弥山北朝石窟置于大的时空之中,与其他的石窟进行纵向与横向的比较,找出它们之间相互联系、相互影响的关系。

5. 从美术史的角度,对造像的技法、美学风格等进行描画,指出须弥山石窟在美术史上的地位。

(三)创新之处

1. 首次对须弥山北朝石窟进行了整体研究,将所有的北朝洞窟纳入研究体系,借鉴已有的研究方法,首次对须弥山石窟进行区段划分与组合研究,并绘制了各组洞窟的连续平面图,并根据组合对个别洞窟,如第8、123、124、125 等窟的开凿年代和第 49 窟的功能做了重新的判定。

2. 对有造像留存洞窟的空间布局做了系统的研究,试图通过分析洞窟内图像的内容与风格、洞窟的结构形制和组合关系,排比出与国内外其他石窟的地缘关系,进而判断洞窟的功能性质、造像背后所蕴含的佛教仪轨以及社会历史的互动现象。

3. 对须弥山北朝石窟中的部分经典图像做了深入研究,如供养人、二佛并坐、维摩文殊像、神王、伎乐等,尤其是关于维摩文殊像的重新认定、部分伎乐所持乐器之重新定名,走出了多年以来对这组图像的传统认知。

第一章

须弥山北朝石窟概述

须弥山石窟是中国北方地区规模较大的佛教石窟之一，位于宁夏回族自治区固原市西北 55 公里的六盘山余脉。须弥山石窟初创于北魏，兴盛于北周和唐代，元明清时期多对前代洞窟进行重修。从 1500 年前的北魏到现在，历经了千百年的岁月洗礼，是丝绸之路上的珍贵文化遗存，在中国石窟发展史以及佛教艺术发展史上具有重要的地位。

　　固原历史文化悠久，诸多少数民族在此聚居，多种文化碰撞交融，客观上形成了民族大融合的局面。丝绸之路开通以后，成为西出长安的第一重镇和古丝绸之路上的一个重要节点，同时，这里也是中国中古时期佛教的兴盛之地，须弥山前的古道上，南来北往的众多僧侣在此驻留，开窟造像，给我们留下了丰富灿烂的佛教文化遗存。

第一节　须弥山石窟的地理位置与环境

　　须弥山位于宁夏回族自治区固原市西北55公里的六盘山余脉,东经106°,北纬36°,海拔1800米。《魏书》载:"高平,二汉属安定,晋罢,后复属。有石门山。"①《嘉靖固原州志》载:"须弥山,在州北九十里。上有古寺,松柏桃李郁然,即古石门关遗址。"②《万历固原州志》云:"须弥山,在州北九十里。上有古寺,松柏桃李郁然,即古石门关遗址。元封圆光寺。"③乾隆六年(1741年)刻印的《甘肃通志》卷五亦有记载曰:"须弥山,在州北九十里,上有古石门关遗址,又为逢义山。后汉建宁初,段颎讨先零叛羌自彭阳直指高平,战于逢义山,大破之。"④文献可见须弥山之名也是几经易改,汉代名为逢义山,北魏改称石门山,唐代名为石门镇景云寺,到宋代已有须

---

　　①[北齐]魏收撰《魏书》卷一〇六下,地形志下,北京:中华书局,1974年,第2619页。

　　②[明]杨经纂辑《嘉靖固原州志》明固原州志卷之一,《嘉靖万历固原州志》,银川:宁夏人民出版社,1985年,第12页。

　　③[明]刘敏宽纂次《万历固原州志》地理志第一,《嘉靖万历固原州志》,银川:宁夏人民出版社,1985年,第134页。

　　④《钦定四库全书史部·甘肃通志》卷五,第81页。

弥寨，其来历应该与须弥山有关。因此，须弥山的名称来历很有可能比宋代更早，或许始于唐代，如果再确切地推断其年代，应在须弥山唐代大佛雕凿后。至唐末，须弥山之名称已约定俗成。目前所见须弥山最早的记载为明代撰《固原州志》与《重修圆光寺大佛楼记》[①]，其后的方志基本上沿袭了这一说法。须弥山前的关口为丝绸之路必经之地石门关，山下有寺口子河，古称石门水，石门水上曾经设有关口石门关，是丝绸之路东段北道的重要孔道（图1-1）。

"须弥"是佛教典籍中的专用术语，须弥山（梵语为Sumeru）又译为苏迷卢山、弥楼山，意为宝山、妙高山，在佛经里是世界的中心，众神居住的

图1-1　须弥山前的石门关

①碑文记载："平凉府开城县，去治西百里，口（有）山，号须弥。"银川美术馆编《宁夏历代碑刻集》，银川：宁夏人民出版社，2007年，第72页。

地方。据《长阿含经》卷一八"阎浮提洲品"记载："须弥山北大海水底有罗呵阿须伦城,纵广八万由旬,其城七重,七重栏楯、七重罗网、七重行树,周匝校饰,以七宝成。城高三千由旬,广二千由旬。其城门高一千由旬,广千由旬,金城银门,银城金门,乃至无数众鸟相和而鸣,亦复如是。"①在须弥山周围有咸海环绕,海上有四大部洲八小部洲。它由金、银、琉璃、水晶四宝构成,山顶为帝释天,四面山腰是四大天王。固原须弥山深沟险壑,奇峰高耸,主要由八座大小不同的山峰组成,中间为主峰,周围的山峰较为低

图1-2　开凿石窟的莲花状山脊

①[后秦]佛陀耶舍共竺佛念译《长阿含经》卷二〇,见《大正藏》第 0001 号,第 1 册,第 129页。

矮，这一座座迂回隆起的山脊，状如莲瓣，八座山脊连在一起，宛如一朵盛开的莲花（图1-2）。

须弥山为六盘山的余脉，六盘山古代称为陇山，山势雄伟，巍峨挺拔，山清水秀，历来就有"山高太华三千丈，险居秦关二百重"之誉。山体主要是由白垩纪页岩、砂岩构成。其山体为中粗粒砂状结构，岩质疏松，非常便于雕凿，但同时又易于风化。它是黄土高原上的独特景观丹霞地貌。[①]须弥山南起寺口子河，北达黑白沟，东始和尚坟，西止青山梁，南北距离长达1800米，东西宽达700米，峰峦叠嶂，桃李郁然，林海茫茫，曲径幽深，山前石门水徐徐流过。须弥山石窟就开凿在这一片具有丹霞地貌的山峰崖面上。

《圆光禅寺记》云：

　　□兹寺古，常以为聚兵、祈祷之地，名山胜境……柏绕还，寺有峰峦参揖，诚边秦古寺之杰出者也！[②]

《重修圆光寺大佛楼记》载：

　　历代兴废之由，碑刻尚存。是寺山势嵯峨，群峰拥揖。青松翠竹，奇花异木，樛轕阴森，盖俗气所不能至而佛境之所摄也。石壁之上，但有一龛一洞，人迹莫能攀援者，皆有佛像，森罗于其间，或□以为天造地设欤？寺西有峻壁，险不易逾。前人于此作一巨像，即古所谓丈六金身也。佛之上建今□（佛像）覆之。[③]

---

①宁夏回族自治区概况编写组《宁夏回族自治区概况》，北京：民族出版社，2008年，第10页。

②宁夏文物考古研究所、浙江大学文化遗产研究院、须弥山石窟文物管理所编著《须弥山石窟考古报告壹（圆光寺区下册）》，北京：文物出版社，2020年，第461页。

③宁夏文物考古研究所、浙江大学文化遗产研究院、须弥山石窟文物管理所编著《须弥山石窟考古报告壹（圆光寺区下册）》，北京：文物出版社，2020年，第466页。

《固原州志》录固原八景之一"须弥松涛"：

　　须弥山，古石门关也，距城北九十里。元时敕建圆光寺，梵宇丛聚。今虽多圮，而重垣峭壁，静可参禅。山作回抱势，崖有释迦像二，一坐一立，依石雕凿，生面别开，望之宛然。至其松柏葱蔚，根枝磐石如龙蛇状。风声谡谡，四时清幽。春日野桃花发，掩映其间，亦足点缀边关景物也(图1-3)。①

图1-3　须弥松涛

《靖远卫志》载：

　　万历十年，固原北寺僧宽玉游此，喜其境幽地寂，可修戒定，同徒祖通凿池穿洞为僧院，依崖建阁，安置经藏，佛像庄严。左有悬崖，泉水清冽成池，可供灌注，迥成佳景。有碑记存焉。②

①《宣统新修固原直隶州志》，《中国地方志集成·宁夏府县志辑8》，南京：凤凰出版社，2008年，第126—127页。

②《康熙重纂靖远卫志》，《中国地方志集成·甘肃府县志辑15》，南京：凤凰出版社，2008年，第114—115页。

　　明兵备副使郭凤翱曾于暮春时节,登临须弥,寻幽览胜,写下了"云梯出梢头,石阁倚空苍"①的须弥盛景。可见,须弥山石窟依山傍水,风景怡人,适合坐禅修行。虽然未有文献记载僧人们在须弥山石窟的活动情况,但我们不难想象当时这里幽静的环境、宏伟的石窟以及僧人们进行佛事活动的情景。

　　须弥山石窟不同历史时期的洞窟开凿在不同的山峰上,主要分布在山麓的东南向崖面上(图 1-4),呈扇形展开,初创于北魏,兴盛于北周和唐代。现存有编号的洞窟 132 个,这些洞窟由南至北分布,并自然形成了大佛楼区(第 1—5 窟)、子孙宫区(第 6—39 窟)、圆光寺区(第 40—50窟)、相国寺区(第 51—103 窟)、桃花洞区(第 104—108 窟)、松树洼区(第109—118 窟)、三个窑区(第 119—125 窟)和黑石沟区(第 126—132 窟)八个区域。由于长期受自然的侵蚀和地震的破坏,致使许多洞窟遭到不同程度的损坏。北朝时期的洞窟主要开凿在子孙宫区、圆光寺区、松树洼区和三个窑区,现有 65 个洞窟,保存较好的有第 14、24、45、46 窟和第51 窟。

图 1-4　须弥山石窟全景图

---

　　①[明]杨经纂辑《嘉靖固原州志》明固原州志卷之一,《嘉靖万历固原州志》,银川:宁夏人民出版社,1985 年,第 86 页。

第二节 固原历史文化与佛教

一、固原历史建制与文化

固原,地处陕北黄土高原西部边缘及六盘山山地的丘陵沟壑地带,位于黄河支流清水河的中上游。四面环山,居于重山叠嶂之中,形成了以六盘山山系为主体的天然屏障。固原最早称为"大原",《诗经·小雅·六月》就有记载,载周宣王:

薄伐狎狁,至于大原(今固原)。[1]

并:

料民于大原。[2]

《汉书·匈奴传》载:

---

[1] 周振甫《诗经译注》(修订本),北京:中华书局,2010年,第246页。

[2] 徐元诰撰,王树民、沈长云点校《国语集解》,北京:中华书局,2002年,第23—24页。

至懿王曾孙宣王,兴师命将以征伐之,诗人美大其功,曰"薄伐猃狁,至于大原","出车彭彭","城彼朔方",是时四夷宾服,称为中兴。[1]

《嘉靖固原州志》也记载了关于原、大原的名称由来:

黄河套即古河南朔方之地。周宣王时,猃狁内侵,至于泾阳;命尹吉甫将兵伐之,至于大原。原之名始见于此,乃雍州泾河北之大原,非冀州汾水所出之太原也。后魏于此置原州,废。唐武德初,复置原州,皆因大原之旧名。宋改为镇戎军,金为镇戎州,而泾原之名不废。唐贞元三年冬十月,吐蕃城故原州而屯之,故原之名始此,今名固原,音同而字不同。[2]

到了汉代,固原又被称为高平,《后汉书》卷一下载:

闰月,帝自征嚣,河西太守窦融率五郡太守与车驾会高平。(五郡,谓陇西、金城、天水、酒泉、张掖。高平,县名,属安定,后改为高平,今原州县。)[3]

郦道元《水经注》亦载:

又东北,高平川水(即今之清水河)注之……东北流径高平县故城东。[4]

---

①[汉]班固《汉书》卷九四《匈奴传》,北京:中华书局,1962年,第3744页。

②[明]杨经纂辑《嘉靖固原州志》明固原州志卷之一,《嘉靖万历固原州志》,银川:宁夏人民出版社,1985年,第9页。

③[宋]范晔《后汉书》卷一《光武帝纪第一下》,北京:中华书局,1965年,第53—54页。

④[北魏]郦道元注,民国杨守敬、熊会贞疏,段熙仲点校,陈桥驿复校《水经注疏》,南京:江苏古籍出版社,1989年,第187—188页。

北魏时期称为"原州",唐代有"固原"之名。《万历固原州志·地理志》较为详细地记载了固原汉以后的建制:

> 汉武帝析置安定,盖兼有泾、邠、陇、会之地。晋仍旧。元魏太延二年,置原州,寻改郡,属太平。宇文周天和四年,筑原州城,已置总管府隶焉。隋大业初,废府,又别置平凉郡属之。唐复属原州。元和中,陷吐蕃。元载、杨炎时谋复不果。贞元初,吐蕃遂城故原州而屯之。大中三年,始归有司。宋至道三年,建镇戎军。绍兴元年,没于金,金升军为州。元初仍为原州,至元十年,立开城府,以为安西王行都治,王诛,寻降州。我明降县,以属平凉府。今州南四十里有开城云。[①]

总之,西周时期已有"大原"之名,这一地区属于周的势力范围。战国时期,秦国置乌氏县。自战国末期秦昭襄王将其纳入秦国版图后,它逐渐成为这一地区政治、经济和文化的中心,是兵家必争之地,成为一个具有重要战略意义的军事要塞。秦始皇统一六国后,在固原置高平县、朝那县,隶属于北地郡。汉武帝时期在南部固原析置安定郡,为州郡级政权建制。西汉末年,王莽执政期间曾改高平为"铺睦",并将月氏道改为"月顺",乌氏改为"乌亭"。东汉时期,固原仍属安定郡管辖,郡治在高平,但辖境只有七县。汉代也在此设立了重要关隘萧关,[②]是守卫关中京畿的大门。班彪曾经北游安定郡,登上高平城,写下脍炙人口的《北征赋》:"高平而周览,望

---

①[明]刘敏宽纂次《万历固原州志上卷》地理志第一,《嘉靖万历固原州志》,银川:宁夏人民出版社,1981年,第132—133页。

②关中四关:东函谷、南武关、西散关、北萧关。[汉]司马迁撰《史记》卷七《项羽本纪》"集解"引徐广说,北京:中华书局,1982年,第315页。

山谷之嵯峨。野萧条以莽荡,迥千里而无家。风猋发以漂遥兮,谷水灌以扬波。飞云雾之杳杳,涉积雪之皑皑。"吊古评史,寄寓登临宏伟高平城的感慨。三国时期,安定郡郡治内迁,固原地隶属于曹魏雍州管辖。这一时期军阀割据,安定郡所辖县制也随着政权的变更而不断变化。西晋灭亡后,北方少数民族纷纷内迁并建立各自的地方性政权。前后赵时期,在固原置朔州牧官都尉,仍以高平(固原城)为朔州治所。公元407年,赫连勃勃在高平建都,称"大夏天王"。"北魏孝明帝正光五年(524年)夏四月敕勒酋长胡琛据高平,自称高平王。魏将卢祖迁击破之,旋秦州莫折大提反陷高平。大提死,子念生领其众,魏遣兵讨之。"[1]北魏正光五年又改高平镇为原州,同时设立其他郡县,辖高平、长城二郡,高平、黄石、默亭、白池四县。北魏建义元年(528年),高平爆发了高平起义。这一年,刚好波斯国向北魏王朝进贡了一只狮子,在路过固原途中,这只狮子就被起义军的首领万俟丑奴截获了,因此,定年号为"神兽",有神助的瑞意,以此来振奋军心。后来北魏朝廷平定了起义,这只狮子就被送往当时的都城洛阳,这就是固原丝绸之路文化中"波斯献狮"的故事。那年,高平王胡琛部将万俟丑奴在高平称帝,设置百官,建年号神兽。[2]这是宁夏历史上第二个少数民族建立的割据性地方政权。西魏后期,改高平为平高,曾增设瓦亭县。北周设原州总管府,领高平、长城二郡。之后在原州设置总管府,开唐代萧关道总管府的先河(表1-1)。隋朝开皇三年(583年),废"郡"置州县,固原再置原州。公元607年改"州"为"郡",原州改为平凉郡,辖平高、平凉、默亭等县。618年又恢复平凉郡为原州,辖平高、平凉、萧关、百泉、他楼等县,后

---

①《中国地方志集成·宁夏府县志辑8》,《宣统新修固原直隶州志》,南京:凤凰出版社,2008年,第445页。

②《北史》记载:"建义元年夏,丑奴击宝夤于灵州,禽之,遂僭大号。时获西北贡师子,因称神兽元年,置百官。"[唐]李延寿撰《北史》卷四八《列传第三十六·尔朱荣传》,北京:中华书局,1974年,第1774页。

又反复变更。唐代曾陷于吐蕃,宋朝时这里为宋夏交战的必争之地,曾在此设立"镇戎军",元代设置了开城安西王府,明代设"总陕西三边军务"。可见固原是北方的军事重镇,在古代西北的军事防务上,具有非常重要的地位。

表 1-1　固原市北朝建制沿革表

时代	行政建制		隶属	称谓
	名称	领属		
北魏	原州	高平郡	直属	高平
		长城郡		
西魏	原州	太平郡	直属	高平
		长城郡		
北周	原州	平高郡	直属	平高
		长城郡		

(注:此表格参考《固原县志》)

须弥山石窟所在地固原"长壕大堑,连山峻极,四塞之接而襟带之固也"[1],自古以来便是重要的交通要道,也是众多少数民族聚居之地,"夷汉杂居,风土劲悍"[2],不同文化在此碰撞交融。《嘉靖固原州志》载:

> 固原四通八达,土旷而势分,形胜恶乎在耶! 由州而北三百
> 里,曰下马房关;又三百里,曰花马池。长堑连山,迂缦峻极,是则

---

①《嘉靖固原州志·唐龙兵备道题名记》,《嘉靖万历固原州志》,银川:宁夏人民出版社,1981年,第 107 页。

②宁夏文物考古研究所、浙江大学文化遗产研究院、须弥山石窟文物管理所编著《须弥山石窟考古报告壹(圆光寺区下册)》,北京:文物出版社,2020 年,第 467 页。

可以设险矣。上计兴工,大募徒兵,即关之东西,堑山堙谷;池之左右,筑垒疏沟,逾年迄用告成。复议曰:此守在四夷之道也。[1]

《万历固原州志》记载:

> 固原州,古雍州域,天文井鬼分野,唐、虞、夏、商之间,要荒制之世,居戎狄种落。其后强暴内侵,周武王放逐泾北。夫泾北者,泾水之北也,正属兹境。在春秋为朝那,秦为义渠、乌戎。自秦昭王灭之,始开北地郡。[2]

先秦时期固原戎族活跃,秦朝惠文王时期设乌氏县,后又增设朝那县。西汉武帝元鼎三年(前114年)析北地郡置安定郡,郡治高平县,共辖21县,属今该地的有高平、朝那、乌氏三县和月氏道,乌氏、朝那、月支道等名称与少数民族密切相关。魏晋南北朝时期多民族文化交流更为频繁,少数民族政权不断建立。十六国时期这里先后属于匈奴、羯、氐、羌等少数民族建立的前赵、后赵、前秦、后秦和赫连夏政权的控制范围内。北魏时期敕勒、柔然、高车等民族迁徙安置于此,6世纪至7世纪,敕勒、粟特人在此形成了聚落。

北朝时期,经营固原的长官中有不少是少数民族官员,因此,本地区的政治、经济和文化得到了融合发展(表1-2)。

---

①[明]杨经纂辑《嘉靖固原州志·固原州志序》,《嘉靖万历固原州志》,银川:宁夏人民出版社,1985年,第1—2页。

②[明]刘敏宽纂次《万历固原州志上卷》地理志第一,《嘉靖万历固原州志》,银川:宁夏人民出版社,1981年,第132页。

表 1-2　北魏至北周历任原州地方长官统计表(此表参考
《中心文化对须弥山北朝洞窟的影响》)

时间	姓名	族属	籍贯	任职	家世	资料来源
528—535	李贤	高车	陇西成纪,三代定居高平	原州主簿、高平令、镇原州	地方豪族	《周书》卷二五《李贤传》
530	李远	高车	陇西成纪,三代定居高平	原州大中正	地方豪族	《周书》卷二五《李贤传弟远附传》
530	宇文泰	匈奴	代郡武川	行原州事	北镇武将	《周书》卷一《文帝纪》
534	李远	高车	陇西成纪,三代定居高平	高平郡守	地方豪族	《周书》卷二五《李贤传弟远附传》
534	侯莫陈崇	鲜卑	代郡武川	行原州事	北镇武将	《周书》卷一《文帝纪》,《周书》卷一六《侯莫陈崇传》
534 年 4 月	宇文导	匈奴	代郡武川	原州都督	北镇武将	《周书》卷一《文帝纪》,《周书》卷一〇《邵惠公颢传导附传》
534 年 4 月以后	王盟	高丽	乐浪	原州刺史	北镇武将	《北史》卷六一《王盟传》
536	李贤	高车	乐浪	行原州事	地方豪族	《周书》卷二五《李贤传》
537	李远	高车	同李贤	原州刺史	地方豪族	《周书》卷二五《李贤传弟远附传》
538	田弘	待考	原州长城郡	原州刺史	地方豪族,赐姓纥干氏	《周书》卷二七《田弘传》
542—546	李贤	高车	陇西成纪,三代定居高平	原州刺史	地方豪族	《周书》卷二五《李贤传》
543—547	蔡佑	待考	世居高平	短期任原州刺史	地方豪族,赐姓大利稽氏	《周书》卷二七《蔡佑传》

续表

时间	姓名	族属	籍贯	任职	家世	资料来源
547—548	王德	鲜卑	代郡武川	大都督原灵显三州五原蒲川二镇诸军事	北镇武将	《周书》卷一七《王德传》
548	田弘	待考	原州长城郡	使持节都督原州诸军事原州刺史	地方豪族赐姓纥干氏	《周柱国大将军纥干弘神道碑》《文苑英华》卷九〇五
北魏末	史归	西域胡	待考	待考	待考	待考
551—560	窦炽	待考	世居代郡	大都督原州刺史	累世公卿	《周书》卷三〇《窦炽传》
554—560	李穆	高车	陇西成纪,三代定居高平	原州刺史,又贤子为平高郡守,远子为平高县令	地方豪族赐姓拓跋氏	《周书》卷三〇《于翼传李穆附传》
557	蔡佑	待考	世居高平	镇原州	地方豪族	《周书》卷二七《蔡佑传》
566—572	宇文胄	匈奴	代郡武川	短期任原州刺史	北周皇族	《周书》卷一〇《邵惠公颢传子什肥子胄附传》
572	李穆	高车	陇西成纪,三代定居高平	原州总管	地方豪族	《周书》卷三〇《于翼传李穆附传》《隋书》卷三七《李穆传》
578	达奚镇	待考	代人	原州总管、三州二镇诸军事、原州刺史,寻罢归	上柱国、大宗伯	《周书》卷一九《达奚武传子震附传》

二、固原的佛教发展

固原地理位置重要,历史文化悠久,诸多少数民族繁衍生息,多种文化碰撞交融,客观上形成了民族大融合的局面。丝绸之路开通后,成为西出长安的第一重镇和古丝绸之路上的一个重要节点,也是东西经济、文化交流的驿站。两汉之际,佛教传入中国,这个融汇了西域文化、中原农耕文化、北方草原游牧文化、丝路文化等各种文化的重镇,理所当然地开怀接纳了外来的文明,于是佛教在这里得以迅速传播,人们在此竞相兴建塔寺、开窟凿龛、制作造像,留下了丰富灿烂的佛教文化遗存。公元4世纪,北方拓跋部族南下统治华北,建立北魏,在中国佛教史上出现了一个黄金时代。南来北往的众多僧侣在固原驻留,成为中国中古时期佛教的兴盛之地。

(一)僧人

固原是丝路重镇,来自这里的高僧大德在史书中有零星记载。北朝时期的僧人主要有高僧道温、智首、僧慧这几位皇甫氏的族人和比丘尼净秀,其中道温和僧慧分别出于鸠摩罗什和浮图澄门下,颇有盛名。

道温(397—465),姓皇甫,安定朝那人,皇甫谧[①]之后也,后封都邑僧主。《高僧传·释道温传》记载:"释道温,姓皇甫,安定朝那人,高士谧之后也。少好琴书,事亲以孝闻,年十六入庐山依远公受学,后游长安复师童

---

①皇甫谧,字士安,自号玄晏先生,魏晋时安定朝那(今彭阳县境内)人,是魏晋时著名隐士、学者和医学家。他年少家贫,后在叔母的教诲下,从师学儒、念佛,中年患风痹病,钻研医学。他根据《素问》《针经》《明堂孔穴针灸治要》等书,博采众长,著成《甲乙经》12卷125篇,总结前人针灸经验,阐述经络理论,明确穴位名称和位置,对各种病因症状也有详尽的记载,被古今中外针灸学者称为针灸经典。皇甫谧第一次系统地建立了中国古代的针灸学,为我国古代医学的发展作出了突出的贡献,被医学界誉为针灸之圣。他还立志守贫乐道,以著书为务。有人荐他为官,他隐居不仕,并说"居田里之中,亦可以乐尧舜之道"。他的著作除医著《针灸甲乙经》外,还有《帝王世纪》《高士传》《列女传》《玄晏春秋》等。见马汉雄编《固原佛教简史》(内部资料),固原:固原行署民族宗教局,1998年,第73—74页。

寿。"①"宋太始初卒,春秋六十有九。"②"童寿"即鸠摩罗什,道温十六岁"依远公受学"即依学于慧远,后秦时期又从庐山由鸠摩罗什号召北上长安,时年十六岁。东晋隆安五年(401年)鸠摩罗什刚被迎到长安,慧远就写信给鸠摩罗什要求结交,两人便开始通信。慧远对新传来的大乘佛教提出疑问,鸠摩罗什在《大乘大义章》中对此作了解答。慧远的弟子道生、慧观、道温、昙翼曾到长安去接受鸠摩罗什的教导。慧远当初学毗昙学,但后来从鸠摩罗什那里接受了否定毗昙学的龙树般若学,所以迫切需要修正自己的毗昙学和从道安那里接受过来的传统般若学。他还在研究新译的《大智度论》后写了《大智度论抄》。再者,被鸠摩罗什教团排斥的佛驮跋陀罗同慧观一起来到庐山,慧远向他请教了关于坐禅经典的翻译和禅的思想。③从中我们可以看出当时北方大乘佛教的兴盛。道温仅师从鸠摩罗什数月或者数十日,后秦弘始十五年(413年)农历四月十三日鸠摩罗什就去世了。《高僧传》又有记载:"元嘉中还止襄阳檀溪寺,善大乘经兼明数论。樊邓学徒并师之。"④道温既是慧远的弟子,也是鸠摩罗什的弟子,但从时间上推究,他跟从二位师父的学习时间最多也就是数月,而且当时他也只有十六七岁。然而,对于道温真正的师承,《高僧传·释道温传》却只字未提,大概是慧皎所见的资料已经隐没不传,他无从下笔。元嘉元年(424年)距鸠摩罗什圆寂之年已相隔九年,而至此年,道温也仅为27岁。⑤

　　鸠摩罗什去世后,他的弟子僧肇、道融、僧挈仍留在长安;道生、慧严、慧观、僧睿、僧苞、昙无成、道温、僧导等迁居南方,鸠摩罗什所传的大乘佛

---

①[南朝梁]慧皎撰《高僧传》卷七,见《大正藏》第2059号,第50册,第372页。

②[南朝梁]慧皎撰《高僧传》卷七,见《大正藏》第2059号,第50册,第373页。

③(日)镰田茂雄著,郑彭年译、力生校《简明中国佛教史》,上海:上海译文出版社,1986年,第68页。

④[南朝梁]慧皎撰《高僧传》卷七,见《大正藏》第2059页,第50册,第372页。

⑤赖永海主编《中国佛教通史》(第一卷),南京:江苏人民出版社,2010年,第611页。

教传播到江南。道温到襄阳后,即彰显出擅长大乘经典和小乘毗昙的高僧形象特点。《高僧传·释道温传》又载:

> 时吴国张邵镇襄阳,子敷随之。敷听温讲还,邵问:"温何如?"敷曰:"义解足以析微,道心未易可测。"邵躬往候之,方挹其神俊。后从容谓曰:"法师傥能还俗,当以别驾相处。"温曰:"檀越乃以桎梏诱人。"即日辞往江陵。邵追之不及,叹恨。孝建初被敕下都,止中兴寺,大明中,敕为都邑僧主。路昭皇太后大明四年十月八日造普贤像成,于中兴禅房设斋。①

根据《南史》卷三二《张邵传》载:"元嘉五年,转征虏将军,领宁蛮校尉、雍州刺史,加都督……及至襄阳,筑长围,修立堤堰,创田数千顷,公私充给。"②可以看出在张邵镇守襄阳的元嘉五年(428年)至元嘉七年(430年)之间,听仅为三十一二岁的道温讲经说法,足见道温佛教造诣的深厚。道温在江陵住了二十余年,孝建(454—456年)初年,"被敕下都,止中兴寺。大明中,敕为都邑僧主"③。大明四年(460年)"十月八日造普贤像成,于中兴禅房设斋"④,引出瑞相而改中兴寺禅房为天安寺。"温后累当讲任,禀味之宾填委相属,精勤导物数感神异。帝悦之,赐钱五十万。时人为之语曰:'帝主倾财温公率则,上天怀感神灵降德'"。⑤道温卒于刘宋泰始初年(465年),年六十九。

---

① [南朝梁]慧皎撰《高僧传》卷七,见《大正藏》第2059号,第50册,第372页。
② [南朝唐]李延寿撰《南史》卷三二《张邵传》,北京:中华书局,1975年,第825页。
③ [南朝梁]慧皎撰《高僧传》卷七,见《大正藏》第2059号,第50册,第372页。
④ [南朝梁]慧皎撰《高僧传》卷七,见《大正藏》第2059号,第50册,第372页。
⑤ [南朝梁]慧皎撰《高僧传》卷七,见《大正藏》第2059号,第50册,第373页。

僧慧(408—486),姓皇甫,安定朝那人(今彭阳县境内)。《高僧传·释僧慧传》记载:

> 释僧慧,姓皇甫,本安定朝那人,高士谧之苗裔。先人避难寓居襄阳,世为冠族。慧少出家,止荆州竹林寺,事昙顺为师。顺庐山慧远弟子,素有高誉。慧伏膺以后,专心义学,至年二十五,能讲《涅槃》《法华》《十住》《净名》《杂心》等。性强记,不烦都讲,而文句辩折,宣畅如流。又善庄老,为西学所师,与高士南阳宗炳、刘虬等,并皆友善。炳每叹曰:"西夏法轮不绝者,其在慧公乎!"①

僧慧与道温都是皇甫谧的后裔,随先人避难于襄阳,曾师承于高僧昙顺。昙顺是高僧慧远的弟子,因此僧慧与慧远的佛学思想关系密切。僧慧在南朝,于昙顺门下25岁出师(刘宋元嘉九年即432年),《高僧传》称僧慧为"齐荆州竹林寺释僧慧"②,而《高僧传》卷八记载说:"后有释慧敞者,亦志素贞正。代慧为僧主,续有功效焉。慧弟子僧岫,亦以学显。力精致血疾而终。"③可见,僧慧一直驻锡于竹林寺。他"与玄畅同时,时谓黑衣二杰",圆寂于南齐永明四年(486年),春秋七十九。④

唐代僧人神清《北山录》记载:

> 夫澄至安,安至远,远至昙顺,顺至僧慧,凡五世,价重帝王,风动四方,事标史册(书日四方风动,唯乃之休),其或立德也(谓

---

① [南朝梁]慧皎撰《高僧传》卷一八,见《大正藏》第2059号,第50册,第420页。
② [南朝梁]慧皎撰《高僧传》卷一四,见《大正藏》第2059号,第50册,第378页。
③ [南朝梁]慧皎撰《高僧传》卷八,见《大正藏》第2059号,第50册,第378页。
④ 赖永海主编《中国佛教通史》(第一卷),南京:江苏人民出版社,2010年,第608页。

禅观之行者）、立功也（翻译流传）、立言也（讲说著述），为天下
之人也。①

可见从浮图澄始，至道安、慧远、昙顺、僧慧，建立了五代高僧之间的
传承系统。僧慧南北佛学兼通，影响深远。

文献中关于高僧智首与比丘尼净秀的记载较少。新编《固原县志》载：
"智首（566—635），皇甫谧后裔。朝那人，现彭阳县境内。"他与道温、僧慧
都是皇甫谧的后代，"曾出家相州（今河北临章县境内）云门寺，后至长安
整理佛律，著《五部七分钞》，佛学造诣'独步京辇三十余年'。唐贞观八年
（634年），长安弘福寺建成，召为上座，圆寂后国葬"。"尼净秀（417—506）
安定乌氏（今固原市东南）人。俗姓梁，梁景后裔。落发建康服膺寺，时誉
'律行明白，规矩应法'"。

以上几位固原的僧人，虽然后来都迁徙南方或者长安等地讲经说法，
但他们的佛教思想也会对固原佛教产生一定的影响。

（二）石窟、造像碑等佛教遗存

固原目前发现的石窟及造像遗址等有几十处，它们是研究古代原州
佛教重要的实物资料。

须弥山石窟是固原地区开凿的最大石窟群，除此之外，还有禅塔山石
窟、扫帚岭（云台山）石窟、阳洼寺石窟、阴洼寺石窟、南北石窟、无量山石
窟等石窟，具体统计如下表（表1-3）：

---

①[唐]神清撰，慧宝注《北山录》卷四，见《大正藏》第2059页，第52册，第597页。

表 1-3 固原地区石窟统计表

序号	名称	开凿年代	地址
1	须弥山石窟	北魏至唐	原州区黄铎堡镇
2	禅塔山石窟	北朝或唐	原州区黄铎堡镇
3	昆峰寺石窟	北魏至明	原州区炭山乡
4	兴龙寺石窟	北魏至明	原州区炭山乡
5	南北石窟	北魏至明	原州区张易乡
6	常湾摩崖石刻	北魏	彭阳县小岔乡
7	无量山石窟	宋	彭阳县川口乡
8	龙凤山石窟	唐至明	隆德县城西南
9	崖坪寺石窟	金	隆德县奠安乡
10	石寺山石窟	隋至唐代	西吉县城北 25 公里
11	扫帚岭(云台山)石窟	北朝至明代	西吉县城北 15 公里
12	禅佛寺石窟	唐代	西吉县火石寨乡
13	双羊套石窟	唐至清	西吉县偏城乡
14	三关口摩崖石刻	北魏	泾源县六盘山镇
15	石窑湾石窟	宋	泾源县新民乡
16	天都山石窟	宋至西夏	沙坡头区(原海原县)西安乡
17	凤岭龙山寺石窟	待考	沙坡头区(原海原县)红羊乡

以上石窟寺中,北朝开凿的石窟主要有须弥山石窟、禅塔山石窟、昆峰寺石窟、兴龙寺石窟、南北石窟、常湾摩崖石刻、三关口摩崖石刻和扫帚岭(云台山)石窟。如此有限的地域内,在短短的一百多年,开凿了这么多的石窟,足见固原北朝佛教兴盛的程度。下面将一些保存较好的石窟做一简述。

禅塔山石窟位于固原市原州区西北 45 公里处黄铎堡镇张家山村的

西侧，文献记载，"禅塔山，在州西北九十里"①，与须弥山石窟南北相望。石窟开凿在一座独立的山峰的东南崖面上（图1-5），现存有10个洞窟，6个圆拱龛和两眼水窖。②须弥山石窟和禅塔山石窟都有大量的禅窟，反映出北朝禅法之盛行。须弥山石窟第33窟、禅塔山石窟第10窟的洞窟形制较为

特殊（图1-6），与印度阿旃陀、中国新疆龟兹地区的石窟有很大的相似性，它们对研究佛教东传和中西文化的交流融合意义重大③。

由于自然及历史原因，以上诸多石窟风化、损毁较为严重，大部分现已无法收集到有价值的资料。常湾摩崖造像相对完整（图1-7），造像刻凿在约15米高的石崖上，共有七尊。居中雕刻拱形龛，龛内刻凿佛及弟子造像，正中雕一佛结跏趺坐于莲

图1-5　禅塔山石窟外景

图1-6　禅塔山石窟第10窟

①[清]王学伊修，锡麒纂，韩超校注《宣统新修固原直隶州志》卷二《地舆志·山川》，载胡玉冰主编"宁夏珍稀方志丛刊"，上海：上海古籍出版社，2018年，第53页。

②韩有成《宁夏原州区禅塔山石窟调查报告》，《敦煌研究》2015年第3期，第12页。

③韩有成《宁夏原州区禅塔山石窟调查报告》，《敦煌研究》2015年第3期，第15页。

图1-7 常湾摩崖造像

花宝座上,高肉髻,身着交领袈裟,双耳垂肩,双手合十于腹部,两眼微闭。两旁为二胁侍菩萨,头戴花冠,上着长衫,下着长裙,跣足而立。佛龛左下角雕刻一供养弟子,做单腿跪状,左手扶膝,右手托盘。左侧三尊,中尊雕刻为柳叶形佛龛,佛结跏趺坐于莲花座上,高肉髻,面相模糊,着袈裟,双手置于腹部,掌心向上;左右两尊雕刻三角形佛龛,佛结跏趺坐于莲花座上,面相模糊,着袈裟。右侧雕刻两拱形佛龛,佛结跏趺坐于莲花座上,高肉髻,着袈裟,双手置于腹前,掌心向上。造像有多处题记,"贠显进造""贠衔起造""三月二十九""四月十日"等①,可能此石刻与贠氏有很大关系。北魏贠标墓志砖有"兖岐泾三州刺史新安子贠世墓志铭"记载:

> 兖、岐、泾三州刺史,新安子,姓贠,讳标,字显业,泾州平凉郡阴盘县武都里人。楚庄王之苗裔。石镇西将军、五部都统平昌伯暧□之曾孙,冠军将军、泾州刺史、始平侯郎之长子。惟公文照资于世略,英毅括囊仁伦,纳言则贞,波显司出,收则纯风。再宣

①杨宁国主编《彭阳县文物志》,银川:宁夏人民出版社,2003年,第103—104页。

匪悟。星寝宵泯,华景尽泪。以大魏景明三年岁次壬午。①

　　志文简略地记载了负标的籍贯、家世和事迹。负标,字显业,平凉阴盘人(今甘肃省平凉市东)。出身宦门望族,曾任兖、岐、泾三州刺史,赐爵新安子,是位文韬武略兼备的显赫人物,卒于北魏景明三年(502年)。常湾石窟"负显进造"之显进应与墓志铭上的负标(负显业)为族人,或为兄弟,是当地的望族。

　　除了石窟以外,固原还出土了大批佛教造像碑,一些墓葬中也有佛教题材的壁画。出土的北朝时期固原地区主要造像及墓葬壁画统计如下表(表1-4):

表1-4　固原出土佛教造像、壁画统计表

序号	名称	年代	图片	线描	出土地	图片来源
1	金神庆造像碑	北魏建明二年(531)			彭阳县新集乡	图片采自《固原历史文物》第126页,线描笔者绘
2	背屏式残造像	北魏			彭阳县新集乡	图片采自《固原历史文物》第128页,线描笔者绘

---

①杨宁国主编《彭阳县文物志》,银川:宁夏人民出版社,2003年,第138—139页。

续表

序号	名称	年代	图片	线描	出土地	图片来源
3	背屏式立菩萨像	北魏			彭阳县新集乡	图片采自《固原历史文物》第129页，线描笔者绘
4	背屏式供养菩萨像	北魏			彭阳县新集乡	图片采自《固原历史文物》第131页，线描笔者绘
5	背屏式白石坐佛造像	北魏			彭阳县红河乡	图片采自《固原历史文物》第136页，线描笔者绘
6	背屏式白石佛三尊像	北魏			彭阳县红河乡	图片采自《固原历史文物》第137页，线描笔者绘

续表

序号	名称	年代	图片	线描	出土地	图片来源
7	背屏式坐佛造像	北魏			彭阳县红河乡	图片采自《固原历史文物》第139页,线描笔者绘
8	背屏式白石坐佛造像	北魏			彭阳县红河乡	图片采自《固原历史文物》第140页,线描笔者绘
9	背屏式石坐佛造像	北魏			彭阳县红河乡	图片笔者摄,线描笔者绘
10	背屏式石菩萨造像	北魏			彭阳县红河乡	图片笔者摄,线描笔者绘

续表

序号	名称	年代	图片	线描	出土地	图片来源
11	石造像塔	北魏			隆德县神林乡	图片采自《固原历史文物》第135页,线描笔者绘
12	背屏式石佛三尊像	北魏			隆德县城关镇	图片采自《固原历史文物》第141页,线描笔者绘
13	背屏式石坐佛造像	北魏			隆德县城关镇	图片采自《固原历史文物》第142页,线描笔者绘

续表

序号	名称	年代	图片	线描	出土地	图片来源
14	青铜佛造像	北魏			彭阳县新集乡	图片采自《固原历史文物》第144、145页,线描笔者绘
15	漆棺画	北魏			西郊乡雷祖庙村	图片笔者摄,线描采自《北魏漆棺画》
16	漆棺画	北魏			西郊乡雷祖庙村	图片笔者摄,线描笔者绘

造像碑是一种较为特殊的佛教艺术形式，便于频繁礼拜。[①]相比于石窟更趋于携带便捷，可供个人或家族随时随地进行礼拜供养。原州出土了不少北朝时期的造像碑，有明确纪年的太平真君二年（441年）铜造像和北魏建明二年（531年）石造像碑，是我们研究固原佛教历史的重要图像资料。西吉发现的"北魏太平真君二年铜制造像记"，造像背面刻有铭文"太平真君二年岁次辛巳三月十日，赵通敬造弥勒像三区（躯），上为皇帝陛下、师僧，已过父母、现存夫妻为四至六道法界众生，一明眷属，咸同斯福"。从发愿内容"敬造弥勒像"来看，反映了造像者的弥勒信仰；从发愿对象"皇帝陛下""师僧""父母""夫妻""眷属"来看，置于最前的一类是与自己存在上下级关系的统治者，充分体现出了北魏佛教的"国家性质"。第二类是与自己有血缘、亲缘关系的人。第三类是有业缘关系的师僧。还有一类是"四至六道法界众生"。而众生是大乘佛教菩萨行思想的主要观念[②]，因此，雕凿此造像碑的目的与意义无疑与弥勒信仰、大乘佛教等思想有关，也是研究须弥山北朝石窟的重要补充资料。

彭阳县新集乡出土的建明二年石造像碑左侧、背面有阴刻"使持节假镇西将军镇军将军西征都督泾州大中正安戎县开国子金神庆敬造石像二躯，建明二年二月十七日"的题记。北魏早期彭阳一带属平凉所辖，据《旧唐书·地理志》载："平凉，隋县，治阳晋川。"[③]隋之平凉与北朝平凉同为一地。《元和郡县图志》"原州"条亦称，百泉县西去原州九十里，该县西南有阳晋川。阳晋川即今红河，今彭阳新集恰处于阳晋川一带。北魏时期，固原部分地区为金姓豪族统领，从这里出土的碑铭和造像可见金姓作为势力强大

---

①侯旭东《北朝民间佛事活动与民众佛教信仰》，《文史知识》2000年第8期，第17页。

②侯旭东《五、六世纪北方民众佛教信仰：以造像记为中心的考察》，北京：中国社会科学出版社，1998年，第218页。

③[后晋]刘昫《旧唐书》卷三八，北京：中华书局，1975年，第1407页。

的匈奴部族在本地的影响。出土于彭阳南部的北魏《金猥墓志》铭文记载：

> 公讳猥，字仲儒。其先少昊金天氏之世、少帝之胤。承天纂历，永封帝区。自尔兴焉，世为国主，历虞夏商周，婚连帝室。大汉初顽，海宇同轨，识机观运，提封归化。汉帝见如奇之，即召中书舍人、黄门侍郎、内侍中。厥子延季，生自天资，门才特俊，独步汉庭，蝉联映阙，七世侍中。垂晕魏祚，历代承基，勋彰晋胄。六世孙进兴，晋文帝中书舍人、清河太守、雍州刺史、太尉公。第三息柱，秦州刺史，封为秦王。长子熙，符祚初兴，征西将军、司隶校尉、秦雍二州刺史、安南公。厥子松，姚氏应运，承基更始，镇西将军、给事黄门侍郎、京兆子、寻阳伯。弟崖，太魏南迁，廓定九州，纂五运之晕，化及退水。赤鲁内侵，首领达中，太武□皇帝被召入京，播迷归政，即授征西将军、大都督、关西诸军事、泾州刺史、陇西公。松息广兴，少入清朝，长班荣绪，授广武将军、兰陵太守、永昌子、本部统酋。乃生五子。长息安，禀自天资，少立名，轨高公州都，后召平凉郡功曹，赠持节平北将军，歯州刺史。弟猥出自中孝，泾州中正，后为郡功曹，赠假节、辅国将军、泾州刺史。追谥曰景公。
>
> 大魏太昌元年岁次壬子，十月辛酉玥廿四月癸酉记。[①]

《资治通鉴》卷一〇六：

> 金熙本东胡之种。[②]

---

①政协彭阳县第八届委员会编《彭阳文史》（第五辑），银川：宁夏人民教育出版社，2016年，第172页。

②[北宋]司马光编撰，邬国义校点《资治通鉴》卷第一百六《晋纪》，上海：上海古籍出版社，2017年，第1157页。

《晋书》卷第一一五《姚苌载记》：

冠军邓景拥众五千据彭池，与窦冲为首尾，击苌平凉太守金熙。安定北部都尉鲜卑没奕于率鄯善王胡员吒、护羌中郎将梁苟奴等，与苌左将军姚方成、镇远强京战于孙丘谷，大败之。①

同书卷一一七《姚兴载记上》云：

姚硕德讨平凉胡金豹于洛城，克之。②

又《魏书》卷四上《世祖纪》云：

（神𪥫元年八月）上郡休屠胡酋金崖率部内属。③

平凉金氏，本匈奴休屠王之后，屠各族也。《汉书》卷六八《金日磾传》云：

金日磾字翁叔，本匈奴休屠王太子也。武帝元狩中，骠骑将军霍去病将兵击匈奴右地，多斩首，虏获休屠王祭天金人。其夏，骠骑复西过居延，攻祁连山，大克获。于是单于怨昆邪、休屠居西方多为汉所破，召其王欲诛之。昆邪、休屠恐，谋降汉。休屠王后悔，昆邪王杀之，并将其众降汉。封昆邪王为列侯。日磾以父不降见杀，与母阏氏、弟伦俱没入官，输黄门养马，时年十

---

① [唐]房玄龄《晋书》卷一一五《姚苌载记》，北京：中华书局，1974年，第2946页。
② [唐]房玄龄《晋书》卷一一七《姚兴载记》，北京：中华书局，1974年，第2977页。
③ [北齐]魏收撰《魏书》卷四上《世祖纪》，北京：中华书局，1974年，第74页。

四……本以休屠作金人为祭天主，故因赐姓金氏云。①

《魏书》卷四〇《陆俟传》载：

> 平凉休屠金崖、羌狄子玉等叛，复转为使持节、散骑常侍、平西将军、安定镇大将。既至，怀柔羌戎，莫不归附。追讨崖等，皆获之。征还，拜散骑常侍。②

从以上关于金氏的诸多文献记载可以看出，休屠本匈奴王号，为汉时休屠降胡，东晋、北魏时为平凉强豪，故晋书匈奴传谓"屠各最豪贵"，叛服无常也。《金猥墓志》落款"大魏太昌元年"为公元532年，彭阳出土造像碑题记"建明二年"为公元531年，比墓志早一年，供养人金神庆应该是金氏家族中的一员。墓志中所出现的人名应是墓主已故的长辈或平辈男性，而金神庆在墓志中并没有出现，说明造像时金神庆还在世，故不入志。造像题记和墓志显示，金神庆与金猥都担任过泾州"中正"，不同之处在于金神庆是"大中正"，很有可能金猥转任郡功曹后由金神庆接任。③足见这一时期金氏在固原一带的显赫势力，同时也可知该族参与了相关的佛事活动。

此外，泾川博物馆所藏"残彩绘石造像碑"造像与这一造像碑从形式上看比较相似，但背面的具体情况尚未得到资料考证，很有可能与彭阳出土的建明二年造像碑有一定的联系（图1-8、图1-9）。

泾川的一些禅寺碑记中也有原州佛教信徒参与佛教法事的记载。嵩显禅寺系北魏泾州刺史高乘信奉宣武帝之命而建，北魏《敕赐嵩显禅寺碑

---

① [东汉]班固编撰《汉书》卷六八《列传》，北京：中华书局，1962年，第2959—2967页。
② [北齐]魏收撰《魏书》卷四〇《列传》，北京：中华书局，1974年，第901页。
③ 王怀宥、郭永利《北魏金猥墓志考释》，《西北民族论丛》2017年第2期，第86页。

图 1-8　北魏建明二年造像碑　　　　图 1-9　残彩绘石造像碑

记》(509年)记载了由皇帝敕建泾川第一座寺院的经过,以怀念和赞誉高
氏先祖。碑阴题名完整无缺,记录了主持修建者和泾州所辖各郡县出资者
官职及名单,此碑出土地与原州很近,甚至也有原州人参与其中:

　　　　别驾从事史皇甫轨,字文则,安定人。治中从事史梁微,字定
　　显,安定人。征虏将军安定内史临泽伯□,字天□,河南人。平凉
　　太守朝那男皇甫□,字文远,安定人。仓曹参军梁穆,字文和,安
　　定人。主簿路彰,字□乐,安定人。主簿韩邕,字法和,安定人。西
　　曹书佐梁瑞,字成起,安定人。祭酒从事史程熙,字保愿,安定人。
　　朝那令东阿子叱吕起,字延兴,河南人。部郡从事史张炽,字安
　　昌,安定人。①

----

①凌海成主编《泾川佛教瑰宝——甘肃泾川佛舍利与百里石窟长廊及金石文物》,北京:五洲
传播出版社,2015年,第195页。

　　《南石窟寺之碑》(510年)记载了北魏奚康生创建南石窟寺的功德事迹,碑阴有相关出资修建石窟的施主题名:

> 司马敷西男安定皇甫慎,平凉太守朝那男□□□□,别驾从
> 事史安定胡武伯,平漠将军统军兼别驾主簿安定胡文安,主簿兼
> 州别驾从事史安定梁僧寿,祭酒从事史安定皇甫询,□□□事
> □安定席道原,部郡从事史安定负英,省事安定胡季安,安定郡
> 丞沛国刘纪,平凉郡丞济南侯安定胡虬,朝那令□□□□□,爱
> 得令朝耶罗宗,高平令□□□□□。①

　　1981年固原县西郊乡雷祖庙村发掘的北魏墓葬中,漆棺画上的鲜卑人像、佛像、孝子故事共呈一室。②联珠纹组成的图案中绘有菩萨,菩萨大眼长眉,有胡须,脸涂粉面,硕大的耳朵佩戴耳环,胸脯赤裸,手臂着钏,颈着项圈,佩饰璎珞,下着裤裙,天衣绕臂而下,侧身斜立,有头光,无宝冠。在北魏墓葬中出现菩萨画像的不多。棺侧板漆画有三层联珠龟背纹,其中有一种圆环内对称地画有供养天人。天人圆脸,眉目清秀,有圆形头光,裸体,肩臂上缠绕着飘带,翩翩起舞。

　　固原的石窟、造像碑等佛教遗存,是建构古代原州佛教体系和研究须弥山北朝石窟的重要资料。

---

　　①凌海成主编《泾川佛教瑰宝——甘肃泾川佛舍利与百里石窟长廊及金石文物》,北京:五洲传播出版社,2015年,第198页。

　　②宁夏固原博物馆《固原北魏墓漆棺画》,银川:宁夏人民出版社,1988年,第10页。

第三节 须弥山北朝石窟的形制、内容与分期

一、洞窟形制

根据《须弥山石窟内容总录》(以下简称《总录》)等以及笔者对个别洞窟的重新判断，现将须弥山北朝石窟的窟形及洞窟内容情况统计如下表（表1-5）：

表1-5 须弥山北朝石窟窟形及题材内容统计表

窟号	朝代	区段	窟形	窟顶	功能	造像内容
第2窟	西魏	大佛楼西端	方形窟	攒尖顶	佛殿窟	一佛二菩萨
第3窟	西魏	大佛楼西侧	方形窟	攒尖顶	禅窟	无
第4窟	西魏	大佛楼西侧	椭圆形	券顶	禅窟	无
第5窟附	西魏	大佛楼东侧	方形窟	平顶	瘗窟	无
第6窟	北魏	子孙宫南端上层	方形窟	平顶	僧、禅窟	无
第7窟	北魏	子孙宫南端上层	方形窟	穹窿顶	禅窟	门两侧各雕一造像
第8窟	北魏	子孙宫南端中层	方形窟	覆斗顶	佛殿窟	一铺三身像、六身立像

续表

窟号	朝代	区段	窟形	窟顶	功能	造像内容
第9窟	北魏	子孙宫南端中层	方形窟	攒尖顶	禅窟	无
第10窟	北魏	子孙宫南端下层	方形窟	小覆斗顶	禅房窟	无
第11窟	北魏	子孙宫南端下层	方形窟	平顶	僧、禅窟	无
第12窟	北魏	子孙宫南端下层	方形窟	平顶	僧、禅窟	无
第13窟	北魏	子孙宫南端中层	方形窟	小覆斗顶	禅窟	窟门两侧各一雕像
第14窟	北魏	子孙宫南端下层	中心柱窟	覆斗顶	礼拜窟	一佛二菩萨、坐佛、交脚菩萨、释迦多宝并坐
第15窟	北魏	子孙宫南端下层	方形窟	攒尖顶	佛殿窟	一铺三身像
第16窟	西魏	子孙宫西端	方形窟	攒尖顶	禅窟	持金刚杵和宝剑的二力士；彩绘云纹、花卉、胡人等；窟顶四披雕宝珠
第17窟	西魏	子孙宫西端	中心柱窟	穹窿顶	礼拜窟	二力士、门楣浮雕五瓣仰莲
第17-1窟	西魏	子孙宫西端	圆拱龛	/	未知	无
第17-2窟	西魏	子孙宫西端	方形窟	平顶	佛殿窟	一铺三身像、立像
第17-3窟	西魏	子孙宫西端	圆拱龛	/	未知	无
第18窟	西魏	子孙宫西端	方形窟	穹窿顶	佛殿窟	力士、一铺五身像、一铺三身像
第19窟	西魏	子孙宫西端	方形窟	穹窿顶	佛殿窟	一佛二菩萨
第20窟	西魏	子孙宫西端	方形窟	穹窿顶	佛殿窟	力士、一铺三身像
第20-1窟	西魏	子孙宫西端	圆拱龛	/	佛殿窟	一铺三身像
第20-2窟	西魏	子孙宫西端	方形窟	平顶	禅窟	无
第22窟	北魏	子孙宫中部	中心柱窟	覆斗顶	礼拜窟	一佛二菩萨

续表

窟号	朝代	区段	窟形	窟顶	功能	造像内容
第22窟附	北魏	子孙宫中部	方形窟	平顶	僧房窟	无
第23窟	北魏	子孙宫中部	方形窟	穹窿顶	僧、禅窟	无
第23-1窟	北魏	子孙宫中部	方形窟	穹窿顶	僧房窟	无
第23-2窟	北魏	子孙宫中部	方形窟	穹窿顶	僧房窟	无
第24窟	北魏	子孙宫中部	中心柱窟	覆斗顶	礼拜窟	一立佛二菩萨、乘象太子、骑马太子、半跏思惟、一坐佛二菩萨、童子飞天
第28窟	北魏	子孙宫中部	中心柱窟	覆斗顶	礼拜窟	一佛二菩萨、中心柱已毁
第32窟	西魏	子孙宫区北部	中心柱窟	覆斗顶	礼拜窟	立像、一佛二菩萨
第33窟	西魏	子孙宫区北部	中心柱窟	覆斗顶	礼拜窟	坐佛
第34窟	西魏	子孙宫区北部	方形窟	穹窿顶	佛殿窟	一铺三身像
第35窟	西魏	子孙宫区北部	中心柱窟	覆斗顶	佛殿窟	门外两侧及窟内西南北壁分化不清
第36窟	西魏	子孙宫区北部	中心柱窟	覆斗顶	礼拜窟	一佛二菩萨、菩萨
第37窟	西魏	子孙宫区北部	中心柱窟	覆斗顶	礼拜窟	无
第38窟	西魏	子孙宫区北部	方形窟	平顶	僧、禅窟	无
第39窟	西魏	子孙宫区北部	三室	平顶	禅窟	无
第40窟	西魏	圆光寺区西端北侧崖壁	方形窟	覆斗顶	禅窟	无
第40-1窟	西魏	圆光寺区西端西南峭壁	方形窟	平顶	禅窟	无
第41窟	西魏	圆光寺区西端	方形窟	覆斗顶	禅窟	力士

续表

窟号	朝代	区段	窟形	窟顶	功能	造像内容
第42窟	北周	圆光寺区中心最西端	方形窟	平顶	禅窟	无
第43窟	北周	圆光寺区中心	方形窟	平顶	僧、禅窟	无
第44窟	北周	圆光寺区中心上层	方形窟	穹窿顶	僧、禅窟	绘高僧像、弟子、莲花图案
第45窟	北周	圆光寺区中心西侧	中心柱窟	覆斗顶	礼拜窟	一佛二菩萨、三佛、四方佛、供养人、博山炉、伎乐
第45窟附	北周	圆光寺区中心中层	方形窟	平顶	僧、禅窟	无
第46窟	北周	圆光寺区中心中层	中心柱窟	覆斗顶	礼拜窟	一佛二菩萨、维摩文殊、三佛、七佛、供养人、比丘、比丘尼、神王、伎乐、飞天、
第47窟	北周	圆光寺区中心下层	中心柱窟	覆斗顶	礼拜窟	无
第47窟附	北周	圆光寺区中心	方形窟	圆顶	僧房窟	无
第48窟	北周	圆光寺区中心下层	中心柱窟	覆斗顶	礼拜窟	中心柱及四壁
第49窟	北周	圆光寺区中心下层	方形窟	覆斗顶	佛殿窟	西壁中部阴刻莲花
第51窟	北周	相国寺中心区东端	中心柱窟	覆斗顶	礼拜窟	力士、一佛二弟子二菩萨、三佛、半跏思惟、弟子、天王
第110窟	西魏	松树洼区中心西侧	方形窟	攒尖顶	影窟	坐像一躯
第111窟	西魏	松树洼区中心	方形窟	覆斗顶	禅窟	力士、彩绘比丘
第113窟	西魏	松树洼区中心	方形窟	攒尖顶	影窟	禅僧
第115窟	西魏	松树洼区中心	方形窟	覆斗顶	影窟	无
第116窟	西魏	松树洼区中心	敞口龛	平顶	未知	无

续表

第 119 窟	西魏	三个窑区西部		覆斗顶	佛殿窟	已毁
第 120 窟	西魏	三个窑区西部	方形窟	覆斗顶	僧、禅窟	无
第 121 窟	西魏	三个窑区西部	中心柱窟	覆斗顶	礼拜窟	力士、一佛二菩萨等
第 122 窟	西魏	三个窑区东部	方形窟	平顶	禅窟	无
第 123 窟	西魏	三个窑区东部	椭圆形	平顶	未知	无
第 124 窟	西魏	三个窑区东部	不规则梯形	平顶	瘗窟	无
第 125 窟	西魏	三个窑区东部	方形窟	平顶	禅窟	无

　　根据洞窟平面形状以及窟中有无造像,可将须弥山北朝石窟的窟形分为以下三类:[①]

　　第一类:无像方形窟。有的有前室,有的无前室,主室为平面方形或横长方形,窟门以长方形为主,个别为尖拱或圆拱,有平顶、攒尖顶、穹窿顶和覆斗顶。主要洞窟有第 3、4、6、7、9、10、11、12、13、16、20-2、22 附、23、23-1、23-2、38、39、40、41、42、43、44、45 附、47 附、49、111、116 窟(图1-10、图1-11、图1-12、图1-13)。这类无像方形窟可根据顶部的不同,分成若干小类(表1-6):

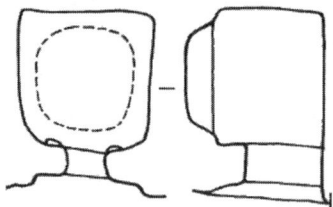

图 1-10　须弥山石窟第 7 窟平、剖面图　　　图 1-11　须弥山石窟第 6 窟平、剖面图

①陈悦新《须弥山早期洞窟的分期研究》,《华夏考古》1995 年第 4 期,第 78—94 页。

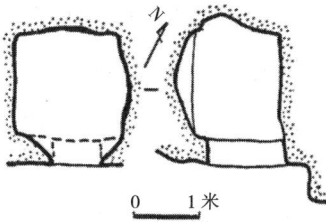

图 1-12 须弥山石窟第 9 窟平、剖面图

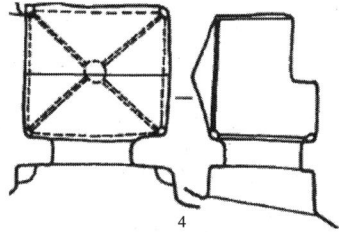

图 1-13 须弥山石窟第 111 窟平、剖面图

表 1-6 须弥山北朝无像方形窟统计表

时期	窟顶形制	窟号	功能	数量	合计
北魏	平顶	5 附、6、11、12、22 附	瘗窟：5 附；僧、禅窟：6、10、11、12、22 附、23、23-1、23-2；禅窟：7、9、13	5	12
	穹窿顶	7、23、23-1、23-2		4	
	攒尖顶	9		1	
	小覆斗顶	10、13		2	
	覆斗顶	/		0	
西魏	平顶	20-2、38、39、40-1、122、125	僧、禅窟：38、120 禅窟：3、16、20-2、39、40、40-1、41、111、122、125	6	12 第 4 窟为尖拱顶
	穹窿顶	/		0	
	攒尖顶	3、16		2	
	小覆斗顶	/		0	
	覆斗顶	40、41、111、120		4	
北周	平顶	42、43、45 附	禅窟：42；僧、禅窟：43、44、45 附、49；僧房窟：47 附	3	5 第 47 附为圆顶
	穹窿顶	44		1	
	攒尖顶	/		0	
	小覆斗顶	/		0	
	覆斗顶	49		1	

从以上统计可以看出,方形窟主要是僧人日常生活所用的禅窟、僧房窟,还有一些是瘗窟和影窟。就数量而言,北魏和西魏时期数量多达 12 个,而北周时期只有 5 个方形洞窟,从中可以看出北魏、西魏、北周不同时期所流行的佛教思想的变化。

第二类:佛像方形窟。主室为平面方形,窟内有造像。陈悦新根据窟内有无佛龛,又将其分为两类[①]:有的壁面开龛,在龛内雕凿佛像,有第 15、20-1 窟等窟;有的壁面不开龛,直接在壁面雕凿,主要洞窟有第 2、8、17-2、18、19、20、34、35 窟等窟,其中三壁三龛洞窟居多,也有少数为正壁仅开一龛,如第 17-2 窟和第 20-1 窟(图 1-14、图 1-15)。

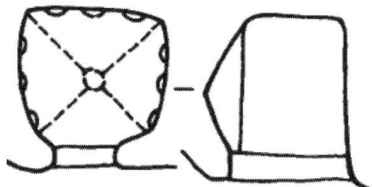

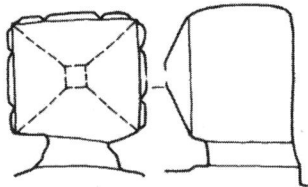

图 1-14　须弥山石窟第 15 窟平、剖面图　　图 1-15　须弥山石窟第 8 窟平、剖面图

这类佛像方形窟还有一种类型,即窟室后壁有一坛,坛上有一造像,如第 110、113、115 窟,这三个窟都是影窟。

在陈悦新的统计中,未将第 119 窟列入,从窟形及其内部造像情况来看,此窟主室为平面方形,北、东、西三壁各雕一圆拱形龛,龛内有造像留痕,此窟也应为佛像方形窟。而它的三壁三龛布局,与第 15、18、19、20 等窟一样,是西魏时期比较流行的一种样式。

第三类:中心柱窟。主室平面方形,窟室内有中心塔柱。主要有第14、17、22、24、28、32、33、36、37、45、46、47、48、51、121 窟。其中第 17、28、33、36、37 窟内的中心柱已毁。根据窟顶形制、窟内布局和塔柱形制可分为三

---

①陈悦新《须弥山早期洞窟的分期研究》,《华夏考古》1995 年第 4 期,第 81—82 页。

种样式:中心柱以隔梁分层(第 14、17、22、24、28 窟)(图 1-16);中心柱无隔梁分层(第 32、33 窟)(图 1-17);中心柱不分层(第 36、37、45、46、47、48、51 窟)(图 1-18)。

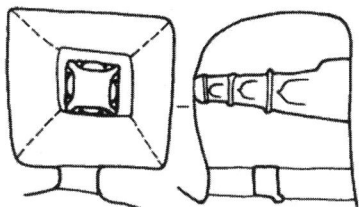

图 1-16　须弥山石窟第 24 窟平、剖面图　　图 1-17　须弥山石窟第 32 窟平、剖面图

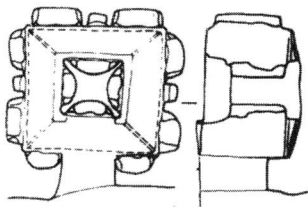

图 1-18　须弥山石窟第 46 窟平、剖面图

从洞窟的用途及功能来看,须弥山北朝石窟有禅窟、僧房窟、礼拜窟、影窟和瘗窟。禅窟是供僧人进行禅修的洞窟,一般空间较小,仅容一人坐禅。须弥山北朝石窟中的禅窟有 20 多个,包括禅窟和僧房窟合二为一的僧、禅兼用窟。须弥山早期佛教注重禅修,最初的石窟形制受西域石窟特别是龟兹石窟的影响深刻。礼拜窟是主要进行礼拜的洞窟,包括中心柱窟和没有中心柱的佛殿窟。影窟是高僧涅槃之地,须弥山石窟第 110、113、115 窟内有高僧造像,应是北朝时期开凿须弥山石窟的高僧造像,只因资料有限,目前无法找到与这些高僧有关的其他资料,无法得知这些高僧们的身世,他们被淹没在了历史的尘埃中。

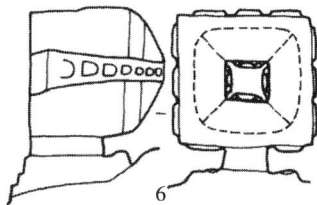

在须弥山北朝石窟形制相关问题中,覆斗顶造型是值得特别关注的重要命题。须弥山北朝石窟的窟顶主要有平顶、覆斗顶、攒尖顶和穹窿顶,其中大量的覆斗顶窟是其很重要的一个特点。北朝覆斗顶窟各朝代数量为:北魏 6 个、西魏 9 个、北周 6 个、未定具体时期者 4 个。统计如下表(表 1-7):

表 1–7　须弥山北朝石窟覆斗顶窟统计表

序号	窟号	朝代	形制图	窟顶	是否有中心柱、壁面开龛	图片来源
1	10K①	北魏		小覆斗顶	无中心柱、素壁无龛	采自《总录》第 38 页，图 11
2	13K			小覆斗顶	无中心柱、素壁无龛	采自《总录》第 40 页，图 12
3	14K			覆斗顶	中心柱、壁面有龛	采自《总录》第 41 页，图 13
4	22K			覆斗顶	中心柱、素壁无龛	采自《总录》第 53 页，图 23
5	24K			覆斗顶	中心柱、素壁无龛	采自《总录》第 55 页，图 25
6	28K			覆斗顶	中心柱、三壁三龛	采自《总录》第 59 页，图 29
7	8K	西魏		覆斗顶	无中心柱、三壁三龛	采自《总录》第 36 页，图 9

①陈悦新在《须弥山早期洞窟的分期研究》一文中，将第 10、13 窟断代为北魏，而《须弥山石窟内容总录》中只是定为北朝。在此，采用陈悦新更为具体的断代。陈悦新《须弥山早期洞窟的分期研究》，《华夏考古》1995 年第 4 期，第 93 页。

续表

序号	窟号	朝代	形制图	窟顶	是否有中心柱、壁面开龛	图片来源
8	32K	西魏	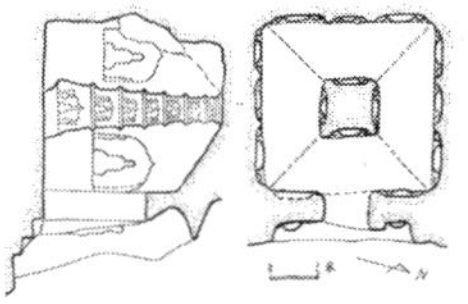	覆斗顶	中心柱、壁面有龛	采自《总录》第63页，图33
9	33K		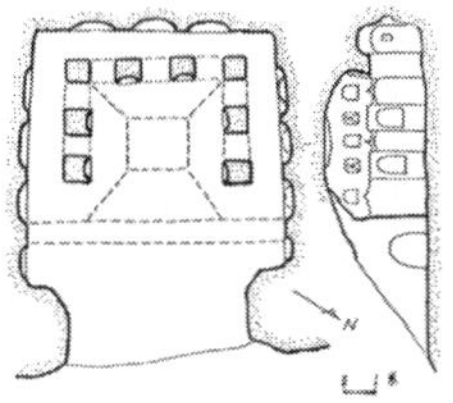	覆斗顶	中心柱、壁面有龛	采自《总录》第65页，图34
10	35K		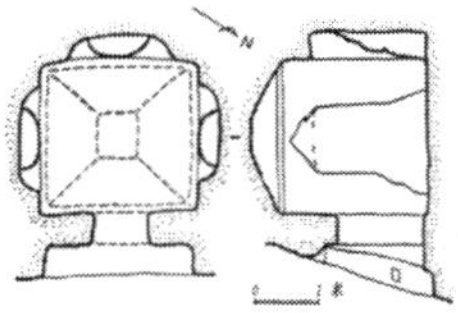	覆斗顶	无中心柱、三壁三龛	采自《总录》第67页，图36
11	36K		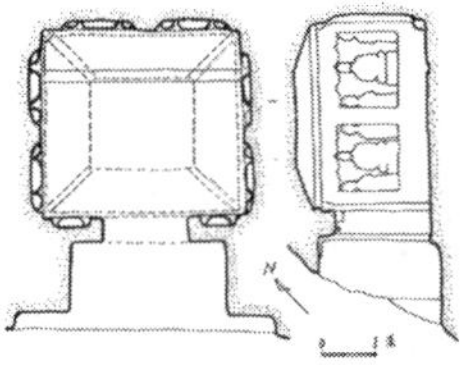	覆斗顶	中心柱、三壁三龛	采自《总录》第68页，图37
12	37K		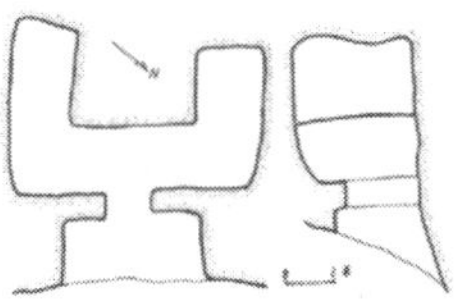	覆斗顶	中心柱、北壁有二龛雏形	采自《总录》第69页，图38
13	119K		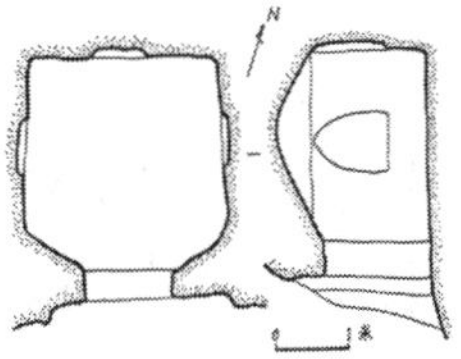	覆斗顶	无中心柱、三壁三龛	采自《总录》第167页，图116

续表

序号	窟号	朝代	形制图	窟顶	是否有中心柱、壁面开龛	图片来源
14	120K	西魏	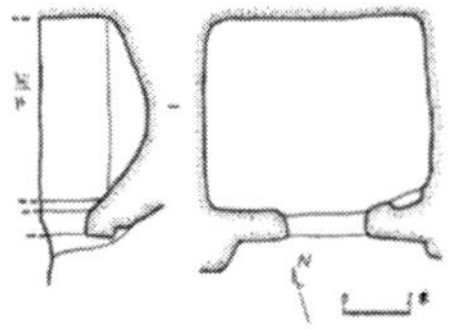	覆斗顶	无中心柱、素壁无龛	采自《总录》第 168 页，图 117
15	121K		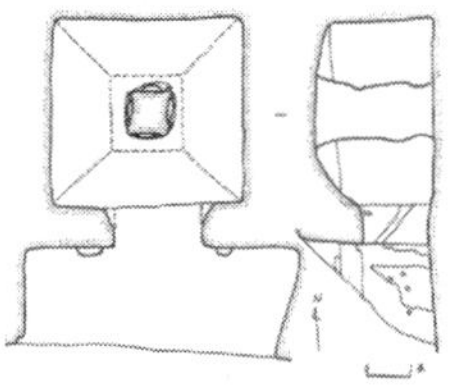	覆斗顶	中心柱、素壁无龛	采自《总录》第 169 页，图 118
16	45K	北周	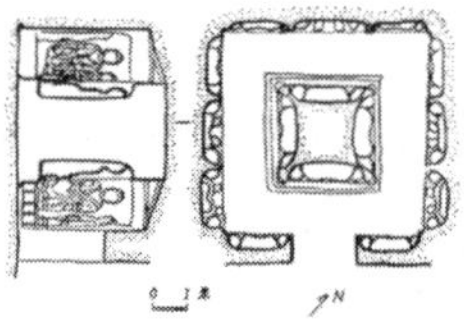	覆斗顶	中心柱、壁面有龛	采自《总录》第 78 页，图 46
17	46K		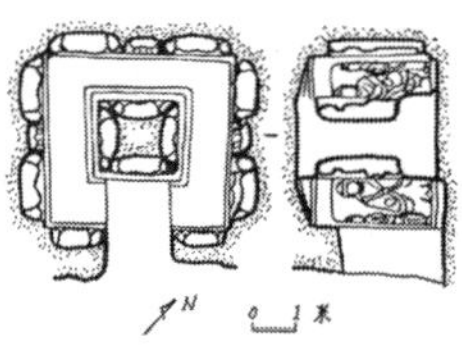	覆斗顶	中心柱、壁面有龛	采自《总录》第 83 页，图 48
18	47K		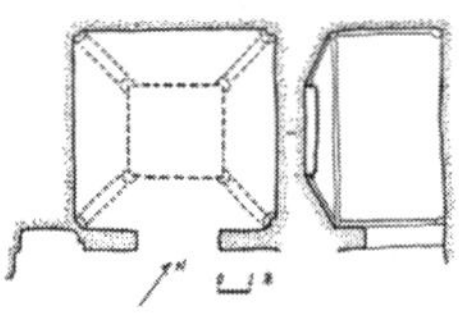	覆斗顶	中心柱、素壁无龛	采自《总录》第 86 页，图 49
19	48K		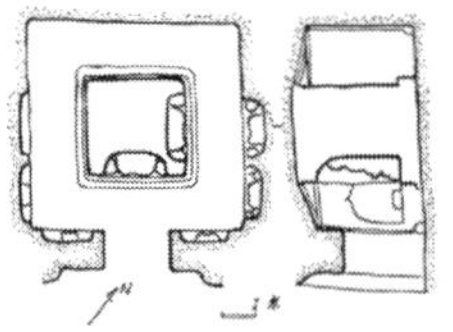	覆斗顶	中心柱、壁面有龛	采自《总录》第 88 页，图 50

续表

序号	窟号	朝代	形制图	窟顶	是否有中心柱、壁面开龛	图片来源
20	49K	北周	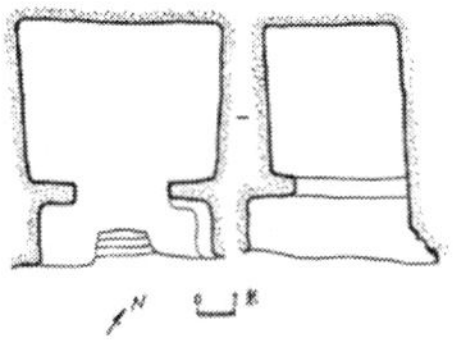	覆斗顶	无中心柱、素壁无龛	采自《总录》第 90 页,图 51
21	51K		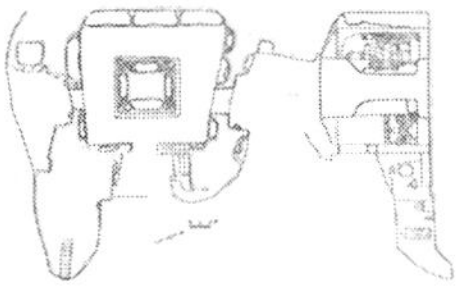	覆斗顶	中心柱、壁面有龛	采自《总录》第 93 页,图 53
22	40K	北朝	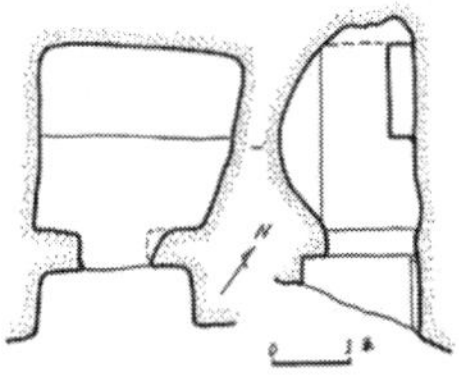	覆斗顶	无中心柱、素壁无龛	采自《总录》第 72 页,图 41
23	41K		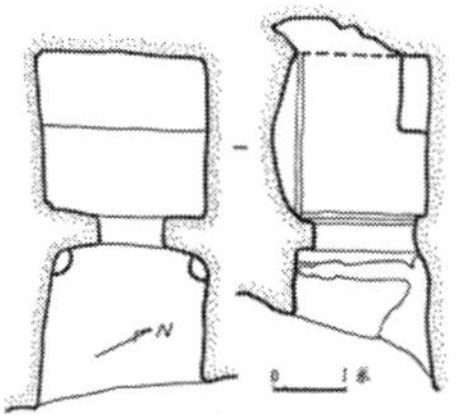	覆斗顶	无中心柱、素壁无龛	采自《总录》第 73 页,图 42
24	111K		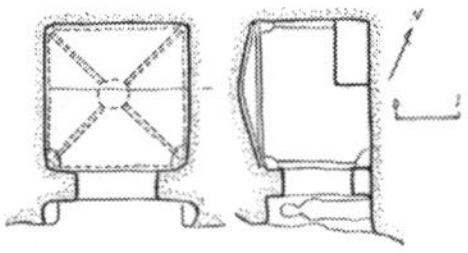	覆斗顶	无中心柱、素壁无龛	采自《总录》第 160 页,图 108
25	115K		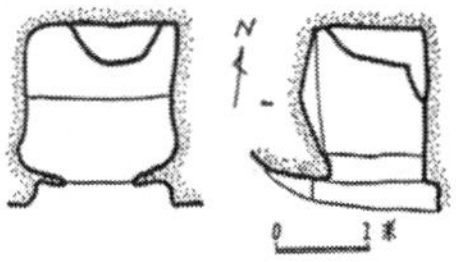	覆斗顶	无中心柱、素壁无龛	采自《总录》第 163 页,图 112

从上表可以看出,加上未确定具体时期的北朝窟,北魏的覆斗顶窟可能会超过6个。中原、河西等其他地区的石窟中也有很多覆斗顶窟,统计如下表(表1-8):

表1-8 中原等其他地区石窟覆斗顶窟统计表(此表参考《河西北朝石窟研究》)

省份	石窟	朝代	窟号
河南	渑池鸿庆寺石窟	北魏	第2、4窟
	安阳小南海石窟	北齐	东、中、西窟
河北	南响堂山石窟	北齐	第6窟
	封龙山石窟	北齐晚期	第3窟
山西	天龙山石窟	东魏	第2、3窟
甘肃	敦煌莫高窟	北魏	第252窟
		西魏	第249、285窟
		北周	第291、294、296、297、299、301、438、461窟
	武威天梯山石窟	北魏	第7、8窟
	张掖金塔寺石窟	北魏	东、西窟
	张掖南山千佛洞	北魏	第2窟
	酒泉文殊山石窟	北朝	第6窟
	庆阳北石窟寺	北魏	第28、165窟
		北周	第240窟
	泾川南石窟寺	北魏	第1窟
	永靖炳灵寺石窟	北魏	第132、126、128窟
	天水麦积山石窟	北魏	第141、121等窟
		西魏	第127等窟

　　通过比对不难发现，须弥山石窟北魏时期的覆斗顶窟与同时期其他地区的石窟相比数量还是比较多的，而且覆斗顶贯穿于须弥山石窟开凿的四个时期[①]。在敦煌石窟中，莫高窟北凉第272窟是最早出现的近覆斗顶窟，第249、285窟是西魏仅有的两个覆斗顶窟，而北周时期覆斗顶窟大量增加，超过了中心柱窟的数量，至隋唐以后覆斗顶窟成了主流。[②]莫高窟的覆斗顶窟在西魏时形成了较为稳定的空间模式后，在后来较长时期的石窟营建中都采用了这种模式，形成了具有敦煌本地特色的石窟形制。为什么须弥山石窟的覆斗顶窟出现早且数量多呢？北魏石窟中的覆斗顶窟是基于什么原因在什么样的背景下产生的呢？接下来做一探讨。

　　覆斗顶是具有中国特色的一种石窟窟顶样式，这一形式在印度和中亚都很难找到。一般而言，窟顶由四壁向中心呈斜坡形，至中心收成一个方形并向上凸起一定的高度，称为"藻井"，覆斗顶的四个斜向坡面称为"披"（图1-19）。这种空间样式是模仿世俗社会生活中流行的帷帐，也与方形覆斗顶墓室的形制相似，其空间形式其实都来源于人们生活所需的建筑形制。[③]有的专家认为，这一形式是对中国古代"斗帐"的模仿（图1-20）。[④]学者们认为敦煌覆斗顶窟的直接来源是汉晋的墓葬建筑形式。[⑤]敦煌一带的墓葬也有不少覆斗顶者，如十六国（304—439年）酒泉丁家闸5号墓，墓

---

①陈悦新《须弥山早期洞窟的分期研究》，《华夏考古》1995年第4期，第94页。"须弥山石窟一期覆斗顶、攒尖顶与弯窿顶并存，洞窟整体开凿；二期前期窟顶同一期，洞窟以组合开凿为主，后期为覆斗顶与攒尖顶，洞窟组织同前期；三期覆斗顶，洞窟整体开凿；四期覆斗顶，洞窟组合开凿。"

②赵声良等《敦煌石窟美术史·十六国北朝》（上卷），北京：高等教育出版社，2014年，第235页。

③马世长《中国佛教石窟的类型和形制特征——以龟兹和敦煌为中心》，《敦煌研究》2006年第6期，第49页。

④萧默《敦煌建筑研究》，北京：文物出版社，1989年，第44页。

⑤王洁《敦煌早期覆斗顶窟形式初探》，《敦煌研究》2008年第3期，第19—24页。

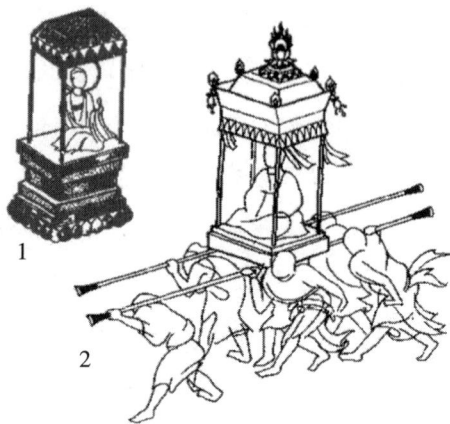

图 1-20　敦煌壁画中的"斗帐"
（1：隋 420 窟；2：盛唐 323 窟）

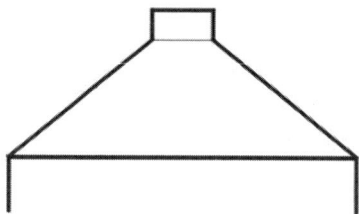

图 1-19　覆斗顶示意图

顶一面绘制东王公，一面绘制西王母，与西魏莫高窟第 249 窟南北披的主题内容相似。而且这种形制与券顶、圆拱顶、人字披顶等一样象征着天地四方或天穹，于西汉中晚期出现以后，从洛阳、长安等统治中心逐渐向四方传播。东汉、魏晋南北朝以后在各个历史时期涌现，是社会上中等阶层民众主要使用的墓葬形式。①也有学者认为覆斗顶又称盝顶，是中国古代一种较尊贵的形象，直到明清以后，盝顶仍不失其尊贵的内涵：皇帝皇后收藏玺印的盒子仍为盝顶，称为宝盝。②

那么，宁夏固原地区的墓葬形制是怎样的呢？从目前的发掘情况来看（表 1-9），自汉晋至隋唐，固原地区的墓葬顶部多为穹窿顶和券顶，北周

---

①关于这一时期的墓葬形制概况，可参见戴春阳《敦煌石窟覆斗顶的考古学观察（下）——覆斗顶渊源管窥》，《敦煌研究》2013 年第 4 期；张小舟《北方地区魏晋十六国墓葬的分区与分期》，《考古学报》1987 年第 1 期；徐殿魁《洛阳地区隋唐墓的分期》，《考古学报》1989 年第 3 期；赵超《覆斗式、穹窿顶墓室与覆斗形墓志——兼谈古代墓葬中"象天地"的思想》，《文物》1999 年第 5 期；王洁《敦煌早期覆斗顶窟形式初探》，《敦煌研究》2008 年第 3 期等。

②萧默《敦煌建筑研究》，北京：文物出版社，1989 年，第 48 页。

图 1-21　西魏大统十三年(547 年)李贤妻吴辉墓志

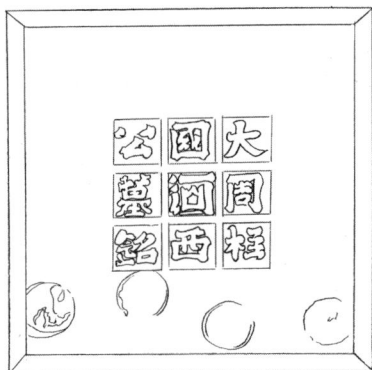

图 1-22　北周天和四年(569 年)李贤墓志

图 1-23　北周建德四年(575 年)田弘墓志

至隋唐固原出土的墓志全为覆斗形(图 1-21、图 1-22、图 1-23),而墓葬本身并未有覆斗顶出现。故从这一点来讲,须弥山北魏石窟的覆斗顶受本地墓葬样式的影响不大,而凉州石窟的样式对其影响比较大。凉州石窟的中心柱窟做覆斗顶,窟室壁面不开龛,中心柱分层的形制在须弥山北魏晚期洞窟中较为流行,此后至隋代,须弥山石窟始终保留着覆斗顶形制。①

①陈悦新《中心文化对须弥山北朝洞窟的影响》,《北京理工大学学报》(社会科学版),2005年第 1 期,第 9 页。

表 1-9 固原地区墓葬统计表

年代	出土地	墓顶	图片	备注
汉代	古城汉墓	前室穹隆顶,后室、耳室拱券顶	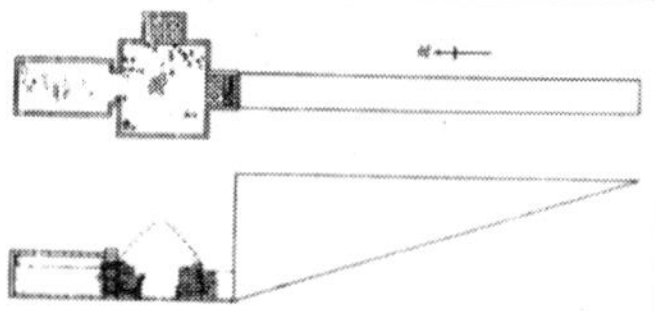	采自《彭阳县文物志》第 62 页
	南原汉墓	前室穹隆顶,后室拱券顶	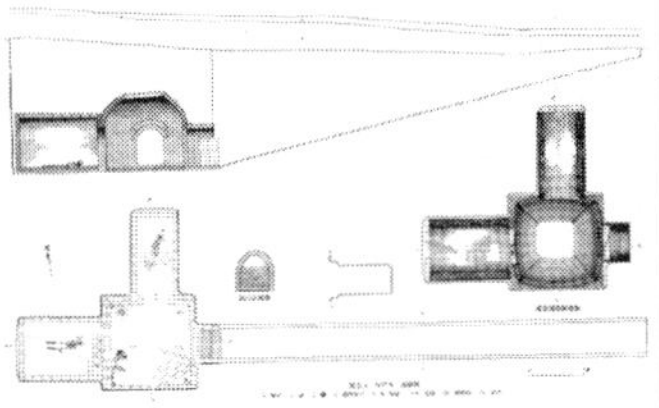	采自《固原南原汉唐墓地》第 16 页,图 5A
	九龙山 2004YKJM1	前室穹隆顶,后室拱券顶	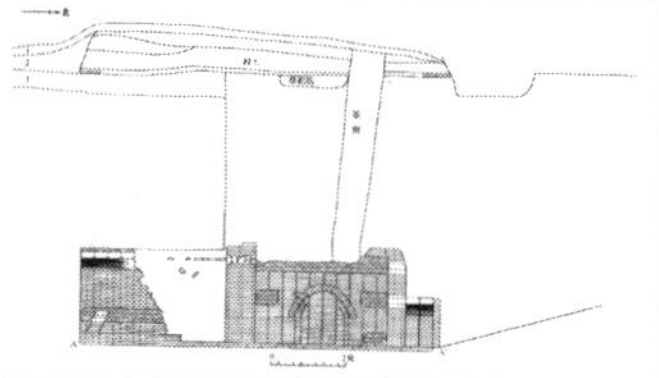	采自《固原九龙山汉唐墓葬》第 9 页,图 3C
	九龙山 2004YKJM24	拱券顶	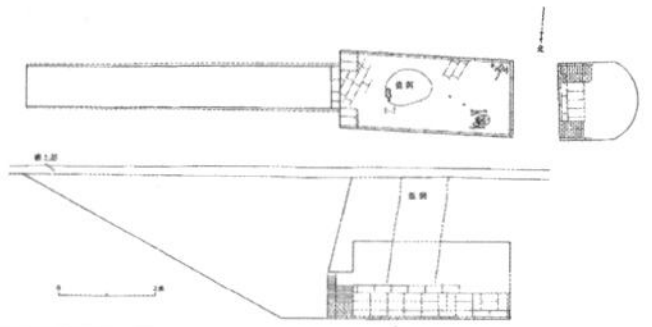	采自《固原九龙山汉唐墓葬》第 74 页,图 23
北魏	彭阳新集 1 号墓	穹窿顶	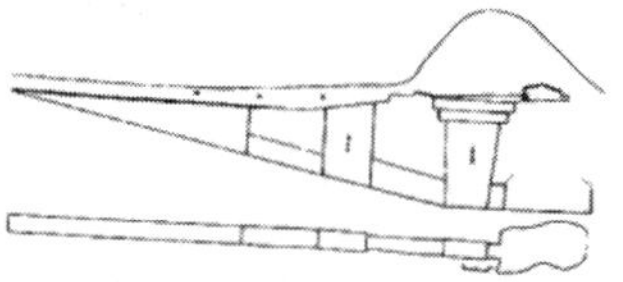	采自《彭阳县文物志》第 64 页
北魏	海子原墓 M14	拱券顶	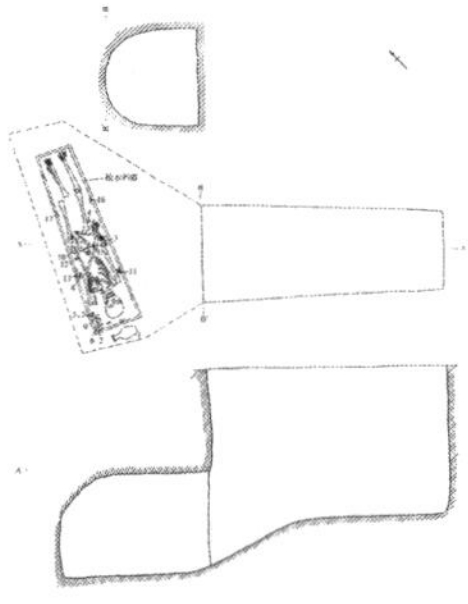	采自《海子原北魏墓地发掘报告》第 7 页,图 3A

续表

年代	出土地	墓顶	图片	备注
北周天和四年（569 年）	固原南郊深沟李贤墓	拱券顶		采自《宁夏固原北周李贤夫妇墓发掘简报》《文物》1985 年第 11 期第 2 页，图 2
北周建德四年（575 年）	固原西郊大堡村田弘墓	穹窿顶		采自《北周田弘墓》第 41 页，图 41

关于北魏时期凉州佛教对中原的影响，史书多有记载。《魏书》卷四《世祖纪第四下》载：

> 五年春正月壬寅，皇太子始总百揆。侍中、中书监、宜都王穆寿，司徒、东郡公崔浩，侍中、广平公张黎，侍中、建兴公古弼，辅太子以决庶政。诸上书者皆称臣，上疏仪与表同。
>
> 戊申，诏曰："愚民无识，信惑妖邪，私养师巫，挟藏谶记、阴阳、图纬、方伎之书。又沙门之徒，假西戎虚诞，生致妖孽。非所以一齐政化，布淳德于天下也。自王公已下至于庶人，有私养沙门、师巫及金银工巧之人在其家者，皆遣诣官曹，不得容匿。限今年二月十五日，过期不出，师巫、沙门身死，主人门诛。明相宣告，咸使闻知。"①

太武帝于太平真君五年（444 年）正月发布的"禁养师巫诏"显示出对

---

①[北齐]魏收撰《魏书》卷四《世祖纪》，北京：中华书局，1974 年，第 96—97 页。

僧人,特别是凉州僧人的猜防。太延五年(439年),"凉州平,徙其国人于京邑,沙门佛事皆俱东,象教弥增矣"①。太武帝攻下北凉都城姑臧后,迁徙其吏民三万户至平城,其中就包括许多僧人。其时聚于平城的高僧,见于著录的有景穆帝时期的玄高、尚书韩万德的门师慧崇、玄高弟子玄畅和为北凉太傅张谭所服膺的昙曜等。此外,被强迫迁移到平城的三万户凉州吏民大都是虔诚的佛教徒。"禁养师巫诏"发布九个月后,太武帝又下令处死两位德高望重的僧人玄高和慧崇。②这个诏令的颁布应该是针对一年前玄高与太子晃的谋反而被伏诛的事件发布的。

这一时期,凉州的佛教对平城等地影响很大。石窟的窟顶做成覆斗形,最早见于敦煌莫高窟北凉第272窟(近覆斗形,严格地说,该窟窟顶介于穹窿顶与覆斗顶之间,尚有西域石窟穹窿顶的影响③),这种形制与敦煌魏晋墓室的覆斗顶也可能有渊源。因此须弥山北朝石窟的覆斗顶样式的来源可能是西部石窟。须弥山中心柱窟将西部的覆斗式顶与东部的塔柱结合在一起,形成了自己的窟形特点,在早期洞窟中沿用不衰。④

这种样式在北魏的出现,反映了北魏在汉化过程中的华夷杂糅现象,在印度中心柱窟窟形的基础上,介入中国传统的建筑形制而成为一种新的洞窟形制。须弥山北魏洞窟造像以及彭阳常湾北魏摩崖造像中,诸多胁侍菩萨的圆领胡服也是较为明显的例证。关于石窟形制与墓室样式的混同,巫鸿做了这样的解读:"正是因为传统神仙思想进入了佛教石窟,当时的中国人按照汉代以来的神仙思想来理解佛教,也常常采用自汉代发展

---

①[北齐]魏收撰《魏书》卷一一四《释老志》,北京:中华书局,1974年,第3032页。

②[南朝梁]慧皎撰,汤用彤校注、汤一玄整理,《高僧传》卷一一《释玄高传》,北京:中华书局出版社,1992年,第412页。

③赵声良等《敦煌石窟美术史·十六国北朝》(下卷),北京:高等教育出版社,2014年,第44—45页。

④陈悦新《须弥山早期洞窟的分期研究》,《华夏考古》1995年第4期,第94页。

起来的表现'天堂'的方式。"①因为当时的中国人按照汉代以来的神仙思想来理解佛教，并从空间结构上改变佛教石窟的形式，从一个侧面反映了中国神仙思想与佛教思想的结合。②从表现的实用性来说，中间藻井、四披为平面的形式，更适合图画天地，也意味着在墓室建筑中模仿天地结构的思想逐渐产生与完善。须弥山石窟北魏第22、24等窟形制中的覆斗顶，好像并不适合于这种诠释，但北周时期第45、46窟的覆斗顶以及顶部的飞天等天界系统图像似乎具有这种内涵。

关于须弥山北朝石窟的覆斗顶，还有学者持不同观点：马世长认为方形平面，覆斗顶洞窟，或可称为帐形窟，它是具有中国特色的一种新窟形，当是源于东部中原地区，③而与西部石窟的关系不大。李裕群与此观点一致，认为须弥山、麦积山及敦煌第一、二、三期中方形覆斗顶是三者所共有的特点。④方形覆斗顶窟，佛和菩萨流行秀骨清像样式，佛像身着褒衣博带式袈裟，菩萨披巾交叉，壁画中出现的中原染色块法对于敦煌一期来说都是新样式，是中原北魏晚期流行的新样式。可见，敦煌在发展阶段上明显晚于须弥山、麦积山等地。⑤平面方形覆斗顶的佛殿窟，可以说是中国本土化了的一种窟形，这对敦煌石窟形制也产生了一定的影响。

同样，须弥山一期方形、多层塔式的中心柱，也是当地北魏洞窟所流行的，向上可追溯到云冈二期第1、2窟和三期第39窟，这种形制在陕北

---

①（美）巫鸿《汉代艺术中的"天堂"图像和天堂观念》，《礼仪中的美术》，北京：生活·读书·新知三联书店，2005年，第258页。

②赵声良等《敦煌石窟美术史·十六国北朝》（上卷），北京：高等教育出版社，2014年，第239—240页。

③马世长《中国佛教石窟考古文集》，北京：商务印书馆，2014年，第302页。

④李裕群《北朝晚期石窟寺研究》，北京：文物出版社，2003年，第180—181页。

⑤李裕群《北朝晚期石窟寺研究》，北京：文物出版社，2003年，第183页。

也有发现。①

二、题材内容

须弥山北朝石窟造像的题材内容,在不同的阶段有所不同,体现出不同时期佛教思想的变化。

北魏时期的题材大多与禅观有关,如第24窟中心柱上的乘象入胎、逾城出家、半跏思惟、释迦成佛以后的行像等佛传故事以及四方佛(图1-24),能够在《坐禅三昧经》中找到依据。北周时期,三佛、七佛、半跏思惟等与禅观有关的题材内容还有出现,反映出"禅观"思想在北周的继续流行(图1-25)。第14窟窟内雕凿有二佛并坐、交脚、四方佛等题材内容,这些造像组合成了一个与法华思想有关的佛教空间,反映出法华信仰在古代原州的流行(图1-26)。而中心柱上层莲瓣隐含的佛与其他四个向面的佛,构成了"七佛+弥勒"的组合,与王母宫石窟中心柱上层的组合较为接近,可以看出北凉石塔涅槃思想的影射。

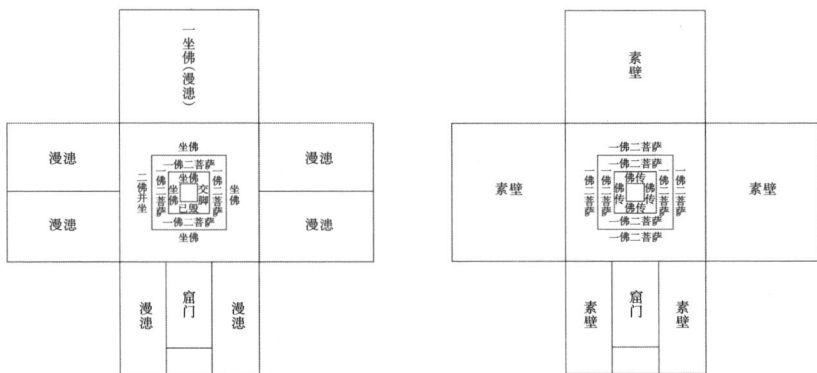

图1-24　须弥山石窟第14窟平面展开示意图　图1-25　须弥山石窟第24窟平面展开示意图

①安塞云岩寺北魏第3窟(《陕西石窟内容总录·延安卷上》编号为第6窟),洞窟长方形穹窿顶,中央有三层方形阁楼式中心柱,造像均褒衣博带。参见靳之林《陕北发现一批北朝石窟和摩崖造像》,《文物》1989年第4期,第60—66页。

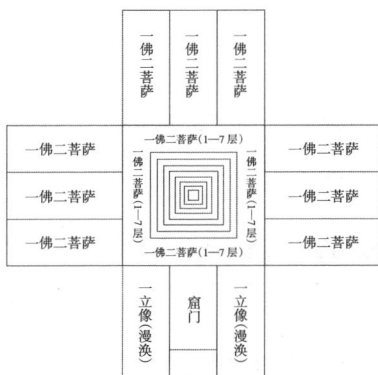

图 1-26　须弥山石窟第 32 窟平面展开示意图

第33窟内层南西北三壁上部各开有五个佛龛，龛内各雕一坐佛；西魏第17窟的门楣浮雕有五瓣仰莲；第32窟中心柱上出现了每面七个人物造像的安排，是地论学派的"五门""五佛"以及渗透儒家"七世父母"等思想内容的艺术再现；这些都是须弥山西魏洞窟中出现的新内容。

北周第45、46窟雕凿了大量的胡服供养人。佛教进入中土以后，也被上层阶级利用，世俗化程度明显。第46窟窟门上方隔释迦对坐的维摩文殊，中心柱基座下方的伎乐、神王等题材内容也是须弥山北周洞窟中的新内容，在本书的相关章节都有探讨（图1-27、图1-28）。

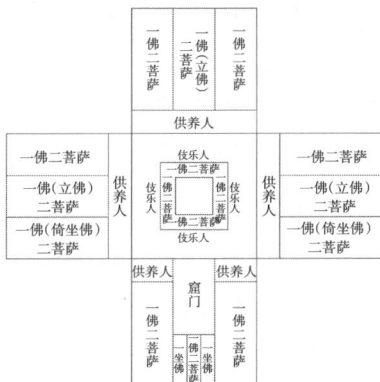

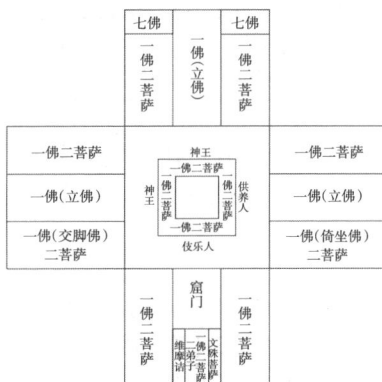

图 1-27　须弥山石窟第 45 窟平面展开示意图　图 1-28　须弥山石窟第 46 窟平面展开示意图

三、分期

陈悦新[①]、李裕群[②]、林蔚[③]等学者对须弥山石窟各个时期的洞窟进行了分期,如下表(表1-10):

表1-10 须弥山石窟洞窟分期表(此表参考《须弥山早期洞窟的分期研究》)

时期	洞窟	附窟	年代	中心柱窟	备注
初期	6、7、9、10、11、12、13、14、15、22、23、24、28	22附	北魏	14、22、24、28	
	2、3、4、8、16、17、18、19、20、32、33、34、35、36、37、38、39、40、41、109、110、111、113、115、116、119、120、121	17附1、20附1、20附2	西魏	17、32、33、36、37、121	
	42、43、44、45、45附、46、47、48、49、51	47附1	北周	45、46、47、51	
晚期	66、67、70、109、117、118、123、124、125、126、127、128、129、130、131、132		隋代	66、67、70	117、118、123、124、125、126 开凿于隋唐时期。59窟北朝始凿,唐重雕。
	1、5、50、52、53、54、55、56、57、58、59、60、61、62、63、64、65、68、69、71、72、73、74、75、76、77、78、79、80、81、82、83、84、85、86、87、88、89、90、91、92、93、94、95、96、97、98、99、100、101、102、103、104、105、106、107、108		唐代	105	
	21、25、26、27、29、30、31、112、114		明清		

关于须弥山北朝洞窟的分期,主要参照了陈悦新的研究结果,她的研究是本论文得以开展的有力参考资料(因不在本研究的历史时期范围之

---

①陈悦新《须弥山早期洞窟的分期研究》,《华夏考古》1995年第4期,第78—94页。

②李裕群《须弥山石窟晚期洞窟分期》,代学明主编《须弥山石窟研究》,银川:宁夏人民出版社,2016年,第62—71页。

③林蔚《须弥山唐代洞窟的类型和分期》,《考古学研究》1997年第00期,第116—137页。

内,须弥山晚期石窟的分期在此不做过多探讨),笔者基本认同以上学者的分期结论,但个别洞窟的分期须根据本人的认识做适当的调整。

陈悦新将第8窟纳入西魏洞窟序列,笔者从"区段与组合"的角度进行了分析研究(见第二章第二、三节),认为第6、7、8、9、13窟属于同一组合,第8、9、13窟虽然没有在完全相同的高度,但是从崖面遗迹来看,第8、9两窟毗邻,且三窟之间共用一个栈道,与第6、7窟之间也有栈道相连,因此这几个洞窟应开凿于同一时期,第8窟也是北魏时期开凿。《须弥山石窟内容总录》认为三个窟这一区段的第122窟年代不明,第123、124、125窟均为隋唐时期,陈悦新也持此观点。同样本人从组合的角度去分析,这三个窟与第119、120、121窟一样,有可能也是开凿于西魏,并非隋唐时期。

第四节　须弥山北朝石窟的营建

石窟寺的研究中，对洞窟营建的探讨是一个基本的问题。从须弥山石窟的学术史梳理中可以看出，因为没有洞窟题记以及其他直接资料的记载，学界对须弥山北朝石窟的营建史状况包括窟主、施主、营建时间等问题并不十分清楚，只能依靠须弥山北朝石窟的形制、内部图像、组合关系以及其他佛教图像和文献资料作为佐证去推测判断。在总结前贤研究的基础上，结合本人的思考，笔者将须弥山石窟营建的背景与原因总结为以下几个方面：

1. 北魏以来北方深厚的"习禅"之风。北魏时期全国战乱频仍，民不聊生，而早期的佛教徒注重坐禅修行，静坐冥想，排除杂念，一心念佛，最终得到解脱。北魏佛教继承了姚秦和北凉时的佛教思想，重修禅。开凿石窟和重禅是北魏佛教信仰上的两个特点。[1]所谓"凿仙窟以居禅，辟重阶以通术"[2]"学究诸禅，神力自在"[3]。因禅修活动所需，各地石窟寺的营建如雨

---

[1]刘慧达《北魏石窟与禅》，《考古学报》1978 年第 3 期，第 337—338 页。

[2][唐]道宣撰《广弘明集》卷二九，见《大正藏》第 2103 号，第 52 册，第 339 页。

[3][南朝梁]慧皎撰《高僧传》卷一一，见《大正藏》第 2059 号，第 50 册，第 397 页。

后春笋般地兴盛起来。原州为丝路上的重要节点，也是佛法兴盛之地，在重禅法、修慧定的佛教活动大背景下，须弥山石窟也开始营建，其中松树洼区影窟第110、113、115窟窟内的禅僧造像，更进一步说明了禅僧与须弥山石窟营建之间的联系。

2. 原州佛教与"国家佛教"相类同的世俗化倾向。自拓跋鲜卑从草原南下在北方建立了北魏王朝后，一向十分尊崇汉文化并十分信仰佛教的鲜卑族皇帝孝文帝拓跋宏，力排众议迁都洛阳，随后颁布了一系列汉化改革，国力日渐强盛，经济日渐繁荣，而这些大力推行的汉化政策，促使了北方少数民族和汉民族文化的进一步融合。与此同时，鲜卑族为了彰显其统治的正统性，不断调整策略，佛教也是其所借用的手段之一，于是译经、建寺、开窟造像更是在北魏统治的长达一个半世纪里达到了高峰。太祖道武帝一迁都大同，就认为应当尊重一向流行于中原地区的佛教，并准许其流传，不仅把佛教作为国家公认的宗教，而且还主动批准在新建都的平城建立宏伟的佛寺。举世闻名的云冈石窟、龙门石窟都是在这一时期先后开凿的，固原的须弥山石窟也是开凿于这一时期。

在那样的社会背景下，沙门统法果备受尊崇。早在皇始年间，道人统法果就吹捧太祖道武帝拓跋珪"明睿好道，即如当今如来"。并谓人言："能鸿道者人主也，我非拜天子，乃是礼佛耳。"[1]北朝佛教界长期以来继承这一思想，将其作为加强北朝佛教的国家思想背景。[2]如果说帝王崇佛是对佛教法门的皈依，则如法果这样将帝王抬高至"佛"，亦可看作出家人对世俗皇权的"皈依"。这种将宗教权威与世俗政治权威合而为一的做法，是"国家佛教"形成的有力基础。[3]北魏以后西魏、北周佛教的国家

---

①［北齐］魏收撰《魏书》卷一一四《释老志》，北京：中华书局，1984年，第3031页。

②（日）镰田茂雄著，郑彭年译、力生校《简明中国佛教史》，上海：上海译文出版社，1986年，第93页。

③赖永海主编《中国佛教通史》（第二卷），南京：江苏人民出版社，2010年，第61页。

色彩也极为浓厚,①实践的、咒术的与大众化的倾向也增强了。②西魏诸帝继承了崇佛思想,魏文帝(讳元宝炬)"立德立仁,允文允武。常行信舍,每运慈悲。大统元年造般若寺,拯济孤老,供给病僧。口诵法华,身持净戒,起七觉殿,为四禅室,供养无辍"③。西魏实权控制者宇文泰也是个忠实的佛教徒,《辩正论》卷三:"周太祖文皇帝(讳泰)……于长安立追远陟岵大乘魏国安定中兴等六寺,度一千僧。又造天保寺,供养玮法师及弟子七十余人。于安州造寿山、梵云二寺,又造大福田寺,供养国师实禅师。又于实师墓所造福田寺。又为大可汗、大伊尹尼,造突厥寺。"④宇文泰在长安为大可汗、大伊尹尼建造突厥寺的功劳,无疑是对只信奉天地之神而无佛教信仰的突厥人的教化,民族之间以佛教相沟通,佛教在民族融合上发挥了积极作用。⑤由于宇文护对佛教的扶持,北周佛教重新出现发展高峰。史书形容为"时属周初佛法全盛,国家年别大度僧尼"。⑥北周因袭西魏的做法,对宗教进行统一管理,规定出家人须持有度牒,以正身份。北周大度僧尼,最直接的后果是需要大量寺院,因此,北周许多官僚均参与建寺。

　　北朝时期,六盘山也是各方争夺和经营的要地,最有影响的要算是总揽西魏军政大权的宇文泰。《周书》记载:"高祖及齐王宪之在襁褓也,以避忌,不利居宫中。太祖令于贤家处之,六载乃还宫。因赐贤妻吴姓宇文氏,养为侄女,赐与甚厚。及高祖西巡,幸贤第,诏曰:'朕昔冲幼,爰寓此州。使

---

　　①(日)横超慧日《中国佛教的国家意识》,《中国佛教研究》第一册,1958年。

　　②(日)镰田茂雄著,郑彭年译、力生校《简明中国佛教史》,上海:上海译文出版社,1986年,第94页。

　　③[唐]法琳《辩正论》卷三,见《大正藏》第2110号,第52册,第507页。

　　④[唐]法琳《辩正论》卷三,见《大正藏》第2110号,第52册,第508页。

　　⑤赖永海主编《中国佛教通史》(二),南京:江苏人民出版社,2010年,第96页。

　　⑥[唐]道宣《续高僧传》卷二一,见《大正藏》第2060号,第50册,第610页。

持节、骠骑大将军、开府仪同三司、大都督、瓜州诸军事、瓜州刺史贤,斯土良家,勋德兼著,受委居朕,辅导积年。念其规弼,功劳甚茂。食彼桑椹,尚怀好音,矧兹惠矣,其庸可忘? 今巡抚居此,不殊代邑,举目依然,益增旧想。虽无属籍,朕处之若亲。凡厥昆季乃至子侄等,可并豫宴赐'。"[1]固原,是长安西北的军事重镇,历任北周的数代帝王,都出于军事和人事上的考虑,特别注意经营原州。世居于此的李贤一族一直以来都是北周皇室极为倚重的军事力量。公元 536—546 年,在宇文泰率军征伐的十年间,将自己的两个幼子宇文邕和宇文宪寄养于李贤府上长达六年之久,李贤的弟弟李穆还救过宇文泰的性命。于是赐李贤妻吴氏为宇文氏,养为侄女。西魏大统十六年(550 年),任骠骑大将军、开府仪同三司的宇文泰奉西魏太子西巡,特至李贤原州家中,让齿而坐,行乡饮酒之礼。其后第二次至原州,令李贤乘辂,备仪服,以诸侯会遇礼相见。其在李贤家中欢饮终日,其他兄弟子侄男女均有封赏。后来做了皇帝的宇文邕也两次行幸原州,登上六盘山,亲登李贤府第叙谈往事,并下诏表彰时任瓜州刺史的李贤及其在原州的家人。令中侍尉迟恺前往瓜州,"降玺书劳贤,赐衣一袭及被褥,并御所服十三环金带一要、中厩马一匹、金装鞍勒、杂彩五百段、银钱一万。赐贤弟申国公穆亦如之。子侄男女中外诸孙三十四人,各赐衣一袭"。[2]赐给李贤金装鞍勒良马 1 匹、杂彩 500 段、银钱 1 万。

关于这一点,贺世哲从莫高窟第 290 窟中心塔柱西向面龛下部中央所绘的《胡人驯马图》中的烈马和装饰华丽的空鞍推测,可能是《周书·李贤传》中记载的周武帝赐给李贤的"中厩马"和"金装鞍勒"。此外,他还根据第 290 窟北壁下东起第 14 身供养人榜题"吴氏爱亲"与正史记载的李贤夫人吴辉相吻合,更加明确了此窟的功德主。[3]杜斗城在施萍婷、谢成水

①[唐]唐令狐德棻等撰《周书》卷二五《列传》,北京:中华书局,1971 年,第 417 页。
②[唐]唐令狐德棻等撰《周书》卷二五《列传》,北京:中华书局,1971 年,第 417 页。
③贺世哲《石室札记》,《敦煌研究》1999 年第 4 期,第 50—55 页。

研究的基础上,认为这一窟中两身很特别的具有王者风范的供养人,应是李贤和他弟弟李穆,进而论证了李贤家族信奉佛教,并提出了固原须弥山等石窟可能与李贤有关的设想。①

历史上固原少数民族多,为了强化统治权威,原州统治者在很大程度上也会利用佛教来为自己的统治服务。固原出土造像碑、须弥山石窟第45、46窟都是在这一背景下雕刻开凿的,统治阶级参与佛教事务,佛教被纳入了政治领域,这些洞窟是体现"国家佛教"思想的有力佐证。②

3. 南北佛教交流背景下受"义学"之风的影响。汉魏之间,两晋之际,俱有学士名僧南渡。学术之转徙,至此为第三次矣。自此以后,南北佛学,风气益形殊异。南方专精义理,北方偏重行业。此其原因,亦在乎叠次玄风之南趋也。③而自北魏末期以后,受南朝佛教重视"义学"的影响,北朝佛教也反映出"禅义并重"的特点。在这一佛教背景的影响下,须弥山西魏以及北周石窟的开凿明显呈现出与北魏时期不同的表达方式。

4. 少数民族参与下呈现的多元特征。固原自古以来为少数民族杂居之地,迁徙至此的敕勒、柔然、高车、粟特等民族长期生活繁衍。固原也出土了大量与少数民族有关的墓葬、造像碑等,而且这些少数民族艺术都呈现出各自的文化属性,同时也与中原汉文化因素交汇。这是一种多元的民族杂糅,须弥山石窟的开凿同样呈现出这一特点。

---

①杜斗城等《河西佛教史》,北京:中国社会科学出版社,2009年,第250—251页。
②赖永海主编《中国佛教通史》(一),南京:江苏人民出版社,2010年,第386—387页。
③汤用彤《汉魏两晋南北朝佛教史》(上),北京:中华书局,2016年,第240—241页。

第二章

须弥山北朝石窟的区段划分与组合类型

任何佛教建筑,无论是地面上的寺院还是开凿于山体中的石窟寺,它们都是由大小不同种类的单体建筑按照一定的规范组合而成,不同时期、不同地区和不同派别石窟寺院的结构也是不同的,可反映出不同时期不同地区佛教信仰的特点①。魏正中从考古学的角度入手,发现龟兹石窟中洞窟的分布存在着区段性,不同类型的洞窟之间存在着组合关系,洞窟组合是构成龟兹地区石窟寺的基本单元,"区段"在理解克孜尔石窟内涵当中具有重要的意义②。通过比较可发现,须弥山石窟与龟兹地区石窟在洞窟组合方面有很大的相似性。受魏正中研究理论的启发,借鉴他的这一研究视角与方法,笔者在本章从宏观方面对须弥山北朝石窟进行重新解读,分析须弥山北朝石窟寺院的布局、区段和洞窟组合,在初步分期的基础上,以新的视角理解原州佛教组织构建中的单个洞窟、洞窟组合、区段和石窟寺院之间的相互关系,以期更好地理解佛教在古代原州的流布。

---

① 苗利辉《克孜尔石窟寺院组成及其功能》,《龟兹学研究》(第4辑),乌鲁木齐:新疆人民出版社,2012年,第276页。

② (意)魏正中《区段与组合——龟兹石窟寺院遗址的考古学探索》,上海:上海古籍出版社,2013年,第1—2页。

第一节　须弥山北朝石窟的布局

　　须弥山石窟位于沟壑纵横的丹霞地貌山谷之中,随山势迁回曲折,洞窟自南而北次第开凿,有序布局。北朝洞窟主要分布于大佛楼区、子孙宫区、圆光寺区、松树洼区和三个窑区五个区域内,每一区域应是在较短的时间内集中开凿,其中子孙宫区和圆光寺区两个区域开凿面积较大,大佛楼区、松树洼区和三个窑区相对较小。

　　北魏第24窟是须弥山开凿最早的中心柱窟之一,虽为礼拜窟,但洞窟四壁素壁无饰,这样的设计无疑是为了突出佛塔礼拜的功能,其他洞窟如第22、28、47窟亦有同样的设计规划意图(详见第三章第一节)。中心柱窟较多,是须弥山石窟的一个突出特点,北朝的中心柱窟有第14、22、24、28、17、32、33、35、36、37、45、46、47、48、51、121窟,共计16个,中心柱窟数量如此庞大,可说明须弥山北朝佛教礼拜活动的盛况。

　　须弥山石窟目前的建筑遗迹无法直接表明这里曾建有庙宇和大型佛塔。在这里,中心柱窟、方形窟、禅窟、僧房窟等不同功能的洞窟有序布局,且每一个区域内又有若干"区段",连续开凿在同一个崖面上。除了大佛楼区和松树洼区以外,每个区段至少有一个中心柱窟用于举行仪式和公共

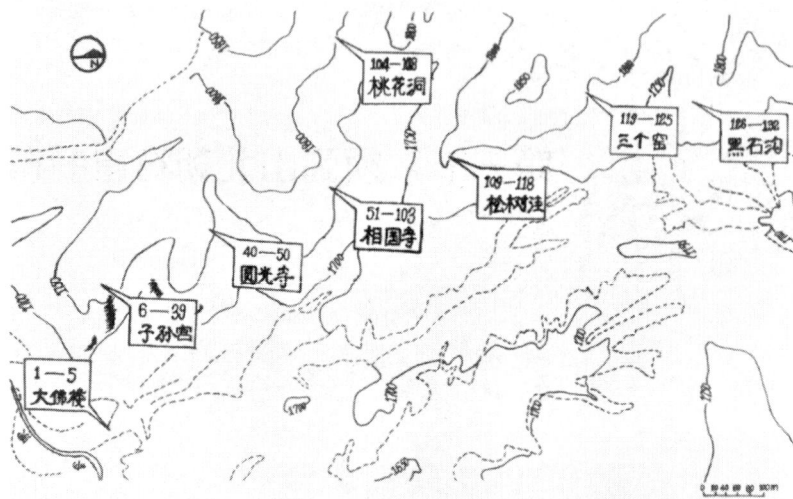

图 2-1　须弥山石窟区域分布示意图

活动,周围分布着僧房窟和禅窟,形成组合开凿的布局(图 2-1)。

　　整体来看,第 2—5 窟位于大佛楼区西、东两侧,第 6—15 窟散布于子孙宫区南端,第 16—20 窟上下分布于子孙宫区西端,第 22—24 窟也是上下分布于子孙宫区中部,第 32—39 窟相对而言较为分散,开凿于子孙宫区北部,第 40、41 窟位于圆光寺区西端,第 42—49 窟分布于圆光寺区的中心,其中第 44、45、46、47、48、49 窟上中下三层分布于崖面的不同高度,似塔状结构,上下层都有中心柱窟的第 22、23、24 窟也是这样的塔状布局。第 110、111、113、115 窟分布于松树洼区中心区段,它们与第 2—5 窟是须弥山北朝石窟组合中没有中心柱窟的两组洞窟。第 119、120、121 窟分布于三个窑区西侧崖面上。此外,只有第 51 窟是北朝时期开凿的相对孤立的洞窟,似乎没有与其他洞窟形成明显的组合关系(图 2-2、图 2-3)。在这些区段内我们可以识别出如下的洞窟组合:中心柱窟 + 僧房窟 + 禅窟,如第 6—15 窟、第 42—49 窟、第 32—39 窟、第 119—121 窟;中心柱窟 + 方形窟 + 禅窟,如第 16—20 窟;中心柱窟 + 僧房窟,如第 22—24 窟。

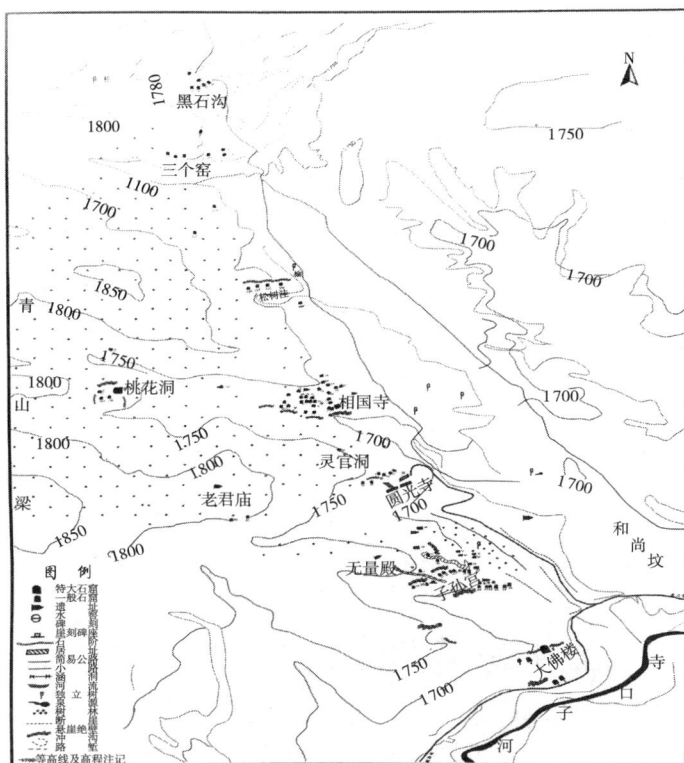

图2-2　须弥山石窟洞窟位置分布图

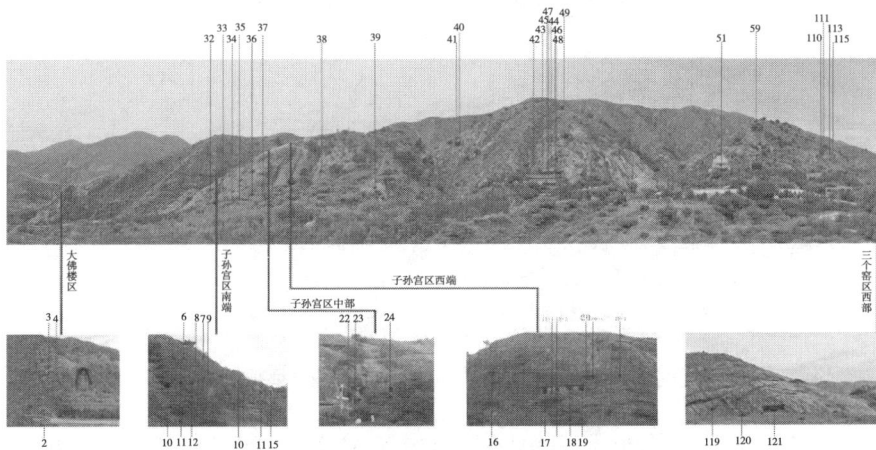

图2-3　须弥山北朝石窟全景图

　　龟兹地区的洞窟通常毗邻而建形成组合，组合是构成遗址的基本单元[①]（图 2-4）。须弥山北朝石窟与龟兹地区的石窟较为相似，亦由基本单元即洞窟和洞窟组合构成，在须弥山石质疏松、易风化的崖面，进行宗教仪式、禅修以及生活居住的洞窟都被进行了周密的规划。学界对须弥山北朝石窟的研究多针对有造像和题记的石窟，而这些洞窟仅占须弥山石窟总数的三分之一。僧房窟、禅窟、影窟、瘗窟以及大部分没有造像的洞窟，它们与有内容的洞窟一样，是须弥山石窟群不可或缺的组成部分。在须弥山石窟中也极少有孤立开凿的洞窟，绝大多数洞窟都从属于各自的组合，这种洞窟组合可以为年代体系的确立提供丰富的信息[②]。

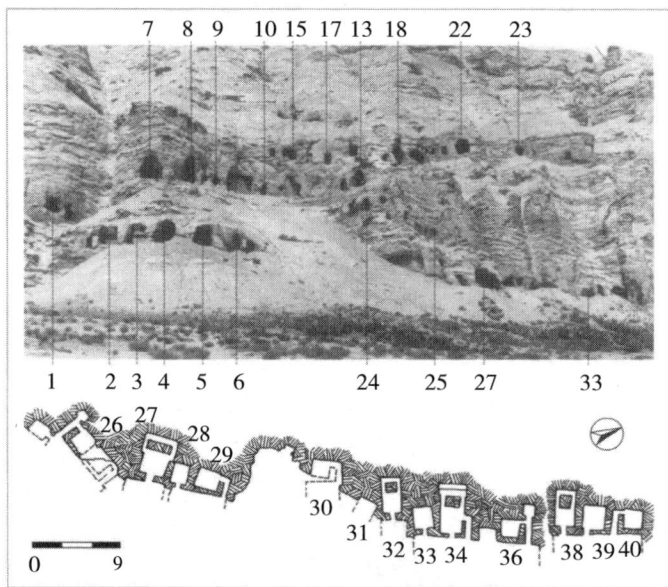

图 2-4　克孜尔石窟第 1—40 窟立面、联合平面图

---

①（意）魏正中《区段与组合——龟兹石窟寺院遗址的考古学探索》，上海：上海古籍出版社，2013 年，第 3 页。

②（意）魏正中《区段与组合——龟兹石窟寺院遗址的考古学探索》，上海：上海古籍出版社，2013 年，第 2 页。

第二节　须弥山北朝石窟的"区段"考察

"区段"是指遗址中同类型洞窟或洞窟组合集中分布的区域。一个典型的区段仅包含一种类型的洞窟或洞窟组合。①

一般地面寺院依据围墙即可确定一所寺院，而且一般情况下由于不同寺院不在一个地点，也就不会发生混淆。但在石窟群落中，情况却大不相同，群落中没有围墙，即使当初在洞窟前的地面上有围墙，但今天多已不复存在。加之洞窟密集，要区分一所寺院，是十分困难的。在库木吐喇，为了尝试区分这些寺院，学者们从以下几条线索入手：一是在相互靠近的洞窟间寻找建筑上有没有关联的遗迹；二是寻找与不相连的洞窟之间有没有自然的或人为的界线；三是寻找在洞窟类别组成和数量方面有没有某种体制。②以此作为参考，可将须弥山北朝石窟分为以下几个区段，每一区段的洞窟组合形成了有特殊意义的组合空间。

---

① (意)魏正中《区段与组合——龟兹石窟寺院遗址的考古学探索》，上海：上海古籍出版社，2013年，第12页。

② 晁华山《库木吐喇石窟初探》，新疆维吾尔自治区文物管理委员会、库车县文物保管所、北京大学考古系《中国石窟·库木吐喇石窟》，北京：文物出版社，1992年，第193页。

一、大佛楼区段

须弥山石窟大佛楼区高 20.6 米的倚坐弥勒和高 8.6 米的立佛，均雕凿于唐代，它们占据了大佛楼区的重要位置，庄严宏伟，彰显着大唐气度。两尊大佛之间分布着西魏时期开凿的第 2、3、4 窟（图 2-5），其中第 2 窟主室内北、东、西三壁三龛，龛内均雕一佛二菩萨。就此窟之功能而言，应是用于礼拜，从窟前崖面遗迹看，最初应有建筑构件，可能是礼拜空间的一种延伸①。第 3、4 窟空间较小，仅可容一人坐禅，为禅窟。这一组洞窟是须

图 2-5　须弥山石窟第 2—4 窟崖面图

---

① （韩国）朱秀浣《须弥山石窟的佛教美术交流史的意义》，代学明主编《须弥山石窟研究》，银川：宁夏人民出版社，2016 年，第 108—121 页。

弥山北朝石窟中除了第 110、111、113、115 窟组合没有礼拜窟之外，另外一组没有中心柱窟的洞窟组合。作为佛教建筑，每个洞窟都应有其预期的目的和用途，也是按照佛教相应的规范模式去建造的。当然，偶尔也会有偏离①。人们缺少僧房窟，有可能会借用临近其他区域的僧房窟，或者附近的第 5 附窟本身便是僧房窟而非瘗窟。

二、子孙宫区段

经考察整理，须弥山北朝石窟子孙宫区的洞窟可划分为四个区段，其中最早的洞窟就开凿于此，即第 6—15 窟和第 22—24 窟，它们分别分布在子孙宫区西端和中部的崖面上（图 2-6、图 2-7）。

陈悦新从龛形、造像、衣纹等方面比对，认为第 14 窟的开凿早于第 24 窟②。她的分期为我们的进一步研究提供了有价值的借鉴。此外，第 16—20 窟以及第 32—39 窟又形成了两个相对完整的区段（图 2-8、图 2-9）。

---

①晁华山《克孜尔石窟的洞窟分类与石窟寺院的组成》，《龟兹文化研究》（三），乌鲁木齐：新疆人民出版社，2006 年，第 10—38 页。

②如第 14 窟只有圆拱龛，第 24 窟出现尖拱龛；第 14 窟只有单铺造像，第 24 窟基本为一铺三身组合；第 14 窟佛像无褒衣博带装，着简单通肩衣，而且基本没有衣纹，第 24 窟则为褒衣博带装，衣纹密集平行阴线刻等。由此可推知第 14 窟整体的开凿应早于第 24 窟整体的开凿。陈悦新《须弥山早期洞窟的分期研究》，《华夏考古》1995 年第 4 期，第 91 页。

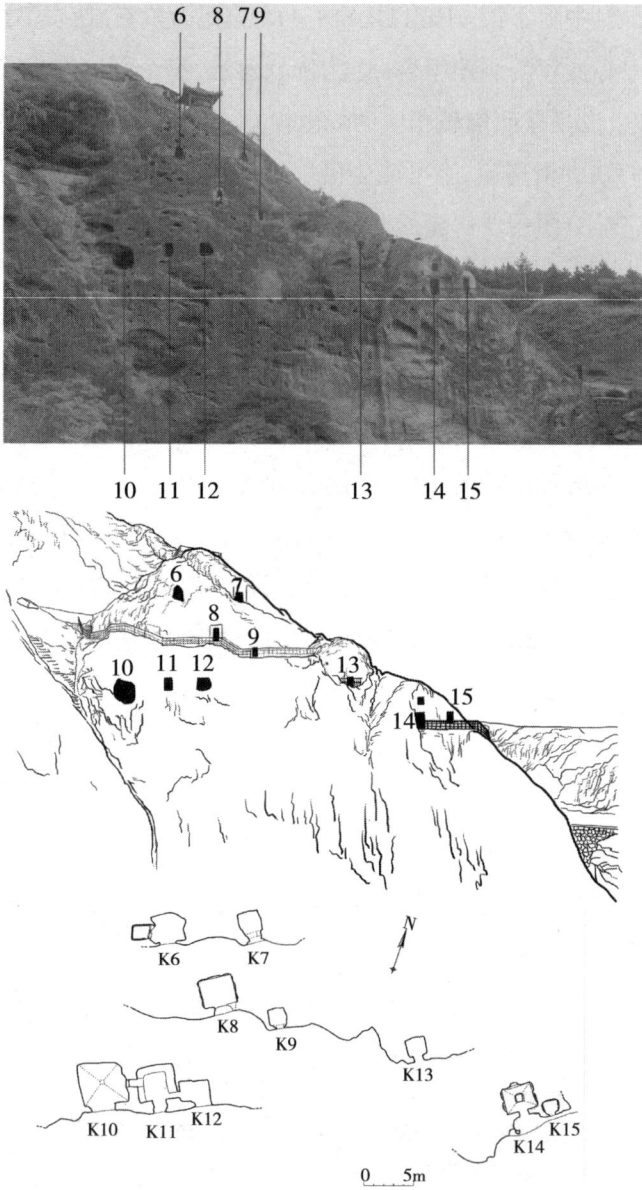

禅窟：7 9 13　　　　　僧禅并用窟：6 11 12
佛像方形窟：8 15　　　中心柱窟：14

图 2-6　须弥山石窟第 6—15 窟崖面及联合平面图

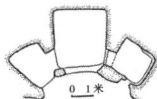

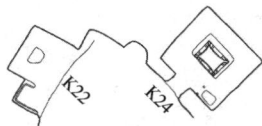

僧房窟：22-　23-1　23-2
僧禅并用窟：　23
中心柱窟：22　24

图2-7　须弥山石窟第22—24窟崖面及联合平面图

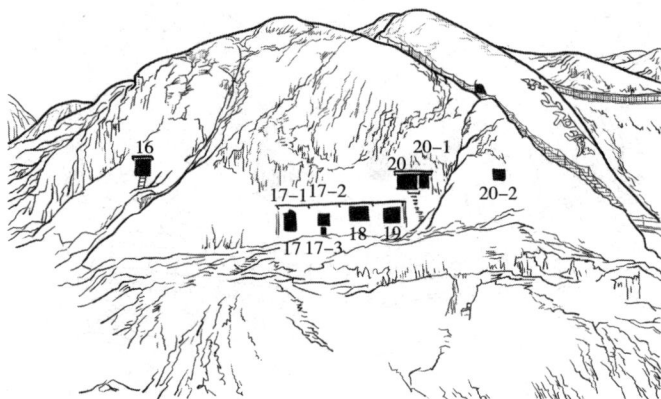

禅窟: 16 20-2　　佛像方形窟: 17-2　18　19　20　20-1
中心柱窟: 17　　　　未知: 17-1　17-3

图 2-8　须弥山石窟第 16—20 窟崖面及联合平面图

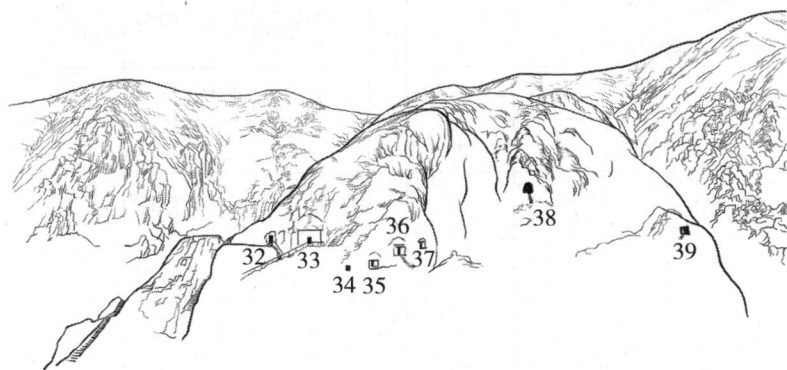

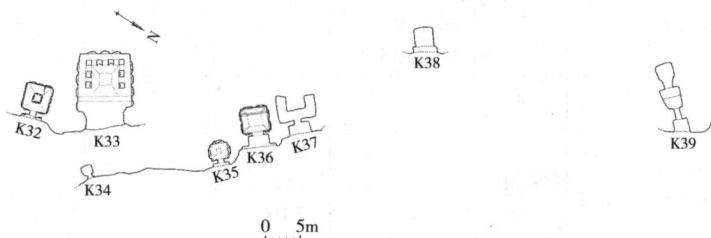

僧禅并用窟：38 39
佛像方形窟：34 35
中心柱窟：32 33 36 37

图 2-9 须弥山石窟第 32—39 窟崖面及联合平面图

洞窟开凿于不同高度的崖面，暗示出其发展演变经历了较长的时间跨度。子孙宫区的这四个区段集中分布着由中心柱窟、僧房窟和禅窟组成的典型洞窟组合，除了第22—24窟组合缺少佛像方形窟以外，其他几个区段均由中心柱窟和佛像方形窟构成了礼拜空间（第22—24窟区段缺少佛像方形窟的原因可能是因为空间有限所致）。陈悦新从考古类型学的图像题材和风格演变出发，将用于礼拜的佛像方形窟第8窟列入第二期（表2-1），笔者认为它与周围其他的九个洞窟，以及距离这一组洞窟较近的第一期第14、15、22、24窟，①共同组成了一个完整的序列，具体内容将在下一节论述。

表2-1　各期中不同功能洞窟构成表②

时期	位置	类别窟数号	礼拜窟		小计	禅窟	影窟	僧房	僧、禅兼用窟	小计	总计
			中心柱	佛像方形		方形	方形	方形	方形		
一期	子孙宫	窟数	4	1	5	3		1	5	9	16
		窟号	14、28、24、22	15		13、9、7		22 附23-1 23-2	10、11、12、6、23		
二期 前	子孙宫、大佛楼、圆光寺、松树洼	窟数	3	9	12	4	3			7	19
		窟号	17、32、33	17 附1、18、19、20附1、8、2、34、35		20附、23、4、40	110、113、115				
二期 后	子孙宫、圆光寺、松树洼	窟数	3		3	5			2	7	10
		窟号	28、36、37			16、41、111、（109、116）			（38、39）		

①陈悦新《须弥山早期洞窟的分期研究》，《华夏考古》1995年第4期，第90页。

②陈悦新《须弥山早期洞窟的分期研究》，《华夏考古》1995年第4期，第93页。

续表

时期	位置	类别 窟数号	礼拜窟		小计	禅窟	影窟	僧房	僧、禅兼用窟	小计	总计
			中心柱	佛像方形		方形	方形	方形	方形		
三期	圆光寺相国寺	窟数	5		5	1		1	4	6	11
		窟号	45—48、51			42		47附	43—45附、49		
四期	相国寺	窟数	2		2			1		1	3
		窟号	67、70					6		四期	

三、圆光寺区段

从同类型洞窟或洞窟组合集中分布的情况来看，圆光寺区仅有一个区段，这一区段的洞窟组合规模宏大，中心柱窟数量最多，上中下层级式开凿，且洞窟雕凿精致。由于历时久远，加之并未有明确的题记和相关文献记载，对其功能的认定只能从其他方面去寻找踪迹。这一区段中第42、43窟是禅窟；第44窟是僧、禅兼用窟；第45、46、47、48窟是四个中心柱窟，用于礼拜。中层的第45、46窟是须弥山石窟群中雕刻最华丽的中心柱窟。下层的第47、48窟亦为中心柱窟。第47窟中心柱已毁，具体情况不得而知，四壁素面无饰；第48窟中心柱东、南面各开一龛，东、西、南壁各开两龛，为未完成的中心柱窟。第45窟的附窟是僧、禅兼用窟，面积较小。第49窟比一般的禅窟空间大，西壁中部阴刻莲花，从洞窟功能来看，有学者将第49窟归为僧、禅兼用的洞窟①。总之这一区段是由中心柱窟，禅窟和僧、禅兼用窟构成的组合；这一阶段的洞窟类型同样暗示了北周时期原州佛教中绕行礼拜思想的盛行（图2-10）。

①陈悦新《须弥山早期洞窟的分期研究》，《华夏考古》1995年第4期，第93页。

禅窟：42
僧禅并用窟：43　44　45－49
中心柱窟：45　46　47　48

图 2-10　须弥山石窟第 42—49 窟崖面及联合平面图

　　关于这一区域洞窟布局的研究,首先要考虑崖面的利用。第44—45、46—47、48、49窟,在崖壁上呈上中下三层排列布局,这与洞窟开凿的地理环境有很大关系,是因地开窟,充分利用崖面的空间和结构。

　　在这里有必要提及的是响堂山石窟的"塔形窟"。塔形窟就是在整个石窟的外立面分上下两部分,是上下一体的设计,表现出一座佛塔的形象。塔形窟的出现,说明北朝晚期佛塔信仰格外兴盛。①响堂山石窟的布局及其外观造型,便是这种样式的代表,它融佛教石窟、印度古塔(窣堵坡)及中国传统的木结构建筑形式于一体,是北朝石窟中新出现的一种造窟形式。②如响堂山石窟第三期代表窟第1、3窟,第2、4、5、6窟(图2-11),③洞窟呈上下布局,在外观造型上又结合了中国木结构建筑的样式。而且,这些洞窟同时也构成了窟内中心塔柱和窟外塔形的二重表达形式(图2-12)。④

图2-11　响堂山石窟阁楼式塔形窟　　图2-12　须弥山石窟第44—49窟崖面图

①唐仲明《独具特色的塔形窟——响堂山石窟》,《东方收藏》2011年第2期,第16页。
②赵立春《响堂山北齐塔形窟述论》,《敦煌研究》1993年第2期,第41页。
③赵立春《响堂山北齐塔形窟述论》,《敦煌研究》1993年第2期,第37页。
④唐仲明《独具特色的塔形窟——响堂山石窟》,《东方收藏》2011年第2期,第16页。

洞窟之间的关联性，除了要考虑平面、立体结构的关联性之外，还要考虑各窟内部空间和功能的关联性。须弥山圆光寺区北周洞窟的礼拜窟都是中心柱窟，窟内中央置一中心塔柱，崖面布局设计也可认为是上下一体，但这与响堂山石窟的塔形窟还是有所不同。响堂山的塔形窟从外形上明显地表现出佛塔的形象，须弥山这组洞窟在崖面的布局上并没有明显的佛塔样式，只是从下到上形成类似于塔形层级式的布局。亦可说明北朝晚期佛塔信仰的兴盛。

这个区域的第45、46、47、48窟是四个中心柱窟，为礼拜而凿。第44、49窟是僧、禅兼用窟。还有附窟，如第45窟的附窟是僧、禅兼用窟和僧房窟，第47窟的附窟类似于仓储窟。此外还有水窖。该区域石窟功能较全。这个区域肯定是一座单独的寺院，属于另外一个僧人集体所有。

从形式上分析，中心柱窟第45、46、47、48窟的窟顶为覆斗顶，其中第45、46窟窟内有大量的仿帐式佛龛，窟内空间似乎是对现实建筑的模拟，而且同时也实现了窟内中心塔柱与窟外塔形布局的双重构造，突出了佛塔礼拜的重要性。最上层的第44窟明显小于下层洞窟，减轻了下层洞窟的承受力，而且上层的小窟出入活动不便，较为清静而便于坐禅观像，下层中心柱窟活动方便，成为礼佛场所，洞窟的功能应用设置合理。

从印度到中国，佛教因受统治阶级的推崇而被赋予了"皇权"的隐形内涵，学者们也致力于探讨石窟艺术与帝王显贵之间的关联，如昙曜五窟与北魏五位皇帝的对应，他们被赋予了中国传统政治文化中的"权力"概念[①]。龙门石窟宾阳洞是为高祖、文昭皇太后而营造的[②]。北响堂山三大窟

---

①（美）巫鸿著，郑岩编《超越大限：巫鸿美术史文集》（卷二），上海：上海人民出版社，2019年，第136页。

②[北齐]魏收撰《魏书》卷一一四《释老志》，北京：中华书局，1974年，第3043页。《魏书·释老志》："景明初，世宗诏大长秋卿白整准代京灵岩寺石窟，于洛南伊阙山，为高祖、文昭皇太后营石窟二所。"

也分别对应了高欢、高澄、高洋三位皇帝①……须弥山石窟第 45、46 窟是北朝石窟中有供养人出现的两个窟，而且在第 46 窟中心柱下方也出现了供养人形象，男女各立一边，因此这一区段的石窟很有可能是由皇室资助开凿的，与当时的原州总管李穆有关（第五章第一节）。

四、松树洼区段

松树洼区第 110、111、113、115 窟的组合也构成了一个区段，这在须弥山北朝石窟的区段组合中比较特殊，是唯一没有礼拜窟的一组洞窟。第 111 窟是禅窟，其他的三个窟为影窟（图 2-13）。第 110 窟北壁低坛上雕有坐像一尊，第 113 窟西壁低坛上雕一结跏趺坐施禅定印的禅僧，第 115 窟北壁低坛上有一未完成的石胚，应该也是用于雕凿禅僧，只是因其他原因未能完成而已（图 2-14、图 2-15）。"在洞窟形制方面，各区皆有自身发展的序列，地方色彩浓厚。如须弥山有方形无像的僧房窟和禅窟，窟内后壁设一坛，上有雕高僧像的影窟，洞窟具有组合关系。"②须弥山北朝石窟中有三个影窟，洞窟排布较为特殊。

影窟，是一种纪念性的洞窟，也是一种洞窟形制，其内部绘塑有高僧真容。③画史和文献称这类纪念性建筑物为"影堂"④或者"塑堂""真堂"，

---

① 赵立春《响堂山北齐塔形窟述论》，《敦煌研究》1993 年第 2 期，第 43 页。

② 李裕群《北朝晚期石窟寺研究》，北京：文物出版社，2003 年，第 181 页。

③ 季羡林主编《敦煌学大辞典》，上海：上海辞书出版社，1998 年，第 23 页樊锦诗撰"影窟"条目。

④ "影堂"一词最早出现在唐代文献中，由此推断，这类纪念性建筑应缘起于唐代，影堂制度也大约在晚唐时期方始形成。屈涛《说影堂》，《中国文化》2012 年第 36 期，第 117 页。陆锡兴《影神、影堂及影舆》，《中国典籍与文化》1998 年第 2 期。又据雷闻《唐代皇帝的图像与祭祀》称：隋代文帝造像"曾广泛存在于全国各地的佛寺之中。此举实开中唐之后所谓'影堂'之先河。"（见荣新江主编《唐研究》第 9 卷，北京大学出版社，2003 年 12 月，第 261 页。）虽然将影堂的滥觞上推至隋代，但"影堂"一词未闻于隋代。

图 2-13　须弥山石窟第 110、111、113、115 窟崖面及联合平面图

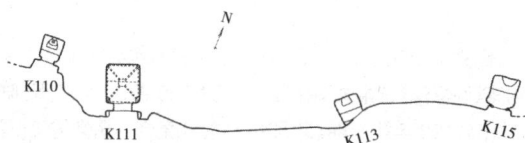

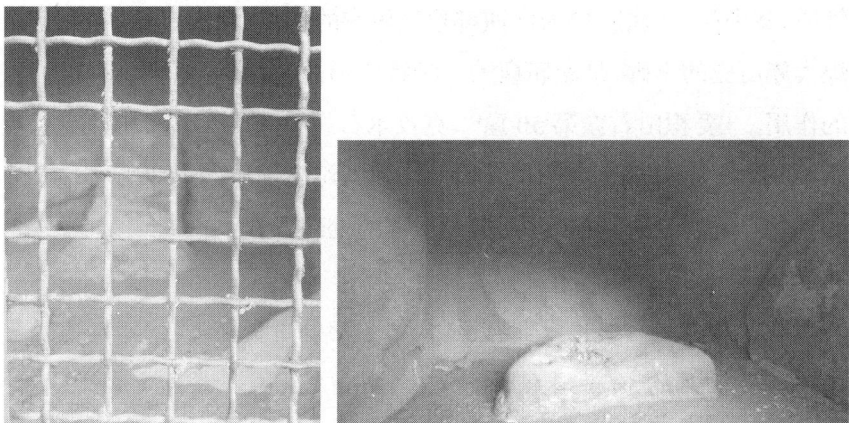

图 2-14　须弥山石窟第 113 窟内高僧影像　图 2-15　须弥山石窟第 115 窟内未完成石胚

寺院、道观以及一般官宦百姓的家里均有设置。特别是寺院真堂不但安置寺院先师宗祖的遗像，还供奉着为寺院作出贡献者的遗像……更有甚者，在开凿的石窟内部建造真堂，石窟也成为具有真堂性质的洞窟。①

中国为死者树立碑传的传统，早在汉晋时期就已出现，在墓葬内绘制画像砖、画像石和壁画，作为墓主人生前生活的写照。僧人的葬俗也受到这种世俗风气的影响，产生了在洞窟内安放高僧舍利，或者为其修建殿堂的新纪念形式。绘塑以高僧生前生活为题材内容的壁画或雕塑以做颂扬，永久纪念，而它们一般与佛教典籍无关。②影窟内部的造像即"邈真像"，有以下几种用途：供举行丧礼之用，供族人祭祀之用，供族人瞻仰之用。③

莫高窟第 17、137、139、174 等影窟内塑绘有高僧影像，也具有真堂的

①郑炳林《敦煌写本邈真赞所见真堂及其相关问题研究——关于莫高窟供养人画像研究之一》，《佛教艺术与文化国际学术研讨会论文提要集》，2004 年，第 10 页。

②柳洪亮《关于吐鲁番柏孜克里克新发现的影窟介绍》，《敦煌研究》1986 年第 1 期，第 100 页。

③郑炳林《敦煌写本邈真赞所见真堂及其相关问题研究——关于莫高窟供养人画像研究之一》，《佛教艺术与文化国际学术研讨会论文提要集》，2004 年，第 1—10 页。

性质,其中第 17 窟窟内为河西都僧统洪䚲的影像,众人皆知,它是记录敦煌大族历史的丰碑,是家庙窟的一种特殊形式,在家庙窟中具有极为重要的作用。①麦积山石窟第 50 窟②,克孜尔石窟第 49、127 窟,柏孜克里克石窟第 82、83 窟③,都是为纪念高僧而修建的纪念性质的影窟。

《续高僧传·遗身篇》讲到僧人尸体的处理方式:

> 又有临终遗诀露骸林下,或沈在涸流通资翔泳,或深瘗高坟丰碑纪德,或乘崖漏窟望远知人,或全身化火不累同生之神,或灰骨涂像以陈身奉之供。④

其中,"露骸林下"即指林葬,"沈在涸流"则属水葬,"深瘗高坟,丰碑纪德"是为土葬,"全身化火"是火葬,至于"或乘崖漏窟,望远知人"所指的就是石室瘗葬。由于石室瘗窟是露尸葬的一种,它通常是没有门的,所以可以"望远知人",是比"林葬"暴尸略逊一筹的一种埋葬方式,也是佛教的一种露尸藏法。《金石续编》载:

> 心游正觉,行依真谛。超彼胜津,凭兹善誓。电多急影,泡是虚缘。形归掩石,神住开莲。春莺朝唤,秋萤夜燃。徒令孺泣,匍匐空山。⑤

---

①张景峰《敦煌莫高窟的影窟及影像——由新发现的第 476 窟谈起》,《敦煌学辑刊》2006 年第 3 期,第 112 页。

②屈涛《麦积山宋僧秀铁壁考》,《麦积山石窟艺术文化论文集》,2002 年,第 291—320 页。

③柳洪亮《关于吐鲁番柏孜克里克新发现的影窟介绍》,《敦煌研究》1986 年第 1 期,第 89—102 页。

④[唐]道宣撰《续高僧传》卷二七,见《大正藏》第 2060 号,第 50 册,第 685 页。

⑤[清]陆耀遹撰《金石续编》(石刻史料新编第 10 辑,第 4 册),卷三,第 10 页。

中国中古时期露尸葬中的林葬直接受印度葬俗的影响，但印度的露尸葬中并无石室瘗葬这种形式。从几个早先采取此葬法僧人的背景来看，这种葬法似乎是受到西域佛教的影响。另外，从一些例子可以看出：石室瘗葬是对林葬直接暴尸林野的一种调和方式。①

晋代还有一位高昌僧人释法绪，到蜀地修行头陀，后来卒于其所居住的石室，就葬于其中。《高僧传》卷一一载：

> 释法绪，姓混，高昌人。德行清谨，蔬食修禅，后入蜀，于刘师冢间头陀，山谷虎兕不伤。诵《法华》《维摩》《金光明》。常处石室中，且禅且诵。盛夏于室中舍命，七日不臭。尸左侧有香，经旬乃歇，每夕放光，照彻数里。村人即于尸上为起塚塔焉。②

须弥山石窟这一区段的影窟内造像，无疑是北朝原州高僧死后的邈真像，这几个洞窟是具有纪念性质的僧人墓葬。佛教进入中土不断中国化，死者的碑传与佛教相结合，再现于石窟之中，成为有别于印度佛塔的另外一种建筑形制。据笔者考察，中国北朝洞窟中的影窟数量不多。在须弥山北朝石窟中出现数量如此之多的影窟，可以想象在那个悠远的时代，高僧大德们功高盖世、雪胎梅骨，对原州佛教的兴盛发挥了重要作用。

五、三个窑区段

三个窑区有第 119、120、121、122、123、124、125 窟共七个洞窟（图2-16）。第 119 窟为佛像方形窟，覆斗顶，三壁三龛。第 120 窟也是覆斗顶，南壁东侧凿一长方形灯龛，为无窟龛。第 121 窟亦为覆斗顶中心柱窟，宽

---

① 刘淑芬《中古的佛教与社会》，上海：上海古籍出版社，2008 年，第 255 页。
② [梁]慧皎撰《续高僧传》卷——，见《大正藏》第 2059 号，第 50 册，第 396 页。

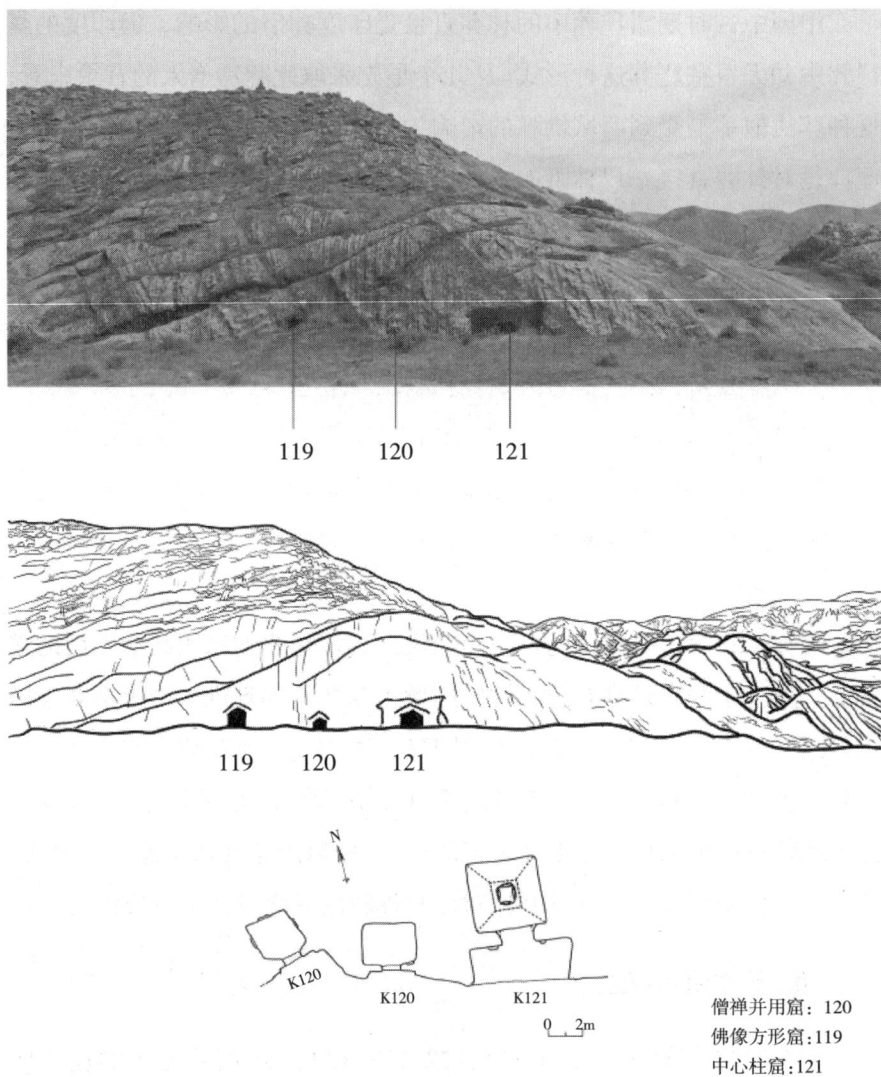

僧禅并用窟：120
佛像方形窟：119
中心柱窟：121

图 2-16　须弥山石窟第 119—121 窟崖面及联合平面图

4.3 米、进深 4.3 米、高 2.7 米,中心柱单层且每面开一龛,仅有四座主尊,与巩县石窟第 3 窟相同①,门外两侧各雕一力士(窟门特征比较明显:重层龛口)(图 2-17)。陈悦新在她的博士论文《甘宁地区北朝石窟寺分期研究》中,将这三个窟纳入二期,即西魏时期②。根据《总录》,第 122 窟年代不明,第 123、124、125 窟均为隋唐时期开凿。而从组合的形式判断,这四个窟有可能开凿于西魏时期而非隋唐时期。

图 2-17　须弥山石窟第 119—121 窟崖面局部图

①陈悦新《甘宁地区北朝石窟寺分期研究》,2004 年北京大学博士学位论文,第 20—23 页。
②陈悦新《甘宁地区北朝石窟寺分期研究》,2004 年北京大学博士学位论文,第 19—26 页。

第三节　须弥山北朝洞窟组合

　　洞窟组合是须弥山北朝石窟研究中一个非常重要的问题。通过实地考察,我们发现须弥山北朝石窟中没有孤立开凿的洞窟,每个洞窟都是一组特定窟群的构成单元。可参考以下洞窟组合原则:(一)洞窟与洞窟之间相毗邻;(二)洞窟与其他洞窟或者洞窟组合之间有一定的界限;(三)几个洞窟有共同的前室或栈道;(四)位置较高的洞窟共用同一通道;(五)损毁严重的洞窟组合可以以相对完整的洞窟组合为参考进行辨别。①

　　据此,以有无中心柱窟为标准,须弥山北朝石窟的窟群类型主要有以下两类:

一、方形窟和禅窟的组合

　　这类组合有第2、3、4窟(方形窟 + 禅窟 + 禅窟)。这种组合中,方形窟都是有造像的,保存状况一般。第2窟是方形窟,攒尖顶,三壁三龛,龛内

---

　　①(意)魏正中《区段与组合——龟兹石窟寺院遗址的考古学探索》,上海:上海古籍出版社,2013年,第28页。

均雕一佛二菩萨；第3窟和第4窟是禅窟，两窟毗邻，且有共同的栈道，与第2窟位于同一山头。

二、中心柱窟和禅窟或禅房窟的组合

须弥山北朝石窟中可归为此类组合的洞窟较多，在多个区段均有分布，这类组合中多个中心柱窟的开凿，成为须弥山北朝石窟一个较为明显的特点。其中中心柱窟大多数为覆斗顶（第14、24、32、33、36、37窟），也有少量的穹窿顶（第17窟）。作为在组合内举行礼拜仪式的中心场所，中心柱窟内部均有造像，有些仅中心柱有造像，四壁素壁无龛像，如第22、24、47等窟；有些中心柱窟因历史原因未完工。

根据其典型特征和构造，可将这类组合分为以下几种类型（表2-2）：

A型：由一个中心柱窟和一个佛像方形窟组成或由一个中心柱窟和一个方形窟、一个僧禅兼用窟组成。这一类型的洞窟组合有第119、120、121窟。

B型：由一个中心柱窟和佛像方形窟、禅窟、僧禅兼用窟组成。子孙宫区南端是一独立的崖壁，东西两端延伸较多，前方视野较为开阔，崖壁上开凿了10个洞窟，即第6—15窟。第6、7、8、9、10、11、12、13、14、15窟组合中，第14窟是中心柱窟；第8、15窟是佛像方形窟，都是三壁三龛，每一龛内雕一铺三身像；第7、9、13窟是禅窟；第6、10、11、12窟是僧禅兼用窟。第8、9、13窟虽然没有在完全相同的高度，但是从崖面遗迹来看，第8、9两窟毗邻，且三窟之间共用一个栈道，与第6、7窟之间也有栈道相连。第11、12、13、14、15窟几乎在同一高度，之间有栈道连接。

在子孙宫区西侧崖壁上开凿有第16、17、17-1、17-2、17-3、18、19、20、20-1、20-2窟共十个窟龛。第16、17、18、19、20窟也是这种组合形式，其中第17窟是中心柱窟，中心柱被凿毁，四壁素壁无饰，与第22、24、47窟等窟一样，可能也是为了突出礼拜。第17、18、19、20、20-2窟是佛像方形窟,第16、20-2窟是禅窟。笔者发现,须弥山石窟第16—20窟的开凿与克孜尔石窟第181—191窟的开凿极为相似(图2-18、图2-19)。

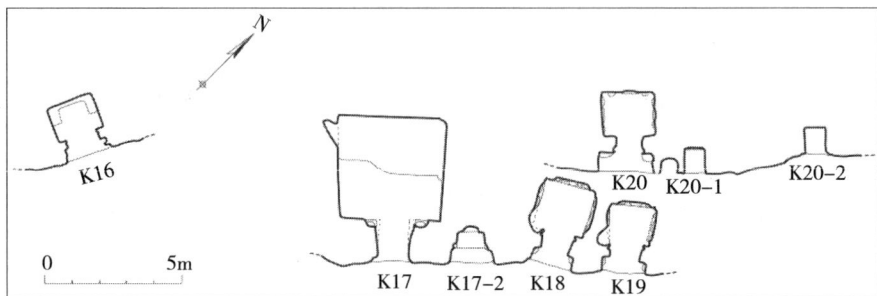

图2-18 须弥山石窟第16—20窟联合平面图

克孜尔石窟第181—191窟中,第181、184、186、188窟和第189窟是五个佛堂,第191窟是杂房,第190窟是条形小窟,第182、183窟和第185窟并非洞窟,而是第184号佛堂前面的三个次龛,第187窟是独立龛,第181号佛堂与其他洞窟不在同一高度,原因可能是下层洞窟所在高度的崖面上已开满洞窟,再没有开窟的余地。须弥山石窟子孙宫区西端第16—20窟中,第17、18、19、20、17-2窟是五个用于礼拜的礼拜窟,第16窟是禅窟,第17-1窟和17-3窟是两个小次龛,第20-2窟是禅窟,第20-1窟是平面方形的圆拱敞口龛,仅龛内北壁有三身造像痕迹,虽为有佛像的方形窟,具有佛堂的一般性质,但从造像来看,仅北壁有,其余各壁并无内容,可能是中途废弃。

C型:由两个中心柱窟或外加僧房窟、禅窟组成。如子孙宫区中部的第22、23、24窟。第22窟损毁较为严重,与第24窟毗邻,是须弥山早期开凿的中心柱

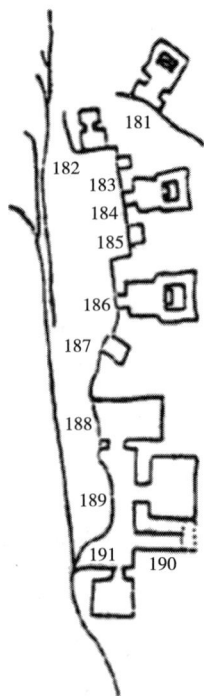

图2-19 克孜尔石窟
第181—191窟
连续平面图

窟,还附带有一个僧房窟。第 23 窟是僧、禅兼用窟,它还有两个附窟为僧房窟。须弥山石窟附近的禅塔山石窟现保存有 10 个洞窟,洞窟内没有任何雕像和装饰痕迹,也无明确的开窟题记,而第 7、8、9 窟三窟相连,自成一体,其排列布局与须弥山石窟北魏第 22、23、24 窟的布局相似,而且这三窟的上方皆有排水槽。①两处石窟隔河相望,组合形式如此接近,或许二者之间有紧密关系。

　　在这一区段的洞窟与子孙宫区南端的一组洞窟第 6—15 窟都开凿于北魏时期,它们相距不远,之间应该有比较密切的关系,很有可能是第6—15 窟开凿之后,石窟寺院无法满足僧侣的礼拜、日常生活等,又就近选址进行开凿。这两处洞窟组合中有第 8、14、15、22、24 窟多个礼拜窟(第14、22、24 窟为中心柱窟, 第 8、15 窟为佛像方形窟), 第 22- 窟是一个僧房窟,第7、9、13 窟为三个禅窟,第 6、10、11、12、23 窟为五个僧、禅兼用窟,它们构成了一个规模较为宏大的石窟寺院。

　　D 型:由四个中心柱窟加佛像方形窟和其他的僧、禅兼用窟组成。子孙宫区北部崖面上开凿有第 32、33、34、35、36、37、38、39 窟共八个洞窟,其中第 32、33、36 窟为中心柱窟,第 37 窟也可能是未完工的中心柱窟,可以考虑是略晚时期开凿。第 34、35 窟为佛像方形窟,第 38、39 窟为僧、禅兼用窟。这一洞窟组合中,大量的中心柱窟充分显示出须弥山石窟的中心柱窟数量可观,第 33 窟为双层礼拜道,在国内极为罕见,与印度阿旃陀等地的石窟形制相似。

　　第 42、43、44、45、45-、46、47、47-、48、49 窟也是一个很完整的组合,开凿于与子孙宫区临近的圆光寺区,其中第 45、46、47、48 窟为中心柱窟,第 42 窟为禅窟,第 43、44、45- 窟为僧、禅兼用窟,第 47- 窟为僧房窟,第

---

①须弥山石窟文物管理所编《须弥山石窟志》,银川:阳光出版社,2016 年,第 94 页。

40、41 窟禅窟为二期前后即西魏时期开凿①，但距离第 45、46、47、48、49
窟这一组五佛堂寺院不远，因此很有可能也方便这一石窟寺院的僧人使
用。《总录》等指出第 49 窟（西壁中部阴刻莲花）为僧、禅兼用窟，笔者认
为，根据这一个洞窟的规模以及与周围洞窟的组合关系，它可能是个佛殿
窟而并非僧禅窟，与第 45、46、47、48 窟构成一个颇具规模的礼拜空间。按
照开窟的顺序，这一组合中的上层洞窟已经开凿完成，下层的第 47、48 窟
为未完成的洞窟，这一洞窟可能也由于毁佛等原因，只凿了一个大概的雏
形，没有继续展开营建。

　　总之，在这一区域内，各类性质的洞窟全部具备，是一个完整的寺院
组合，可见须弥山北朝石窟的开凿到了北周时期达到了鼎盛。同时从第
47、48、49 窟的状态来看，属于未完成窟，可能与武帝废佛有很大的关系②。

　　须弥山石窟的中心柱窟和佛像方形窟在功能上与塔、支提相似，在礼
拜和供养方面是相同的，不同的只是其内部的结构及其尊像。须弥山北朝
石窟每个时期窟内的不同造像，反映出不同历史时期佛教信仰的转变。而
中心柱窟是贯穿于每个时期的重要窟形，它在形制上，是对塔的模仿；而
在宗教意义上，则为塔的象征。③如果将中心柱窟置于各自所属的组合或
区段中考虑，或许将有助于理解中心柱窟对当时僧侣的不同意义。

---

　　①陈悦新《须弥山早期洞窟的分期研究》，《华夏考古》1995 年第 4 期，第 93 页。

　　②陈悦新《甘宁地区北朝石窟寺分期研究》，2004 年北京大学博士学位论文，第 26 页。

　　③马世长《克孜尔石窟中心柱窟主室券顶与后室的壁画》，《中国石窟·克孜尔石窟》（二），北
京：文物出版社，1996 年，第 175 页。

表 2-2　须弥山石窟第二类洞窟组合统计表

型	窟号	平面连图	说明
A 型	119、120、121		方形窟 + 禅房窟 + 中心柱
B 型	6、7、8、9、10、11、12、13、14、15		僧、禅窟兼用 + 禅窟 + 佛像方形窟 + 禅窟 + 僧、禅兼用窟 3+ 禅窟 + 中心柱 + 佛像方形窟
	16、17、17-2、18、19、20、20-1、20-2		禅窟 + 中心柱 + 未知 + 方形窟 + 方形窟 + 方形窟 + 方形窟 + 禅窟
C 型	22、23、24		中心柱 + 僧房窟 + 中心柱
D 型	32、33、34、35、36、37、38、39		中心柱 + 中心柱 + 方形窟 + 方形窟 + 中心柱 + 中心柱 + 僧、禅窟 + 禅窟
	42、43、44、45、45-、46、47、47-、48、49		禅窟 + 僧、禅兼用窟 + 僧、禅兼用窟 + 中心柱 + 僧、禅兼用窟 + 中心柱 + 中心柱 + 僧房窟 + 中心柱 + 僧、禅兼用窟

三、其他类型洞窟组合

除了以上的组合之外，须弥山北朝石窟第 110、111、113、115 窟的组合比较特殊，第 111 窟是方形禅窟，其他的三个洞窟都是影窟。第 5 窟的附窟为瘗窟，也没有纳入洞窟组合之中（图 2-20、图 2-21）。

图 2-20   须弥山石窟第 5 窟附窟

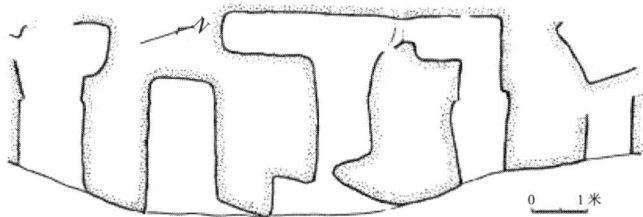

图 2-21   须弥山石窟第 5 窟附窟平面图

禅窟与僧、禅兼用窟在须弥山北朝石窟中出现的很多，如第 3、4 窟，第 6、7 窟、第 10、11、12 窟，第 38、39 窟，第 40、41 窟，第 122、123 窟等，而且遍布于每一个区段，即大佛楼区、子孙宫区、圆光寺区和三个窑区，这一现象与北朝禅修盛行有关。第 22、24 窟，第 32、33 窟，第 36、37 窟，第 45、46 窟，第 47、48 窟是须弥山北朝石窟中成组出现的双中心柱窟，与克孜尔石窟第 69、新 1 窟,第 171、172 窟,第 19、193 窟非常相似,应该与阿旃陀石窟早期的第 9、10 窟双塔堂窟的组合一脉相承。须弥山、克孜尔两地石窟中心柱窟与僧房的组合类型,也与印度地区早期的石窟寺组合类型一致。此外,中心柱窟 + 佛像方形窟 + 僧房窟、中心柱窟 + 僧房窟、中心柱窟 + 中心柱窟 + 僧、禅兼用窟、中心柱窟 + 中心柱窟 + 中心柱窟 + 中心柱窟 + 禅窟 + 僧房窟 + 僧、禅兼用窟等似乎都是受到印度的影响,反映出礼拜中心与修行场所的结合日益紧密的特点。

　　北朝时期僧侣和寺院的数量众多,法琳认为,北魏时期共有官修大寺院四十七所,王公贵室五等诸侯所修寺院八百三十九所,百姓造寺三万余所(表 2-3)。[1]尤其到了北朝后期,数量剧增,北周有寺一万所,僧尼一百万人。[2]至于其名称为何,我们不得而知,但就圆光寺区开凿洞窟的数量、布局、窟内形制、造像以及窟外的建筑遗迹来看,这一区域也有官员参与营建,应该是举行重大佛教仪式的重要场所,聚集了众多僧侣以及信

表 2-3　北朝僧侣、寺院统计表[3]

年代	僧侣	寺院
476	2,000	100[20]
	77,258	6,478[11,3]
512—515		13,727
534	*2000,000	30,886[66]
550—547	*300,000	40,000[75]

①(唐)法琳撰《辩正论》卷三,见《大正藏》第 2110 号,第 52 册,第 507 页。

②张箭《北朝周齐寺僧数研究述评》,中国魏晋南北朝史学会、大同平城北朝研究会编《北朝研究》(第六辑),北京:科学出版社,2008 年,第 185 页。

③官僧,由国家拨款供养,以负责完成皇家宗教仪礼;私僧,由一些大户人家提供食住;最后是民僧,他们孤立地生活或形成一个小团体而栖身于乡间。

徒。石窟即寺院,须弥山石窟圆光寺区在北朝时期足以具备一般寺院的性质和特点。其他几个区域的石窟建筑,虽然规模不及于此,但是同样可称为一个个不同的寺院,有中心柱窟、佛殿窟、禅窟、僧房窟等各种功能的洞窟,甚至还有满足僧侣日常用水需求的水窨。

须弥山北朝时期的洞窟中,禅窟、僧房窟以及僧、禅兼用窟开凿在礼拜窟周围,形成组合开凿的体制,与新疆克孜尔石窟的组合形式相同,源于公元4世纪的克孜尔五佛堂寺院①。这种寺院中设计有礼拜堂、讲堂、禅房、杂房等建筑,既方便僧人礼佛听经、参禅打坐,又照顾到了他们的日常生活起居,有比较明显的组合结构上的优越性。每一区段的洞窟组合又有不同,通过不同的组合可反映出其不同的功能以及佛教信仰。须弥山北朝石窟内部各个不同的区段互相补充,从不同方面满足了寺院僧团的基本需求。各遗址因其自身所具有的不同特点,被有意识地按照不同的需求予以设计规划。不同遗址之间的关系密切,相互配合,共同搭建起原州有序的佛教机构。

---

①陈悦新《须弥山石窟概述》,宁夏回族自治区文物管理委员会、北京大学考古系编著《须弥山石窟内容总录》,北京:文物出版社,1997年,第22页。

第三章

须弥山北朝石窟的空间布局及其造像配置

研究宗教艺术有一个总的原则，即单体绘画和雕塑必须要放到其所在的建筑结构与宗教仪式中去观察，佛教石窟艺术也一样。这些形象不是可以随意携带或单独观赏的艺术品，而是用于某种特殊宗教礼仪结构而设计的一个更大绘画程序的组成部分。[①]每一个洞窟都是实施佛教礼仪的空间，在一个石窟群中，它不仅与其他石窟存在一定的联系，从属于一定的组合之中，而且它本身也是一个相对独立的空间，内部的壁画或者雕塑都被统一规划，纳入一定的思想体系之中。因此，对每一个洞窟内部空间布局及其配置问题的探讨在石窟研究中显得极为重要。本章从相对微观的角度探讨须弥山北朝石窟的布局及其所反映的思想，进而挖掘北朝原州佛教更深层次的内涵。

---

①（美）巫鸿《礼仪中的美术》，北京：生活·读书·新知三联书店，2016年，第352页。

第一节　须弥山北魏素壁中心柱窟的空间布局及其宗教功能

　　须弥山石窟第22、24窟开凿于北魏时期,是须弥山最早开凿的中心柱窟。中心柱是印度"窣堵坡"中国化的结果,除了分享舍利的庄严、佛的象征意义等作用以外,还为右绕礼拜佛塔而设。这两个洞窟的四壁素壁无造像,可能也是为了突出佛塔礼拜的功能。三层中心塔柱四面的图像有表现释迦成佛过程的"四相",还有四方佛和千佛,它们都是禅观的内容,选择不同的图像组合,总体上都是表现禅观的观想,是一种很有象征意义的空间组合。

　　北魏是佛教中国化进展较快的时期,在拓跋族统治集团的主导之下,佛教传播空前广泛和深入,大量塔寺、石窟兴造;出家者众多,僧团膨胀,佛教赢得了从朝廷到民间的普遍信奉。从南北地域来看,南方突出发展了上层沙门和贵族名士的佛教义学,而北方则更盛行避苦得乐、往生净土的修持实践,盛行建造塔寺、凿窟造像等活动。①须弥山石窟就是在这样的大

---

　　①孙昌武《北方民族与佛教:文化交流与民族融合》,北京:中华书局,2015年,第113—114页。

背景下兴建起来的。

北魏时期是须弥山石窟开凿的初创期。这一时期的洞窟分布在子孙宫区的南面及中部,共有 13 个,占全部洞窟的十分之一,其中礼拜窟(中心柱窟)有 4 个,包括第 14、22、24 窟和第 28 窟[①]。除此之外,还有佛殿窟、禅窟和僧房窟。须弥山石窟在北魏时期出现了较多覆斗顶窟,而这种窟形在敦煌石窟中直到西魏时期才出现。须弥山石窟中心柱样式与龟兹地区的石窟样式有较大差异,它受到印度支提窟基本理念的影响,同时又是对中国式方塔形式的一种移植,造像组合突出了"禅观"思想。而在北魏洞窟的四个中心柱窟中,第 22 窟和第 24 窟是较为典型的洞窟,从洞窟的组合关系来看,两窟毗邻,且在同一高度,有共同的栈道,与上方第 23 窟的僧房窟构成了一个组合。从洞窟留存现状来看,两窟均只在中心柱上雕刻造像,开凿之初并未在其他壁面开龛、造像。除了中心柱上的图像反映禅观思想以外,四壁素壁无龛像也是为了突出佛塔的礼拜供养,这是营建者有意设计所致,其宗教功能值得关注。

陈悦新用考古类型学的方法研究认为,须弥山石窟第 22、24 窟的建造年代为北魏时期,[②]笔者赞同此观点。第 22 窟为平面方形窟,宽 3.15米、进深 3.10 米、高 2.7 米,覆斗顶;中心柱分上、中、下三层,上层四面各凿一圆拱形浅龛,龛内雕一坐佛,龛外两侧各雕一胁侍菩萨,造像漫漶,其他两层风化严重,情况不明;洞窟东、南、西三壁及窟顶均素面无龛像(图3–1)。[③]第 24 窟窟门为长方形,主室为平面方形,宽 4.5 米、进深 4.2 米、高4.1 米,覆斗顶,南壁窟门上方开明窗;中心塔柱由方形塔座和柱身两部分

①宁夏回族自治区文物管理委员会、北京大学考古系编著《须弥山石窟内容总录》,北京:文物出版社,1997 年,第 7 页。

②陈悦新《须弥山早期洞窟的分期研究》,《华夏考古》1995 年第 4 期,第 88 页。

③宁夏回族自治区文物管理委员会、北京大学考古系编著《须弥山石窟内容总录》,北京:文物出版社,1997 年,第 52—53 页。

图 3-1 须弥山石窟第 22、24 窟连续平面图及外景

组成,柱身上小下大,分上中下三层,每层以横梁相间,四面各开一尖拱形龛,龛内雕刻有象、马、佛、菩萨等;东、南、西三壁及窟顶均素面无龛像[①]。这两个洞窟是须弥山石窟最早的中心柱窟,对研究原州以及北魏时期的佛教具有重要意义。约同时期开凿的第 28 窟中心柱已毁,其上也应雕凿有内容,四壁亦无龛像[②]。下文主要以北魏第 22、24 窟为例,讨论须弥山北魏石窟的空间布局及宗教功能。

一、支提与中心柱

中心柱起源于印度的支提或者窣堵坡,类似于中国的佛塔。

所谓支提,《一切经音义》卷一三曰:

> 制多,梵语也,此云聚相,谓聚众垒砖石高以为相,旧曰支提,或云制底,或云脂帝,或曰浮图,皆前后翻译梵语讹传也,此

---

①宁夏回族自治区文物管理委员会、北京大学考古系编著《须弥山石窟内容总录》,北京:文物出版社,1997 年,第 54—56 页。

②宁夏回族自治区文物管理委员会、北京大学考古系编著《须弥山石窟内容总录》,北京:文物出版社,1997 年,第 7 页。

即标记如来化迹之处,皆置大塔,或名窣堵坡也。①

其意义为如来化迹之处所造的大塔,又名窣堵坡。卷七〇又云:

此翻应名可供养处、佛涅槃处、生处、说法处,悉名制多,皆
须供养恭敬。②

《法苑珠林》卷三七《塔支提》者云:

有舍利者名塔,无舍利者名支提,如佛生处、得道处、转法轮
处、佛泥洹处、菩萨像、辟支佛像、佛脚迹处,此诸支提得安佛华
盖供养。若供养中上者供养佛塔,下者供养支提,若猝风雨来应
收供养具,随近安之。③

可见"支提"本身具有"可供养处"和"庙"的含义,是指没有舍利安放
的地方。关于"塔",《诸经要集》卷三《兴造缘》第三云:

梵汉不同,翻译前后,致有多名,文有讹正,所云塔者,或云
塔婆,此云方坟;或云支提,翻为灭恶生善处;或云斗薮波。此云
护赞,若人赞叹拥护叹者。西梵正音,名为窣堵坡,此土云庙,庙
者貌也,即是灵庙也。安塔有其三意,一表人胜,二令他信,三为
报恩。若是凡夫比丘有德望者,亦得起塔,余者不合。若立支提,

---

① [唐]慧琳撰《一切经音义》卷一三,见《大正藏》第2128号,第54册,第387页。
② [唐]慧琳撰《一切经音义》卷七〇,见《大正藏》第2128号,第54册,第766页。
③ [唐]道世撰《法苑珠林》卷三七,见《大正藏》第2122号,第53册,第580页。

有其四种,一生处,二得道处,三转法轮处,四涅槃处。①

《广弘明集》卷一二云:

　　佛生天竺,随其土风,葬必阇维,收必起塔。塔即是庙,庙者貌也,祭祀承事如貌存焉。今之国家宗庙社稷,类皆然也。②

一般而言"塔"与安置舍利有很大的关系。

不管是支提还是佛塔,都代表了神圣之物的名称。描述绕塔和观像活动的佛经主要有《观佛三昧海经》和《观弥勒菩萨上生兜率天经》。二者都指出信徒进入佛塔礼拜佛像前先要清扫地面,焚香,献花,然后才虔诚地多次向佛忏悔、礼拜、称颂佛名。在洞窟中造像,也是为了观像修禅③。美国学者阿布贤次在对中心柱窟的研究中,将其分为两种类型:一种是窟内起塔,一种是窟本身为塔,内有中心轴④。须弥山北朝石窟中有大量的中心柱窟,其中的中心方柱表示宝塔的中心轴,窟室内部即是宝塔的内部空间,中心柱不是独立的佛塔代表,而是以整个窟为塔,作为其中的一部分,这也是窟内礼拜活动最重要的一个条件。须弥山石窟中心塔柱窟有的四壁

---

①[唐]道世撰《法苑珠林》卷三七,见《大正藏》第 2122 号,第 53 册,第 580 页。

②[唐]道宣撰《广弘明集》卷一二,见《大正藏》第 2103 号,第 52 册,第 17 页。

③自晋以来,北方即为禅法之源泉。孝文以后,禅法大行北土。北周禅师,特尊僧实。周朝上下,甚为尊敬。当世禅师以稠(北齐禅师僧稠)、实二人为最有势力。北土佛徒深悚于因果报应之威,汲汲于福田利益之举。塔寺遍地,造像林立。参见汤用彤《汉魏两晋南北朝佛教史》,北京:中华书局,2016 年,第 19 章。

④(美)阿布贤次《莫高窟第 254 窟的艺术和佛教实践活动》,载《敦煌学国际研讨会文集》,沈阳:辽宁美术出版社,1995 年,第 161 页。钟晓青《克孜尔中心柱窟的空间形式与建筑意象》中也谈到内地中心柱窟的建筑意象的几种形态,窟内中心部位有独立的形态基本完整的佛塔;窟内中心有独立的连接顶地的方柱,柱身四面设龛,所表现的应是佛塔底层的内部礼拜空间;窟内中心方柱的柱身各面(或仅于正面)设佛帐形大龛。

素壁无龛像,有的四壁开龛造像,北魏时期的第 22、24 窟就是四壁素壁无龛像的典型洞窟,而同一时期的第 14 窟的中心柱和四壁均开龛造像。整体而言,这种中心塔柱不同于龟兹地区的甬道中心柱,而是中心柱直通窟顶,北魏、西魏时期的塔柱较为复杂,柱身为上小下大的梯形形状,少者三层,多者七层,到了北周趋向简化,单层开龛。

二、造像内容与"禅观"

北朝时期,禅法盛行北土。北朝石窟的开凿与僧人习禅关系密切,窟内造像也大多围绕禅观而设计雕凿,以此汲汲于福田利益。[①]

从禅观经典中可以看出,在洞窟中雕凿或绘制佛的影像,是为了修禅而用。须弥山石窟第 22、24 窟的四壁素壁无龛,石窟的内容主要集中在中心柱上,这些图像及其组合中,很多都与禅观有关。这两窟的中心柱分三层,每层四面开龛。第 22 窟的中心柱上层四面各凿一圆拱形浅龛,龛内雕一坐佛,龛外两侧各雕一胁侍菩萨,中、下层残毁。第 24 窟中心柱保存较为完整,面朝窟门的正壁为北壁菩萨,四个向面造像的线描如图(图 3–2),主要内容如下表(表 3–1):

图 3–2　须弥山石窟第 24 窟中心柱北、南、西、东向面线描图

---

①汤用彤《汉魏两晋南北朝佛教史》(下),北京:中华书局,2016 年,第 559—574 页。刘慧达《北魏石窟与禅》,《考古学报》1973 年第 3 期,第 337—352、406—411 页。

表 3-1　须弥山第 24 窟中心柱图像统计表

向面		位置		
		上	中	下
北	内容	乘象太子①	一佛二菩萨（无畏与愿印）	一佛二菩萨（禅定印）
	图片			
东	内容	骑马太子	一佛二菩萨（无畏与愿印）	一佛二菩萨（禅定印）
	图片			

①宫治昭指出：成道前（确切地说是落发前）的悉达太子一般为头戴敷巾冠饰，手中无持物的形象。"婚约""树下观耕（思惟）""宫廷生活""决意出家""出城"等场面中能看到代表性的例子。这些画面中悉达太子的敷巾冠饰与 B 系列菩萨（戴敷巾冠饰，是指用布将头部包裹起来，系上豪华的装饰发带，头顶前面有扇形或圆形的前装饰，中间有楔形的卡子，卡子下端有台状物，常常有细细的饰带由楔形顶端垂向两侧）相同，头发用敷巾包起来，用装饰带束紧，头顶前面有扇形或圆形的前装饰，即"中间楔形卡子"的形式。（宫治昭著，李萍、张清涛译《涅槃和弥勒的图像学》，北京：文物出版社，2009 年，第 211 页。）因此，《总录》中关于中心柱最上层北向面和东向面分别是"乘象菩萨"和"骑马菩萨"的说法有不妥之处，从乘象者和骑马者所残留的头饰，并根据整个图像序列（下文即将论述）判断，乘象骑马者不是菩萨，而应是敷巾冠饰乘象入胎和夜半逾城的太子。

续表

向面		位置		
		上	中	下
南	内容	一思惟像二菩萨	一佛二菩萨（无畏与愿印）	一佛二菩萨（无畏与愿印）
	图片			
西	内容	一立佛二菩萨	一佛二菩萨（禅定印）	一佛二菩萨（无畏与愿印）
	图片			

（注：表格内图片均为笔者摄）

　　须弥山石窟的中心柱上，出现了较为少见的佛传题材造像"骑象太子"和"乘马太子"。值得注意的是莫高窟北魏第 431 窟中心塔柱上层南向面龛内是一身禅定佛像，龛外两侧是佛传故事中的"乘象入胎"与"逾城出家"。[①]云冈石窟中也有数例这两个题材对称的图像。[②]笔者发现，云冈等石窟的

---

①于向东《北魏至隋代敦煌中心柱窟图像布局的演变》，《南京艺术学院学报》2016 年第 3期，第 67 页。

②云冈石窟乘象投胎题材全部见于第三期窟龛，其中有一种构图形式是作一菩萨骑象，如5-10、5、11、5-38、31、32-3、33-4、38 窟等，通常与"逾城出家"对称布局。

佛传故事里的大象、马一般都是侧面,而须弥山石窟中的则是正面,与犍陀罗佛传中的一些正面的动物表现极为接近(图3-3、图3-4)。关于佛传作为禅观的对象,在佛经里可找到相关依据,石窟造像特征一般对应为乘象投胎、树下降生、初行七步口演法言、纳妃、出家逾城、苦行像、降魔、成道、鹿野苑初转法轮等。

图3-3　犍陀罗雕刻

图3-4　犍陀罗雕刻

东晋佛陀跋陀罗译《佛说观佛三昧海经·序观地品第二》云:

佛告父王:"若有众生欲念佛者,欲观佛者,欲见佛者,分别相好者,识佛光明者,知佛身内者,学观佛心者,学观佛顶者,学观佛足下千辐相轮者,欲知佛生时相者,欲知佛纳妃时者,欲知佛出家时者,欲知佛苦行时者,欲知佛降魔时者,欲知佛得阿耨多罗三藐三菩提时者,欲知如来转法轮时相者,欲知如来宝马藏相者,欲知如来升忉利天为母摩耶夫人说法时相者,欲知如来下忉利天时相者,欲知如来行住坐卧四威仪中光明相者,欲知如来诣拘尸那降度力士相者,欲知如来伏旷野鬼神毛孔光明相者。"[1]

①[东晋]佛陀跋陀罗译《佛说观佛三昧海经》卷一,见《大正藏》,第0643号,第15册,第647页。

经文中提到要"欲知佛生时相者""欲知佛纳妃时者""欲知佛出家时者""欲知佛苦行时者"以及"欲知佛降魔时者"等,可通过"念佛""观佛"禅修而达到目的。

关于观立像,东晋佛陀跋陀罗译《佛说观佛三昧海经·观像品第九》云:

> 顺观像者,从顶上诸蠡文间。一一蠡文系心谛观,令心了了见佛蠡文,犹如黑丝右旋宛转。次观佛面,观佛面已,具足观身渐下至足。如是往返凡十四遍,谛观一像极令了了,观一成已出定入定。恒见立像在行者前,见一了了复想二像,见二像已次想三像,乃至想十皆令了了。见十像已想一室内满中佛像间无空缺,满一室已复更精进烧香散华,扫塔涂地澡浴众僧。为父母师长案摩调身,洗浴身体上涂足油,四方乞食得好美者。……满十方界见一切像,身纯金色放大光明。若有犯戒作不善者,先身犯戒及以今身,见诸佛像或黑或白。以忏悔故渐见红色,见红色已渐见金色,见金色已身心欢喜。劝请诸像使放光明,起此想时念想利故见一切像。举身毛孔皆放光明,一一光明百亿宝色,一一色中无量杂色。微妙境界悉自踊出,此念想成名观立像。①

观坐像者,东晋佛陀跋陀罗译《佛说观佛三昧海经·观像品第九》云:

> 尔时世尊复为来世诸众生故,更说观像坐法。观像坐者,至心系念令前立像足下生华。此华生时当起想念,令此大地作黄金

---

①[东晋]佛陀跋陀罗译《佛说观佛三昧海经》卷九,见《大正藏》第 0643 号,第 15 册,第690—691 页。

色作七宝色,随想而现。一一宝色黄金为界,一一界间生宝莲华。作此想时有宝莲华千叶具足,应想而现。既见花已请诸想象令坐宝华,众像坐时大地自然出大白光,如琉璃色白净可爱,众白光间百亿菩萨白如雪山,从想象身毛孔中出。①

后秦鸠摩罗什等译《禅祕要法经》亦云:

唯见一像独坐华台,结跏趺坐,谛观此像,三十二相,八十种好,皆使明了。见此像已,名观像法。②

以上《佛说观佛三昧海经》和《禅祕要法经》中关于观立像、坐像的论述,是与禅观造像有关的经典依据。须弥山石窟第 24 窟集中于中心柱的造像内容,也是围绕禅观而设计,但就具体的禅观内容以及组合形式而言,它将佛传四相、四方佛、千佛等内容集中于有限的三层四面中心塔柱上,共同体现禅观思想。

三、中心佛塔的宗教功能与四壁素壁对礼拜供养功能的凸显

(一)佛塔与舍利崇拜、礼仪

在古代印度,佛塔一般的含义为收纳佛舍利而建造的窣堵坡。唐慧琳撰《一切经音义》中指出了"塔"暗示着最高的地位,而且在印度古代存在一种普遍的认识和理念,即作为佛教建筑的佛塔始终分享着舍利的神圣和庄严,并在各地增建,受人尊崇(图 3-5、图 3-6)。

---

① [东晋]佛陀跋陀罗译《佛说观佛三昧海经》卷第九,见《大正藏》第 0643 号,第 15 册,第 691 页

② [后秦]鸠摩罗什等译《禅祕要法经》卷二,见《大正藏》,第 0613 号,第 15 册,第 256 页。

图 3-5　犍陀罗窣堵坡

图 3-6　犍陀罗佛塔礼拜

东晋佛陀跋陀罗共法显译《摩诃僧祇律》载：

> 尔时世尊自起迦叶佛塔，下基四方周匝栏楯，圆起二重方牙
> 四出，上施槃盖长表轮相。佛言："作塔法应如是。"①

在古印度的西北，很早就流行建塔。刘宋佛陀什共竺道生等译《弥沙塞部和醯五分律》载：

> 佛言，听有四种人应起塔，如来、圣弟子、辟支佛、转轮圣王。
> 诸比丘欲作露塔、屋塔、无壁塔。②

---

①[东晋]佛陀跋陀罗共法显译《摩诃僧祇律》卷三三，见《大正藏》，第 1425 号，第 22 册，第 497 页。

②[刘宋]佛陀什共竺道生等译《弥沙塞部和醯五分律》卷二六，见《大正藏》第 1421 号，第 22 册，第 173 页。

由此可知古印度的塔可分为上述三种。桑奇大塔作为著名的早期佛塔应该算是"露塔"，须弥山石窟第22、24窟中央的佛塔可称之为"屋塔"，也是按照佛经要求所建，是为供养。中心柱窟中的这种"屋塔"参照了中国的阁楼式塔，已与印度—中亚的大型覆钵式塔相去甚远，是中原阁楼式塔的一种演变形式，由高层阁楼样式的方形塔取而代之且被中国化。①

在石窟中央安置象征佛的佛塔，与佛教礼仪活动关系密切。唐道世撰《法苑珠林》中讲述了这样一个故事："山中有五百猕猴，见僧绕塔礼拜供养，即共负石学僧作塔绕之礼拜。于时天雨山水暴涨，五百猕猴一时没死，生忉利天。七宝宫殿巍巍无量，衣食自然快乐无极。既得生天各自念言，我等何缘得来生此？即以天眼观见前身，作其猕猴，由学众僧戏为作塔。山水所漂命终生此，即共相将赍持香华，从天下来供养死尸，回诣佛所礼拜问讯，佛为说法。五百天子一时皆得须陀洹果，既得果已还归天上。猕猴学僧戏为作塔，尚获福报巍巍乃尔，岂况于人信心造塔宁无果报？"②可见绕塔礼拜的功用。在古印度的寺院中心也曾一度盛行建塔，北凉昙无谶译《悲华经》曰："我涅槃后，若有众生，以珍宝、伎乐供养舍利，乃至礼拜、右绕一匝，合掌称叹。一茎华散，以是姻缘随其志愿，于三乘中各不退转。"③劝说和强调礼拜供养佛舍利以及献花赞叹佛的功德。其中的"右绕"，即为右绕佛像或佛塔。"右绕"之功德有专门的佛经解说，见《右绕佛塔功德经》④。须弥山石窟第22、24窟的中心柱无疑也是特定历史时期印度佛塔的中国化产物。

中国塔建筑古已有之，且每个时期的层级以及样式有别，一般有三、

---

①殷光明《北凉石塔研究》，台北：觉风佛教艺术文化基金会，2000年，第116—117页。

②[唐]道世撰《法苑珠林》卷三七，见《大正藏》第2122号，第53册，第581页。

③[北凉]昙无谶译《悲华经》卷七，见《大正藏》第0157号，第3册，第211页。

④[唐]实叉难陀译《右绕佛塔功德经》卷一，见《大正藏》第0700号，第16册，第801—802页。

五、七、九等层级。北魏太和二十三年（499 年）酒泉曹天护石造像塔（图
3-7）和敦煌北魏石造像塔（图 3-8），塔檐结构具体清晰，分别为三级和五
级。杨衒之《洛阳伽蓝记》记载建于北魏熙平元年（516 年）的永宁寺塔，为
木结构建筑，有九层。[1]山西朔州崇福寺出土了北魏天安元年（466 年）石
材九级塔。庄浪县出土北魏五级造像塔，简化了每一层的塔檐造型（图
3-9）。宁夏固原博物馆藏隆德县神林乡出土四面造像塔节，现存一层，也
应为多层，每层之间的塔檐结构已简化至极（图 3-10）。

图 3-7　酒泉出土　图 3-8　敦煌出土　图 3-9　庄浪　图 3-10　隆德出土四面造像塔
曹天护石造像塔　　北魏石造像塔　出土北魏造像塔

①[北魏]杨衒之撰《洛阳伽蓝记》卷一，明末汲古阁津逮秘书刻本，第 1 页。"永宁寺，熙平元
年灵太后胡氏所立也，在宫前阊阖门南一里御道西。其寺东有太尉府，西对永康里，南界昭玄曹，北
邻御史台。阊阖门前御道东有左卫府。府南有司徒府。司徒府南有国子学，堂内有孔丘像，颜渊问
仁、子路问政在侧。国子南有宗正寺，寺南有太庙，庙南有护军府，府南有衣冠里。御道西有右卫府，
府南有太尉府，府南有将作曹，曹南有九级府，府南有太社，社南有凌阴里，即四朝时藏冰处也。中
有九层浮屠一所，架木为之，举高九十丈。上有金刹，复高十丈；合去地一千尺。去京师百里，已遥见
之。初掘基至黄泉下，得金像三十躯，太后以为信法之征，是以营建过度也。刹上有金宝瓶，容二十
五斛。宝瓶下有承露金盘一十一重，周匝皆垂金铎。复有铁镙四道，引刹向浮屠四角，镙上亦有金
铎，铎大小如一石瓮子。浮屠有九级，角角皆悬金铎，合上下有一百三十铎。浮屠有四面，面有三户
六窗，户皆朱漆。扉上各有五行金铃，合有五千四百枚。复有金环铺首，殚土木之功，穷造形之巧，佛
事精妙，不可思议。绣柱金铺，骇人心目。至于高风永夜，宝铎和鸣，铿锵之声，闻及十余里。"

须弥山北朝石窟中的中心柱窟皆是主窟，其中心柱与中原北方其他地区的北朝石窟中的中心柱一样。北魏早期的中心柱多作多层塔式，须弥山石窟第14窟（图3-11）、第24窟（图3-12）均为三层塔式，西魏第32窟的柱身分七层，以及被毁的北魏第28窟，西魏第33、35、36等窟也应为多层式，与云冈二期第1、2、6窟和三期第39窟等窟基本一致，与陕北安塞云岩寺北魏第6窟楼阁式中心塔柱①（图3-13）极为相似，都是三层。这种塔柱与云冈二期第6窟及巩县石窟神龟至孝昌年间（518—528年）第1、3、4窟的那种方形柱还是有很大区别的。由此推知须弥山石窟一期洞窟以塔檐（陈悦新称为"隔梁"）分层的塔柱可能是受其影响，在形制上将楼阁简化为塔檐，其年代不应早于云冈三期（494—524年）。②

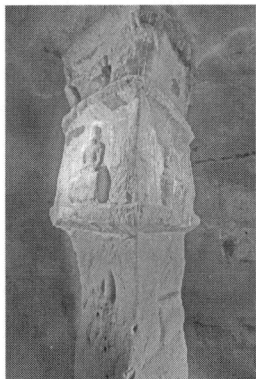

图3-11　须弥山石窟
第14窟中心柱

图3-12　须弥山石窟
第24窟中心柱

图3-13　陕西安塞区云岩
寺第6窟中心柱

到了北魏晚期，中心柱窟的塔柱样式发生变化，由多层塔柱向单层方柱演变，如巩县石窟既有上、下两层的云冈旧制（第4窟），又出现单层方柱的新制（第1、3窟）。北齐时旧形制消失，如巩县石窟第1、2窟（图

①靳之林《陕北发现一批北朝石窟和摩崖造像》，《文物》1989年第4期，第60—61页。
②陈悦新《须弥山早期洞窟的分期研究》，《华夏考古》1995年第4期，第89—90页。

图3-14　巩县石窟第1窟中心柱东、南、北、西面线描图

3-14），水浴寺西窟，姑姑洞下窟皆做单层方柱。敦煌石窟北魏中心方柱四面开龛，一般在正面开一大龛，其余三面分上下层各开一龛。西魏以后，中心柱四面均开一龛。须弥山石窟北魏第22、24窟多层塔式是北方早期中心柱样式的有力例证，且从每层之间雕出方檐来看，既非敦煌、酒泉石塔那般形象而繁复，也并非像庄浪、隆德等地出土石塔那样素面无任何装饰，有明显简化的趋势，即向方柱式过渡。①这种复节式佛塔（造像塔）的出现应在东部地区，如山西沁县的南涅水等地，多层分节的塔原来有些也可能有单独的塔檐。

（二）四壁素壁对礼拜供养的凸显

须弥山石窟的部分中心柱窟如第22、24窟和第47窟，仅中心柱上有内容，石窟的其他壁面素壁无饰，没有开龛造像，一般人可能会认为是未完成的中心柱窟，笔者认为是有意为之，是为了突出礼拜供养的内涵。

印度早期的支提窟往往在洞窟中心建立朴素的佛塔，窟内装饰也较少。阿旃陀石窟第10窟也是只有一个简朴的佛塔和列柱的支提窟，最初

①李裕群《北朝晚期石窟寺研究》，北京：文物出版社，2003年，第104—105页。

可能也绘制了壁画,不过
现存壁画则是后代重绘
的(图 3-15)。①又如安德
拉邦的贡塔帕里支提窟,
也是非常素朴的,这种设
计的目的主要在于突出
佛塔礼拜的功能,而其他
的视觉图像在这一过程
中出现与否是不重要的。

图 3-15　印度阿旃陀石窟第 10 窟

　　东晋佛陀跋陀罗译《华严经·净行品》②中宣扬的绕塔供养礼拜,通俗
易懂,道理浅显,认为此方式可得到种种福业。这些内容很容易为一般的
僧侣和世俗阶层民众所接受。③这种简单的修行方式无须知晓太多的仪
轨,也无须太多复杂的装饰即可进行,重点在于通过绕塔礼拜而达到内心
的升华。莫高窟北凉第 268 窟开凿时代最早,据推测可能是乐僔或法良使
用过的禅窟,最初开凿之时尚未绘制壁画,到了北凉时期才有了绘制。④
　　在中原等地的石窟中也可找到类似的设计。安阳道凭石窟(石堂)中
四壁原无雕饰,或即为禅行而凿。⑤响堂山石窟中洞与北洞同属一期,而开
凿时间略晚于北洞,外观上已经开始考虑整体效果,初步尝试用柱子将洞
窟与上层的覆钵丘连接成一体,但在塔刹部分的表现上仍比较原始,没有

---

①赵声良等《敦煌石窟美术史·十六国北朝》(上卷),北京:高等教育出版社,2014 年,第 145
页。

②[东晋]佛陀跋陀罗译《大方广佛华严经》卷六,见《大正藏》第 9 册,第 430 页。

③李裕群《北朝晚期石窟寺研究》,北京:文物出版社,2003 年,第 235 页。

④赵声良等《敦煌石窟美术史·十六国北朝》(上卷),北京:高等教育出版社,2014 年,第 25
页。

⑤丁明夷《北朝佛教史的重要补正:析安阳三处石窟的造像题材》,《文物》1988 年第 4 期,第
16 页。

过多装饰,仍以覆钵丘的表现为主,这期塔形窟均为中心方柱式塔庙窟,规模较大。选择此类窟形估计也是为了方便人们进行礼拜。①响堂山北朝石窟中有这样一种窟形:平面基本呈方形,在主室正中凿有中心柱,仅中心柱正面开一大龛,中心柱左、右、后均低矮,似隧道,可称之为甬道。主室四壁不开龛。属于这一类型的只有北响堂山中洞一窟(中洞主室四壁为明代补刻)。②李裕群将中洞四壁不开龛的原因归于隧道,中洞因隧道原因不开龛。③笔者认为四壁不开龛与隧道影响关系不大,主要还是有意经营,与须弥山石窟第24窟的建造一样,素壁是为了突出礼拜供养。

河西地区石窟中出现了很多四壁不开龛或很少开龛的中心柱窟,是受中原的影响,只是壁面多绘制千佛。张宝玺将这类窟称为具有千佛性质的洞窟。④文殊山石窟北魏第4窟中心柱正面开一龛,其余三面不开龛,窟壁亦不开龛,开凿于北魏—西魏时期的第9窟与此相同。金塔寺、马蹄寺、天梯山石窟不开龛的形式,确与须弥山石窟第22、24窟有相同的表现,其性质、功能与须弥山石窟应该相同,突出了塔供养与禅观的功能。庆阳北石窟寺第70窟为西魏开凿,窟内中心柱上部与东壁相连,中心柱东侧凿较大空间,四壁均无造像,当未完工。⑤关于"当未完工"的论述也值得商榷,笔者认为应该是为了突出礼拜供养。

自北魏孝文帝倡导佛教义学后,北方义学逐渐盛行,至东魏、北齐形成了禅、理并重的局面。汤用彤在《汉魏两晋南北朝佛教史》中指出:"及魏

---

①赵立春《响堂山北齐塔形窟述论》,《敦煌研究》1993年第2期,第38页。

②唐仲明《响堂山石窟北朝晚期中心柱窟的"西方"因素》,《故宫博物院院刊》2014年第2期,第89页。

③李裕群《北朝晚期石窟寺研究》,北京:文物出版社,2003年,第11页。

④张宝玺《河西北朝窟》,上海:上海古籍出版社,2016年,第18—20页。

⑤甘肃北石窟寺文物保护研究所编著《庆阳北石窟寺内容总录》(上),北京:文物出版社,2013年,第117页。

之末叶,北方义学兴盛,中国僧人俱修订法,而且有其所宗之经典。禅智兼弘,成为一时之风气,以至酿成隋唐之大宗派。"①因此须弥山石窟中心柱第22、24窟只有中心柱有内容,而其他壁面素壁无饰的设计,是为突出礼拜供养,而减少其他的干扰,这与北朝佛教中禅观的局面是相契合的。与此同时,南朝石窟中刻经的盛行则更加彰显出南方重佛教义理的特点。

四、三层十二幅雕像的空间布局

(一)"四相"的布局

须弥山石窟第24窟中心柱最上层的图像布局为"乘象入胎—夜半逾城—半跏思惟(出家后的思惟像)—立佛(游行像)",这样的布局是有意设计的结果,其中有一个时间的脉络,表现了释迦成佛的几个重要阶段,即佛传的"四相",这是不同于印度等地的佛传"四相"。

北凉昙无谶译《大般涅槃经》曰:

> 一切诸法有四种相。何等为四?一者生相,二者老相,三者病相,四者灭相。以是四相,能令一切凡夫众生至须陀洹生大苦恼。②

四行相(名数)观苦谛之苦、空无常无我之四种行相也,一指一期生命之四种样相,即生、老、病、死。又作粗四相、一期四相。二指观察苦谛的四种行相,即苦、空、无常、非我,如《阿毗达摩俱舍论》载:苦圣谛有四相:非常、苦、空、非我。待缘故非常,逼迫性故苦,违我所见故空,违我见故非我。三是生命现象中的四种妄执:生命现象因缘而起,无自性可得,凡夫误以为都有永恒不变的生命主体,因而产生四种妄执,谓之四相,即我相、人

---

① 汤用彤《汉魏两晋南北朝佛教史》(下),北京:中华书局,1983年,第561页。
② [北凉]昙无谶译《大般涅槃经》卷二五,见《大正藏》第0374号,第12册,第512页。

相、众生相、寿者相。又作识境四相、四见。四指有为法之四相,即显示诸法生灭变迁的生相、住相、异相、灭相。又作四有为相。①一般而言,在佛传中,"诞生""成道""初转法轮""涅槃"这四件大事备受重视。

从须弥山石窟第24窟中心柱最上层的图像内容组合来看,与佛教的"四有为相"的内涵较为接近,说明了众生都要经历的生命过程,但是又与其有区别,没有与"生、住、异、灭"一一对应。"太子乘象"对应"一念托胎,十月满足,此身即生,是为生相";"太子骑马"是为太子骑马"逾城出家"悟道誓度众生行为;"半跏思惟(出家后的思惟像)"一般指太子出家后,至苦行林,告别爱马犍陟,而起思惟之像;"立佛"则是佛成道后的游行像或行像。这些反映出须弥山石窟与印度佛教的不同(图3-16)。

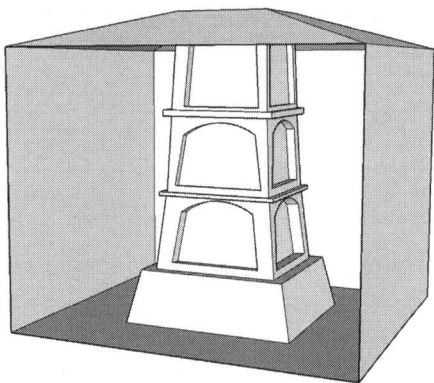

图3-16 须弥山石窟第24窟透视图

在此再对立像做一说明。立像往往可以理解为佛成道后的游行像,或叫行像。修行观像的次第是由坐像而入立像或行像,最后是卧像。东晋佛陀跋陀罗译《佛说观佛三昧海经》载:

尔时世尊告阿难言,若有众生观像,坐已当观像行。观像行

①[唐]玄奘译《阿毗达摩俱舍论》卷二六,见《大正藏》第1558号,第29册,第137页。

者……诸像皆起如前立住。见像立时,当作想念请像令行。像既行已,步步之中,足下生华,成莲华台。见十方界满中行像供具妓乐,诸天大众恭敬围绕。行像放光,照诸大众,令作金色。银像放光,照诸大众,皆作银色。白玉菩萨放白玉光,令诸大众作白玉色。杂色诸像放杂色光,映饰其间。此想成已,更起想念,请诸行像。皆令以手悉摩我头。尔时诸像各申右手摩行者头,是时众像放大光明照行者身。光照身时,行者自见身黄金色。此想成已出定欢喜,复更至心礼敬诸佛,修诸功德。①

佛教僧侣在戒定慧的修行中可借助静坐与经行的禅修方式来修行定、慧。公元4世纪,鸠摩罗什译出了"念佛三昧"之"法身观",并通过"佛影"(即造像)而得以发扬,佛教徒借以行、住、坐、卧等各种姿势进行"像观"活动,从而使得禅修见像仪而圆满。

后秦鸠摩罗什等译《禅祕要法经》云:

我于今日,但见坐像,不见行像,宿有何罪。作是念已,复更忏悔。既忏悔已,如前摄心,系念观像。观像时,见诸坐像,一切皆起。巨身丈六,方正不倾,身相光明,皆悉具足。见像立已,复见像行。执钵持锡,威仪庠序。②

佛教自传入中国以后,就开始了其中国化的变化与演进,以此去适应各种新环境和新需求。随着宗教的不断世俗化,"行像"也由宗教场所逐渐扩展到世俗生活、宗教纪念仪式等多个方面,得到了十分广泛的应用。所

---

① [东晋]佛陀跋陀罗译《佛说观佛三昧海经》卷九,见《大正藏》第0643号,第15册,第692页。
② [后秦]鸠摩罗什译《禅祕要法经》卷二,见《大正藏》第0613号,第15册,第255页。

谓的"行城""巡城"也是汉魏六朝佛诞日常见的庆祝活动之一。我国较早关于佛诞行像的记录，见于东晋沙门法显所著的《佛国记》（又名《法显传》）。东晋法显题记《高僧法显传》载：

> 法显等欲观行像，停三月日，其国中十四大僧伽蓝不数小者。从四月一日城里便扫洒道路，庄严巷陌，其城门上张大帏幕，事事严饰，王及夫人媄女皆住其中。瞿摩帝僧是大乘学，王所敬重。最先行像，离城二四里作四轮像车，高三丈余，状如行殿，七宝庄校，悬缯幡盖，像立车中，二菩萨侍，作诸天侍从，皆金银雕莹悬于虚空。像去门百步，王脱天冠，易著新衣，徒跣持花香，翼从出城，迎像头面礼足，散花烧香。像入城时，门楼上夫人媄女遥散众花纷纷而下。如是庄严供具车车各异，一僧伽蓝则一日行像，自月一日为始，至十四日行像乃讫。行像讫，王及夫人乃还宫耳。①

(二)"四方佛"的构成

"四方佛"也是禅观的内容，后秦鸠摩罗什译《禅祕要法经》卷中载：

> 如前系念，观琉璃人，琉璃地上，于四方面生四莲华，其华金色，亦有千叶，金刚为台，有一金像结跏趺坐，身相具足，光明无缺，在于东方，南、西、北方，亦复如是。②

---

① [东晋]法显题记《高僧法显传》卷一，见《大正藏》第2085号，第51册，第857页。
② [后秦]鸠摩罗什译《禅祕要法经》卷二，见《大正藏》第0613号，第15册，第253页。若比丘犯不如罪，观白毫光暗黑不现，应当入塔观像眉问，一日至三日，合掌啼泣，一心谛观。然后入僧说前罪事，此名灭罪。（《大正藏》第9册，第655页）观如来坐者，如见佛身等无有异，除百千劫生死之罪。若不能见，当入塔观切坐像。见坐像已忏悔障罪，此人观像因缘功德，弥勒出世，见弥勒佛初始坐于龙华树下，结跏趺坐。见已欢喜，三种菩提随愿觉了。

《佛说观佛三昧海经》中就提到了观想十方佛与四方佛。《本行品》中讲到文殊师利曾经观佛的功德,于是佛子财首散花供养。花落佛身即化为十方佛的花台座,花落文殊身即成为四方佛,花落阿难身,即成无数化佛。

> 时会大众见十方佛及诸菩萨国土大小,如于明镜见众色像。财首菩萨所散之华,当文殊上,即变化成四柱宝台。于其台内有四世尊,放身光明俨然而坐,东方阿閦、南方宝相、西方无量寿、北方微妙声。①

文殊菩萨身上飘落有财首菩萨供养的花,花落之后立刻变为四面柱宝台,宝台的四面各有一佛是为四方佛。此四方佛即向释迦牟尼佛献花礼赞,并说明其成佛之因缘。四方佛与十方佛的相同之处在于,往昔他们为比丘时,都曾入塔礼佛,说偈赞叹。四比丘最初不能坚持修行,后因入塔观像,才彻悟忏悔,终得授记。由经文来看,此四方佛似乎是十方佛的代表,具体而微。《华严经》时时以十方一切世界诸佛代表无穷无尽的宇宙观,卢舍那佛与十方佛随时互相涵摄,那么由十方佛更简化为四方佛也是自然的事。②

造塔之后还要造佛像,佛像放光,普照无量佛世界。在四面塔柱的每一向面雕凿佛像是南北朝时期比较常见的一种造像形式,它除了与塔的形式有关之外,是否也可考虑其代表十方佛,值得再思考。

在《华严经·净行品》中,也强调"见如来""谛观如来""顶礼佛塔"及右绕佛塔三周的修行方式。《佛说观佛三昧海经》则更进一步将佛塔与礼忏

---

① [东晋]佛陀跋陀罗译《佛说观佛三昧海经》卷九,见《大正藏》第 0643 号,第 15 册,第 688 页。

② 颜娟英《镜花水月:中国古代美术考古与佛教艺术的探讨》,台北:石头出版股份有限公司,2016 年,第 356 页。

以及观佛结合起来,一再强调观佛不成时,应入塔观像,可以更快灭除罪恶,达到观像的效果。[1]《佛说观佛三昧海经》又云:

> 若比丘,犯不如罪,观白毫光暗黑不现,应当入塔观像眉间,一日至三日。合掌啼泣,一心谛观,然后入僧说前罪事,此名灭罪。[2]
>
> 观如来坐者,如见佛身等无有异,除百千劫生死之罪。若不能见,当入塔观一切坐像,见坐像已忏悔障罪。此人观像因缘功德,弥勒出世,见弥勒佛初始坐于龙华树下,结跏趺坐。见已欢喜,三种菩提随愿觉了。[3]

进入安置佛像的塔或石窟内,忏悔祈求见佛,便可以灭罪消除业障。佛像现于前,也可以累计功德,将来值遇弥勒出世时,在欢喜中圆满实现三种菩提愿。在此很清楚地说明了观像和佛塔的功德与效能。

就石窟的造像特征而言,一般表现为中心柱窟的四面各开一龛,龛内各造一佛,有身光和项光,足下有莲花。云冈石窟第6窟的中心柱即如此。樊锦诗、马世长、关友惠等认为除了莫高窟北魏第254窟塔柱正面龛内为交脚弥勒佛外,倚坐佛皆为倚坐释迦像,而中心柱四面造像可能与释迦牟尼"出家""苦修""成道""说法"之各相有关系,这也符合禅观观佛传各相的内容。雕凿思惟与交脚菩萨,则有静心思虑、请弥勒解决疑难、求生兜率的含义。[4]

---

①颜娟英《镜花水月:中国古代美术考古与佛教艺术的探讨》,台北:石头出版股份有限公司,2016年,第356页。

②[东晋]佛陀跋陀罗译《佛说观佛三昧海经》卷二,见《大正藏》第0643号,第15册,第655页。

③[东晋]佛陀跋陀罗译《佛说观佛三昧海经》卷七,见《大正藏》第0643号,第15册,第681页。

④樊锦诗、马世长、关友惠《敦煌莫高窟北朝洞窟的分期》,收录于敦煌文物研究所编《中国石窟·敦煌莫高窟》(一),北京:文物出版社·株式会社平凡社,1982年,第189页。

金塔寺东、西窟的窟顶形制为覆斗顶,中心柱上下粗细一致,第二层或第三层开龛造像。最下层四面龛内均有一佛二胁侍,似乎也表现了释迦牟尼佛"出家""苦修""成道""说法"的内容。其中东窟中心塔柱最上层四面各雕凿三佛,而西窟中心塔柱最上层则是坐佛、佛装弥勒、弥勒佛与思惟菩萨的组合。根据这一特征,结合须弥山石窟第 24 窟的石窟性质,我们不难推测出第 24 窟中心柱中层与下层的图像组合,亦构成了"四方佛",这两层四个向面的造像也可能与释迦牟尼"出家""苦修""成道""说法"有很大关系,这种图像组合也与禅观所要求的观佛传各相相吻合。从第 22 窟仅存的中心柱上层图像来看,应该也是这种组合。

北魏至西魏时期中心柱窟十分盛行。关于这一时期中心塔柱四向面内容的解读,学术界存在不同观点,分歧表现在龛内主尊尊格的辨识以及塔柱四面龛内造像之间的关系方面。在须弥山北魏现存的中心柱窟中,第 14 窟中心柱的中层(表 3-2)与第 24 窟一样,也应为"四方佛"的组合,而第 14 窟的上层与下层则分别出现了交脚佛和二佛并坐,反映出须弥山石窟中心柱窟造像组合的多样化。贺世哲认为,塔柱正面倚坐说法佛以及第 254 窟的交脚佛,表现的可能均为释迦牟尼佛,此佛与其他三向面的四身禅定佛一起表现释迦如来五分法身像。根据贺先生的这一判断,我们也可以推测,须弥山石窟第 14 窟中心柱南面被毁的造像可能是一施禅定印的坐佛,东向面的交脚佛与北、南、西向面的禅定佛,同样表现了释迦如来五分法身像的组合内涵。

同一历史时期同一地域的艺术总会相互影响,呈现出一定的相似性,佛教艺术亦如此。1996 年隆德县神林乡出土的北魏石造像塔(图 3-17),整体为梯形,四面开龛造像,其中相对的两龛平顶,左右上角分别雕有莲花装饰,另外相对的两龛均为火焰纹拱形龛。四龛造像均为一佛二弟子,中间佛高发髻,结跏趺坐,弟子站立两侧。其中两个佛龛的佛施说法印,另外两个佛龛的佛施禅定印。佛面相清秀,高肉髻,衣纹清晰,线条舒展下

表3-2　须弥山石窟第14窟和第24窟中心柱造像内容对比表

	第14窟的中心柱内容		第24窟的中心柱内容
中心柱上层	北：坐佛（禅定）	⟷	骑象太子
	东：交脚佛	⟷	乘马太子
	南：已毁（禅定？）	⟷	一思惟二菩萨
	西：坐佛（禅定）	⟷	一立佛二菩萨
中心柱中层	北：一佛二菩萨	⟷	一佛二菩萨（说法印）
	东：一佛二菩萨	⟷	一佛二菩萨（说法印）
	南：一佛二菩萨	⟷	一佛二菩萨（说法印）
	西：一佛二菩萨	⟷	一佛二菩萨（禅定印）
中心柱下层	北：坐佛	⟷	一佛二菩萨（禅定印）
	东：坐佛	⟷	一佛二菩萨（禅定印）
	南：坐佛	⟷	一佛二菩萨（说法印）
	西：二佛并坐	⟷	一佛二菩萨（说法印）

图3-17　隆德县神林乡出土石造像塔

垂。原塔应是多层相叠,此为其中的一层。虽然其他塔层遗失,内容不得而知,就这一层的图像来说,同须弥山石窟第 24 窟的中心柱窟一样,四面开龛,每龛内雕一坐佛,也应为"四方佛"的图像组合。

(三)简化的"千佛"与胁侍菩萨头上的化生童子

所谓千佛,是指在同一时期出现的一千尊佛,最初是指"贤劫千佛"[①]。《千佛名经》等佛典记载,在过去的庄严劫和现在的贤劫内,相继有一千人成佛;未来的星宿劫内,也将有一千人成佛。过去世庄严劫一千佛,现在世贤劫一千佛,未来世星宿劫一千佛,合成"三世三千佛"[②]。作为禅观的物像,表现"十方诸佛"的思想,刘慧达[③]、贺世哲[④]都已对此做过研究,这种组合也是北朝洞窟中常见的重要的禅修内容。

有时候由于空间有限,无法雕凿刻画数量众多的佛,因此出现了千佛的简化形式。王景荃在《试论北朝佛教造像碑》中指出"有千佛题材的简化形式,表现为九佛或十一佛"[⑤]。须弥山石窟第 24 窟上层一身佛、中层四身佛、下层四身佛,共九身佛,也可认为是"千佛"的简化形式。北魏第 14 窟,中心柱上、中、下三层共十二个佛龛,除了最上层的交脚菩萨之外,其他共十一身佛像,也是"千佛"的一种简化形式。

在第 24 窟中心柱的下层南面龛内胁侍菩萨头上有化生童子形象出

---

①劫,梵语,是一个时间单位,过去之大劫,名为庄严劫;未来之大劫,名为星宿劫;现在之大劫,名为贤劫。丁福保《佛学大辞典》(中),北京:中国书店,2011 年,第 1221 页。

②失译《过去庄严劫千佛名经》卷一,见《大正藏》第 14 册,第 371 页。阙译《现在贤劫千佛名经》卷一,见《大正藏》第 14 册,第 376 页。阙译《未来星宿劫千佛名经》卷一,见《大正藏》第 14 册,第 388 页。

③参见刘慧达《北魏石窟中的"三佛"》,《考古学报》1958 年第 4 期,第 91—101 页。

④参见贺世哲《关于十六国北朝时期的三世佛与三佛造像诸问题(一)》,《敦煌研究》1992 年第 4 期,第 1—20 页,1993 年第 1 期,第 1—10 页。

⑤王景荃《试论北朝佛教造像碑》,《中原文物》2000 年第 6 期,第 40 页。

现,可能与净土思想有关。这些天人可视为构成佛教天界图像的一部分①。这在其他北朝石窟以及北朝造像碑的龛楣中也经常出现。须弥山北魏石窟龛楣上部的化生童子,反映出这一时期造像的传承性与一致性。

第22、24窟是须弥山石窟最早的中心柱窟,其内部的中心塔柱是印度窣堵坡中国化的结果,除了分享舍利的庄严、佛的象征意义等作用以外,还有一个很重要的功能,就是为了右绕礼拜佛塔;石窟的四壁素壁无造像,可能也是为了突出这一佛塔礼拜的功能而设计的。

第24窟三层中心塔柱上层的造像"乘象入胎、逾城出家、半跏思惟(出家后的思惟像)与立佛(佛成道后的游行像)"构成了释迦成佛过程的"四相";中层和下层四面造像都是四方佛;三层造像中的九身坐佛是简化的"千佛"。无论是"四相"、四方佛还是"千佛",都是禅观的内容,总体都表现了禅观的观想。胁侍菩萨头上的化生童子反映了须弥山北魏石窟中的净土思想,共同丰富了原州北朝佛教的内容。

---

①吉村怜认为这表现出莲花化生的情景。吉村怜《云冈石窟莲花化生の表现》,收录于同作者《中国仏教图像の研究》,东京:东方书店,1984年,第35—53页。

第二节　须弥山北魏第14窟造像的空间布局及其功能

　　须弥山石窟第14窟位于子孙宫区南端下层的崖面上,是须弥山石窟中开凿最早的中心柱窟,被称为须弥山"第一凿"。其开窟年代没有非常明确的题记或文献证据,用考古类型学进行比对,有学者认为其开凿于北魏末至西魏初期(500—535年)。①

　　北魏时期是外来宗教佛教植根中国并被内化的一个重要的历史时期,北魏灭北凉而迁都平城,兴盛的凉州佛教也随着政权而东移,即所谓"沙门佛事皆俱东"②。原州介于平城与凉州之间,也是当时长安与凉州两大佛教重地的中间地带,具有很重要的纽带作用。须弥山中心柱窟第14窟出现了"二佛并坐"、交脚佛等造像题材,其所反映的佛教思想很值得重视。

　　这一节首先对须弥山石窟第14窟的内部造像内容进行分析,其次以窟内造像的整体空间布局为基础,探讨这一洞窟的营建思想及其所衍生

---

①陈悦新《须弥山早期洞窟的分期研究》,《华夏考古》1995年第4期,第90页。
②[北齐]魏收《魏书》卷一一四《释老志》,北京:中华书局,1974年,第3032页。

的相关问题。

一、第 14 窟的造像内容与洞窟结构

须弥山石窟第 14 窟主室平面呈方形，宽 2.9 米、进深 2.5 米、高 3.1 米，覆斗顶，中间有一塔柱（图 3-18）。窟内北壁开一龛，东、西壁各开二龛，皆为圆拱形，雕像已漫漶不清，仅见轮廓，窟门上方开方形明窗。中心柱四面开龛，分上、中、下三层，上层龛两侧转角处雕二重仰莲瓣，南面龛内像已毁，可见四身像痕迹。西、北面龛内均雕一坐佛，头均失，身着通肩袈裟，施禅定印，结跏趺坐于仰莲座上。东龛内雕一交脚菩萨，左手抚膝，右手持物贴右胸前，交脚坐于方形高座上，脚下踏一朵大莲花。中层龛内均雕一佛二菩萨，佛坐于方座上，手印、装束与上层龛相同。两侧菩萨仅存痕迹。下层西龛内雕二佛并坐，其余三龛内均雕一坐佛（表 3-3、线描图 3-19）。①

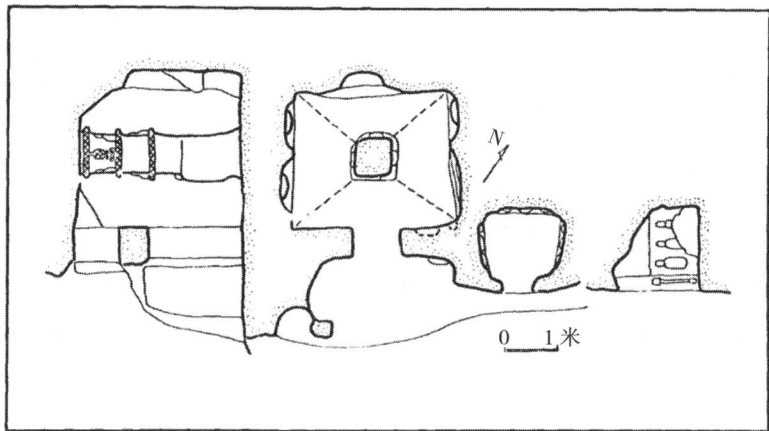

图 3-18　须弥山石窟第 14、15 窟平面及造像配置图

---

①宁夏回族自治区文物管理委员会、北京大学考古系《须弥山石窟内容总录》，北京：文物出版社，1997 年，第 8—9 页。

表 3-3　须弥山石窟第 14 窟中心柱图像统计表

向面		位置		
		上	中	下
北	内容	坐佛（禅定）	一佛二菩萨	坐佛
	图片			
东	内容	交脚佛	一佛二菩萨	坐佛
	图片		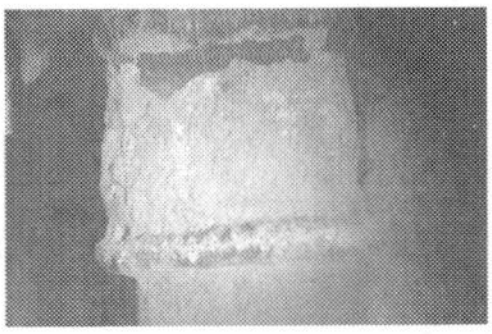	
南	内容	已毁（禅定？）	一佛二菩萨	坐佛
	图片	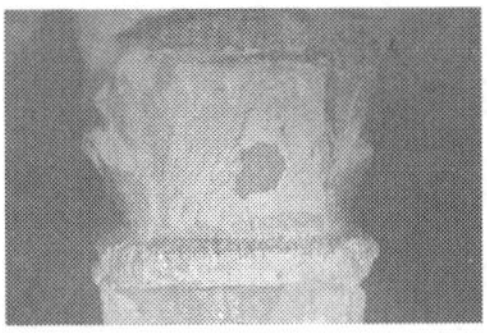		
西	内容	坐佛（禅定）	一佛二菩萨	二佛并坐
	图片			

（注：表格内图片均为笔者摄）

图 3-19　须弥山石窟第 14 窟中心柱北、东、南、西向面线描图

从窟内造像的整体来看,我们可将其分为两部分:一部分为三壁上的造像,另一部分为中心塔柱上的造像。关于造像布局及其义理的研究也应该从这两个大的体系以及二者之间的关联性方面去探讨。

就三壁的龛像配置来看,从遗留的痕迹而言,南、北两壁的两尊造像分别与西壁的一佛构成的组合可以视为三壁三佛的变形,即在三壁三佛的基础上给左右两壁各加一佛。很遗憾,对于这些佛龛内造像的具体姿势、相貌等已无法知晓,对其更深入的研究也无法继续进行。

第 14 窟的中心塔柱改变了洞窟内观像与礼拜的结构,形成了一个绕中心柱而成的礼拜空间。这种洞窟是北朝石窟的主要形制,无论在河西地区,还是云冈等政治文化中心地区。它同样也是须弥山北朝石窟的主要形制。第 14 窟的中心塔柱形制别具特色,分上、中、下三层,每层四面各开一龛,每个龛内都有造像。其中,最上层四角的双层莲瓣值得关注,从视觉造型来看,流线型的花瓣打破了方柱的统一与规整,显得轻盈而柔美。然而,除了视觉审美之外,还有另外的意图,即四角用莲瓣将整个上层的空间分割为八角形,东、西、南、北四面各有一佛坐像,而四面莲瓣所处的位置,隐去了造像内容。这种表现手法也出现在公元前 3 世纪始建于阿育王时期的山奇大塔雕刻中,并列的七棵菩提树(带空座)或者七座塔表示过去七佛。虽然须弥山石窟第 14 窟的年代早已不是无偶像崇拜时期,但须弥山石窟的工匠们采用这种方法无疑是一种意象性的表现,第 46 窟中维摩与文殊变相也采用类似的手法。就第 14 窟中心柱上的造像来说,上层三身坐佛加隐去的四身佛像,共有七佛,东向面有一身交脚弥勒像,中层四个向面各有一佛二菩萨,下层有三身坐佛和释迦多宝二佛并坐造像。通过比较我们很容易将这个塔柱与同一时期的其他洞窟联系起来:上层与庆阳楼底村 1 号中心柱窟和王母宫石窟基本一致,最下层的二佛并坐同王母宫石窟、云冈石窟第 6 窟以及马蹄寺千佛洞第 8 窟类同。

通过以上的分析可以看出,须弥山石窟第 14 窟的造像布局之形成,与王母宫石窟、陇东石窟、云冈石窟、河西等地的石窟有密切的联系,在中国北朝中心柱窟的发展中具有非常重要的作用。无论是中心柱,还是石窟的其他壁面,是经过整体规划设计的。那么整个洞窟的营建思想究竟是什么呢?

二、第 14 窟的四角莲瓣与涅槃象征内涵的独特表现

须弥山北朝石窟的中心柱窟在不同时期、不同洞窟中有着不一样的设计,成为这一石窟群中一道亮丽的风景。从石窟开凿的时间、不同地区石窟之间的影响与传承关系出发,将须弥山石窟第 14 窟置于当时的时空中,笔者发现,这一洞窟的中心塔柱与王母宫石窟有着一致的设计理念,仅具体的表现形式有所不同。

云冈石窟第 6 窟是有可考纪年的最早的中心柱窟,方柱分上下两层,上层四角刻有九重塔和华盖,下层是瓦葺屋顶和屋椽的房屋,四角有细柱。作为中心文化与权力影射的皇家石窟,它也影响到了地方石窟的样式(图3-20),稍晚于云冈石窟第 6 窟的王母宫石窟很可能是北魏太和末年

泾州刺史抱嶷所开凿的，[①]它的中心塔柱上下分层，下层二佛并坐龛以及塔柱四角的大象驮塔、龛外侧的佛传故事均见于云冈石窟第 6 窟（图3-21）。关于其塔柱的特殊性，暨远志[②]、陈晓露[③]、董华锋[④]等指出了其形制与北凉石塔的相似性；赖文英认为中心塔柱蕴含着北凉石塔的涅槃象征意涵，是对"十方三世"涅槃法身的开展[⑤]，反映了 5 世纪以来中国涅槃学的发展。

涅槃学与禅学、般若学是自汉代至南北朝时期佛教思想学说的三大重要潮流，是探究佛教最高境界的理论。随着晋宋万物性空之般若学的式微，涅槃学继而兴起成为南北佛学理论的中心。只有在北魏佛教文化兴盛

图 3-20　云冈石窟第 6 窟中心柱

图 3-21　王母宫石窟

①张宝玺《北魏太和时期的中心柱窟》，《2005 年云冈国际学术研讨会论文集·研究卷》，北京：文物出版社，2006 年，第 519—524 页。暨远志《泾川王母宫石窟窟主及开窟时代考》，《考古与文物》2007 年汉唐考古增刊，第 227—231 页。杨晓春《从〈金石录〉的一则题跋推测甘肃泾川王母宫石窟的开凿者与开凿年代》，《敦煌研究》2008 年第 1 期，第 35—37 页。

②暨远志《北凉石塔所反映的佛教史问题》，颜廷亮、王亨通主编《炳灵寺石窟学术研讨会论文集》，兰州：甘肃人民出版社，2003 年，第 275—290 页。

③陈晓露《从八面体佛塔看犍陀罗艺术之东传》，《西域研究》2006 年第 4 期，第 63—72 页。

④董华锋《试论北魏陇东的八面体中心塔柱》，郑炳林、俄军主编《2009 丝绸之路国际学术研讨会论文集》，西安：三秦出版社，2010 年，第 97—102 页。

⑤赖文英《泾川王母宫石窟造像思想探析》，《敦煌学辑刊》2011 年第 2 期，第 140—149 页。

图 3-22　须弥山石窟第 14 窟中心柱

以及北朝涅槃学勃发的大背景之下，须弥山石窟才能植根于原州，须弥山石窟第 14 窟仍然产生于这一大的时代背景之中（图 3-22）。首先，它将原本绕塔的仪式带入石窟，塔本身代表着法身，塔上的龛像反映出涅槃法身的概念。那么，它如何表现这一涅槃法身的概念呢？北凉石塔通过刻在塔身上的十二因缘经文和七佛弥勒造像来表达，王母宫石窟的中心塔柱上并无代表小乘法身的"十二因缘"，只用八面体上的八身造像代表大乘法身七佛与弥勒的范畴组合，弥勒与其他七佛的形象也并无任何明显的区别。须弥山石窟第 14 窟上层造像组合的内涵与王母宫石窟是一致的，也将北凉石塔大乘涅槃法身的表现加以改造，以另外一种形式再现出来：上层的东、西、南、北四面龛内共有三佛和一交脚弥勒，四角的莲瓣代表着佛的存在，笔者认为它们是将这四个面本应存在的佛身做了较为含蓄的表达，以一种意象的方式表现了一个八面体空间的存在。因此，上层其实是一个造型有所变化的八面体，四角莲瓣所代表的四佛加南、西、北三面的坐佛共有七佛，与东向面的交脚弥勒构成了七佛加弥勒的组合。过去七佛均已灭度,弥勒菩萨为等待下生阎浮提的未来佛。《佛说观弥勒菩萨上生兜率天经》中说:"此经名弥勒菩萨般涅槃,亦名观弥勒菩萨上生兜率陀天,劝发菩提心如是受持。"①这里的"般涅槃"明显不同于小乘佛教的涅槃之"灰身灭智",而是法身处于不生不灭的实相涅槃之中。②因此,第14窟的这种组合无疑暗合着大乘法身"涅槃相"之"无生无灭"之般若实相的内涵。

北魏佛教初期发展的核心是承自北凉而来的涅槃学③,不同地区、不同发展阶段表现出了对这一议题的诠释或进一步延展。④北魏时期的须弥山石窟造像思想便是在此基础上展开的。第14窟将云冈石窟、王母宫石窟等窟的中心塔柱由两层变为三层,用上层中心柱四角的莲瓣将整个上部空间变为八面体,可以看出王母宫石窟上层八面体的影子。不管是塔柱的分层,还是上层的八面体,都源于北凉石塔形制。工匠们别出心裁的莲瓣设计,巧妙而独特,打破了垂直方柱笨重的视觉造型,同时对于须弥山质地松软的砂岩山体来说,减轻了上层柱体的重量,使得中心塔柱更加牢固。

三、"法华"与"禅观"的交融

公元4世纪以来,鸠摩罗什大师重译般若经典《法华经》,这一被称为大乘佛教"经中之王"的般若系统典籍,在中国汉地成了主流。诸多佛教绘画、造像等在中华大地应运而生。"二佛并坐"是体现法华思想最为明显的造像内容,是须弥山石窟北朝造像中非常重要的内容之一,其根据《妙法

---

①[南朝宋]沮渠京声译《佛说观弥勒菩萨上生都率天经》卷一,见《大正藏》第0452号,第14册,第420页。

②《鸠摩罗什法师大义》曰:"大乘部者,谓一切法无生无灭,言语道断,心行处灭,无漏无为,无量无边,如涅槃相,是名法身。"

③赖文英《泾川王母宫石窟造像思想探析》,《敦煌学辑刊》2011年第2期,第145页。

④赖文英《南北朝"涅槃"学与"般若""法华"的会通》,《圆光佛学学报》第8期,圆光佛学研究所,2003年,第47—69页。

莲华经·见宝塔品》制作而成,是受到《妙法莲华经》法华思想在北方地区盛行影响的艺术呈现,是法华三昧禅观在原州的具体实践。此外,中心柱上的交脚弥勒、坐佛、一佛二菩萨造像,以及四壁的造像内容,共同构成了一个与法华有关的仪礼空间。

(一)第14窟二佛并坐像的图像志分析

释迦、多宝二佛并坐像是法华经最为经典的造像,自炳灵寺石窟第169窟西秦建弘元年(420年)前后壁画中最早出现二佛并坐像以后,东起长安西至河西诸地的北朝石窟以及其他形式的佛教艺术中,这一题材的造像不断出现,成为最常见的造像。据统计,仅敦煌三大石窟中的二佛并坐像就超过54例,居《法华经》各品之首。目前所知须弥山北朝石窟中的二佛并坐像共有一铺,在第14窟中心柱最下层西向面。须弥山石窟东接长安,西通河西,自古是僧人们东西往来的必经之地,与长安、河西之间的佛教交流自不待言。因此,须弥山石窟北魏时期的法华造像,可以用来说明地域之间法华思想、义学以及禅法之间的互通关系。

北魏时期,释迦多宝造像在中心地区的皇家石窟云冈石窟中比较流行,而且常与弥勒相组合,它们的组合形式主要有以下几种:1. 释迦多宝 + 交脚菩萨 + 释迦 + 千佛;2. 释迦多宝 + 交脚弥勒 + 千佛;3. 释迦多宝 + 交脚弥勒;4. 释迦 + 释迦多宝 + 交脚弥勒 + 倚坐佛;5. 释迦 + 释迦多宝 + 交脚弥勒;6. 释迦多宝 + 倚坐佛 + 千佛。[①]作为皇家佛教石窟的重要代表,二佛并坐造像及其组合,表现出北魏中央佛教界以《法华经》为主流的信仰,这一主流佛教思想,必然会对北魏境内其他地区的佛教产生很大的影响。[②]须弥山石窟的二佛并坐像应该也是在云冈石窟这一题材模式影响下设计雕凿的。就第14窟中心柱的造像组合而言,上层东向面有交脚弥

---

①魏文斌《麦积山石窟初期洞窟调查与研究》,兰州:甘肃教育出版社,2017年,第367—378页。

②魏文斌《麦积山石窟初期洞窟调查与研究》,兰州:甘肃教育出版社,2017年,第369页。

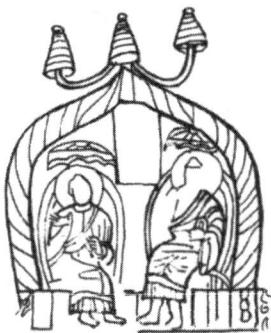

图3-23　炳灵寺石窟第169窟
第11号壁画释迦多宝佛塔

勒,下层西向面为释迦多宝二佛并坐,上层现存的七身坐佛与下层的三身坐佛代表"千佛"[1],中间层的四铺一佛二菩萨像中的佛是释迦,整体组合类似于云冈石窟第1种类型"释迦多宝+交脚菩萨+释迦+千佛"的组合形式,这种组合在云冈石窟第5、11、14、16、19等窟中都有出现。从源流来看,释迦、交脚弥勒菩萨、释迦多宝并坐、千佛的组合现存最早的是炳灵寺第169窟的西秦壁画(图3-23),进而影响至云冈石窟,云冈第二期开始大量流行(图3-24);受云冈石窟的影响,甘肃陇东北魏太和年间开凿的石窟也出现了这类题材,又影响至河西地区北魏晚期重绘的马蹄寺千佛洞(图3-25)。[2]处在陇东这一大的文化圈内的宁夏

图3-24　云冈石窟第5窟南壁及东西壁佛龛分布图

[1] 魏文斌、吴荭在对甘肃镇原博物馆藏北魏青铜造像的研究中指出,在这一造像组合中的千佛,应是释迦牟尼佛的分身化佛,也可以统称为千佛。但有些造像中仅雕出数身坐佛,即代表千佛。镇原县博物馆藏的这件青铜造像、云冈石窟中一些龛像、炳灵寺第169窟24号壁画、马蹄寺千佛洞第8窟壁画,周围有较多的千佛像,应是这一题材的比较标准的实例。参见魏文斌、吴荭《甘肃镇原县博物馆藏北魏青铜造像及有关问题》,《敦煌研究》2003年第3期,第21页。

[2] 魏文斌、吴荭《甘肃镇原县博物馆藏北魏青铜造像及有关问题》,《敦煌研究》2003年第3期,第19页。

固原须弥山石窟第 14 窟的二佛并坐像及其
组合，无疑也受到了云冈石窟等中心地区法
华思想的影响。

　　自西晋至后秦，长安一直是北方的佛教
文化中心，先后有道安、鸠摩罗什等高僧驻锡
弘法。尤其是鸠摩罗什所译《法华》《维摩》等
大乘经典盛行，影响深远。即使他被前秦大将
吕光挟持于河西的 17 年间，从中原前往拜谒
的学者也是络绎不绝。长安佛造像亦应有相

图 3-25　马蹄寺千佛洞第 8 窟
中心柱南面壁画示意图

当程度的发展，前述炳灵寺造像正是受其影响而绘制。然而，后秦末年关中
几度丧乱，长安僧人多东出南下，避于江淮一带。①其时北魏明元帝崇尚佛
法，又曾与后秦结为姻亲，当亦有不少鸠摩罗什一系僧徒北上平城，②《释老
志》所记沙门惠始即为典型实例。惠始"五十余年未尝寝卧，或跣行，或履泥
尘"，号"白脚师"，莫不令人动容！太平真君七年（446 年）太武帝灭法，他首
先下令毁长安之佛教，"诏诛长安沙门，焚破佛像。敕留台下四方，令一依长
安行事"③，"诏诸州坑沙门，毁诸佛像。徙长安城工巧二千家于京师"④，这些
工匠必然也参与到平城的各种营建工程之中。兴安元年（452 年）文成帝下
诏复法后，"往时所毁图寺，仍还修矣"。⑤与此同时，法难期间四散的僧人再

　　①晋义熙十三年（417 年）刘裕攻入长安，灭姚秦，留其子刘义真据守。次年，赫连勃勃进据长
安，"义真将士贪纵，大掠而东"。司马光编著《资治通鉴》卷一一八《晋纪四十·安帝义熙十四年》，
北京：中华书局，1956 年，第 3720 页。又慧皎《高僧传》载，（南朝宋）山阴灵嘉寺释超进"年在未
立而振誉关中，及西虏勃勃赫连寇陷长安，人情危扰，法事罢废，进避地东下，止于京师"。汤用彤
校注《高僧传》，北京：中华书局，1992 年，第 297 页。

　　②塚本善隆《塚本善隆著作集第 1 卷魏书释老志研究》，东京：大东出版社，1974 年，第
158—159 页。

　　③[北齐]魏收撰《魏书》卷一一四《释老志》，北京：中华书局，1974 年，第 3034 页。

　　④[北齐]魏收撰《魏书》卷四《帝纪》，北京：中华书局，1974 年，第 100 页。

　　⑤[北齐]魏收撰《魏书》卷一一四《释老志》，北京：中华书局，1974 年，第 3036 页。

次汇集于平城,[①]其中既有以昙曜为代表的凉州僧人,也应有在后秦末战乱和太武法难中流散北方的长安鸠摩罗什系僧徒。昙曜五窟中二佛并坐图像的出现,盖以此为背景。

　　除了须弥山石窟第14窟的二佛并坐像外,固原北魏佛教艺术中还有宁夏固原博物馆藏彭阳县新集乡出土的一件北魏二佛并坐铜造像(图3-26)。铜造像正中为释迦禅定像,高肉髻,外着右袒袈裟,内穿僧祇支,施禅定印,结跏趺坐于长方形榻上。佛有背光三层,从内向外,第一层为复瓣莲花;中层为九尊带有背光的小坐佛;外层为火焰纹。佛的下部两侧雕有二菩萨。背部分两层雕铸有不同的内容,上层铸一庑殿顶方形院落,后殿檐下为一佛二菩萨二弟子,佛结跏趺坐,背面为圆形身光。前殿檐下有一排八尊小坐佛;下层正中铸一尖拱形龛,龛内雕铸释迦、多宝佛榻上说法像,均有桃形背光。佛龛外部(下层两旁)用横线分上、下二层,上层铸二飞天,下层铸二菩萨立像。[②]这件造像与镇原县博物馆藏北魏铜造像的样式、内容惊人地相似(图3-27),只是个别部位阴阳刻有细微的差异,如正面

图3-26　彭阳县新集乡出土铜造像(正、背面)　　图3-27　镇原县博物馆藏铜造像(正、背面)

---

　　①宿白《平城实力的集聚和"云冈模式"的形成与发展》,云冈石窟文物保管所编《中国石窟·云冈石窟》(一),北京:文物出版社、株式会社平凡社,1991年,第176—197页。张焯《徐州高僧入主云冈石窟》,《文物世界》2004年第5期,第8—14页。

　　②宁夏固原博物馆编著《固原历史文物》,北京:科学出版社,2004年,第145页。

佛背光最外层的火焰纹、庑殿顶方形院落,就整体雕刻风格而言,前者较圆润,后者更显纤巧。国内类似的造像比较多,基本上都是太和时期所造。镇原、天水等地,其中以宁夏固原一带出的较多,可能固原一带是原铸造地。

魏文斌、吴荭《甘肃镇原县博物馆藏北魏青铜造像及有关问题》一文对镇原藏造像的内容、时代和源流进行了深入探讨,背面上层挑檐屋形龛内铸交脚弥勒菩萨,整个造像构成了"释迦 + 释迦多宝 + 交脚弥勒菩萨 + 千佛"的布局,仔细观察可发现新集乡出土北魏铜造像背面上层后殿檐下的主尊佛与镇原县博物馆馆藏造像檐下的主尊姿态相似,都是交脚弥勒,胁侍也是菩萨,同样构成了"释迦 + 释迦多宝 + 交脚弥勒菩萨 + 千佛"的组合。这两件造像碑与须弥山石窟第 14 窟中心柱形制相比,前者为单体造像,后者似四面方柱体造像碑,虽然造像形式有别,但二者在表现内容上具有很大的相似处,是北魏时期流行的造像样式。类似的例证还见于庆阳保全寺石窟 4 号正壁塑释迦、多宝二佛并坐及弥勒菩萨和千佛(图 3-28)。

图 3-28　庆阳保全寺石窟第 3、4 窟立面图

此外,彭阳县新集乡出土的建明二年(531 年)造像碑(图 3-29)、泾川县博物馆藏北魏造像碑(图 3-30),以及王母宫石窟造像中都出现了二佛并坐像,虽然组合形式不同,出现了菩萨、弟子等与释迦多宝的组合样式,但它们都反映出北魏时期法华思想在这一地区的流行。

图 3-29　彭阳县新集乡出土　图 3-30　泾川出土二佛
　建明二年石造像碑　　　　并坐造像碑

(二)"法华思想"及其传播背景

《法华经》是反映法华思想的重要佛典，是大乘佛教问世较早的经典之一，大约产生于公元 1 世纪，印度龙树大师的《大智度论》中，就曾引述《法华经》[①]。此经最早于三国吴时传入中国，先后有以下九种译本：

1. 三国吴甘露元年(256 年)外国三藏支疆梁接译《法华三昧经》六卷。

2. 西晋泰始年中(265—274 年)竺法护译《萨芸芬陀利经》六卷。

3. 西晋太康七年(286 年)竺法护译《正法华经》十卷。

4. 西晋(265—316 年)失译者译《萨芸芬陀利经》一卷。

5. 东晋咸康元年支道根译《方等法华经》五卷。

6. 后秦弘始八年(406 年)鸠摩罗什译《妙法莲华经》八卷。

7. 刘宋时智俨译《佛说法华三昧经》一卷。

8. 萧齐时伽陀耶舍译《无量义经》。

9. 隋仁寿元年(601 年)阇那崛多译《添品妙法莲华经》七卷二十七品。

现存仅有西晋竺法护译《正法华经》、后秦鸠摩罗什译《妙法莲华经》和隋阇那崛多译《添品妙法莲华经》，这些佛典中影响最大的是后秦鸠摩

---

①(日)平川彰《大乘经典的成立》，《东洋学术研究》第 23 卷第 1 号，1984 年，第 120—133 页；释印顺著，释昭慧记录《大智度论之作者及其翻译》，《东方宗教研究》1990 年第 2 期，第 10—64 页。

罗什译《妙法莲华经》，此经主要包括序品、方便品、譬喻品、信解品、药草喻品、授记品、化城喻品、五百弟子授记品、授学无学人记品、法师品、见宝塔品、提婆达多品、劝持品、安乐行品、从地涌出品、如来授量品、分别功德品、随喜功德品、法师功德品、常不轻菩萨品、如来神力品、嘱累品、药王菩萨本事品、妙音菩萨品、观世音菩萨普门品、陀罗尼品、妙庄严王本事品、普贤菩萨劝发品共二十八。东汉末年佛教进入华土，随后在中国生根开花，作为简单易行的大乘佛法《法华经》，也在广袤的土地上广泛传播。时任敦煌统治者的东阳王元荣，十分崇信法华，曾于北魏永熙二年（533 年）书写《法华经》等经 100 卷（S.4415），其属下尹波也于孝昌三年（527 年）书写《妙法莲花观世音经》40 卷（日本书道博物馆藏）。隋之前《法华经》在僧俗之间均流传甚广，许多士庶俗家、王公贵族甚至皇帝都热衷并精通《法华经》。①尤其在北魏末—西魏时期《法华经》十分盛行。

　　此经流传甚广，原因在于"一日一遍"长短适中，易于诵读，可"调和佛教内部的派别对立"，②而且最重要的主张是"众生皆有佛性"，即一切众生皆能成佛。《妙法莲华经》卷六《法师功德品第十八》云：

　　　　一法门者，谓读诵解说书写等，得六根清净。如经若善男子善女人受持《法华经》，若读若诵，若解说若书写，是人当得八百

①《续高僧传》卷九《隋常州安国寺释慧弼传》云期在陈宣帝太建十年（578 年）于长城报德寺讲《法华》及《涅槃》时："瓶锡盈堂，簪裾满席，质疑请道，接踵成林，禀戒承归，排肩如市。"《南史》卷五〇《刘虬传》云："虬精信释氏，衣粗布，礼佛长斋，注《法华经》，自讲佛义。"皇帝梁宣帝萧察也是精通法华，《建康实录》卷一八载："宋如周，南阳人。有才学，容止详雅，为度支尚书。如周面狭长，宣帝尝戏之曰：'卿何谓谤《法华经》？'如周蹴蹭，自陈不谤。帝又言之，如周不悟，而出言告蔡大宝。大宝知其旨，笑谓之曰：'君当不谤余经，止应不信《法华》。'《法华》云：'闻经随喜，面不狭长。'如周乃悟。"

②任继愈主编《中国佛教史》第 2 卷第 2 章，北京：中国社会科学出版社，1985 年，第 471 页。

眼功德,次第乃至得千二百意功德故。此得六根清净者,谓诸凡
夫以经力故得胜根用。①

"经卷受持"和"佛塔供养"是《法华经》的最重要的修行方法,二者缺
一不可。"见宝塔品"也很重视佛塔信仰,它是"佛塔供养"的一种体现。"见
宝塔品"是释迦、多宝"二佛并坐像"的佛经依据来源,也是早期法华艺术
的重要象征。须弥山北魏第14窟中出现了二佛并坐像,肯定与《法华经》
有关,而且其佛典依据来自《妙法莲华经·见宝塔品》:

> 　　又闻其言:"善哉,善哉!释迦牟尼佛,快说是《法华经》。我为
> 听是经故,而来至此。"尔时四众等,见过去无量千万亿劫灭度佛
> 说如是言,叹未曾有,以天宝华聚,散多宝佛及释迦牟尼佛上。尔
> 时,多宝佛于宝塔中分半座与释迦牟尼佛。而作是言:"释迦牟尼
> 佛,可就此座。"即时释迦牟尼佛,入其塔中,坐其半座,结跏趺坐。
> 尔时,大众见二如来在七宝塔中师(狮)子座上,结跏趺坐……②

此经是说释迦牟尼佛在耆阇崛山中为大众讲述《法华经》,多宝佛因
为曾有心愿,只要听到有人宣讲《法华经》,他的宝塔就会涌现于前。释迦
牟尼佛开启多宝塔,看见多宝佛结跏趺坐于多宝塔之中,多宝佛于是邀释
迦牟尼佛入塔与其共坐,并将其座位分一半给释迦牟尼佛,即《法华经》最
核心最典型的"二佛并坐"。关于"二佛并坐"所在的多宝塔,可以以不同的
方式再现,无论是壁画还是雕塑。炳灵寺石窟西秦时期的"二佛并坐"像,

---

①大乘论师婆薮槃豆释、北魏菩提留支共昙林等译《妙法莲华经忧波提舍》卷二,见《大正
藏》第1519号,第26册,第10页。

②[后秦]鸠摩罗什等译《妙法莲华经》卷四,见《大正藏》第0262号,第9册,第33页。

有三个覆钵式塔身的宝塔象征多宝塔；莫高窟第259、285窟，西千佛洞第
8窟"二佛并坐"说法图，都是以龛示塔，以圆券形龛代表多宝塔（图3-31、
图3-32）；云冈石窟有许多象征多宝塔的单层或多层塔雕刻，大多数的二
佛并坐像也是或在龛内，或直接塑绘于壁面上。上述固原、镇原等地的造
像，将释迦多宝二佛置于类似塔状构造的院落中，显示出较明显的中国特
色。须弥山石窟第14窟的二佛并坐像雕凿于三级中心塔柱上，中心塔柱
本身有"窣堵坡"的含义，在此也无疑象征"多宝塔"。

图3-31　莫高窟第259窟西壁塔柱龛　　图3-32　莫高窟第285窟释迦、多宝二佛说法图

　　关于二佛并坐像中释迦、多宝形象的图像来源，有学者认为图像首创
不在印度，其源头在中原。[1]"二佛并坐"题材在印度佛教艺术中并未发现，
它是《法华经》在中国流传中所形成的独特造像形式。[2]虽然久野美树认为

①我们推测它可能首先形成于长安等佛教发达的一些寺院中，也可能同样首先出自佛教大
师或艺术家之手。但也不能排除它接受东晋佛教艺术的可能性。张宝玺《法华经的翻译与释迦多
宝佛造像》，《佛学研究》1994年第00期，第143页。

②张元林《北朝—隋时期敦煌法华艺术研究》，2009年兰州大学博士学位论文，第19页。

在键陀罗的浮雕中已出现了二佛并坐的图像①（图3-33），但李玉珉认为此浮雕中二佛的地位并不明显，全浮雕内容与《法华经》关系也不明确，二佛不可视作释迦、多宝②。魏文斌也认为无论久野美树所认为的这件犍陀罗雕刻是不是根据《法华经》而做的二佛并坐像，仅此一例不足以说明问题，也不能视作中国佛教艺术中二佛并坐题材的直接来源。③至于山田胜久提出的"敦煌二佛并坐的渊源，就在现今吉尔吉特的霍杜尔"④的观点（图3-34），也值得商榷。

图 3-33　佛说法雕刻板

图 3-34　吉尔吉特释迦、多宝二佛并坐的岩绘

　　笔者赞同魏文斌等学者的观点，作为中国独创的佛教艺术形象，释迦、多宝二佛并坐像在整个南北朝时期都广泛流布。关于这一佛教题材的图像留存，已有学者做了详尽整理，⑤此不赘述。在此主要探讨须弥山石窟

---

①（日）久野美树《二佛并坐像考》，《Museum》第446号，1988年5月，第4—6页。

②李玉珉《敦煌莫高窟第二五九窟研究》，《敦煌学国际研讨会文集——纪念敦煌研究院成立五十周年》"石窟考古卷"，兰州：甘肃民族出版社，2000年，第91页。

③魏文斌《麦积山石窟初期洞窟调查与研究》，兰州：甘肃教育出版社，2017年，第363页。

④（日）山田胜久《关于敦煌之二佛并坐的渊源——走访已消失的城市》，《敦煌研究》2019年第2期，第25页。

⑤魏文斌《麦积山石窟初期洞窟调查与研究》，兰州：甘肃教育出版社，2017年，第362—372页。

第 14 窟的"二佛并坐"造像及其组合特征,并对须弥山北朝石窟所反映的法华思想进行研究。

(三)第 14 窟造像所反映的"法华三昧"禅法内涵分析

赖文英以炳灵寺石窟第 169 窟和莫高窟第 259 窟为例解读了释迦多宝二佛并坐、交脚、千佛造像背后的思想意涵,说明鸠摩罗什所传的般若义学如何应用于后世的法华造像以及如何落实在了法华三昧禅法之中。[①]以此作为参考,分析须弥山石窟第 14 窟法华造像的佛教内涵。

三世佛与《法华经》关系密切[②],是根据《法华经》而创作的,这是以长安佛教教团的法华思想为根本,旨在体现《法华经》"三世无碍,法身常存"的要旨[③]。多宝为往世过去佛,释迦为现世佛,两佛并坐,便有了往世与现世、生界与死界交汇之内涵。《法华经》图像依据经典将弥勒与释迦多宝紧密组合,有一种形式由释迦多宝(强调过去世的多宝佛)、释迦(现在世佛)、弥勒(未来世佛)组成,或由释迦多宝、弥勒组合而成,正是代表了过去、现在、未来的三世佛果。从这一点来说,须弥山石窟第 14 窟的开窟思想与法华经有很大关系,其中心柱上层东向面有交脚弥勒造像,下层西向面有释迦、多宝二佛并坐像,此外其他向面还有一铺三尊的释迦组合,无疑存在释迦多宝、释迦与弥勒的组合关系,是三世佛的一种表现形式。窟内正壁有一龛,内雕坐佛一躯,左右两壁各开二龛,虽然四壁的造像已漫漶,但通过佛龛可推测,左右两壁分别与正壁的坐佛组合成三世佛,只是尊格难以辨别区分。

此外,北朝石窟中表现"二佛并坐"像的洞窟中还经常出现大量的千佛,以此来表现同样的"三世不迁"。长广敏雄认为云冈石窟中围绕着"二

---

①赖文英《北传早期的"法华三昧"禅法与造像》,《圆光佛学学报》2001 年第 6 期,第 75—96 页。

②魏文斌《麦积山石窟初期洞窟调查与研究》,兰州:甘肃教育出版社,2017 年,第 367—368 页。

③魏文斌《麦积山石窟初期洞窟调查与研究》,兰州:甘肃教育出版社,2017 年,第 369 页。

佛并坐"像的千佛,是在表现释迦牟尼分身十方诸佛的内涵。①《法华经·见宝塔品》讲到,当多宝塔从地涌出后,释迦牟尼分身的十方诸佛都来汇集:

> 尔时东方释迦牟尼佛所分之身,百千万亿那由他恒河沙等国土中诸佛,各各说法,来集于此;如是次第十方诸佛皆悉来集,坐于八方。尔时一一方,四百万亿那由他国土诸佛如来遍满其中。……尔时释迦牟尼佛见所分身佛悉已来集,各各坐于师子之座,皆闻诸佛与欲同开宝塔,即从座起,住虚空中。一切四众,起立合掌,一心观佛。②

敦煌石窟中表现法华题材的北朝洞窟第259、285等窟,以及西千佛洞第8窟的四壁均绘有大量千佛,贺世哲认为这些二佛并坐像周围的千佛群像,既可解释为释迦牟尼分身十方的化佛,也可认为是多宝佛毛孔中流出的百千万亿化佛,他们是"法华三昧观"的组成部分。因此,不仅说明释迦、多宝二佛并坐像与禅观的关系,而且还说明他们周围的千佛群像是释迦牟尼佛分身十方之化佛,也是禅观的对象。③同样,须弥山石窟第14窟中与释迦、多宝同凿于一柱之上的千佛,是释迦牟尼分身十方的化佛,它们表示"三世之不迁",也是很重要的修行与禅观对象。

禅是一种定心不乱、寂静思虑的修炼精神的方法,"法华三昧"是依《法华经》而修行的三昧。既然名为"三昧",自然与禅观有关,但后世多以忏法称之,而忽略了其原有的禅法内涵。《法华经》从3世纪便已流传中亚,并有依《法华经》修行之《三品经》出现,但法华禅法要到佛学大师鸠摩

---

①（日）水野清一、长广敏雄《云冈图像学》,京都大学人文科学研究所研究报告《云冈石窟》第11、12洞,1953年。

②[后秦]鸠摩罗什等译《妙法莲华经》卷四,见《大正藏》第0262号,第9册,第33页。

③贺世哲《敦煌莫高窟北朝石窟与禅观》,《敦煌学辑刊》(第1集)1980年第00期,第41—52页。

罗什到长安后,在其以般若为体的关河义学领导下才有具体的禅法形成。5世纪初(406年)鸠摩罗什重译般若经典《妙法莲华经》,及至稍后传出的禅典《思惟略要法》中就提出了"法华三昧观法"。在现存汉译佛典中,鸠摩罗什《思惟略要法》"法华三昧观法"中最早明确提出"法华三昧"一词:

> 三七日一心精进,如说修行,正忆念《法华经》者,当念释迦牟尼佛于耆阇崛山与多宝佛在七宝塔共坐,十方分身化佛遍满所移众生国土之中,一切诸佛各有一生补处菩萨一人为侍,如释迦牟尼佛以弥勒为侍。一切诸佛现神通力,光明遍照无量国土,欲证实法出其舌相,音声满于十方世界。①

鸠摩罗什译解《坐禅三昧经》并得以流布,可见他真正揭示了"禅法""坐禅"之"三昧"的目的。它的问世,厘清了大乘佛教和声闻禅法,乃至菩萨禅法与声闻禅法之间的关系。②但在现有文献中缺乏直接证据说明其禅法如何实践,而在其义学思想下所形成的石窟造像,便为后世了解当时法华禅法的实践提供了最好的佐证。③

至此,我们可以比较清楚地梳理出须弥山石窟第14窟图像组合的法华三昧禅法的线索:中心柱上有释迦多宝并坐的造像,是反映法华思想的典型内容;下、中、上层的交脚弥勒、释迦与释迦多宝的结合,以及左、右、正壁壁面三佛的组合,都是表现过去、现在与未来三劫的"三世佛"组合。此外,这些不同的三世佛组合又与其他诸尊坐佛构成了三佛与千佛的组

---

① [后秦]鸠摩罗什译《思惟略要法》卷一,见《大正藏》第0617号,第15册,第300页。

② 金易明《鸠摩罗什及关河之学对中国两晋后佛教影响窥豹》,黄夏年主编《第三届河北禅宗文化论坛论文集·北朝佛教研究》,郑州:大象出版社,2015年,第187页。

③ 赖文英《北传早期的"法华三昧"禅法与造像》,郑炳林主编《敦煌佛教艺术文化论文集》,兰州:兰州大学出版社,2002年,第233页。

合,正好对应"法华三昧"观法"念释迦牟尼佛于耆阇崛山与多宝佛在七宝塔共坐,十方分身化佛遍满所移众生国土之中,一切诸佛各有一生补处菩萨一人为侍"的记录。

> 本之有境,则五阴永灭;推之无乡,而幽灵不竭。幽灵不竭,则抱一湛然;五阴永灭,则万累都捐。万累都捐,故与道通洞;抱一湛然,故神而无功。神而无功,故至功常存;与道通洞,故冲而不改。冲而不改,故不可为有;至功常存,故不可为无。①
> 一切众生,本性常灭,不复更灭,此名灭度,在于无灭者也。②

二佛并坐像有代表法身常住的意涵,过去灭度之多宝虽亡而不无,实则不灭;现在说法之释迦虽存而不有,亦即不生,此不生不灭皆由于其法性(法身)不迁使然。因此释迦多宝并坐表示法身之不迁。借由法身超越时间、空间对待之"不迁",扩及于三世,便开展出过去、现在、未来三世无碍的"三世佛观"。过去、现在既不迁,则未来亦不迁。因此二佛并坐像与千佛像同时出现,还有"三世不迁"的意涵。以象征《法华》的二佛并坐像与代表三世的"千佛"像来诠释"三世不迁",实际是出于关河义学对"三世等际"及法华"实相"的阐发。③须弥山石窟第 14 窟整个洞窟以"念佛三昧"为主的造像,属于对佛、菩萨的"像观"部分。而上部的弥勒与下部的二佛并坐像有"三世"传承的内涵,即念佛三昧的像观有了三世佛的意涵。亦由释迦、多宝"法身之不迁"延展出"三世千佛不迁",无疑是对"法华三昧"的体现,是一个表现《法华经》修持法华三昧禅的"道场"。它并不像莫高窟北魏

---

① [后秦]僧肇作《肇论》卷一,见《大正藏》第 1858 号,第 45 册,第 157 页。
② [后秦]僧肇作《肇论》卷一,见《大正藏》第 1858 号,第 45 册,第 161 页。
③ 赖文英《北传早期的"法华三昧"禅法与造像》,郑炳林主编《敦煌佛教艺术文化论文集》,兰州:兰州大学出版社,2002 年,第 242—243 页。

第 259 窟那样,将主尊由北凉三窟的弥勒改为"二佛并坐"像,主要的造像思想是在为"千佛"造像寻找主尊而不在为《法华经》寻找主尊,①而是以法华为主,并配置以交脚和隐晦的千佛,共同表达法华三昧之思想。

四、涅槃、禅观与法华的会通

北魏时期须弥山地区禅法盛行,上节研究可见以须弥山石窟第 24 窟为代表的中心柱窟内部造像都是围绕禅观而设计,不同的组合都体现了禅观的观想。第 14 窟中心柱窟的造像组合也与禅观有关,同时又体现了法华三昧观等思想,在造像内容组合上,前者主要通过佛传、四方佛以及千佛的配置来表达,而后者则以释迦多宝、三世佛、交脚弥勒与千佛的组合进行布局,不同的营造规划,反映出须弥山北朝石窟营建的多样性。第 14 窟的二佛并坐像与云冈石窟第 6 窟、王母宫石窟、马蹄寺千佛洞第 8 窟等一样,都位于下层龛的位置,且均位于中心柱的右面,是礼拜正龛主尊之后开始进行右绕的第一个向面,足见其在观像礼拜时的重要性。

虽然目前还没有关于此窟造像思想的直接文献资料,但是在蛛丝马迹的描绘中,我们仍然可以找到佛教文化思想传播的线索,看到来自遥远西域的鸠摩罗什等人在佛教文化方面的辉煌成就和对中国佛教文化深远的影响。在体现大乘法华及其三昧禅观的同时,第 14 窟的造像内容与组合还承袭北凉涅槃之学,反映出法华、禅观与涅槃的糅合与会通。位于长安与凉州交通要道上的须弥山石窟东通长安西接河西,可谓丝绸之路上文化传播的重要驿站,其受到两地的影响是必然的,无论是造像的艺术风格,还是思想来源,皆呈现长安、凉州等东西地域的双边因素,对于中国佛教法华思想的传承、涅槃学等的发展具有承前启后的意义。

①赖鹏举《敦煌石窟造像思想研究》,北京:文物出版社,2009 年,第 114 页。

第三节　须弥山西魏洞窟造像的空间布局
　　　　　及其功能

　　须弥山西魏洞窟集中开凿在子孙宫区北部崖面，中心柱窟在这一时期的洞窟中也占有较大的比例，第32、33、36等窟都是中心柱窟，其中第33、36窟的中心柱已凿毁。第32窟主室宽3.5米、进深3.5米、高3.65米，窟顶为覆斗顶。就中心柱样式来看，上小下大，上部有收分，呈七层塔状结构，每层四个向面均有一佛二菩萨雕像。[①]这种塔状的中心柱样式，都是由印度窣堵坡演化而来的。第32窟中心柱与北魏第14、24窟的三层中心塔柱的区别主要在于塔的分级数量、造像内容以及每层之间"隔梁"的被取消（图3-35、图3-36）。到了北周时期，中心柱则变为仅有一层的粗壮方柱。第33窟双层礼拜道是须弥山石窟营造史上的一个亮点，其形制特点的原型可追溯至印度的支提窟，是目前全国内地石窟中的一个孤例。此窟覆斗顶、塔状中心柱与双层礼拜道相结合的洞窟样式，显示出平章华梵、

---

①宁夏回族自治区文物管理委员会、北京大学考古系编著《须弥山石窟内容总录》，北京：文物出版社，1997年，第64页。

图 3-35　须弥山石窟第 32 窟侧面图　　　　图 3-36　须弥山石窟第 24 窟侧面图

会通中印文化的特点，是印度支提窟中国化的结果。

一、多层中心塔柱在西魏的表现

在研究中国佛教艺术的过程中，思考与探赜这种外来的理念与形式，如何从外域之印度传入并耕植于中国的本土文化语境之中，是必须要面对的一个重要问题，找到中印两种不同文化与宗教之间的契合点，以不同的方式重新去释读，是解决"植入"的关键所在。

敦煌莫高窟第 323 窟中有一幅非常有趣的壁画，讲述了公元313 年发生在东部沿海的一个故事：当地渔人看见远处海面上漂浮着两座雕像，他们以为这是海神或其他的神明，于是请了当地的巫祝对其表示欢迎并供奉贡品。可是风烈浪涨，那些巫祝们吓得惊慌而逃。随后，一些道士们以为是他们的天师，就用一种道教的仪式欢迎它们，可是风浪并未消退，同样无功而返。最后一些佛教信徒前去海滩祈祷，大海终于重归于平静，两座雕像随海浪到达陆地。从其铭文记载来看，这是佛陀与弟子阿难的雕像。这里描绘的仅是一个传说，但它可以被看作是对一个漫长历史过程的完美凝结,中国古人从自己的视角描绘了佛教传入的历史。①无论怎样,佛的形象被当作一种永恒和成仙的象征,与中国传统中的神仙西王母一起出现或可相互置换,②从而成为神仙信仰的一种方式。

　　在随后的历史变迁中,佛教艺术大量地吸收了中国传统元素,使得自己不断中国化,因此导致了中国佛教艺术的产生。须弥山石窟与敦煌石窟、云冈石窟和龙门石窟等大型石窟群一样,在那个历时久远的时代,显示出了所谓"中国佛教艺术传统"的建立和发展的印迹。那本为佛陀与弟子阿难的雕像,曾被古人误认为"海神"或"天师",是他们将自己的先见与信仰嫁接于他者的结果。诞生于印度的窣堵坡,本来是埋葬佛舍利的佛教建筑,象征着庄严与神圣,随着丝绸之路一路东传来到中国,随后与中国本土建筑样式结合而形成了中心塔柱,同时,也在儒道等文化的渗透中实现了不同样式的转型(图 3-37),须弥山石窟第 32 窟的七层中心塔柱就是因此而来。又如甘肃秦安出土的西魏大统二年权氏石造像塔三层塔身呈方形(图 3-38),每层之上有塔檐覆盖,檐角平直,无起翘,雕出瓦垄和屋脊。塔每层四面开龛,分别雕刻佛、菩萨、弟子、侍者及供养人,最下层刻有"大统二年岁

图 3-37　云冈石窟第 7、
8 窟主室力士托塔

---

　　①(美)巫鸿《佛教美术如何植根中国?》,载巫鸿著,郑岩编《超越大限:巫鸿美术史文集卷二》,上海:上海人民出版社,2019 年,第 129 页。

　　②(美)巫鸿《佛教美术如何植根中国?》,载巫鸿著,郑岩编《超越大限:巫鸿美术史文集卷二》,上海:上海人民出版社,2019 年,第 129 页。

次□□"之句。这是存世有纪年的重要西魏
造像塔实物资料，同样可以看出楼阁式塔的
中国特征。

史书上有这样的记载，公元467年，北魏
孝文帝生，敕：

> 皇兴元年高祖孝文诞载：于恒
> 安北台起永宁寺七级佛图，高三百
> 余尺，基架博敞，为天下第一。又于
> 天宫寺，造释迦立像，高四十三尺，
> 用赤金十万斤，黄金六百斤。皇兴
> 中，又构三级石佛图高十丈，椽栋楣
> 楹，上下重结，大小皆石，高十丈，镇
> 固巧密，为京华壮观。①

图3-38　秦安权氏石造像塔

又《诸经要集》卷三《兴造缘》第三云：

> 安塔有其三意，一表人胜，二令他信，三为报恩。若是凡夫比
> 丘有德望者，亦得起塔，余者不合。②

《广弘明集》记载了皇兴元年（467年）孝文帝出生后，建造七级、三级
浮屠的盛事。宣武帝的皇后灵太后所创建的永宁寺，成为当时一派繁荣景
象的象征。相传从西域来到洛阳的僧人菩提达摩，看见永宁寺金盘绚日，

---

①［唐］释道宣《广弘明集》卷二，见《大正藏》第2103号，第52册，第104页。
②［唐］释道世《法苑珠林》卷三七，见《大正藏》第2122号，第54册，第580页。

光照云表,不由得口唱南无,合掌数日,自称这座寺庙的精巧华丽是世界上独一无二的,即便是走遍人世间也很难见到。[1]足见浮屠之重要以及当时人们对佛教的崇拜之盛。七级浮屠有什么内涵? 起塔有"人胜""他信""报恩"之意,佛塔的层数一般有三、五、七、九、十一、十三层等单数层级。适逢文帝出生之时建造那般宏大的七层佛塔,以为供养,或许与"人胜""他信""报恩"等有关,实为盛事。估计与"七世父母"有更大关系,以凸显孝文帝之父拓跋弘的无量功德。这一宏伟的佛塔是北魏太平盛世的象征,之后又在刀兵火劫中衰落。熙平二年(517 年),灵太后曾与自己的儿子孝明帝携手登上此塔,俯瞰洛阳城的盛景,武泰元年(528 年),北魏大将尔朱荣发起"河阴之变",灵太后逃入永宁寺,试图削发为尼,后被杀。永安三年(530 年),孝庄帝被囚禁于永宁寺塔中,驻扎在那里的是尔朱兆的两万羯胡、粟特血统的军队。永熙三年(534 年),永宁寺塔被焚毁,洛阳城也成为湮灭的故都,但它们昔日的辉煌一直被后人所赞叹。

　　须弥山石窟西魏第 32 窟中的七层中心塔柱,七层四面都有一佛二菩萨造像,从空间布局来看,中心塔柱每一向面的七尊坐佛,可能代表"七佛",小乘佛教认为一世一劫只有一佛,"七佛"即"七世"。与我国封建社会尤其是帝王追根问祖的传统习惯一致。上述"恒安北台起永宁寺七级浮屠"一样也被赋予"七世父母"的内涵。这一佛教艺术原型在异域,形式与艺术风格颇具"华风",其宗教功能与象征性同样是"中国的"。佛塔"窣堵坡"是神圣的,"七世父母"之恩德也是崇高的,将七世父母之意涵与神圣庄严的窣堵坡佛塔相关联,体现出佛儒之通。第 32 窟中心柱造像的组合关系除了以上所述之内涵以外,每一层四个向面的四尊佛,与第 24 窟中、下层,以及第 14 窟中层的四尊佛像的组合一样,应该也是"四方佛",而中

---

[1]（日）川本芳昭著,余晓潮译《中华的崩溃与扩大》（魏晋南北朝）,桂林:广西师范大学出版社,2014 年,第 232 页。

心柱上的所有佛像又重新组合成了"千佛"。

须弥山石窟西魏中心柱窟第33、36窟的塔柱被毁，目前未见被毁前的相关图像资料，对于其层级、造像内容、风格等具体情况无法知晓。一般认为从北魏到北周，中心塔柱的层级逐渐减少，但无固定规律可循，也无法判断须弥山石窟西魏被毁的第33、36窟的中心塔柱面貌。而从遗留的蛛丝马迹来观察，第33窟中心柱柱体比北魏时期的大，第36窟的地面及窟顶残留部分的上下面积基本一样，与北周第45、46窟上下一般大小的矮粗中心塔柱较为相似，应该处于过渡阶段。

二、三壁三龛形制的流行与三佛信仰

三佛造像在大约1—2世纪的犍陀罗造像中就已出现，现存中国石窟造像中，最早出现于炳灵寺石窟第169窟，即西秦时期的三佛造像为最早。从5世纪以来，云冈、龙门、巩县、麦积山等石窟中，许多洞窟都是以三佛为主尊，而6世纪后的许多石窟中流行的三壁三龛形制中的三佛一般被认为是三世佛，与北方地区流行的大乘经典《妙法莲华经》关系密切。须弥山石窟北魏洞窟中有两个三壁三龛窟，而西魏洞窟中出现较多，因此这种三壁三龛窟中的三佛组合，应该也是三世佛，是北方地区三世佛信仰流行的图像例证。

须弥山石窟西魏洞窟的三壁三龛窟如下：

1. 第18窟，穹窿顶，北、东、西三壁各开一浅龛，北壁龛内雕一铺五身像，东西二壁龛内各雕一铺三身像；2. 第19窟，穹窿顶，北、东、西三壁各开一圆拱形浅龛，内雕一佛二菩萨，造像漫漶；3. 第20窟，穹窿顶，东、西、北三壁各开一龛，龛内雕一铺三身像，造像漫漶；4. 第34窟，穹窿顶，南、西、北壁各开一龛，龛内均雕一铺三身像，造像漫漶；5. 第35窟，覆斗顶，西、南、北三壁各开一方形龛，内雕像，造像漫漶。

以上可见，须弥山石窟西魏的三壁三龛窟占整个西魏洞窟的近半数,而在北魏洞窟中只有第 14、28 窟是三壁三龛窟,北周洞窟中没有三壁三龛洞窟。

窟　号	东　壁	北　壁	西　壁
4:1 (4A)	×	—	—
5:11 (5A)	×	—	—
5:10 (5B)	×	—	—
11:16 (11A)	×	⸗	—
11:7 (111)	×	—	×
13:6 (13C)	⸗	—	×
23 (22)	‖	⸗	‖
24 (23)	⸗	×－×	⸗
28 (27)			
33:6 (32H)	×	—	—
33	—	—	×
34	?	⸗	—
35	×	—	—
40	×	—	?

⸗ 佛井坐像　— 坐佛像　丨 立佛像　× 交脚弥勒像　? 不明

图 3-39　云冈三期三壁三龛窟布局

云冈模式形成以后,它很快成为北魏境内各地开窟造像所仿效的典型。三壁三龛是云冈三期新出现的样式,且数量众多,占三期总数的近二分之一(图 3-39)。[1]受云冈石窟的影响,龙门、巩县石窟也出现了大量的三壁三龛窟(图 3-40)。麦积山石窟初期洞窟中的三佛造像,在最早的第 51、74、78 等窟

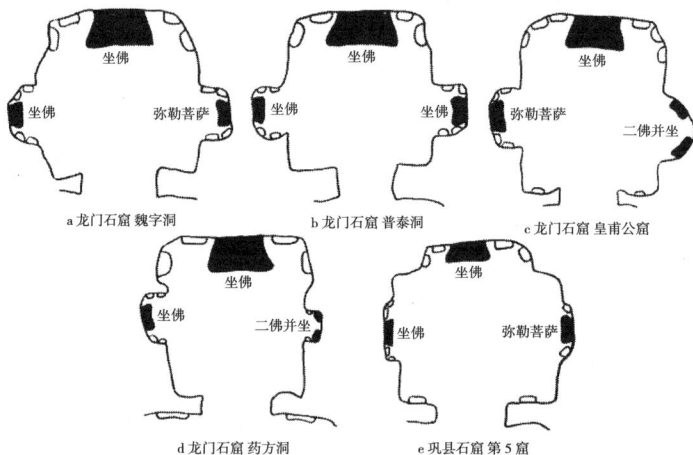

a 龙门石窟 魏字洞　　b 龙门石窟 普泰洞　　c 龙门石窟 皇甫公窟

d 龙门石窟 药方洞　　e 巩县石窟 第5窟

图 3-40　龙门、巩县石窟三壁三龛窟窟形及主像组合

①宿白《平城实力的集聚和"云冈模式"的形成与发展》,云冈石窟文物保管所编《中国石窟·云冈石窟》(一),北京:文物出版社、株式会社平凡社,1991 年,第 193 页。

中就出现了,直至隋唐,贯穿于石窟的整个历史阶段。北魏晚期非常流行三壁三龛窟,如第 16、19、23、91、84、88、149、163、218 等窟,西魏时期除了方形平顶三壁二龛、三壁无龛的形制以外,也有一些三壁三龛窟。这种三壁三龛洞窟的题材内容一般构成了三佛。

　　从以上石窟中三壁三龛窟的遍布,可以看出三佛信仰的盛行。从云冈、龙门、巩县石窟的三壁三龛窟的组合来看,为交脚弥勒 + 坐佛,交脚弥勒 + 二佛并坐 + 坐佛,立佛 + 二佛并坐的组合,也有三尊坐佛的组合。麦积山石窟中多为三尊坐佛。刘慧达认为北方地区流行的三佛就是《妙法莲华经》中所讲的过去、现在、未来三世佛[1]。邓健吾[2]、魏文斌[3]认为麦积山石窟中的三佛也是三世佛。关于三世佛的尊格,云冈、龙门、巩县等石窟中的大部分尊格还是比较容易确定的,交脚弥勒代表未来佛,正壁的佛为现在佛释迦牟尼,另外一壁的佛则是过去佛燃灯佛,至于三壁都为坐佛,则正壁无疑应为现在佛释迦牟尼,左右壁到底是过去佛还是未来佛就难以区分了。

　　参考以上其他地区石窟的情况,须弥山石窟的三壁三龛窟也构成了三世佛组合(图 3-41、图 3-42、图 3-43、图 3-44、图 3-45),可惜因造像损坏严重,我们无法看清主尊的坐姿、容貌与衣饰,故无法判断其尊格。除了三壁三龛构成三世佛以外,须弥山北朝石窟中还有其他的三佛样式,如西魏第 32 窟主室西、南、北三壁各凿三个尖拱龛,中龛稍大,两侧龛较小,龛内雕一佛二菩萨像,这三壁每一壁即构成了三世佛,同样,尊格难辨。但是北周第 45、46 窟每一壁面的三佛,因为有交脚弥勒和倚坐弥勒,我们就很容易辨识三世佛的尊格(图 3-46、图 3-47)。

---

①刘慧达《北魏石窟中的"三佛"》,《考古学报》1958 年第 4 期,第 91—101 页。

②(日)邓健吾《麦积山石窟的研究和有关初期石窟的二、三个问题》,载麦积山石窟艺术研究所编《中国石窟·天水麦积山》,北京:文物出版社、株式会社平凡社,1998 年。

③魏文斌《麦积山初期洞窟调查与研究》,兰州:甘肃教育出版社,2017 年,第 323 页。

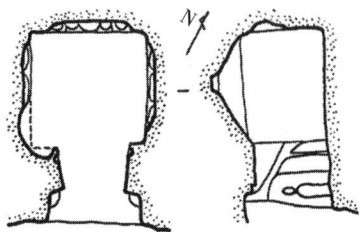

图 3-41　须弥山石窟第 18 窟平、剖面图　　图 3-42　须弥山石窟第 19 窟平、剖面图

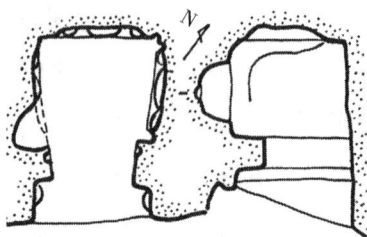

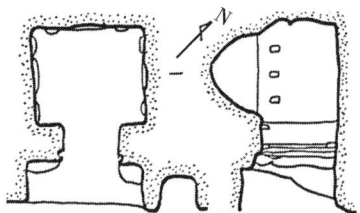

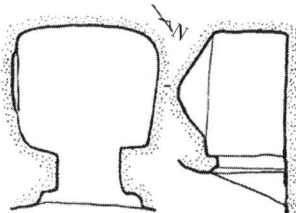

图 3-43　须弥山石窟第 20 窟平、剖面图　　图 3-44　须弥山石窟第 34 窟平、剖面图

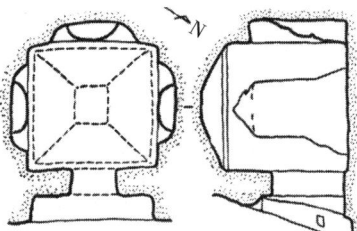

图 3-45　须弥山石窟第 35 窟平、剖面图

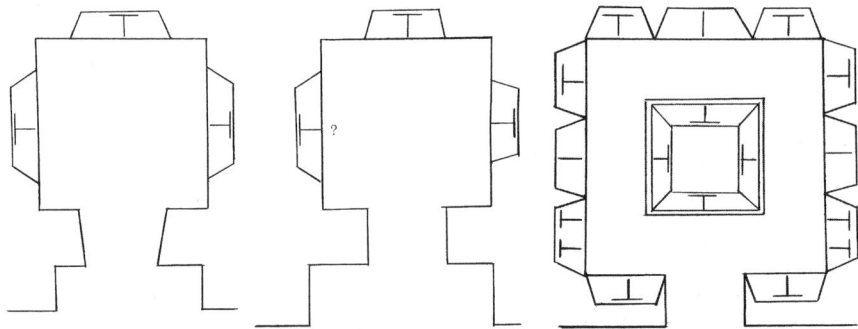

图 3-46　须弥山石窟第 18、20 窟三佛示意图　　图 3-47　须弥山石窟第 45 窟三佛示意图

三、须弥山石窟西魏洞窟窟形的新样式

西魏政权虽然只有短暂的 22 年，但社会较为安定，国力日渐强盛。这一时期须弥山石窟的开凿也达到了一个小的高潮。在须弥山北朝石窟的开凿史上，虽然西魏洞窟并没有北魏、北周的宏大与气派，但在数量上还是比较多，整个子孙宫区的西端和北部遍布着西魏洞窟，共计 18 个，甚至还延伸到了圆光寺区西端。

在如此之多的洞窟中，最为可观之处是新窟形的出现。

须弥山石窟西魏洞窟基本上是北魏洞窟形制的延续，如中心柱窟、佛像方形窟、僧房窟和禅窟等。绕塔礼拜是这一时期继续流行的一种佛教仪式，中心柱窟仍是须弥山石窟西魏洞窟的主流，这种窟形更适合于集体

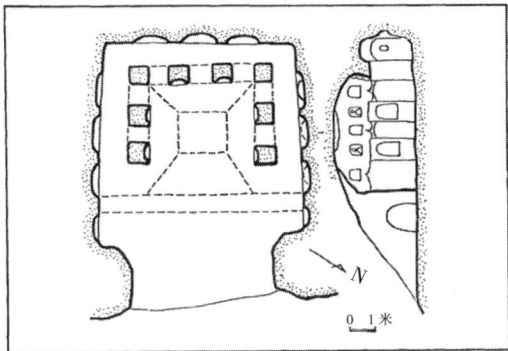

图 3-48　须弥山石窟第 33 窟平、剖面图

礼拜。其中第 17 窟四壁素朴无饰，与北魏第 22、24 窟一样是为突出佛塔供养，其他中心柱窟，无论是塔柱还是四壁，都有内容。而第 33 窟的窟形是西魏洞窟中最特殊的，也是整个须弥山石窟开凿史上以至中原石窟中最特殊的——具有覆斗顶、双层礼拜道的中心柱窟（图 3-48）。

一般来说，洞窟窟形的改变与佛教思想的变化紧密相连。石窟内中心柱最大的作用在于赋予窟内空间明确的回绕动线，而有别于禅窟内的静态空间，[①]它的出现显示出从禅修到礼拜与观像佛教仪式和信仰模式的转

①赖鹏举《敦煌石窟造像思想研究》，北京：文物出版社，2009 年，第 139 页。

变。覆斗顶窟的原型来自中国传统建筑样式,在石窟中运用的内在原因仍
在于佛教思想转变的需求。就敦煌莫高窟来说,洞窟窟形的第二次变化是
从中心柱窟向西魏的方形覆斗顶窟和方形覆斗顶禅窟的变化。覆斗顶的
窟顶向上隆起,洞窟空间更为开阔,没有了压抑感。有学者指出,这一时
期新窟形的出现,是敦煌地区的佛教信仰从"南义北禅"向修禅、格义二者并
举的信仰模式发展的具体反映。随着南北方之间交流的加深和东阳王元
荣赴任敦煌,盛行于当时中原和南朝的讲求义理的修行风气也随之而来,
与敦煌本地的坐禅、观像的修行方式进一步融合,促成了这种类似讲堂窟
的方形覆斗顶窟形的出现。窟形本身具有深厚的汉文化底蕴和思想基础。①
须弥山石窟第 33 窟也是典型的中心柱窟,可惜洞窟中间的方形塔柱已
毁,它是一个具有"回绕动线"的礼拜空间;其窟顶的覆斗顶造型,增加了
窟内空间面积而使其更开阔,加上环绕礼拜时置于上身以上位置的造像
(内层西、南、北上部各开五龛,下开三个长方形、帐形顶的门道),洞窟就
是一个完整意义上环绕礼拜、观像礼忏的宗教空间。

再者,前文已提及,第 33 窟的内、外双层礼拜道在中国石窟中极为罕
见,这种窟形源于印度早期石窟形制,适合人们聚集在一起举行集体仪
式或讲经说法,除了洞窟中间的中心塔柱以外,外围为类似于阿旃陀、
纳西克等地石窟中圆形列柱的"方柱",再次围出了信众明确绕塔的动
线,扩大了中心塔柱礼拜道的规模。第 33 窟内外双层礼拜道这一形制
比较特殊,是须弥山石窟北魏晚期以来出现的"新因素"②。韩有成认为
这一洞窟的中心柱同龟兹支提窟的中心柱一样,也是由印度支提窟中
的舍利塔改变而来,不同的是把中心柱置于中央,将印度支撑石窟的圆

---

①张元林《兼容并蓄、融会中西——灿烂的莫高窟西魏艺术》,吴健编著《中国敦煌壁画全集
02·西魏卷》,天津:天津人民美术出版社,2002 年,第 3—4 页。

②李裕群《北朝晚期石窟寺研究》,北京:文物出版社,2003 年,第 105 页。

形列柱改为方柱。①在前辈研究的基础上，下文对这一洞窟的形制来源、原因等问题展开更为深入的研究。

（一）"双层礼拜道"形制来源分析

通过比对，可发现国内与须弥山石窟第33窟窟形较为类似的洞窟有莫高窟北区第B113、B132窟，第268、285、487窟，文殊山石窟第88窟，鄯善吐峪沟石窟第1、42窟等（图3-49、图3-50、图3-51、图3-52）。这些洞窟的窟形，应来源于在印度石窟中占绝大多数的"精舍窟"，而在中国石窟中出现较少。精舍窟梵文音译为毗诃罗，意为僧房，即精舍或禅窟群，为僧人起居之处。洞窟平面多作方形、平顶，中央主室为方形大厅；大厅的左、右、后壁均凿小禅室与其相通（图3-53、图3-54）。细加追索，这种洞窟系高度模仿地面砖木结构之毗诃罗而建。西印度的精舍窟有单室型、多室型和畸变型三种样式②。而以上国内诸精舍窟应属于多室型。

在印度石窟中，还有一种很重要的石窟形制"支提窟"，梵文作

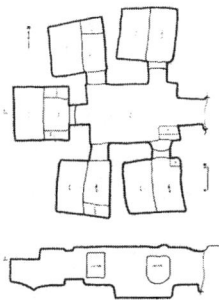

图3-49　莫高窟北区
第113窟平、剖面图

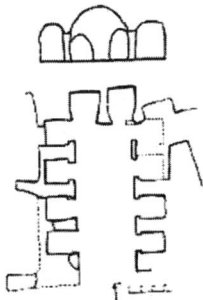

图3-50　文殊山后山
第88窟平、立面图

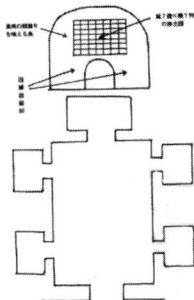

图3-51　吐峪沟石窟
第1窟平面图与正壁③

---

①韩有成《须弥山石窟艺术》，银川：阳光出版社，2014年，第97页。

②李崇峰《中印佛教石窟寺比较研究——以塔庙窟为中心》，北京：北京大学出版社，2003年，第5页。

③（日）宫治昭著，贺小萍译《吐峪沟石窟壁画与禅观》，上海：上海古籍出版社，2009年，第8页。

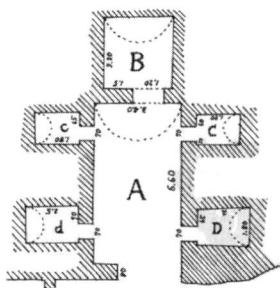

图 3-52 吐峪沟石窟
第 42 窟平面图①

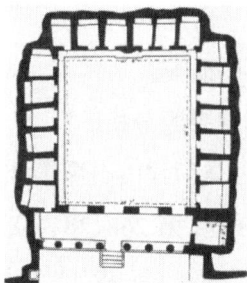

图 3-53 纳西克石窟
第 3 窟平面图

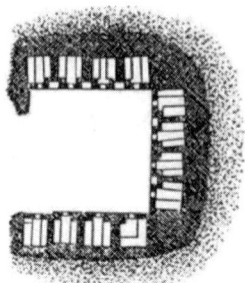

图 3-54 阿旃陀石窟
第 12 窟平面图

Chaityagrha,汉语译为支提窟、塔庙窟等。平面颇似古罗马的巴西利卡,窟内通常被两列石柱纵向分作三部分,中间为主室,两侧为侧廊,主室末端为一半圆形后室,中央雕出佛塔,两列石柱于塔后相接。关于其不同类型,李崇峰已做过较为详细的类型学分析,②除了 U 字形平面之外,还有圆形和长方形平面,如杜尔贾莱纳石窟第 3 窟为平面圆形,阿旃陀石窟第 9 窟为平面方形(图 3-55、图 3-56、图 3-57、图 3-58、图 3-59、图 3-60)。

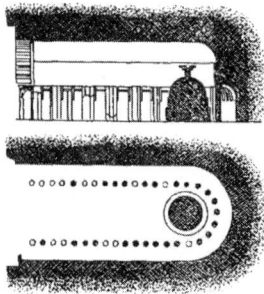

图 3-55 阿旃陀石窟
第 9 窟平、剖面图

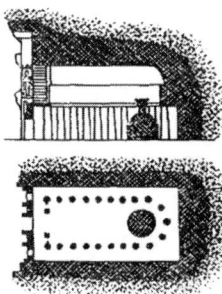

图 3-56 阿旃陀石窟
第 10 窟平、剖面图

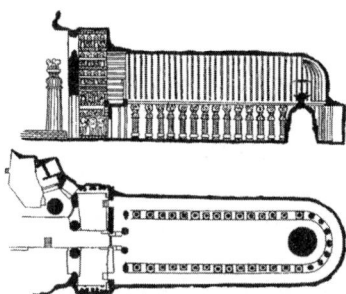

图 3-57 卡尔拉塔堂窟平、
剖面图

①(日)宫治昭著,贺小萍译《吐峪沟石窟壁画与禅观》,上海:上海古籍出版社,2009 年,第 16 页。
②李崇峰《中印佛教石窟寺比较研究——以塔庙窟为中心》,北京:北京大学出版社,2003 年,第 63—127 页。

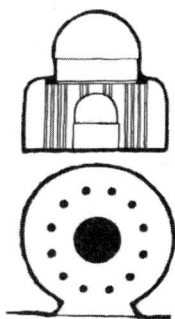
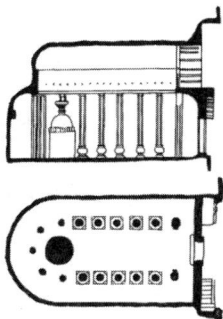
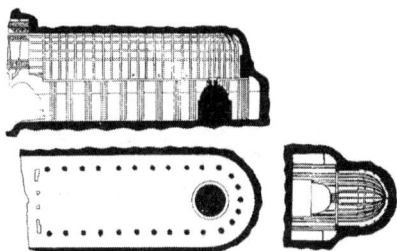

图 3-58　杜尔贾莱纳　图 3-59　纳西克石窟　图 3-60　珀贾石窟第 12 窟平、剖面图
石窟第 3 窟平、剖面图　第 18 窟平、剖面图

　　这种洞窟的主体是后室中央的佛塔,佛教徒绕塔诵经,进行礼拜。其平面与古罗马巴西利卡相似或属偶然,因为支提窟的倒 U 字形平面,是为信徒绕佛涅槃的象征物——塔以及在石窟寺内进行集会、礼拜而特别设计的。①无论是平面圆形窟、方形窟还是 U 形窟,列柱环绕中央石塔,列柱与窟壁之间为环形通道,形成一个聚集空间。支提窟产生以后,佛教在向东方各地传播流布的过程中,将支提与毗诃罗相结合,成为一种新的洞窟形制,如阿富汗的菲勒汉奈第 6 窟、中国莫高窟第 285 窟就是代表,是一种典型的"支提精舍混成式"②洞窟(图 3-61、图 3-62)。

　　通过以上梳理可以看出,须弥山石窟第 33 窟的形制是结合了印度毗诃罗窟、支提以及中原方形塔柱和覆斗顶而成的一种样式。与印度支提窟的相同之处在于二者都有中心塔柱和列柱分割而成的双层环形礼拜空间,不同之处在于第 33 窟无圆形的列柱;与莫高窟第 285 窟的相同之处在于二者都有中心塔柱、覆斗顶和石窟壁面的方形门道,不同之处是第

---

①转引自李崇峰《中印佛教石窟寺比较研究——以塔庙窟为中心》,北京:北京大学出版社,2003 年,第 7 页。

②李崇峰《中印佛教石窟寺比较研究——以塔庙窟为中心》,北京:北京大学出版社,2003 年,第 65 页。

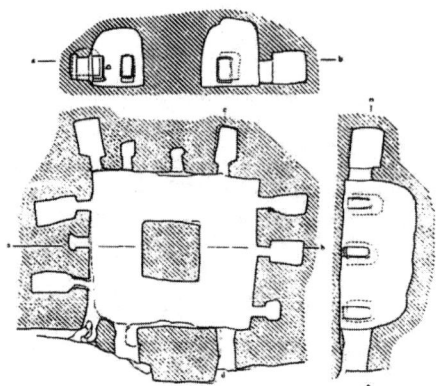

图 3-61　菲勒汉奈第 6 窟平、剖面图

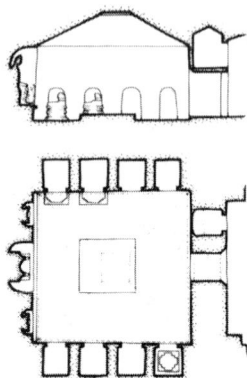

图3-62　莫高窟第 285 窟平、剖面图

285 窟壁面的每个禅窟是独立的空间,而须弥山石窟第 33 窟的外层礼拜道相当于将第 285 窟每个孤立的禅室从内部打通而成。因此,第 33 窟形制的源头仍在印度。其内部样式尤其与阿旃陀毗诃罗第 12 窟极为相似(图 3-63),第 33 窟的南、西、北壁面柱道上凿有圆拱形龛(图 3-64),上部线刻尖拱龛楣,内层壁面上部各开五个圆拱形龛,龛内均雕一坐佛。阿旃陀石窟第12 窟的三壁禅室窟门上方以及窟门之间的壁面也雕刻有拱形龛和长方形龛,只是龛内看不到佛的任何造像,符合小乘佛教艺术奉循的不雕凿偶像的原则。

　　从整体上看,虽然来源于印度石窟的风格主宰了须弥山石窟西魏第

图 3-63　印度阿旃陀石窟第 12 窟中厅

图 3-64　须弥山石窟第 33 窟

33 窟的整个洞窟,但其窟顶、位于石窟中央而非后部的中心塔柱以及墙壁龛内残存的中国式佛像风格,都是源于中国的主题元素。由此可见,远道而来的外域艺术被烙上了鲜明的耕植于中国本土的文化烙印,持续着佛教艺术的中国化进程。

(二)"双层礼拜道"出现于原州的历史考察

须弥山石窟第 33 窟这一特殊的窟形是如何出现在原州的,是什么人将这种样式带来的呢? 李裕群认为从西域而来的粟特人有可能直接参与了洞窟的开凿,因为北朝原州已有西域粟特人定居,有可能是通过他们带来了西域的佛教文化。①

魏晋南北朝时期是中国历史上民族大融合的时期,呈现出长期、曲折、复杂的特点。②西域诸族、河西与中原汉族之间的经济文化交流甚广,尤其是佛教的传播,在很大程度上促进了地域间的文化交流与渗透。东晋时高僧法显"持经像"③归国。公元 439 年,北魏太武帝攻取姑臧,灭北凉,当时正有很多粟特商人来凉州贩货,在北魏攻陷凉州时全被俘虏。至高宗文成帝初年,粟特王才遣使将他们赎回。北魏太安(455—460 年)初,有沙门 5 人"奉佛像三,到京都(大同)"。④宋云、惠生于神龟元年(518 年)西去乌仗那国时,出吐谷浑,到鄯善,沿着丝路南道西行,经且末、于阗后,与法显所行路线相同,入朱驹波、竭盘陀,登葱岭越雪山,进至罽宾国礼拜佛钵,最后入乌场国。游历西域时,惠生曾"减割行资,妙简良匠,以铜摹写雀离浮屠仪一躯及释迦四塔变"。⑤公元 5、6 世纪,亦有释迦佛陀、吉底俱、摩

---

①李裕群《北朝晚期石窟寺研究》,北京:文物出版社,2003 年,第 187 页。

②周伟洲《中国中世西北民族关系研究》,桂林:广西师范大学出版社,2007 年,第 201 页。

③[梁]释僧祐撰,苏晋仁、萧鍊子点校《出三藏记集·法显法师传》,北京:中华书局,1995 年,第 575 页。

④[北齐]魏收撰《魏书》卷一一四《释老志》,北京:中华书局,1974 年,第 3036 页。

⑤[北齐]杨衒之撰,范祥雍校注《洛阳伽蓝记校注》(新 1 版),上海:上海古籍出版社,1978 年,第 329 页。

罗菩提等外来画师活跃于此土①。其中,粟特人是主要的外来者,扮演了不可替代的桥梁纽带角色,在文化交流融合中发挥了不可或缺的建设性作用。

粟特人是古代活跃于西亚、中亚地区部族民众的统称,他们原来生活在中亚阿姆河和锡尔河之间的泽拉夫珊河流域,也就是今天的乌兹别克斯坦,主要有康、安、史、石、米、曹、何、火寻、戊地九个大的邦国,史称"昭武九姓"。《魏书》载:

> 康国者,康居之后也。迁徙无常,不恒故地,自汉以来,相承不绝。其王本姓温,月氏人也。旧居祁连山北昭武城,因被匈奴所破,西逾葱岭,遂有其国。枝庶各分王,故康国左右诸国,并以昭武为姓,示不忘本也。……其王索发,冠七宝金花,衣绫、罗、锦、绣、白叠;其妻有髻,幪以皂巾。丈夫剪发,锦袍。名为强国,西域诸国多归之。米国、史国、曹国、何国、安国、小安国、那色波国、乌那曷国、穆国皆归附之。……人皆深目、高鼻、多髯。善商贾,诸夷交易多凑其国。有大小鼓、琵琶、五弦箜篌。②

《魏书》又载:

> 其王姓波氏,名斯。坐金羊床,戴金花冠,衣锦袍、织成帔,饰以真珠宝物。其俗:丈夫剪发,戴白皮帽,贯头衫,两厢近下开之,亦有巾帔,缘以织成;妇女服大衫,披大帔,其发前为髻,后披之,

---

①[唐]张彦远著,俞剑华注释《历代名画记》卷五,上海:上海人民美术出版社,1964 年,第152—153 页。

②[北齐]魏收撰《魏书》卷一〇二《列传第九十·西域》,北京:中华书局,1974 年,第 2281页。

饰以金银花,仍贯五色珠,络之于髆。①

《周书》卷四九《异域传》云:

　　有周承丧乱之后,属战争之日,定四表以武功,安三边以
权道。赵、魏尚梗,则结姻于北狄;厩库未实,则通好于西戎。由
是德刑具举,声名退洎。卉服毡裘,辐辏于属国;商胡贩客,填
委于旗亭。②

　　这些文献给我们勾勒了粟特人的基本情况:其人种和文化属于伊朗
系统,头戴卷檐帽,身着小袖紧身衫,束腰带,他们是一个素以经商著称的
游牧民族,长期操控丝路上的转贩贸易,最晚于西晋末年,河西地区已有
来自"昭武九姓"的聚落。史书记载:"……其国商人先多诣凉土贩货,及克
姑臧,悉见虏。高宗初,粟特王遣使请赎之,诏听焉。"③北魏灭北凉以后,徙
其国人于平城,其中就有大量定居于河西的粟特人。公元545年,北周曾
派遣酒泉胡安诺盘陀出使突厥。他们的宗教信仰具有多样性,是一个"信
仰的万花筒"④,除了信仰祆教以外,还有佛教、摩尼教等。郑炳林研究显
示,敦煌的粟特人既信祆教又信佛教,而且信仰并重。⑤西域的粟特人,在

---

　　①[北齐]魏收撰《魏书》卷一〇二《列传第九十·西域》,北京:中华书局,1974年,第2271页。

　　②[唐]令狐德棻等撰《周书》卷四九《异域传》,北京:中华书局,1974年,第884页。

　　③[北齐]魏收撰《魏书》卷一〇二《列传第九十·西域》,北京:中华书局,1974年,第2270页。

　　④毕波《信仰空间的万花筒——粟特人的东渐与宗教信仰的转换》,载荣新江、张志清主编《从撒马尔干到长安——粟特人在中国的文化遗迹》,北京:北京图书馆出版社,2004年,第49—56页。

　　⑤兰州大学敦煌学研究所编《敦煌归义军史专题研究》,兰州:兰州大学出版社,1997年,第374—390页。

中国美术史上也留下了较为浓重的印迹。

《历代名画记》卷五曰：

> 康昕,字君明,外国胡人,或云义兴人。书类子敬,亦比羊
> 欣,曾潜易子敬题方山亭壁,子敬初不疑之,画又为妙绝。官至
> 临沂令。①

《历代名画记》卷八曰：

> 曹仲达,本曹国人也。北齐最称工,能画梵像,官至朝散大
> 夫。僧(彦)悰云:"曹师于袁,冰寒于水,外国佛像,亡竞于时。"
> 《卢思道》《斛律明月》《慕容绍宗等像》《弋猎图》《齐武临轩
> 对武骑名马图》,传于代。②

粟特曹国人曹仲达,师于袁昂,而袁昂又师承忠于顾陆之汉风密体谢
赫与长于梵风疏体的张僧繇和郑法士。曹仲达的画风又受到塞特勤等中
亚胡族艺术家的影响,其所创的佛像样式"曹家样"驰誉南北,对中国美术
以及佛教艺术的发展有着很大的影响,与前朝南梁张僧繇的"张家样"和
唐代吴道子的"吴家样"被称为中国佛画三大样式。"曹家样"亦称"曹衣出
水",它的主要特点是所画佛像"其体稠叠,而衣服紧窄",③即衣服紧身内

---

① [唐]张彦远著,俞剑华注释《历代名画记》卷五,上海:上海人民美术出版社,1964 年,第
97 页。

② [唐]张彦远著,俞剑华注释《历代名画记》卷八,上海:上海人民美术出版社,1964 年,第
158 页。

③ [宋]郭若虚著,俞剑华注释《图画见闻志》卷一,上海:上海人民美术出版社,1964 年,第
20 页。

收,衣质轻薄,衣纹稠密,紧贴身体,如同刚从水中出来一样。北魏时期,拓跋鲜卑皇帝一改胡风,实行汉化政策。北魏后期在洛阳塑造"秀骨清像"的工匠,多是自南朝引进,而在两次尔朱兵乱的战火中大量逃归南方;而高欢从北方六镇带来的工匠,大多是草原帝国蠕蠕和突厥雇佣的粟特工匠。这也是为什么粟特工匠曹仲达会成为北齐一代画师之首的秘密。[①]粟特人在中土开窟画佛、讲经写书,北朝以后的敦煌壁画和文献中有很多与粟特有关的图像以及文字记录,山东青州龙兴寺出土的北齐佛教造像就是最好的例证。

粟特人确实是活跃于中古丝绸之路上的"重要身影",在他们经行之地,往往建立聚落。荣新江把丝路沿线这些粟特人聚落串联在一起,为我们清晰地勾勒了他们东行的一条路线:从西域北道的据史德(今新疆巴楚东)、龟兹(库车)、焉耆、高昌(吐鲁番)、伊州(哈密),或是从南道的于阗(和田)、且末、石城镇(鄯善)进入河西走廊,经敦煌、酒泉、张掖、武威,再东南经原州(固原),入长安(西安)、洛阳,或东北向灵州(灵武西南)、并州(太原)、云州(大同东)乃至幽州(北京)、营州(朝阳),或者从洛阳经卫州(汲县)、相州(安阳)、魏州(大名北)、邢州(邢台)、定州(定县)、幽州(北京)可以到营州。另外,经西平(鄯州,今西宁)南下吐蕃之路,还有并开州南下介州的南北道路。在这些道路上的各个主要城镇,几乎都留下了粟特文化的遗迹。[②]史君墓的墓主人凉州萨保、同州萨保安伽,还有中央政府派出的检校萨保府的官员虞弘,都是有迹可循的重要的粟特部落首领。原州发现的史射勿墓、史索岩墓、史诃耽墓、史铁棒墓、史道德墓等,墓内还出

---

① 毛铭《尔朱荣"河阴之变"与高欢迁邺——北朝"曹衣"佛像兴起的历史语境》,载《北朝研究》(第9辑),北京:科学出版社,2018年,第71—72页。

② 荣新江《北朝隋唐粟特人迁徙及其聚落》,北京大学中国传统文化研究中心编《国学研究》第6卷,北京:北京大学出版社,1999年,第27—85页。

土有萨珊波斯和东罗马金币等①,也是粟特人在此活跃定居的有力证据。在这里,必须要提到一位很重要的政界粟特人物史归,史书对其有多条记载:

《周书》卷三〇载:

> 李穆字显庆,少明敏,有度量。太祖入关,便给事左右,深被亲遇。穆亦小心谨肃,未尝懈怠。太祖嘉之,遂处以腹心之任,出入卧内,当时莫与为比。及侯莫陈悦害贺拔岳,太祖自夏州赴难,而悦党史归据原州,犹为悦守。太祖令侯莫陈崇轻骑袭之。穆先在城中,与兄贤、远等据城门应崇,遂擒归。以功授都督。从迎魏孝武,封永平县子,邑三百户。擒窦泰,复弘农,并有战功。沙苑之捷,穆又言于太祖曰:"高欢今日已丧胆矣,请速逐之,则欢可擒也。"太祖不听。论前后功,进爵为公。②

《周书》卷一载:

> 初,原州刺史史归为岳所亲任,河曲之变,反为悦守。悦遣其党王伯和、成次安将兵二千人助归镇原州。太祖遣都督侯莫陈崇率轻骑一千袭归,擒之,并获次安、伯和等,送于平凉。太祖表崇行原州事。万俟普拨又遣其将叱干保洛领二千骑来从军。③

《周书》卷一六载:

①参见宁夏回族自治区博物馆等编《宁夏固原北周李贤夫妇墓发掘简报》,《文物》1985年第11期;罗丰编著《固原南郊隋唐墓地》,北京:文物出版社,1996年;罗丰著《胡汉之间——"丝绸之路"与西北历史考古》,北京:文物出版社,2004年。
②[唐]令狐德棻等撰《周书》卷三〇《列传第二二》,北京:中华书局,1974年,第527页。
③[唐]令狐德棻等撰《周书》卷一《帝纪第一》,北京:中华书局,1974年,第8页。

及岳为侯莫陈悦所害,崇与诸将同谋迎太祖。太祖至军,原州刺史史归犹为悦守。太祖遣崇袭归。崇潜军夜往,轻将七骑,直到城下,余众皆伏于近路。归见骑少,遂不设备。崇即入据城门。时李远兄弟在城内,先知崇来,于是中外鼓噪,伏兵悉起,遂擒归,斩之。以崇行原州事。仍从平悦,转征西将军。又遣崇慰抚秦州,别封广武县伯,邑七百户。[1]

《周书》卷一七载:

怡峰字景阜,辽西人也。本姓默台,因避难改焉。高祖宽,燕辽西郡守。魏道武时,率户归朝,拜羽真,赐爵长蛇公。曾祖文,冀州刺史。峰少从征役,以骁勇闻。永安中,假龙骧将军,为都将,从贺拔岳讨万俟丑奴,以功授给事中、明威将军,转征虏将军、都督,赐爵蒲阴县男。及岳被害,峰与赵贵等同谋翊戴太祖。进爵为伯。时原州刺史史归犹为侯莫陈悦守,太祖令峰与侯莫陈崇讨擒之。[2]

以上文献记载了粟特人史归于北魏末西魏初曾任原州刺史的有关事迹。日本学者山下将司以北魏至隋唐时期固原出土的一批史姓胡人墓葬为基础,结合《隋虞弘墓志》《唐史怀训墓志》以及正史记载,对北魏末年至隋唐时期原州地区粟特胡人的存在形态及特征做了深入的探究。《周书》记载粟特人史归于北魏末年曾任过原州刺史,先生推测至迟在北魏末期原州已经存在粟特人的聚落。他还指出,从北朝末年以来就已经出现了粟

---

①[唐]令狐德棻等撰《周书》卷一六《列传第八》,北京:中华书局,1974年,第269页。
②[唐]令狐德棻等撰《周书》卷一七《列传第九》,北京:中华书局,1974年,第282页。

特人"武人"化倾向的现象。①罗丰也有类似的推测,北魏以后虽然在原州地区并未形成有规模的粟特聚落,但有可能有粟特聚落存在。②

在佛教东传的过程中,粟特人也积极参与翻译汉文佛经的工作,第一位东来传教的安士高,本是一位帕提亚王子,后舍弃王位出家为僧,于公元148年来到东汉首都洛阳,翻译佛经。随后康孟详、康僧会、康巨、康僧铠、康法朗、康法畅、康僧渊等于公元2—3世纪也相继贡献于中国的佛教。③在吐鲁番和敦煌文书的记载中,我们也可以看到移居中国的当地粟特居民已经和佛教信仰产生了关联,开始修行佛教或出家为僧。如吉藏,生于549年,卒于623年,安国人,对中观派颇有研究,为三宗派的形成奠定了基础。来自康国的华严三祖法藏,来自何国的何僧伽也是著名的佛教修行者。这些都是粟特人参与营建须弥山石窟第33窟的重要证据。北魏末至西魏年间,粟特人繁忙的身影出现在丝路上,他们往来于中西之间,甚至在中土定居,并在原州形成了一定规模的聚落。在此期间,粟特人史归任原州刺史,作为原州的政治首领,无疑会给粟特人的活动创造更为宽松的环境,因此须弥山出现粟特人营建的洞窟也就在情理之中。

"由于粟特商队的强大财力,由于他们往来于丝绸之路商道,他们无论作为艺术赞助人,还是作为外来艺术纹样的推荐者,在中国艺术史上都有重要的地位"。④粟特人留名于中国美术史册,在石窟艺术中,我们也可以发现他们的不少印记。云冈石窟第8窟中摩醯首罗天手执一串葡萄,法国学者童丕认为这一图像可能来源于粟特文化,云冈石窟可以看作是粟

①(日)山下将司《新出土史料所见北朝末至唐初间粟特人的存在形态》,《唐代史研究》2004年第7号,第60—77页。

②罗丰《隋唐史氏墓志》,《胡汉之间——"丝绸之路"与西北历史考古》,北京:文物出版社,2004年,第442—443页。

③张广达《文本、图像与文化流传》,桂林:广西师范大学出版社,2008年,第290页。

④姜伯勤《中国祆教艺术史研究》,北京:生活·读书·新知三联书店,2004年,第7页。

特人对北魏艺术贡献唯一具体的证明。①唐五代时期莫高窟第158、322等窟都与粟特人有关，郑炳林就唐五代粟特人在莫高窟画佛开窟做过详细的考察。②在此必须要重点提到的是莫高窟西魏第285窟，张元林通过对窟内所绘日天、月天等图像的分析研判，认为第285窟是由既信奉祆教又信奉佛教的粟特人开凿的。③北魏敦煌的粟特人中已经有了从事佛教功德的信徒④，他们将各种文化符号杂糅在同一个佛教洞窟之内，促进了不同文化的交融。

　　对于第285窟的研究，张元林仅从窟内图像的角度探讨粟特人参与营建的历史实态。笔者在前文梳理了须弥山石窟第33窟窟形的发展流变脉络，溯源它与莫高窟第285窟等洞窟窟形来源、样式的相似性以及在全国石窟范围内的特殊性。

　　在石窟营建史上，同一时代的洞窟建筑形制具有很大的共性，前后历史时期的形制也有着相互延续的特征。如果某个洞窟有比较独特的形制，开创了一类仅见的形制关系，其中似乎暗含着深刻的历史文化背景。⑤对于第33窟来说，如此独特之形制，并非空穴来风，应该也暗含着深刻的历史文化背景，将同一时期粟特人在中国开凿、塑绘洞窟的点滴信息串联起来，可以推测他们在须弥山石窟开凿洞窟也是可信的。

———————————

①（法）童丕《中国北方的粟特遗存——山西的葡萄种植业》，《法国汉学》丛书编辑委员会编《粟特人在中国：历史、考古、语言的新探索》，北京：中华书局，2005年，第205—225页。

②兰州大学敦煌学研究所编《敦煌归义军史专题研究》，兰州：兰州大学出版社，1997年，第433—465页。

③张元林《粟特人与莫高窟第285窟的营建——粟特人及其艺术对敦煌艺术的贡献》，云冈石窟研究院编《2005年云冈国际学术研讨会论文集·研究卷》，北京：文物出版社，2006年，第394—406页。

④敦煌研究院所藏"清信士康那造幡发愿文，皇兴二年四月八日（468年5月15日）"（敦0343）。

⑤沙武田《吐蕃统治时期敦煌石窟研究》，北京：中国社会科学出版社，2013年，第219页。

　　辛姆斯—威廉姆斯教授曾根据印度河上中巴友好公路巴基斯坦一侧发现的粟特文摩崖题记，指出粟特人不仅仅是粟特地区与中原之间贸易的担当者，也是两地之间文化交流的担当者，[①]他们也会带来印度以及中亚的石窟样式。

　　佛教在印度诞生以后，孔雀王朝阿育王始创开山造窟之活动。近来的考古发掘显示，佛教和印度文化渗透到中亚的每一个地区，以铭文和宗教建筑的形式留下了直接的证据，同时也显示了当地人们文化基础的深厚遗存。8 世纪末伊斯兰教传入以后，佛教在这个地区的重要作用才停止。后来，伴随印度与其他国家文化贸易的交流，佛教文化、佛教石窟也流布于东方世界，其中最早传入中亚地区，在今阿富汗的巴米扬石窟就是著名的石窟之一，其中东、西大佛窟的窟形很值得关注，诸多专家推测虽然不尽相同，但开凿年代不会晚于公元 6 世纪。[②]两大窟后方各有一分别高 40 米和 53 米高的大立佛，作为窟内重要的礼拜对象，窟内没有另开礼拜环道，佛脚后方的空隙就可作为礼拜道，[③]大像后部低矮的礼拜道，与印度的支提窟有一定的渊源关系，佛像代替佛塔成为礼拜对象。东大佛窟正壁和两侧壁的根部开有 7 个洞窟和 1 个独立龛，西大佛窟有 8 个洞窟，巴米扬石窟位于丝绸之路的中心地带，这一样式应该与印度精舍窟形制有一定的关系。其中东大佛窟的壁画具有明显的波斯萨珊朝样式，反映了以九姓胡人为主的粟特人艺术流行的社会历史。[④]公元 3 世纪波斯萨珊王朝侵占

　　①N.Sims—Williams, "The Sogdian Merchants in China and India", Cina e Iran da A-lessandro Magno alla Dinastia Tang, ed.A.Cadonna e L.Lanciotti, Firenze 1996, pp.45-67.

　　②晁华山《佛陀之光——印度与中亚佛教胜迹》，北京：文物出版社，2001 年，第 179—180 页。

　　③晁华山《佛陀之光——印度与中亚佛教胜迹》，北京：文物出版社，2001 年，第 177 页。

　　④彭金章、沙武田《试论敦煌莫高窟北区洞窟出土波斯银币和西夏钱币》，《文物》1998 年第 10 期；另载敦煌研究院编《敦煌莫高窟北区石窟研究》，兰州：甘肃教育出版社，2011 年，第 99—106 页。

了巴米扬地区,5世纪时嚈哒人入侵这里,当地的粟特人也成为附庸。因此,巴米扬石窟的开凿很有可能有粟特人参与其中。

粟特人是活跃在丝路上文化传播的重要使者,他们思维敏捷、善于变通,勇于接纳外来的文化,从印度到中亚再到中国,从阿旃陀石窟到巴米扬石窟再到敦煌莫高窟、须弥山石窟,他们一路东行,将印度佛教艺术带到了中国,须弥山石窟第33窟就是西来的粟特人参与营建的、形制独特的佛教洞窟。在北朝,拓跋鲜卑在历史舞台上扮演着关键性的角色,粟特人也是很重要的。游牧草原文化、农耕文化与佛教东传之间的相互激发、碰撞,共同塑造出北朝文化丰富的面貌。①粟特人在营建石窟的过程中,将从印度等地赍来的艺术与中原汉文化的诸多因素综合起来考量,因此,在须弥山石窟第33窟双层礼拜道形制的基础上,加上了覆斗顶,将汉文化与异质文化相融汇,产生出了新的图像和新的功能。集中于这些形式,不仅体现出不同群体的宗教信仰与社会文化变迁,同时也彰显出北朝文化所特有的多元性。

(三)图像配置与形制的功能分析

1. 禅义并重的图像程序

洞窟窟形的变化,与当时人们佛教实践的变化密切相关。须弥山石窟第33窟双层礼拜道洞窟新样式的出现,并非仅仅是当时参与营建的粟特人之兴趣所致,更重要的原因在于当时社会的佛教信仰思潮,即他们修窟造像是为了契合当时盛行的佛教思想。

公元553年,南朝梁发生内乱,掌握西魏实权的宇文泰乘机派军攻取成都、剑南,后逐渐占领四川全境。554年,他又派军攻破江陵,俘获了梁元帝萧绎。从此,长安与南方的交通畅通无阻,大批江南僧人、学者也开始

---

① 林圣智《图像与装饰:北朝墓葬的生死表象》,台北:台湾大学出版中心,2019年,第318页。

从蜀地、江陵来到关中长安谋求发展,史书中也有将佛像从益州传送至关中的相关记载。[①]南朝佛教传入北方以后,重视义理的风气,对西魏佛教也具有很大的促进作用。[②]《辩正论》卷三载:

> 魏文皇帝(讳宝炬),立德立仁,允文允武。常行信舍,每运慈悲。大统元年造般若寺,拯济孤老,供给病僧。口诵《法华》,身持净戒,起七觉殿,为四禅室,供养无辍。[③]

魏文帝立德立仁,口诵《法华》,可见他注重佛教义理的倾向。

《续高僧传》卷二三中还记录了文帝与僧人释道臻的来往。道臻,本姓牛,长安城南人,出家清贞,谦虚寡交,一心读经,以博闻知名。时诸法师于经义有所迷忘者,皆往问之。文帝闻而敬重,尊道臻为师。于是在京师立大中兴寺,尊为魏国大统。而道臻继位后大立科条,将因战乱而遭到破坏的僧制重新建立起来。西魏后期,实权仍牢牢掌握在权臣宇文泰之手,宇文泰也是一位佛教徒,关于他对佛教的态度,《周书》卷三五《薛慎传》记载了这位崇佛皇帝的佛教事迹:

> 太祖(指宇文泰)雅好谈论,并简名僧深识玄宗者一百人,于第内讲说。又命(薛)慎等十二人兼学佛义,使内外俱通。由是四方竞为大乘之学。[④]

---

①[唐]释道宣《续高僧传》载自蜀入关的僧人有释亡名、僧实、智炫等。

②圣凯《敦煌文献中的西魏、北周佛教思想》,《世界宗教研究》2009年第2期,第32页。

③[唐]法琳《辩正论》卷三,见《大正藏》第2110号,第52册,第507页。

④[唐]令狐德棻等撰《周书》卷三五《薛慎传》,北京:中华书局,1971年,第625页。

　　宇文泰奖励扶持佛教，由于他的支持，西魏人热衷研习大乘佛学思想，他"又命(薛)慎等十二人兼学佛义"，可以看出他对"义学"的重视。正因如此，不少儒者如薛慎、苏绰、卢景裕、卢光等辈，均加入研习佛理的行列①。在众多佛经中，《一百二十法门》与《菩萨藏众经要》是掌握西魏实权的宇文泰在地论学派佛学体系的基础上②，举全国之力编纂的重要佛经。《十地经论》具体阐述了菩萨修行的十个阶段，也就是菩萨修行的十地，从初发大愿住第一欢喜地，经过各种声闻缘觉道的修行，进入不退转的菩萨行，最后进入被授记灌顶的第十法云地。可以说这十地融汇了所有的善法，前三地说的是世间的善法，四、五、六、七地说的是声闻、缘觉、菩萨三乘的修行，而八、九、十地所说的则是《华严经》中的所谓一乘根本大法。这十地是菩萨修行水平和精神境界不断提高的过程，通过这十地的修行，就能从凡夫修行成佛。

　　学界周知，《华严经》是最早汉译六十卷本出现(420—421 年)之前，相当于《十地品》的《十住经》，以及龙树所主《十住毗婆沙论》，与世亲《十地经论》已经广泛流传于中国北方，而成为地论宗的核心思想。然而《华严经》的部分经文最早出现于中国者，可以溯源至 2 世纪后汉娄迦谶所译的《兜沙经》(内容相当于《名号品》与《光明觉品》)以及 3 世纪中叶支谦所译的《菩萨本业经》(内容相当于《名号品》《光明觉品》《净行品》与《十住品》)。后者即是《华严经》初期的骨干教义。《十住品》与《十地品》单行本的汉译版本很多，现存有西晋竺法护所译《菩萨十住行道品经》与《渐备一切智德经》以及鸠摩罗什所译的《十地经》等。

　　如上所述，《华严经》的内容或华严思想在中国的传播，是经过一段漫长的时间逐渐演变而来的，因此不难想象当它具体反映在造像上时，也会

---

①赖永海主编《中国佛教通史》(二)，南京：江苏人民出版社，2010 年，第 97 页。
②圣凯《敦煌文献中的西魏、北周佛教思想》，《世界宗教研究》2009 年第 2 期，第 30 页。

出现多样的表现手法。华严十住的思想不但早见于支谦与竺法护的译本，而且也吸收了般若十地的思想，将凡夫的修行提升为菩萨的修行次等。如释印顺所说，《华严经》包括《入法界品》等至少五品都是以十住行为善萨行位。十说在初期大乘是主要法门，所以在支谦之后，仍一再译出。到了4世纪下半叶，由于道安、慧远及鸠摩罗什的推广，对于十住、十地义学研究逐渐兴起。

敦煌文书 B.8420《融即相无相论》末尾有如下内容：

> 其五者何？第一佛性门，第二众生幻，第三修道门，第四诸谛门，第五融门。尽觉所知，(一)切佛自然成道，大智海，法僧悉尽无有余。是故我今稽首礼，欲显平等融道义，愿令三宝冥加护，无尽自利利他故。
>
> 夫融者，若是玄奥之灵海，冲秘之妙藏，莫二之灵响，圆统美之号。斯乃可无碍之良津，通同之大鼓，正彼我。
>
> 比丘释导许沙弥库狐纯所写[1]

圣凯有撰文研究所谓"五门"即：第一佛性门，第二众生门，第三修道门，第四诸谛门，第五融门，以此五门概括佛、法、僧三宝尽无有余，能显示平等、圆融的大道[2]。"五门"的详细内容即是"一百二十法门"，依"章"而撰出有关佛教教理的讲义、问答，依此而普及佛教教义[3]。因此，"五门"是以地论学派为核心而形成的北朝佛教体系。依此一百二十法门，将大乘佛教

---

①黄永武主编《敦煌宝藏》第 110 册，台北：新文丰出版公司，1981 年，第 268 页。

②圣凯《敦煌文献中的西魏、北周佛教思想》，《世界宗教研究》2009 年第 2 期，第 33 页。

③（日）荒牧俊典编著《北朝隋唐中国佛教思想史》，京都：法藏馆，2000 年，第 47 页。

经论摄入其下,编撰成《周众经要》或《菩萨藏众经要》①。因此,敦煌卷子里面提到的"五门",在西魏的佛教思想体系中有着重要的统摄作用。

须弥山石窟第 33 窟内部图像布局中有一点非常重要,就是内层南、西、北三壁上部各开有五个佛龛(图 3-65),这里的"五"应该代表的是西魏佛教体系中的佛性门、众生门、修道门、诸谛门和融门,即"五门"。这与以上所述西魏的佛教思想相契合,它们不是偶合,而是开窟者有目的营建的结果。

图 3-65　须弥山石窟第 33 窟剖面图

关于这五个佛龛的存在,笔者还有另外的思考,即与"五佛"的关联。

五佛造像是魏晋南北朝时期佛教艺术中的一种造像组合,从东晋戴逵为都城建康的瓦官寺塑五佛,到西秦建弘元年(420 年)前后炳灵寺石窟 17 号龛内的石胎泥塑五佛,再到天梯山石窟北魏第 18 窟中心柱最上层每面五龛内的五身坐佛(图 3-66),金塔寺石窟东窟中心柱西面最上层的五身坐佛(图 3-67),龙门古阳洞南壁上层比丘法生造像龛龛楣内景明四年(503 年)的并列五佛,莫高窟北魏第 251、257、260、437、435、254 等窟中心塔上的五佛,炳灵寺石窟第 172 窟北壁下部的北周五佛塑像,都反

---

① 圣凯《敦煌文献中的西魏、北周佛教思想》,《世界宗教研究》2009 年第 2 期,第 39—40页。

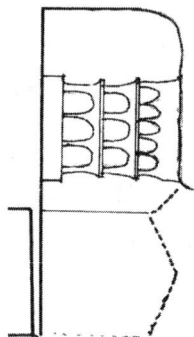

图 3-66　天梯山石窟第 18 窟剖面图　　图 3-67　金塔寺东窟中心柱西面剖面图

映出五佛造像在北方佛教造像中的流行。贺世哲认为这些五佛造像都属
于释迦如来五分法身像。①隋慧远撰《大乘义章》卷二〇载：

> 五分法身诸经多说，名字是何？谓戒、定、慧、解脱、解脱知
> 见，是其五也……②

所谓法身是指与生身相对立的，即指对释迦牟尼佛教思想的基本仪
轨的概括，五分法身也就是指他的戒、定、慧、解脱、解脱知见等基本思想，
也是属于大乘教义的范畴。

须弥山石窟第 33 窟从现存遗迹来看，将并列的五佛龛，分别置于内
层正壁、左壁和右壁，与外层三壁上的三世佛构成了类似于以上诸窟中的
组合。但五佛的位置以及组合形式则不尽相同，如炳灵寺石窟第 169 窟是
五分法身与三世佛、十方佛的塑绘组合，天梯山石窟第 18 窟、金塔寺东窟
都将五分法身与三世佛凿于同一中心塔柱上，而须弥山石窟第 33 窟的五

---

① 贺世哲《莫高窟北朝五佛造像试释》，《敦煌研究》1995 年第 3 期，第 119 页。
② [隋]慧远《大乘义章》卷二〇，见《大正藏》第 1851 号，第 44 册，第 850 页。

分法身与三世佛位于内、外层壁面上，也是内、外层礼拜道所在的地方，反映出须弥山石窟开凿者对其他石窟艺术的传承与创新。

综上所述，须弥山石窟西魏第 33 窟内层壁面的五佛，可能其寓意为"五门"，即菩萨修行的五个重要阶段；也可能是"五佛"，代表释迦如来五分法身像，与禅观关系密切。因此，笔者以为，在这个洞窟中，也很有可能这些内涵都有体现，既反映出西魏义学的发展，又体现出终北朝一世，禅观思想的流行。须弥山西魏洞窟中还有与"五"有关的图像，在第 17 窟门楣上浮雕有五瓣仰莲，是一种意象性的图像程序设计。龙门石窟就有"托育宝华，往生净土"的题记，将莲花与往生净土联系在一起，表明其所具有的神圣力量和彰显的生死轮回的思想。须弥山石窟第 17 窟的莲花也是进入佛国净土世界的表现。

2. 洞窟形制的功能

前文梳理了须弥山石窟第 33 窟双层礼拜道形制的来源，它与印度有列柱的支提窟有很大的关联，第 33 窟内层门道之间的部分似印度的列柱，只是形状有别（图 3-68）。有研究者从接受心理学的角度分析了礼拜者面对印度支提窟列柱时的视觉与心理感受："最初，通过记数走过的柱子，他尚能计算所进入未知世界的深度。不过，当他一步又一步谨慎地前移时，光线变得愈来愈暗，从每个柱子上反射回来的光亮，也在黑暗中渐渐消逝，未知世界只有靠他默默揣度了。突然从柱子间，他辨识出半圆形

图 3-68　须弥山石窟第 33 窟内景

亮点——窣堵坡之覆钵。覆钵在来自明窗的光线中反光、发亮。这是一个计算极为精确的设计效果。内部柱子的排列模式大体相同，不过在柱子间他与塔的视角，则随着他每迈一步而增大。当他最终靠近佛塔时，他的最大视角和他与塔的距离相结合，使朝拜焦点太强以致不能凝视。"[1]来自支提窟的光线被特意安排，柔和地集中在核心窣堵坡上。同时，因为列柱间隔紧密，光线轻柔地照在列柱上，几乎没有外溢，造成了一种幻觉：这些柱身在无边无际的黑暗的山峰中心圈出了一块辉煌的圣地。[2]这种由朦胧和分柱法所设定的神秘，似乎可以溶解各种事物，在这样的环境中，信徒以及其他的朝拜者能够感觉到自身被置于一个魔幻世界之中，虚幻而缥缈，肉体正飘向天堂，精神正在升华。通过旋绕作为佛塔之一的支提，同样会使信徒获得一种超自然的宗教力量。[3]

　　这种样式"就像欧洲中世纪的大教堂，其十字形平面和繁复的装饰，曾是神体的象征外貌和微观世界内宇宙的一种重建。无疑也体现了赋予窣堵坡外貌上同样玄奥的象征主义。支提窟应被看作是宇宙屋的物化形式，它的入口就是世界之门"。[4]须弥山石窟第 33 窟的柱子，虽然没有多么宏大，但同样给礼拜者营造了一种神秘的玄奥，当信徒们从那些帐形顶的门道穿梭于内外礼拜道之间的时候，光线也随之不断变换，每次凝视中心塔柱的时候，是光线最为明亮的时候，无形中会引发他们更多对于佛教的冥思。因此，这种设计与西魏佛教偏重义理是相吻合的。

---

①Wu.N.I, *Chinese and Indian Architecture: the City of Man, the Mountain of God, and the Realm of the Immortals*, New York: George Braziller Inc., 1963, 16.

②（美）罗伊·C.克雷文著，王镛等译《印度艺术简史》，北京：中国人民大学出版社，2004 年，第 44 页。

③Wu.N.I, *Chinese and Indian Architecture: the City of Man, the Mountain of God, and the Realm of the Immortals*, New York: George Braziller Inc., 1963, 16.

④Rowland B, *The Art and Architecture of India: Buddhist/Hindu/Jain*, rev.ed., New York: Penguin Books, 1977: 114–115.

第四节　须弥山北周第 45、46 窟的空间布局及其功能

　　依据洞窟形制,须弥山石窟主要有方形窟、僧房窟、禅窟和中心柱窟等类型。其中,中心柱窟应是早期佛教信徒进行礼忏仪式或从事佛事活动的主要场所。[①]须弥山石窟的中心柱窟较多,[②]与莫高窟是仅有的北周现存中心塔柱的石窟群。现有北周时期的中心柱窟第 45、46、47、48、51 窟共 5 座,主要是平面方形,龛壁四面均凿龛造像,单层中心塔柱的四面也有造像,与云冈、巩县、响堂山石窟等更加接近,仿木结构与中心柱的结合是其最为显著的一个特点。[③]第 45、46、47、48 上下层分布于同一崖面,这一

---

　　①佛教讲究最上供养,传说共有七种最上供养。据施护译《佛说法集名数经》卷上:"云何七种最上供养? 所谓礼拜、供养、忏悔、随喜、劝请、发愿、回向。"陈悦新在《须弥山早期洞窟的分期研究》中也提到,由禅经中可以看出,在洞窟中凿佛的影像,是为了观像修禅而用。因此,佛像方形窟和中心柱窟的性质应是礼拜窟。

　　②须弥山石窟中心柱窟北魏有四个（第 22、28、14、24 窟）,西魏有四个（第 17、32、33、36 窟）,北周有五个（第 45、46、47、48、51 窟）,隋代有两个（第 67、70 窟）,唐代 105 窟。

　　③韩有成《宁夏须弥山北周洞窟建筑及造像探析》,《文物春秋》2006 年第 5 期,第 24 页。

整体布局本身我们可以认为是塔的一种变形,与礼拜和供养不无关系。而第45、46窟在须弥山北周石窟中是最为复杂、华丽的洞窟。须弥山石窟的中心柱窟从北朝至唐代一直流行,其中北周第45、46窟较为典型,其内部图像主要有释迦、弥勒、三世佛、四方佛、七佛等,通过绕塔、观像、礼拜到达窟顶所描绘的天宫,图像组合构成了一个有意义的神圣空间。可能与当时原州刺史的资助有很大的关系。[①]总体看这一时期的洞窟既有印度传统,又有中原文化因素,窟内空间的图像布局根据绕塔观瞻的佛事活动需求有着统一的设计构想。本节主要以第45、46窟为例,从空间层次理论展开,探究须弥山石窟北周洞窟构建中壁面、窟顶与中心柱图像,在空间上如何将这些材料组合起来,体现整窟的神圣性。

一、四壁及中心柱的造像组合

造像的空间布局离不开设计者的预先构思。中心柱窟作为一个佛教礼拜空间,其设计与宗教的神圣性关系密切,也体现了设计者的宇宙观。巫鸿在对武梁祠的研究中,认为画像中的三个部分表现了东汉人心目中宇宙的三个有机组成部分——天界、仙界和人间。须弥山石窟北周第45和46窟中心柱、窟顶及四壁也构成了一个神圣的空间,即天宫、佛国与人间的宇宙空间。

自晋朝以来,北方即为禅法之源泉,禅法便在北土极为盛行。[②]北朝石窟的开凿,与僧人习禅关系密切,窟内造像题材也大多围绕禅观而设计雕凿。[③]第45、46窟中心柱四面开龛,每面雕一佛二菩萨,主尊结跏趺坐。就第45窟而言,东、西壁面各有三个对称一致的帐形龛,内雕刻一铺三身

①韩有成《宁夏须弥山北周洞窟建筑及造像探析》,《文物春秋》2006年第5期,第27页。

②汤用彤《汉魏两晋南北朝佛教史》(下),北京:中华书局,2016年,第559—570页。

③参见刘慧达《北魏石窟与禅》,《考古学报》1973年第3期,第337—350页。

像,南龛雕一倚坐佛和二胁侍菩萨;中龛雕一立佛和二胁侍菩萨;北龛雕
一结跏趺坐佛和二胁侍菩萨。正壁壁面有三个帐形龛,龛内各雕一佛二菩
萨,东、西龛主尊结跏趺坐,中龛主尊为施说法印的立佛。第46窟西壁壁
面雕三个帐形龛,南龛雕一交脚弥勒和二胁侍菩萨,中龛雕一立佛,北龛
雕一佛二菩萨,主尊为结跏趺坐。东壁壁面雕三个龛,北龛内雕一佛二胁
侍菩萨,主尊结跏趺坐;南龛内雕一倚坐佛与二胁侍菩萨;中龛内雕一立
佛。①中心柱四面造像基本相同,为一佛二胁侍菩萨,主尊结跏趺坐。还有
一些龛楣上部雕有施禅定印的小坐佛。窟门上方也雕刻有坐佛。与北魏石
窟的造像布局类似,北周洞窟中的这些图像及其组合中,很多都与禅观有
关。②(表3-4)

《四分律》卷四九云:

> 至下篱墙处踰墙而入,开门时彼于塔边左行过,护塔神瞋。
> 佛言:"不应左行过,应右绕塔而过。"③

佛经中关于绕塔礼佛须右行还有其他的记载,下文按照中心柱—西
壁—北壁—东壁—南壁窟门的顺序依次进行分析。

---

①宁夏回族自治区文物管理委员会、北京大学考古系编著《须弥山石窟内容总录》,北京:文
物出版社,1997年,第77—85页。

②关于这一内容,刘慧达在《北魏石窟与禅》一文中,有专门一节把禅经所见的现象经文与石
窟中的同类造像进行比照。禅经记载,禅僧观像的种类主要有:释迦牟尼佛、释迦与多宝佛、十方
三世诸佛、无量寿佛、四方佛、七佛、弥勒菩萨、伎乐天等。

③[后秦]佛陀耶舍共竺佛念等译《四分律》卷四九,见《大正藏》第1428号,第22册,第
930—931页。

表3-4　须弥山石窟第45、46窟四壁及中心柱图像内容统计表

窟号	位置	内容及现状
45	南壁窟门上方	南壁窟门上方开三个帐形浅龛:三身结跏趺坐佛,中尊佛像两侧有二胁侍菩萨。窟门两侧帐形龛内雕一佛二胁侍菩萨,主尊结跏趺坐,后代重装。
46		南壁窟门上方开三个帐形小龛。中龛内雕一佛二弟子二胁侍菩萨,主尊结跏趺坐;两侧龛内为维摩文殊像。窟门两侧的帐形龛内雕一佛二胁侍菩萨,主尊结跏趺坐。
45	西壁	西壁壁面各有三个帐形龛,内雕一铺三身像。南龛雕一尊倚坐菩萨像和二胁侍菩萨;中龛雕一尊立佛二胁侍菩萨;北龛雕一结跏趺坐佛和二胁侍菩萨。
46		西壁壁面雕三个帐形龛。南龛雕一交脚弥勒和二胁侍菩萨;中龛雕一立佛;北龛雕一佛二胁侍菩萨,主尊为结跏趺坐。
45	北壁	北壁壁面三个帐形龛,内各雕一佛二胁侍菩萨。西龛雕一结跏趺坐佛二胁侍菩萨;中龛雕说法印坐佛二胁侍菩萨;东龛雕一结跏趺坐佛二胁侍菩萨。
46		北壁壁面雕三龛。东龛为圆拱尖楣龛,内雕一佛二胁侍菩萨,主尊结跏趺坐,尖楣龛上雕有七佛圆拱小龛;西龛亦为圆拱尖楣龛,内雕一佛二胁侍菩萨,主尊结跏趺坐,尖楣龛上雕有七佛圆拱小龛;中龛帐形龛,内雕一立佛。
45	东壁	同西壁。南龛主尊为倚坐佛。
46		东壁壁面雕三龛。北龛内雕一佛二胁侍菩萨,主尊结跏趺坐。南龛内雕一佛二胁侍菩萨,主尊为倚坐;中龛内雕一立佛。
45	中心柱南面	一佛二胁侍菩萨,主尊结跏趺坐。
46		一佛二胁侍菩萨。主尊结跏趺坐。尖拱楣之上凿七个尖拱小龛,龛内各雕一禅定坐佛。正中小龛两侧各浮雕一飞天。

续表

窟号	位置	内容及现状
45	中心柱西面	一佛二胁侍菩萨,主尊结跏趺坐。
46		一佛二胁侍菩萨,主尊结跏趺坐。座面雕五个方形浅龛,正中龛内雕宝瓶,其余四龛雕四身神王像,做半跪状。从南向北分别为火神王、风神王、树神王、山神王。
45	中心柱北面	一佛二胁侍菩萨,主尊结跏趺坐。
46		一佛二胁侍菩萨,主尊结跏趺坐。座面雕五个方形浅龛,正中龛内雕博山炉,余四龛雕四身神王像,做半跪状。从西面向东分别为蛇神王、不明神王、河神王、不明神王。
45	中心柱东面	一佛二胁侍菩萨,主尊结跏趺坐。
46		一佛二胁侍菩萨,主尊结跏趺坐。座面雕五个方形浅龛,正中龛内雕博山炉,两侧各雕一供养比丘。

　　须弥山石窟第45、46窟的中心柱四面造像主尊均为结跏趺坐佛像（图3-69、图3-70），四面的造像可能与释迦牟尼"出家""苦修""成道""说法"有很大关系,其图像组合与禅观所要求的观佛传各相相吻合。[①]我们还可以将这种四面组合解释为"四方佛"。《禅秘要法经》载:"琉璃地上,于四方面,生四莲华。其华金色,亦有千叶,金刚为台。有一金像,结跏趺坐,身相具足,光明无缺,在于东方、南西北方,亦复如是。"[②]莫高窟北周第428窟中心柱图像组合与此相同,四个方向的龛内亦均为结跏趺坐佛。

―――――――――

　　①参见樊锦诗、马世长、关友惠《敦煌莫高窟北朝洞窟的分期》,载敦煌文物研究所编《中国石窟·敦煌莫高窟》(第1卷),文物出版社·株式会社平凡社,1982年,第189页。樊锦诗、马世长等认为除了第254窟塔柱正面龛内为交脚弥勒佛外,倚坐佛皆为倚坐释迦像,"中心柱四面龛内造像似乎与释迦'出家''苦修''成道''说法'各相有关,这符合禅观所要求的观佛传各相。塑思惟菩萨和交脚菩萨,则有静虑思惟,请弥勒解决疑难,求生兜率的意义。"

　　②[后秦]鸠摩罗什等译《禅秘要法经》卷二,见《大正藏》第0613号,第15册,第253页。

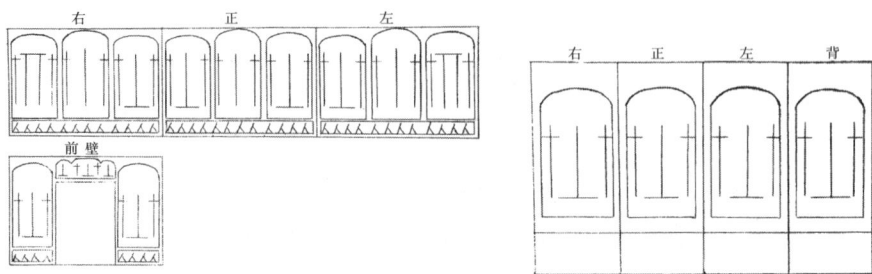

图 3-69　须弥山石窟第 45 窟四壁与中心柱布局示意图

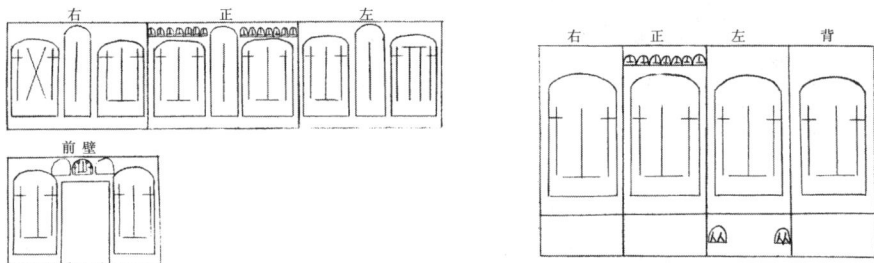

图 3-70　须弥山石窟第 46 窟四壁与中心柱布局示意图

韩有成在对须弥山中心柱窟的研究中认为,北周的造像中,单铺多以一佛二菩萨为主,而造像的整体组合为三佛与七佛题材,并且有单身立佛、佛装和菩萨装的弥勒造像(图 3-71、图 3-72、图 3-73、图 3-74、图 3-75、图 3-76、图 3-77、图 3-78、图 3-79、图 3-80、图 3-81、图 3-82、图 3-83、图 3-84、图 3-85、图 3-86)。①北朝后期三佛、七佛信仰,释迦佛—弥勒菩萨信仰在北方地区很流行,而且都与禅观有关。第 45、46 窟西、北、东、南壁的组合应为三世佛。要确定他们的尊格,第 45 窟西壁南龛的倚坐佛、东壁南龛的倚坐佛,第 46 窟西壁南龛的交脚佛和东壁南龛的倚坐佛很值得关注。第 45 窟西壁的倚坐佛左手置于膝,右手已残,东壁的倚坐佛与西壁的倚坐佛的坐姿相同,左手置于膝,右手施无畏印。

①韩有成《须弥山中心柱洞窟及其造像》,《固原师专学报》(社会科学版)2003 年第 2 期,第53—54 页。

图 3-71　须弥山石窟第 45 窟南壁线描图

图 3-72　须弥山石窟第 45 窟西壁线描图

图 3-73　须弥山石窟第 45 窟北壁线描图

图 3-74　须弥山石窟第 45 窟东壁线描图

图 3-75　须弥山石窟第 45 窟
中心柱南面线描图

图 3-76　须弥山石窟第 45 窟
中心柱西面线描图

图 3-77　须弥山石窟第 45 窟
中心柱北面线描图

图 3-78　须弥山石窟第 45 窟
中心柱东面线描图

图 3-79　须弥山石窟第 46 窟南壁线描图

图 3-80　须弥山石窟第 46 窟西壁线描图

图 3-81　须弥山石窟第 46 窟北壁线描图

图 3-82　须弥山石窟第 46 窟东壁线描图

图 3-83　须弥山石窟第 46 窟
中心柱南面线描图

图 3-84　须弥山石窟第 46 窟
中心柱西面线描图

图 3-85　须弥山石窟第 46 窟
中心柱北面线描图

图 3-86　须弥山石窟第 46 窟
中心柱东面线描图

现存最早的交脚坐佛是敦煌莫高窟第268窟的主尊,但因无造像题记和其他能够判断这一坐佛尊格的特征与图像配置,我们无法对其定名。西安碑林博物馆藏北魏景明年间(500—503年)刘保生造交脚佛坐像(图3-87),有明确的造像题记"造石弥勒一区"①,诸多学者也将交脚佛的尊格认定为弥勒。不过交脚佛有时候也代表释迦佛。②李玉珉认为金塔寺东窟中心柱东向面和西向面龛中的交脚佛代表未来佛弥勒,因为中层每向面三龛的主尊均代表三世佛,其中出现了一尊苦行像,作为现在佛释迦牟尼。③关于倚

图3-87　北魏交脚弥勒佛

坐佛,莫高窟第272、257、251等窟中心柱正面龛内都有雕凿,东山健吾认为弥勒佛与倚坐佛的关系直到唐代才被确立下来,北朝时期,交脚佛可能为过去佛定光如来,或为现在佛释迦,而敦煌北朝窟的常见倚坐佛应是释迦。④在北朝有题记的造像中,同样可以找到倚坐佛与弥勒相对应的例子,如河北曲阳出土一件倚坐佛造像,题记显示:"正光四年(523年)七月廿三日,上曲阳人邸拔延长,为亡夫,见存母兄,既身合家义属,造弥勒像一区,愿生生直佛。"⑤云冈第二期洞窟中也有不少倚坐的弥勒像,金塔寺西

①西安碑林博物馆编《西安碑林博物馆》,西安:陕西人民出版社,2000年,第105页。

②东山健吾根据图像配置,认为莫高窟第254窟中心柱正面龛的交脚为释迦佛而并非弥勒佛。(日)东山健吾《敦煌莫高窟北朝期尊像の图像的考察》,载《东洋学术研究》第24卷第1期,1985年5月,第87—91页。

③李玉珉《金塔寺石窟考》,《故宫学术季刊》2004年第22卷第2期,第46页。

④(日)东山健吾《敦煌莫高窟北朝期尊像の图像的考察》,载《东洋学术研究》第24卷第1期,1985年5月,第91—96页。

⑤杨伯达著、松原三郎译《埋もれた中国石仏の研究》,东京:东京美术,1985年,第165页。

窟中层东向面的倚坐佛也是一尊弥勒①。开凿于 5 世纪 70 年代或稍晚一些，且与云冈二期大约同时期开凿的金塔寺西窟，应是受到平城佛教艺术影响的结果。②6 世纪中后期开凿的须弥山北周第 45、46 等窟，仍然在延续着平城、长安等中心地区佛教艺术的模式。因此，笔者认为须弥山石窟第 45 窟西壁南龛的倚坐像为菩萨装的弥勒佛，东壁南龛的倚坐像为佛装的弥勒，第 46 窟西壁南龛的交脚弥勒为菩萨装的弥勒佛，东壁南龛的倚坐像是佛装的弥勒造像。据此推断，两窟东、西壁中龛的立佛应为释迦牟尼（现在佛），北龛内的主尊坐佛为燃灯佛（过去佛）。这种三世佛应是竖三佛的一种，因为有过去佛弥勒，这是"三佛"在须弥山北周石窟中的表现形式。③北壁三龛内的一身立佛和两身坐佛也构成了"三佛"，释迦三尊像表现说法的场面（图 3-38、图 3-89、图 3-90、图 3-91）。

这种三佛的布局，把体现着过去、现在和未来三际时间皆为教化者的佛安排在同一壁面空间，说明佛身可穿越时间隧道，打破时间界限，时空在此完美统一于一体。④

与"三世佛"有关的经典，已有学者做过详尽梳理。⑤而关于禅观与三佛之间的关系我们可以在《坐禅三昧海经》中找到相关描述：

若行者求佛道，入禅先当系心专念十方三世诸佛生身……
佛身如是，有三十二相，八十种好……常念佛身相，如是行者便

①李玉珉《金塔寺石窟考》，载《故宫学术季刊》2004 年第 22 卷第 2 期，第 148 页。
②李玉珉《金塔寺石窟考》，载《故宫学术季刊》2004 年第 22 卷第 2 期，第 149 页。
③魏文斌《麦积山石窟初期洞窟三佛造像考释》，《敦煌学辑刊》2008 年第 3 期，第 133 页。
④陈清香《麦积山 10 号造像碑的图像源流与宗教内涵》，载《麦积山石窟艺术文化论文集——2002 年麦积山石窟艺术与丝绸之路佛教文化国际学术研讨会论文集》（上），兰州：兰州大学出版社，2004 年，第 92 页。
⑤魏文斌《麦积山石窟初期洞窟三佛造像考释》，《敦煌学辑刊》2008 年第 3 期，第 129—130 页。

图 3-88　须弥山石窟
第 45 窟西壁倚坐菩萨装弥勒

图 3-89　须弥山石窟
第 45 窟东壁倚坐佛装弥勒

图 3-90　须弥山石窟第 46 窟
西壁交脚菩萨装弥勒

图 3-91　须弥山石窟第 46 窟
东壁倚坐佛装弥勒

得十方三世诸佛,悉在心目前,一切悉见三昧,若心余处,缘还摄令住念在佛身。是时,便见东方三百千万千万亿种无量诸佛,如是南方、西方、北方、四维上下,随所念方见一切佛……是为菩萨念佛三昧。①

　　弥勒是北周石窟造像的重要题材之一，其形象本身也是"欲生兜率陀天者"虔心"当作是观"的对象。汤用彤论及北朝造像时谈到其功用："其宗旨自在求福田利益：或愿证菩提，希能成佛；或冀生安乐土，崇拜弥陀；或求生兜率，得见慈氏（弥勒）；或于事先预求饶益；或于事后还报前愿；或愿生者富贵；或愿出征平安；或愿病患除灭；以至因'身常瘦弱，夙宵暗暗'，而雕造七佛徒众。或一人发心，独建功德；或多人共同营造，于是题名，有自数人至数十人，乃见三百余人者。"②不管是造观音，还是造佛像，都表达了信徒们对净土信仰的追求，实现"愿生兜率"的祈愿。须弥山石窟北周中心柱窟的弥勒造像在整个石窟中居重要位置。中心柱四面结跏趺坐佛为四方诸佛，而中心柱四面造像与东、西壁的倚坐或交脚弥勒像，可以视为未来星宿劫千佛的代表。三佛信仰代表了三世十方佛的观念，由不同的三世佛组合体现广阔的三世十方空间。弥勒身体本身具有双重次位：作为现在时态的菩萨和未来时态的佛，于是其净土也有两个，兜率天的后院天宫和阎浮提。一般佛装的弥勒表现的是弥勒下生成佛的思想，而菩萨装的弥勒表现的是弥勒上生信仰。因此，第45、46窟东、西壁对称的弥勒表现，正好体现了不同壁面的弥勒上生与下生的继承关系，使得天界与尘世得以连接。

　　总之，这两窟三组不同的三佛组合，表现了营建者对相同造像在空间上的不同布局，同时在弥勒的身份表现上，该窟在主要壁面上的造像组合有着空间与时间上的变化，不同壁面的上生和下生布局，也体现了时间观念上的变化。须弥山石窟第45、46窟都是中心柱窟，具有礼拜和供养的功

---

①[后秦]鸠摩罗什等译《坐禅三昧海经》卷二，见《大正藏》第0614号，第15册，第281页。
②汤用彤《汉魏两晋南北朝佛教史》（下），北京：中华书局，2016年，第367页。

能。此外,这两大石窟中壁面的造像自西壁顺时针绕行,可依次见到兜率天宫菩萨装的弥勒像,已经下生的佛装弥勒倚坐像,这样的布局方式依据与弥勒信仰有关的禅观经典《观弥勒菩萨上生兜率天经》。可见,表达禅观也是须弥山北周石窟的一个很重要的功能。

北朝石窟内七佛形式布局多样,一种是以七佛为主尊的布局,另一种是以弥勒、释迦、释迦多宝二佛并坐及三世佛为主尊,七佛为辅或作为装饰的布局。①须弥山石窟北周第 46 窟的七佛造像布局属于后一类,同样类型的有龙门古阳洞,炳灵寺石窟第 184、126、128 窟,云冈石窟第 5、6 窟等,它们主要出现在部分尖楣圆拱龛上。须弥山石窟第 46 窟中心柱南龛龛楣上方和北壁东、西龛龛楣上方,均雕有七佛。此窟的七佛为施禅定印的坐佛,均出现在佛龛龛楣的上方。而北周第 51 窟中的七佛则是作为主尊布局于窟内,这一内容将在下一节具体说明。

七佛塑在中心塔柱龛内,也与入塔观像有关。七佛造像对应的佛典为《佛说观佛三昧海经·念七佛品》:

佛告阿难,若有众生观想心成,次当复观过去七佛像。……乃至无有一念之间不见佛时。心专精故不离佛日。过去久远有佛世尊名毗婆尸佛。身高显长六十由旬。其佛圆光百二十由旬。……毗婆尸佛偏袒右肩。出金色臂摩行者顶告言。法子。汝行观佛三昧。得念佛心故我来证汝。……尔时毗婆尸佛慰行人已。即时化作大宝莲华如须弥山。佛在华上结跏趺坐为于行者说念佛念法。及说百亿旋陀罗尼。行者见已倍加欢喜敬礼彼佛。彼佛告曰:若有众生闻我名者礼拜我者。除却五百亿劫生死之罪。汝今见我消除诸障。得无量亿旋陀罗尼。于未来世当得作佛。佛告阿难:尔

①魏文斌《七佛、七佛窟与七佛信仰》,《丝绸之路》1997 年第 3 期,第 36 页。

时行者见毗婆尸心欢喜故。我与六佛现其人前。上座毗婆尸。为此法子说念佛三昧。……随从佛后右旋宛转。是时行者见尸弃佛。复更增益无量百千陀罗尼门。复更增广得见百千无数化佛。于未来世过算数劫。于其中间恒得值遇诸佛世尊生菩萨家。说是语时复有无数百千天子。闻是事已见佛色身端严微妙。同时皆发三菩提心。①

云冈石窟第三期小龛的发展,表明北魏晚期迁都以后,佛教在中下层阶层中蔓延起来,在形象上,向符合禅观的方面发展。而在须弥山北周石窟中出现类似的形式组合,也证明了平城模式的扩展影响。

至于南壁的窟门周围造像,第45窟窟门上方三龛内的坐佛也构成了三世佛的组合,三佛信仰也代表了三世十方佛的观念,由不同的三世佛组合体现了广阔的三世十方空间。

龟兹石窟窟门上方的弥勒与中心柱上的坐佛,代表过去和未来佛的组合,须弥山石窟第45、46窟相同位置的造像也可以进行类似的推测。第45窟窟门上方的三身坐佛也构成了三世,第46窟窟门上方三龛内只有中间龛内为佛像,两侧为维摩文殊对坐像,虽然三龛不构成三世佛的组合,但窟门两侧的两尊坐佛与南壁及其他壁面造像共同构成三世十方诸佛,同时与这一窟门上方的释迦、维摩、文殊,共同体现着大乘佛教思想。第45窟窟门两侧的两身坐佛与其他壁面的造像同样构成了三世十方诸佛。

石窟是一个神圣的宗教艺术空间,内部的雕塑、绘画等艺术形式布呈有序,一般来说,具有对称性。须弥山石窟第45、46窟的布局设计具有对称美,东、西两壁的内容、中心柱四面内容完全相同,南、北两壁的内容也完

---

①[东晋]佛陀跋陀罗译《佛说观佛三昧海经》卷一〇,见《大正藏》第0643号,第15册,第693页。

全对称，窟门上方和窟顶的造像也是对称处理。而且两个窟的内容几乎相同，只是由于空间限制，第 46 窟省略了东、西壁面中间龛内的胁侍菩萨，北壁中龛内亦为一立佛。这都是继承印度佛教艺术的对称性来表现宗教崇拜的传统。

二、天宫或仙境

须弥山石窟第 45 窟窟顶四披有浅浮雕供养飞天（羽人）、莲花、博山炉（香炉）、云纹、忍冬、化生、禽鸟等图案；第 46 窟西披残存部分浮雕，有飞天、莲花、云纹等。从这些图像的类型与性质来看，它们构成了窟顶的天宫或仙境，位于"绕塔观像"时的视野中，与佛国的其他内容共存于封闭的空间之内。天宫或仙界在礼拜空间中应为修行的一种果报（图 3-92）。

这一界域中的飞天与中心柱下部的伎乐（第 46 窟），也是禅观的对象，他们是观释迦时的伴随者。①《坐禅三昧海经》卷上云："诸天空中弦歌

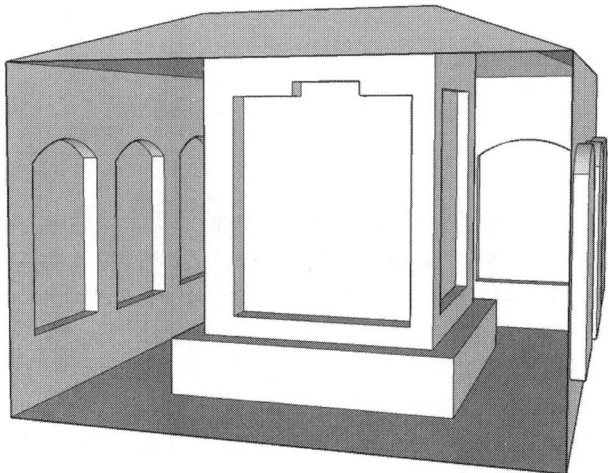

图 3-92　须弥山石窟第 45 窟透视图

①刘慧达《北魏石窟与禅》，《考古学报》1978 年第 3 期，第 342 页。

供养,散花雨香,一切众生,咸敬无量。"①这是飞天伎乐作为供养对象的依据。这里的莲花已经远离其本意而被赋予"天莲花"的内涵,②与莲花化生形象、供养飞天构建了天界人物诞生的一个完整系统。禽鸟也可解读为《莲池大师戒杀放生说》中的"禽鸟助葬",加之香炉③、云纹和忍冬的辅助,天宫的环境氛围更加浓郁, 这与弥勒在成佛之前即居住在兜率天宫的宫殿有很大的关联。除了佛教的内涵,本文认为天界图像系统也有道教的思想内涵。香炉是佛教里的供具,博山炉是道教里的器具,博山炉造型似重叠山峦,因象征传说中的海上仙山——博山而得此名。④二者却具有极大的相似性。巫鸿在《汉代道教美术试探》一文中认为,博山炉表现的海中仙山是当时"方仙道"流行的体现。除了山形香炉的物质性之外,使用时散发的烟雾和在烟雾笼罩中变化的山峰和瑞祥动物,与神山、祥瑞和云气相对应。而窟顶的飞天与中国道教中的"羽人"极为相似,因此,羽人与博山炉的结合构成了"羽人捧炉"的传统图像配置。"禽鸟""云纹"共呈一顶,天界系统完全成立。因此,飞天—羽人,香炉—博山炉,禽鸟—祥瑞等成为有着双重语义的意象,即所谓"两重性图像志",或"图像志两重性"⑤。

佛、道思想杂糅一窟,弥勒信仰的"往生净土"与中国的"升仙思想"紧

---

①[后秦]鸠摩罗什译《坐禅三昧经》卷一,见《大正藏》第0614号,第15册,第276页。

②关于天人经由变化生的诞生过程,吉村怜将其比拟为蝴蝶由"卵→幼虫→蛹→成虫"的蜕变过程。无论是供养天人手中、身边还是斗四莲池中的莲花,都不是普通的植物,而应视为"天莲花",可以比喻为将生出天人(或菩萨)的神圣子宫。天界人物一般经历天莲花、莲花化生(或"变化生")至天人的诞生过程。详见(日)吉村怜著,卞立强译《天人诞生图研究——东亚佛教美术史论文集》,上海:上海古籍出版社,2009年,第124—136页。

③香炉是大乘比丘经常随身携带的"十八物"之一,也是佛桌上必须经常安置的"三供具"(香炉、花瓶、烛台)之一。而它与博山炉相似,在此,其具有双重内涵。

④六朝《咏博山炉》诗曰:"上镂秦王子,驾鹤乘紫烟"。北宋考古学者吕大临《考古图》记载:"香炉像海中博山,下盘贮汤使润气蒸香,以像海之四环"。秦汉时期,成仙风气盛行,人们渴望跨越死亡,永住神仙爱居的乐土。博山炉中香烟缭绕,即联通了天人二界。

⑤转引自贺世哲《敦煌图像研究:十六国北朝卷》,兰州:甘肃教育出版社,2006年,第296页。

密相连,在此也体现了外来佛教的世俗化与中国化。

三、供养人及其他世俗图像的配置

须弥山北周中心柱窟中的世俗图像主要有供养人以及仿帐形龛的造型。这些图像主要分布于四壁下方与中心柱下方。内容分布如下表(表3-5):

表 3-5　须弥山石窟第 45、46 窟供养人图像布局统计表

窟号	位置	内容及现状
45	南壁窟门上方	南壁窟门两侧帐形龛下可见四个长方形浅龛,内各雕一供养人。西龛龛下雕九个长方形浅龛,内各雕一供养人,半跪状。
46		无
45	西壁	西壁三龛下部雕长方形浅龛,内雕供养人,半跪状,持莲。
46		无
45	北壁	北壁三龛估计中龛下部有供养人。
46		无
45	东壁	东壁三龛下部雕长方形浅龛,内雕供养人,做半跪状,手持莲蕾。
46		无
45	中心柱南面	无
46		南面座面雕五个方形浅龛,正中龛内为宝瓶,余四龛从东向西分别为吹箫、吹笙、弹琵琶、击腰鼓伎乐,均做跪状,着圆领窄袖胡服。
45	中心柱西面	无
46		西面座面雕五个方形浅龛,正中龛内雕宝瓶,余四龛雕四身神王像,做半跪状。从南向北分别为火神王、风神王、树神王、山神王。
45	中心柱北面	无
46		北面座面雕五个方形浅龛,正中龛内雕博山炉,余四龛雕四身神王像,做半跪状。从西面向东分别为蛇神王、不明神王、河神王、不明神王。
45	中心柱东面	无
46		东面座面雕五个方形浅龛,正中龛内雕博山炉,两侧各雕一供养比丘,北龛雕二男供养人,南龛雕二女供养人,均身着圆领窄袖胡服。

　　通过梳理可知供养人有以下基本特点：一是衣着为窄袖胡服，二是跪状的姿态。这些特征的存在是有历史必然性的。原州的地理位置特殊，民族成份复杂，有许多从西方留居于此的少数民族，因此这里很容易受到外来文化的浸染。政治中心长安与西北的凉州、龟兹，以及南方地区中心文化等都对其造成了不同程度的影响。①胡服出现在佛教石窟里，是当时当地民族文化的一种影射。虔诚跪拜于四壁最下方的供养人形象，即是佛教世俗化的体现，表现宗教的现世利乐有了依托。同时，佛国空间的神圣性更加得以彰显，供养人的跪姿，居于下部的位置以及与宏大佛像形体的对比，都体现出了一种谦卑与虔诚。

　　至于窟内佛龛的仿帐形制，也是这一时期较为流行的做法，是受到传统木构建筑影响的结果，②在长安及周边地区诸多造像碑上就刻有与此相似的装饰，如夏侯纯陀造像碑③、马众庶造像碑④等，在云冈、龙门以及巩县石窟中也有出现，足见其对须弥山石窟的影响辐射。

　　石窟是一个神圣的礼仪空间，中心柱在石窟中为"沟通天地的世界之轴"，⑤通过修行使得人的灵魂能够到达天宫或仙境。天地如何沟通？取决于观瞻的内容，依赖于绕塔观瞻的佛教礼仪。至此，诸多佛教图像元素被构建在了一个独立封闭的空间内，它们是一种有意义的组合，构成了一个有机联系的统一整体。总之，须弥山北周第45、46窟窟内造像的分布，是

---

①陈悦新《中心文化对须弥山北朝洞窟的影响》，《北京理工大学学报》2005年第1期，第10页。

②关于北周须弥山石窟受到长安文化影响问题，王敏庆在其论文中有较详细的论述。王敏庆《北周长安造像与须弥山石窟》，《西夏研究》2012年第3期，第86—95页。

③北京图书馆金石组编《北京图书馆藏中国历代石刻拓本汇编》（第8册），郑州：中州古籍出版社，1989年，第140—141页。

④陕西省考古研究院、陕西省铜川市药王山管理局编《陕西药王山碑刻艺术总集》（第3卷），上海：上海辞书出版社，2014年，第72页。

⑤转引自（美）巫鸿《黄泉下的美术》，北京：生活·读书·新知三联书店，2016年，第55页。

有意经营的结果,总体表现了三世十方诸佛的大乘思想,而三壁都是三佛的布局,是须弥山北周石窟造像的突出特点。北周时期,共有五任原州刺史①,其中多为少数民族,他们对原州的统治具有重要的作用。因此,窟内窄袖胡服的跪状供养人, 与其他可供观瞻的佛教图像共处一室, 虔诚供养, 作为少数民族统治的北周政权以及经营原州的刺史对佛教的态度便体现在这神圣的空间里。

——————————

①统计显示,北周时期共有五人任原州刺史:窦炽、李穆、蔡佑、宇文胄和达奚震。

第五节　须弥山北周第 51 窟的造像空间组合

　　须弥山石窟第 51 窟位于相国寺中心区东端的小山包上，开凿于北周，因北周武帝建德三年（574 年）推行灭法政策而中止开凿。①洞窟整体气势恢宏，造像精美，代表了须弥山雕刻造像的最高水准，被誉为"须弥之光"（图 3-93）。此窟是中心柱窟，原窟门已崩毁，主室呈平面方形，宽 13.5 米、进深 13.2 米、高 10.6 米，覆斗顶。窟内仿木构结构，顶部有横枋，四披有斜枋。中心柱也是仅有一层的粗壮方柱，四面各开一龛，龛内有造像，洞窟西、南、北三壁保存有七尊石雕大像（图 3-94）。②洞窟内部造像分布如下表（表 3-6）：

---

①韩有成《试论须弥山石窟艺术史上的六个高潮》，《四川文物》2002 年第 5 期，第 74 页。

②宁夏回族自治区文物管理委员会、北京大学考古系编著《须弥山石窟内容总录》，北京：文物出版社，1997 年，第 92—94 页。

表 3-6　须弥山石窟第 51 窟造像内容列表

位置		内容
前室		仅南壁西端开一龛内雕两驱,一力士,一残。东端开两小龛,西侧内雕像一躯,东侧残。
主室	东壁	窟门南北两侧各开一龛,南侧为一佛二菩萨;北侧残仅存主尊的右腿及右手,和其北一立像。
	南壁	门东西两侧及上方各开一龛,东龛为一佛二弟子二菩萨,上方龛似一舒坐式造像,西龛为一佛二菩萨。
	西壁	整壁开一大龛,龛内雕三坐佛。
	北壁	门东侧及上方各开一龛,残。门西侧上下两层各开两个圆拱龛。
中心柱	东向面	残,仅存三个佛座。
	南向面	一佛二菩萨(说法印)
	西向面	一佛二菩萨(说法印)
	北向面	一佛二菩萨(说法印)
南耳室?		门两侧各一力士,门上方雕三叶花冠思惟菩萨,两个各一弟子,龛两侧有浮雕,东侧仅见一思惟菩萨,共八身弟子,西侧部分内容大致相同,漫漶严重。西壁雕一力士,下身残。
北耳室?		门上方龛内为一铺三身,中间为倚坐像,门东侧似力士,西侧仅存像座。东壁转角处龛内为一铺七身像,残存佛、弟子、天王。

图 3-93　须弥山石窟第 51 窟外观图

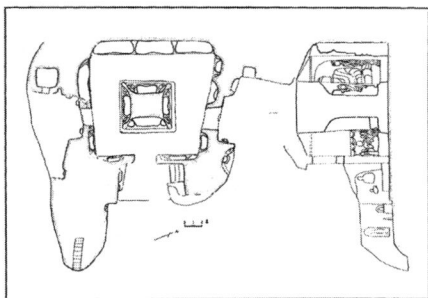

图 3-94　须弥山石窟第 51 窟平、剖面图

　　须弥山北周第 51 窟选址独特,洞窟结构、造像主题和营建理念在须弥山石窟以至全国石窟中极为重要, 堪比南北石窟寺、麦积山石窟第 4 窟、拉梢寺等石窟。本节首先分析须弥山北周第 51 窟的造像内容,然后以洞窟整体造像结构为基础,探究第 51 窟的造像在空间上如何进行组合,进而体现其营建思想。

一、"三门"出现的意义探讨

　　对须弥山北周第 51 窟三个"窟门"的认定,是与洞窟造像组合研究相关的一个重要问题。《须弥山石窟内容总录》指出这一洞窟由前室、主室和南、北耳室构成,笔者通过仔细的考察和研究,认为该洞窟有东、南、北三个窟门,每一个窟门都各带一前室,关于"南、北耳室"之说值得商榷。根据石窟中"七佛与弥勒"的组合布局,可以看出第 51 窟在造窟时将弥勒置于南、北窟门上方,这与洞窟结构的设计和观像的次序相关联,即从正门(东门)进入,右绕中心柱,先观窟内的七佛,然后观南、北窟门,旨在观弥勒上生和下生,并与七佛关联起来,组成了一个完整的禅观序列(这一问题将在下文论述)。这一观像顺序印证了"南、北耳室"门应为南、北窟门,"南、北耳室"应为南、北窟门的前室。再者,从现存遗迹来看,南北窟门外的前室内有力士造像残存,这也符合力士出现于窟门两侧的一般形式。另外,从整个山形走向来看,南、北门以外的山体并不能构成一个封闭的空间而成为耳室,而只作为窟门以外敞开的前室。

　　现在,我们清楚了须弥山北周第 51 窟共有三个窟门,这在中国石窟中是极为罕见的。对于三个窟门的开凿,首先必须要有充分的地理条件,即所开凿洞窟的山体是独立的。莫高窟、麦积山、北石窟寺等集中开凿的石窟,基本上都是很多洞窟开凿在同一个崖面上,再大的洞窟都不可能开三个门。须弥山北周第 51 窟是传统的中心塔柱窟,窟门的开设是因地制宜进行设计的,毕竟此窟规模在同时期鲜见,从石窟艺术的视觉接受角度来看,多开两门可能更便于采光,通风透光性好,要不然没有足够的光线进入,内部高大宏伟的造像只能湮没于黑暗,信徒难以看清其容颜,不利于观像活动的开展。

礼拜空间问题是第 51 窟有三个窟门的另一重要原因。窟厂,即前室。厂,又称露舍,或曰无壁屋,原是中国建筑形式之一。石窟前室的形式可能是来自中国汉代以来的崖墓形式,四川的岩壁崖墓就是这种形式。[①]在印度和中亚以及我国新疆的石窟中都没有出现过,莫高窟现存最早的前室是开凿于西魏的第 285 窟和第 487 窟遗迹。统计显示,须弥山北朝石窟中,第 14、16、18、32、33、36、39、41、51、121 窟都有前室,其中第 14、16、32、33、36、51、121 窟为中心柱窟,前室崖壁有木构建筑遗迹。由于开凿洞窟所在山体空间的局限性,用于礼拜仪式的中心柱窟在无法满足更多信众进行礼拜仪式的时候,前室就会发挥重要的作用,成为礼拜空间的延伸。[②]从须弥山北周第 51 窟这一巨型洞窟的特殊形制来看,开三个窟门,并伴有三个前室,应该也有"延伸礼拜空间"的设计意图。佛教翻山越岭从印度远道而来,佛教石窟在与中国传统建筑的糅合中,又一次实现了自身的嬗变,我们亦可想象当时须弥山佛事活动的盛况。

二、窟门上方"半跏思惟"的身份与信仰

明确窟门上方图像的尊格,是研究须弥山北周第 51 窟洞窟组合时的又一重要议题。第 51 窟南门上方有一尊半跏思惟菩萨(图 3-95),菩萨头戴莲瓣形三珠宝冠,两侧宝缯下垂,颈戴尖桃形项圈,上身袒露,下着裙装,佩戴手镯,披帛从颈部前绕两肘部后翻,衣纹为稀疏的阴刻线。菩萨右腿搭在下垂的左腿之上,右手抚在右脚腕上,左胳膊向上弯曲,左手两指

---

① 马德《敦煌莫高窟史研究》,兰州:甘肃教育出版社,1996 年,第 35 页。

② (韩国)朱秀浣《须弥山石窟的佛教美术交流史的意义》,代学明主编《须弥山石窟研究》,银川:宁夏人民出版社,2016 年,第 108—121 页。

图 3-95　须弥山北周第 51 窟南窟门上方图像

支颐，头微左倾，眼睛微闭做思惟状，搭起的右腿下面露出弧形的裙裾。菩萨两侧各有一站立的胁侍弟子，他们位于有火焰纹装饰的尖拱形龛内，龛东西两侧有浮雕，东侧部分已残，可见一思惟菩萨，共八身弟子，这尊思惟菩萨的坐姿与中间龛内的菩萨坐姿相同；西侧与东侧的内容大致相同，漫漶严重。《总录》认定第 51 窟南门上方龛内的尊像为半跏思惟菩萨，但没有确定其具体的尊格以及与其他图像的组合关系，目前也未见有学者对此做过研究。这一尊像的原型在犍陀罗，自传入中国后至北朝末期一直流行，并代表多种意涵，其中弥勒半跏思惟的尊格是比较常见的，第 51 窟的半跏思惟菩萨就代表了弥勒半跏思惟。

（一）半跏思惟及其犍陀罗传统

半跏思惟菩萨像是北朝佛教美术中较为普遍的一种造像样式，其粉本源于公元 3 世纪的犍陀罗雕刻图像。迄今发现与半跏思惟像有关的图像有四个系列：（1）佛传图中的悉达太子像以及魔王像；（2）大神变图中的菩萨像；（3）佛三尊像中的胁侍菩萨像；（4）单独的菩萨像。[①]其中佛传图中"决意出家""树下观耕"和"婚约"中的半跏思惟像是中国太子思惟像的原型[②]（图 3-96、图 3-97）。太子"树下思惟像"是中国的半跏菩萨像的典型，其源于佛传故事"树下观耕"。《普曜经》卷三"坐树下观犁品"第八云：

---

①（日）宫治昭著，张萍、张清涛译《涅槃和弥勒的图像学——从印度到中亚》，北京：文物出版社，2009 年，第 270 页。

②（日）宫治昭著，李萍、张清涛译《涅槃和弥勒的图像学——从印度到中亚》，北京：文物出版社，2009 年，第 290 页。

图3-96　树下观耕的悉达太子

图3-97　太子决意出家

　　尔时太子年遂长大,启其父王,与群臣俱行至村落,观耕犁者。见地新墒虫随土出,乌鸟寻啄。菩萨知之故复发问:问其犁曰:"此何所设?"答曰:"种谷用税国王。"菩萨叹嗟,乃以一夫令民忧扰。畏官鞭杖加罚之厄,心怀恐惧匆匆不安。人命甚短忧长无量,日月流迈,出息不报就于后世,天人终始。三恶苦患不可称载,五趣生死轮转无际,沈没不觉毒痛难喻。入山成道,乃度十方三界起灭危厄之患,观犁者已更入游观。时菩萨游独行无侣,经行其地,见阎浮树荫好茂盛,则在彼树荫凉下坐,一心禅思三昧正定,以为第一……今坐树下,心如虚空将是定坐,为何吉祥?傥令我等失神足乎,察见愍哀甚大光耀,明显灼灼,心自念言:为是神祇毗沙门天大财富者。若是天子上天帝释,日月之明转轮圣王也。①

　　犍陀罗"树下观耕"太子像是对现世满怀忧虑的思惟形象,一般表现为禅定、冥想的姿态,是中国思惟像的来源。②而说法图和兜率天宫中也有

----

①[西晋]竺法护译《普曜经》卷三,见《大正藏》第0186号,第3册,第499页。

②(日)宫治昭著,李萍、张清涛译《涅槃和弥勒的图像学——从印度到中亚》,北京:文物出版社,1992年,第271页。

半跏思惟菩萨的表现,这也是中国半跏思惟图像及其组合的重要来源。

　　藏于巴基斯坦拉合尔博物馆的佛说法图雕刻(图3-98),画面分上中下三层,中层雕刻一施转法轮印的释迦,结跏趺坐于莲花座上,周围簇拥着听法赞叹的天人,半圆形的上方区域是交脚弥勒菩萨,左右两侧最边缘各有一半跏思惟像,表现的是"兜率天上的弥勒菩萨"。另外一件藏于加尔各答的说法图(图3-99),下层梯形搏风龛是楼阁宫殿,龛内有施转法轮印的释迦,两侧柱子外是思惟像,龛左右上方栏中也有四位赞叹的供养者。犍陀罗和中亚等地的佛教美术中,类似于这种类型的雕刻不胜枚举,其中以不同的方式布局有半跏思惟像,说明在公元2、3世纪以后,半跏思惟形象已经基本定型,而且在一些组合中,其作为胁侍的身份也基本形成。

　　阿富汗迦毕试地区的绍托拉克、派特瓦、哈姆扎尕尔等遗址中出土了不少弥勒菩萨图像,尤其是交脚倚坐在象征宫殿的龛内施转法轮印的弥勒菩萨像,在样式方面受犍陀罗雕刻的影响,与其有着密切的关系。绍托拉克出土了现藏于吉美美术馆的"兜率天上的弥勒菩萨"(图3-100)。交

图3-98　犍陀罗佛说法图

图3-99　犍陀罗佛说法图

脚倚坐弥勒菩萨坐于画面中
间象征着楼阁宫殿的梯形搏
风龛内,施转法轮印,化生天
人手持拂尘、团扇于佛龛两
侧,仅露出上半身,龛的左右
上方栏中有四位赞叹的供养
者,画面的两端是手持枪刀的
武士。交脚弥勒的左右胁侍菩
萨姿态不同,左胁侍菩萨双手
抱膝盖,面向主尊;右胁侍菩
萨为交脚,右手持水瓶,左手
支下颚,做思惟状。云冈北魏
洞窟中经常出现交脚弥勒和
二半跏思惟胁侍的组合,虽然
这件造像上似乎只有一个思
惟菩萨,但它的构图形式即三

图3-100　迦毕试兜率天上弥勒菩萨

图3-101　云冈石窟26窟西壁上层

间的形式确实可能影响到了云冈石窟,而云冈石窟的原型就在迦毕试
的佛教雕刻中(图3-101)。[1]

(二)第51窟半跏思惟菩萨弥勒身份的认定

犍陀罗艺术中的半跏思惟菩萨像从公元3世纪一直延续到4、5世
纪,其所表现的对象不固定,既有悉达多太子,也有弥勒菩萨以及其他菩
萨[2],贺世哲将中国十六国南北朝时期的半跏思惟菩萨像分为四类:(1)只

---

①(日)宫治昭著,李萍、张清涛译《涅槃和弥勒的图像学》,北京:文物出版社,2009年,第
261页。

②参见李玉珉《"半跏思惟像"再探》,《故宫学术季刊》1986年第3卷第3期,第41—56页。
张总《北朝半跏思惟的形式及题材演变》,《美术史论》1995年第2期,第40—52页。

写"思惟像"或"玉像",不写具体名号;(2)观音思惟像;(3)悉达多太子思惟像;(4)弥勒思惟像。[1]中国北朝石窟中的半跏思惟像主要出现在云冈石窟、敦煌莫高窟和麦积山石窟,须弥山的半跏思惟像与它们既有联系又有区别(表3-7)。因此,面对如此多内涵以及不同地域的造像形式,若要对同样造型的半跏思惟身份进行界定,还需要在具体的语境中做不同内涵的分析。

表 3-7　莫高窟、云冈石窟、麦积山石窟中的主要半跏思惟像

石窟	图像	位置	尊格	图片来源
莫高窟		北凉第 275 窟北壁上层	弥勒	《中国石窟·敦煌莫高窟》(一)图 19、图 20
		北魏第 259 窟北壁上层	弥勒	《中国石窟·敦煌莫高窟》(一)图 23
云冈石窟		第 5 窟南壁下层西侧	弥勒	《中国石窟·云冈石窟》(一)图 43

①贺世哲《敦煌图像研究·十六国北朝卷》,兰州:甘肃教育出版社,2006 年,第 22—23 页。

续表

石窟	图像	位置	尊格	图片来源
云冈石窟		第6窟南壁东侧	太子	金申《谈半跏思惟菩萨像》第79页图2
		第10窟前室	弥勒	《中国石窟·云冈石窟》(二)图54
		第26窟西壁上层	弥勒	《中国石窟·云冈石窟》(二)图193
麦积山石窟	 	第78龛右侧、左侧上部龛	弥勒	《中国石窟·天水麦积山》图7、图8
		第128窟正壁左侧上部	弥勒	《中国石窟·天水麦积山》图28
		第148窟正壁左侧山部	弥勒	《中国石窟·天水麦积山》图35

　　莫高窟的半跏思惟像主要出现在北凉第 275 窟和北魏第 259、257、260 等窟内，第 275、259 窟的半跏思惟像分布于窟内南北两壁上部的阙形或树形龛内，呈南北对称分布。第 257、260 窟的半跏思惟像则位于中心柱南北向面上部的阙形龛内，也呈南北对称分布。东山健吾[①]、李玉珉[②]、刘永增[③]、贺世哲[④]等学者认为莫高窟的半跏思惟菩萨是弥勒，其冥想的姿态表示在兜率天宫说法或正在"修无常想"。

　　云冈石窟中的半跏思惟像或出现在佛传故事中，或是作为交脚菩萨两侧的胁侍，而且三期洞窟中都有这样的组合，大部分都与二佛并坐龛相组合。日本学者内藤藤一郎指出云冈半跏思惟菩萨与交脚菩萨组合中的交脚菩萨为弥勒，两侧的胁侍半跏思惟菩萨不是弥勒，但不能够认定其具体的尊格。[⑤]而塚本善隆则认为胁侍的半跏思惟菩萨也是弥勒。田村圆澄却提出了另外一种见解，即中间的主尊为现在佛，左右的半跏思惟菩萨一代表过去佛释迦太子，一代表未来佛弥勒，即是三世佛的形式。[⑥]台湾学者李玉珉援引大量资料认为她们都是弥勒菩萨，其中半跏思惟菩萨为弥勒菩萨的化现。[⑦]

---

①（日）东山健吾《敦煌莫高窟北朝期尊像图像的考察》，《东洋学术研究》第 24 号，附表一《关于敦煌莫高窟北朝期洞窟本尊和其它的造像形式》，1985 年，第 76—100 页。

②李玉珉《半跏思惟像再探》，《故宫学术季刊》1986 年第 3 卷第 3 期，第 41—56 页。

③刘永增《莫高窟北朝期的石窟造像与外来影响（上）——以第 275 窟为中心》，《敦煌研究》2004 年第 3 期，第 90—91 页。

④贺世哲《敦煌图像研究·十六国北朝卷》，兰州：甘肃教育出版社，2006 年，第 24 页。

⑤（日）内藤藤一郎《萝殿秘仏と中宫寺本尊》，《东洋美术》四、五、六、八号，1930 年、1931 年。

⑥（日）田村圆澄《半跏思惟像の诸问题》，田村圆澄、黄寿永编著《半跏思惟像の诸问题》，吉川弘文馆，昭和六十年，第 25 页。

⑦李玉珉《半跏思惟像再探》，《故宫学术季刊》1986 年，第 3 卷第 3 期；《金塔寺石窟考》，《故宫学术季刊》2004 年第 22 卷第 2 期，第 45—57 页。

　　麦积山早期石窟也出现了很多交脚、半跏思惟菩萨以及交脚、半跏思惟与释迦、二佛并坐以及千佛的组合形式,这种组合中的半跏思惟像都是弥勒,是弥勒菩萨的不同表现形式。[1]

　　克孜尔石窟第 38 窟主室前壁门上方绘有一幅弥勒兜率天宫菩萨说法图(图 3-102a、b、c),正中是交脚菩萨,在其下部,门上方两侧左右各残存一身半跏思惟菩萨像。[2]李崇峰在《龟兹与犍陀罗的造像组合、题材及布局》中认为第 38 窟中心柱的造像组合与题材布局有着统一的圣像设计,中心柱正面的"帝释窟"与后甬道或后室侧壁"佛涅槃"画面搭配,"佛涅槃"与门道上方"弥勒示现"场景对应。[3]而半跏思惟菩萨像就是"弥勒示现"的组成部分。

图 3-102a、b、c　克孜尔石窟第 38 窟窟门上方半跏思惟像

　　莫高窟、云冈石窟、麦积山石窟、克孜尔石窟等石窟出现的半跏思惟像多为弥勒,此外还有一些造像题记说明半跏思惟菩萨是弥勒的例证,如

①魏文斌《麦积山石窟初期洞窟调查与研究》,兰州:甘肃教育出版社,2017 年,第 427 页。

②新疆维吾尔自治区文物管理委员会、拜城县克孜尔千佛洞文物保管所、北京大学考古系编《中国石窟·克孜尔石窟》(一),北京:文物出版社,1989 年,第 242 页。

③李崇峰《龟兹与犍陀罗的造像组合、题材及布局》,载李崇峰《佛教考古:从印度到中国》,上海:上海古籍出版社,2015 年,第 250 页。

河北沧州博物馆藏有一件北齐天保八年(557年)的半跏思惟菩萨像[①]、清河元年(562年)比丘尼员度等造像碑[②]、天保三年(552年)赵氏造像碑[③]等。

对解决须弥山石窟半跏思惟的尊格,北凉石塔武威塔的图像组合也是一个很重要的例证。此塔最上层为八身坐佛,中间层为七身坐佛和一身交脚菩萨,下层为七身坐佛和一身半跏思惟菩萨(图3-103)。每一层造像为源于犍陀罗的七佛与一弥勒的组合,最下层的半跏思惟菩萨像也是弥勒。[④]而且每层弥勒的表现是不一样的。须弥山石窟第51窟窟内七佛分别与南北门上的弥勒构成了组合,因此,这一组合形式可与武威塔相联系,也可证明这里的思惟菩萨为弥勒菩萨。

由此,可以判断须弥山石窟第51窟的半跏思惟菩萨也可以被认定为弥勒菩萨,其原型可追溯到犍陀罗图像,尤其是上述吉美博物馆和拉合尔博物馆所藏作品,更能够看到须弥山石窟居于天宫的半跏思惟弥勒菩萨以及她与倚坐弥勒组合的来源。

---

①此造像碑台座有铭文:"大齐天保八年岁次丁亥/五月己丑朔十五日比丘/僧庆敬造弥勒一区为/皇帝陛下太皇太后/州郡令长师僧父母……",题记显示半跏思惟菩萨就是弥勒身份。

②此造像碑两面透雕,正面中央为桃形背光,背光上有两个思惟菩萨。碑座右侧发愿文云:"河清元年八月廿日建忠寺比丘尼员度门徒等,上为国主檀越,边方一切七世西忘(亡)师僧父母,过去见在缘际道俗有形之背(辈),敬造白玉弥勒砍(龛)坐像一躯,通光夫(跌)三尺七寸,愿使有缘之徒,生生世世值佛闻法,当住快乐。施地造建忠寺主贾乾德。"碑阴中间桃形背光上亦造双思惟菩萨,他们也应该是弥勒菩萨。程纪中《河北藁城县发现一批北齐石造像》,《考古》1980年第3期。

③此造像碑材质为大理石,高0.709米,日本仓敷市大原美术馆藏。碑阳造一倚坐佛、二弟子二菩萨。桃形背光上造飞天、宝塔。碑座刻男女供养人,并有题名。碑阴圆拱形龛内造一思惟菩萨。发愿文云:"大齐天保三年七月十五日,像主赵口(元)口(宗)赵兰兴、赵业兴造弥勒像一区,普为一切有形口同福"。金申《中国历代纪年佛像图典》,北京:文物出版社,1994年,图190。

④魏文斌《关于十六国北朝七佛造像诸问题》,载郑炳林、魏文斌主编《天水麦积山石窟研究文集》(上),兰州:甘肃文化出版社,2008年,第718—722页。原载于《北朝研究》1993年第4期。

图 3-103　武威北凉石塔展开图

此外,第 51 窟的半跏思惟菩萨,右脚置于左膝,为"吉祥之半跏"[①],这种坐姿是单尊半跏思惟像从犍陀罗到中国以至朝鲜半岛及日本最常见的一种坐姿,表达尊像正处于"思考""熟虑"状态。而降魔坐姿则较为少见。犍陀罗的半跏思惟造像一般是左腿下垂,右腿搭在左腿上,左手抚在右腿腕上,右肘支在右腿上,右手上举,一指支颐,头略斜,做思惟状。须弥山石窟第 51 窟的半跏思惟像,腿部动作与犍陀罗的半跏思惟像一样,但手部动作则正好相反,其他北朝时期造像中也经常见到这种相反的半跏思惟姿态,反映出佛教东传过程中的变化。

---

①丁福保《佛学大辞典》云:"一足加于一膝,谓之半跏趺坐。半跏坐亦有吉祥、降魔之二种:以右之单足加于左之膝上,为吉祥之半跏;以左之单足加于右之膝上,为降魔之半跏。全跏坐为如来坐,半跏坐为菩萨坐,禅苑之半跏,降魔之方也。"《释氏要览》曰:"念诵经云,全跏趺是如来坐,半跏趺是菩萨坐"。丁福保《佛学大辞典》(中),北京:中国书店,2011 年,第 902 页。

三、窟内整体图像布局及其义理

第 51 窟是须弥山北朝石窟中规模最大的洞窟,也是全国范围内同时期开凿的规模极为宏大、造像甚为精美的洞窟。窟内造像构成了什么样的组合,基于什么仪轨,功德主出于何种意愿？ 这些问题都是探讨石窟艺术过程中的一些重要指涉。

(一)七佛

李裕群[①]、李玉珉[②]、韩有成[③]等学者认为第 51 窟三壁七佛,后壁开一大龛,三佛并坐,虽然没有完工,但从该窟遗迹分析,当初开窟计划应在南、北两壁各开两个大龛,内雕一佛二菩萨,三壁尊像应为七佛。笔者赞同以上学者的观点,七佛是须弥山北周洞窟中的主要题材之一, 在北周第46 窟龛楣上方也有七佛造像,只是布局形式与此不同。

七佛信仰源于印度,各类阿含经中已有七佛相关内容,我国东晋僧伽提婆《增壹阿含经》(东晋)、佛陀耶舍与竺佛念共译《长阿含经》等阿含经汉译本中都有详细记述七佛的品序[④]。七佛造像久远,公元前 3 世纪始建于阿育王时期的山奇大塔雕刻中就有带空座的并列的七棵菩提树或者七个佛塔表示过去七佛, 公元 2、3 世纪的犍陀罗雕刻中也出现了完整的七佛与弥勒菩萨图像组合(图 3–104),此浮雕有七身佛陀像与一身弥勒菩萨像并列,菩萨都是束发型或肉髻状,左手持水瓶,右手施无畏印或掌心向内印,无疑是表现过去七佛和弥勒菩萨。[⑤]而束发(包括肉髻状的髻)、持

---

①李裕群《北朝晚期石窟寺研究》,北京:文物出版社,2003 年,第 95 页。

②李玉珉《中国佛教美术史》,东京:东大图书股份有限公司,2002 年,第 102 页。

③韩有成《宁夏须弥山北周洞窟建筑及造像探析》,《文物春秋》2006 年第 5 期,第 25 页。

④张宝玺编著《甘肃佛教石刻造像》,兰州:甘肃人民美术出版社,2001 年,第 8 页。

⑤(日)宫治昭著,李萍、张清涛译《涅槃和弥勒的图像学》,北京:文物出版社,2009 年,第 208—209 页。

水瓶类型的弥勒菩萨图像被认为是源自梵天（婆罗贺摩）的图像，是宇宙的根本原理"梵"的神格化和人格化的形象。[1]现藏拉合尔博物馆出土于巴基斯坦穆罕默德·那利地区的浮雕板上"舍卫城现大神变"构图的下部，刻有七佛和弥勒造像，与上述浮雕板构图相同。这两件浮雕板上的七佛与弥勒的构图形式直接影响了我国十六国北朝佛教造像或绘画中七佛与弥勒的布局形式，从北凉至北魏，以至西魏北周时期，仍在继续。

图3-104　3世纪过去七佛与弥勒菩萨石浮雕[2]

北凉石塔上的图像组合，是我国早期比较典型的七佛与弥勒的组合形式，北朝继承并发展了北凉石塔的这种组合形式。甘肃庆阳北石窟寺和泾川南石窟寺分别开创于北魏永平二年（509年）和永平三年（510年），同为泾州刺史奚康生主持创建[3]。北石窟寺第165窟正壁雕三立佛，左右壁

①A.Foucher, op.cit., Tome Ⅱ, pp.210-236；A.C.Soper, *Literary Evidence for Early Buddhist Art in China*, Ascona, 1959, pp.216-217；J.M.Rosendield, op.cit., pp.231-233.

②晁华山《佛陀之光——印度与中亚佛教胜迹》，北京：文物出版社，2001年，第143页。

③甘肃北石窟寺文物保护研究所编著《庆阳北石窟寺内容总录》（上），北京：文物出版社，2013年，第300页。

各雕二立佛,前壁雕二弥勒菩萨,是完整意义上的七佛加弥勒菩萨造像组合[①](图 3-105)。南石窟寺第 1 窟有七尊立佛,分立于北、东、西三面沿窟壁高 0.9 米的石坛基座上,正壁(北壁)有通高 6 米的三身立佛,东、西壁各雕二身亦为 6 米的立佛,南壁窟门两侧雕二交脚弥勒菩萨[②](图 3-106)。这两座巨型七佛窟将七佛作为主尊,弥勒置于窟门两侧次要位置,也缩小了比例。云冈、龙门等石窟的七佛龛内将弥勒作为主尊,而七佛只作为弥勒的附属形式,突出了弥勒造像。麦积山石窟西魏第 127 窟前壁上部绘有七佛,七佛平行排列,结跏趺坐,左右有二胁侍菩萨或者弟子、比丘。北周时期,宇文广的属吏秦州大都督李允信在麦积山为亡父营造的第 4 窟七佛龛[③]与武山水帘洞千佛洞一样,只有七佛,弥勒造像被取消。须弥山石窟第 51 窟的内部造像也以七佛为主,与泾川南石窟寺第 1 窟、庆阳北石窟寺第 165 窟的布局相似,弥勒则位于南北窟门上方,也是典型的大型七佛窟。此外,须弥山石窟西魏第 32 窟的七层中心塔柱上的造像,也是属于不同表现形式的七佛题材。

经历了漫长的历史演变,北凉到北魏、东魏、西魏时期七佛与弥勒造像组合布局形式多样,而且在南、北石窟寺出现了大型的七佛窟;到了北周时期,仍有麦积山石窟第 4 窟和须弥山石窟第 51 窟那样的辉煌巨制,七佛造像在甘肃宁夏这些地区达到了一个高潮。这些石窟寺中七佛与弥勒的组合形式都反映了七佛信仰与弥勒信仰同时并存的情况,这两种信仰相互之间有继承关系,而内容不同的两种信仰,并不能被割裂开来,并

---

① 张宝玺《北石窟寺七佛龛之考释》,载甘肃北石窟寺文物保护研究所编著《庆阳北石窟寺内容总录》(上),北京:文物出版社,2013 年,第 42 页。

② 甘肃北石窟寺文物保护研究所编著《庆阳北石窟寺内容总录》(上),北京:文物出版社,2013 年,第 301—302 页。

③ 张铭认为七佛龛内的七佛为坐佛。张铭《麦积山石窟第 4 窟研究》,2017 年兰州大学博士学位论文,第 67 页。

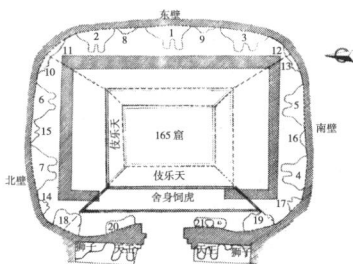

图 3-105　北石窟寺第 165 窟平面图

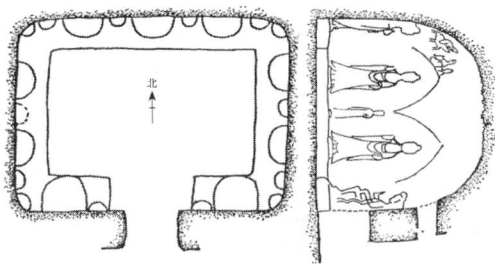

图 3-106　南石窟寺第 1 窟平、剖面图

不是"三世佛"或"竖三世佛"。①

　　各个时期不同地域七佛造像布局形式的不同，表现了其信仰内容的改变，从南、北石窟寺北魏七佛——须弥山北周七佛——天水麦积山、水帘洞北周七佛，七佛与弥勒的组合关系在不断变化，体现了同一造像题材在相同地域纵的时代变化以及同一造像题材在同一时代不同地域横的地域性变化与差异。那么须弥山石窟第 51 窟七佛与弥勒的布局形式的特殊性何在？七佛题材在须弥山石窟第 46 窟的北壁龛楣和中心柱南向面龛楣上方已有出现，但这些被作为龛楣上的装饰安排在次要的位置，而第 51 窟中的七佛一跃成为石窟的主尊，与南、北石窟寺中七佛窟的布局一致，即正壁（西壁）有三尊，左壁（南壁）和右壁（北壁）各两尊，不同之处在于，第 51 窟的七佛取坐姿而非立姿，就与七佛相组合的弥勒而言，并非位于窟门两侧，而是位于南、北窟门上方。如果说南、北石窟寺窟门两侧的两身弥勒造像，可能是为了左右对称的需要，而须弥山石窟第 51 窟的弥勒更突出了上生与下生的结合，正如北凉武威塔下层与中层的弥勒组合一样。从弥勒的规模来看，第 51 窟的弥勒虽然没有南、北石窟寺窟门两侧的弥勒造像宏大，但是被移至南、北窟门上方的位置，与窟门内两侧相比，窟门

---

　　①魏文斌《关于十六国北朝七佛造像诸问题》，郑炳林，魏文斌主编《天水麦积山石窟研究文集》（上），兰州：甘肃文化出版社，2008 年，第 729 页。

上方的位置显得更为重要,信众进行观像进入窟门之前,弥勒的形象就已经映入其视域,进入了观者的内心,在此,无疑凸显了弥勒信仰。

张宝玺在《北石窟寺七佛窟之考释》中对北石窟寺第 165 窟七佛的次第关系进行了认定,正壁居中为现在贤劫释迦牟尼佛,其右侧为过去庄严劫(正壁北侧一尊和北壁二尊),左侧为现在贤劫的过去三佛(正壁南侧一尊和南壁二尊),前壁为将于未来世成佛的弥勒菩萨。[①]参照张先生的研究,推断须弥山石窟第 51 窟的七佛次第与北石窟寺第 165 窟相同,即正壁(西壁)居中为现在贤劫释迦牟尼佛,释迦牟尼佛右侧为过去庄严劫(正壁南侧一尊和南壁二尊),左侧为现在贤劫的过去三佛(正壁北侧一尊和北壁二尊)。

(二)从弥勒上生到弥勒下生

须弥山石窟第 51 窟的半跏思惟像脱离了佛传故事中太子思惟像的图像叙事,成为被单独崇拜的造像而被雕凿于窟门上方。半跏思惟菩萨代表的是即将成佛的转型状态,反映出这一时期原州所流行的经由菩萨道成佛的思想。从一个窟门到另一个窟门的空间转换,包含着时间的流变,弥勒半跏思惟也经历了从兜率天说法到阎浮提成佛,从弥勒上生到弥勒下生的变化,他们是连接俗世与圣境的图像,这一现象也是大乘佛教思想统摄下对图像意义的重新释读与表现。在整窟的设计中,反映出七佛信仰与弥勒信仰的相互交融。

对同一佛教题材内容的表现,各地石窟中的方式会有所不同,反映出佛教造像的多样化特点。云冈石窟的半跏思惟像要么是太子,要么作为交脚菩萨的胁侍菩萨而出现,其地位要低于作为主尊的交脚菩萨。莫高窟、麦积山石窟的半跏思惟像并非作为主尊的胁侍,而是作为主要造像的补

---

① 甘肃北石窟寺文物保护研究所编著《庆阳北石窟寺内容总录》(上),北京:文物出版社,2013 年,第 44 页。

充,对称出现,平行分布。须弥山石窟第51窟的半跏思惟菩萨与云冈石窟交脚弥勒菩萨两侧的胁侍思惟菩萨有着不同的身份,以主尊的形式出现,而且她的两侧至少还有一身(或者左右各一身)半跏思惟像和听法的弟子。半跏思惟像所处的位置与克孜尔石窟第38窟窟门上方的"弥勒示现"较为接近,她以弥勒半跏思惟的身份在兜率天宫说法。"兜率天的弥勒说法像的左右有思惟造像的时候,有可能是天众在兜率天听法"①,第51窟南门上方中间佛龛两侧有浮雕,东侧可见一思惟菩萨及八身弟子,西侧内容可能与此相同,应为听法天众,半跏思惟菩萨及其两侧的半跏思惟菩萨和弟子,是表现兜率天弥勒说法的场景。

河南小南海石窟中窟也刻有《弥勒上生经变》,是由一位结跏趺坐弥勒菩萨和七位听法菩萨组成的简略说法图,榜题"弥勒为天众说法时"。东窟有现存最早的弥勒上生、下生经变,由三组画面组成,一为交脚坐弥勒菩萨、五位听法菩萨,是为上生内容;一为倚坐佛给一人说法;另一画面是一人为另一人剃度。东窟的组合与须弥山石窟第51窟南、北窟门上方的组合很接近(图3-107)。北朝的造像碑上也有类似的半跏思惟像与倚坐像的组合,上海博物馆藏北周千佛造像碑的组合也与此类似(图3-108),碑阴主尊为交脚菩萨,碑右侧主尊为半跏思惟菩萨,碑左侧主尊为倚坐菩萨,碑阳主尊为结跏趺坐佛。四面造像的组合关系可能反映了释迦和弥勒信仰。北周毛明胜造像碑(图3-109),碑阳龛内为一佛二弟子,主尊结跏趺坐于束腰须弥座上,碑阴龛内是一倚坐弥勒菩萨和二胁侍菩萨,碑左侧龛内雕一半跏思惟菩萨,碑右侧龛内为一结跏趺坐佛。造像主毛明胜着女装,反映出北朝时期妇女的自主地位。②这两个造像碑上的弥勒信仰主要

①(日)东山健吾《敦煌莫高窟北朝期尊像图像的考察》,《东洋学术研究》第24号,附表一《关于敦煌莫高窟北朝期洞窟本尊和其它的造像形式》,1985年。

②陕西省考古研究院、陕西省铜川市药王山管理局编,张燕编著《陕西药王山碑刻艺术总集(第三卷)·北周造像碑》,上海:上海辞书出版社,2013年,第98—99页。

图 3-107 须弥山石窟第 51 窟北门倚坐像

图 3-108 上博藏北周千佛造像碑

图 3-109 毛明胜造像碑展开图

通过半跏思惟菩萨与倚坐菩萨来表现,与须弥山石窟第 51 窟"半跏思惟 +
倚坐"的组合形式是一致的,都反映出云冈石窟交脚与半跏思惟图像组合
影响深远,延续至北朝后期的造像中。

弥勒经典一般分为弥勒上生和下生经典两大类:弥勒上生经典是描述
弥勒上生兜率天为一生补处菩萨,在兜率天宫内院为大众说法的经典,主要

有《佛说观弥勒菩萨上生兜率天经》。弥勒下生经典是讲弥勒未来下生人间，出生于翅头摩城的婆罗门家，将于龙华树下成佛，并三次宣说佛法义理，与会大众皆得阿罗汉果的经典，主要有《佛说弥勒来时经》《佛说弥勒下生经》《佛说弥勒下生成佛经》等。凡造像中所见菩萨装弥勒与上生信仰关系密切，佛装的弥勒都表现的是下生信仰，说明弥勒菩萨在兜率天宫做补处菩萨后，适时下生阎浮提世间成佛。须弥山石窟第 51 窟南门上方的半跏思惟菩萨及其组合表现的是弥勒上生，《佛说观弥勒菩萨上生兜率天经》云：

> 尔时会中有一菩萨名曰弥勒，闻佛所说，应时即得百万亿陀罗尼门，即从座起整衣服，叉手合掌住立佛前。……佛告优波离："谛听谛听善思念之。如来应正遍知，今于此众说弥勒菩萨摩诃萨阿耨多罗三藐三菩提记。此人从今十二年后命终，必得往生兜率陀天上。尔时兜率陀天上，有五百万亿天子……天子皆修甚深檀波罗蜜，为供养一生补处菩萨故。……如是天宫有百亿万无量宝色……诸女亦同宝色。尔时十方无量诸天命终，皆愿往生兜率天宫。①

第 51 窟北门上方的一铺三身像的主尊为倚坐像，坐于帐形龛内，南北门上方的两尊造像，相互映照，有如一对"镜像"。北朝倚坐像一般也是弥勒，从其残存的装扮来看，不应为菩萨装，应为佛装，这种佛装的弥勒表示的是已经下生成佛的弥勒。《佛说弥勒大乘佛经》云：

> 弥勒菩萨见此宝台须臾无常，知有为法皆悉磨灭，修无常想，赞过去佛清凉甘露无常之偈："诸行无常，是生灭法，生灭灭

---

① [南朝宋]沮渠京声译《佛说观弥勒菩萨上生兜率天经》卷一，见《大正藏》第 0452 号，第 14 册，第 418 页。

已,寂灭为乐。"说此偈已,出家学道,坐于金刚庄严道场,龙花菩提树下,枝如宝龙,吐百宝华……花叶作七宝色,色色异果,适众生意,天上人间为无有比。树高五十由旬,枝叶四布放大光明。尔时弥勒与八万四千婆罗门俱诣道场,弥勒即自剃发出家学道,早起出家,即于是日初夜降四种魔,成阿耨多罗三藐三菩提。①

须弥山石窟第 51 窟南门上方中间龛内的半跏思惟像,其尊格代表了未来佛弥勒,半跏思惟弥勒及其两侧的半跏思惟菩萨、弟子等,暗示着弥勒菩萨于兜率天说法的场景,表现了弥勒上生信仰。与其相对应,北门上方龛内倚坐像亦为弥勒,其佛装的造型更多地交代了他下生于阎浮提成佛的尊格。因此,这两个窟门上方的造像共同构成了弥勒上生与弥勒下生信仰,正如北凉武威石塔中每一层不同的弥勒表现一样,由下层半跏思惟菩萨形象变为中层的交脚菩萨形象,最后变为上层的佛形象,不同的弥勒变化形式,也反映了弥勒由上生补处菩萨变为下生的弥勒佛②。不同的空间形态,暗合着流动的时间形状,与第 45、46 窟内西、东壁的菩萨装弥勒和佛装弥勒有着类似的设计。这正是须弥山石窟第 51 窟作为大型七佛窟,窟内弥勒布局不同于其他洞窟的特殊性所在,而且把弥勒置于一个较高的位置。

总之,由以上对造像的释读和分析,我们可以看出七佛和弥勒思想是须弥山北周第 51 窟的重要营建思想,它统摄全窟的开凿,在思想信仰方面反映出七佛信仰与弥勒信仰的相互交融。

(三)图像组合的现世意义

北朝时期,我国北方佛法注重观像、礼拜和供养等禅修活动,七佛也是禅观、礼拜的重要对象,其对应的佛典为《佛说观佛三昧海经·念七佛品》:

---

① [后秦]鸠摩罗什译《佛说弥勒大成佛经》卷一,见《大正藏》第 0456 号,第 14 册,第 430 页。
② 魏文斌《麦积山石窟初期洞窟调查与研究》,兰州:甘肃教育出版社,2017 年,第 428 页。

佛告阿难:"若有众生观像心成,次当复观过去七佛像,观七佛者当勤精进,昼夜六时勤行六法,端坐正受当乐少语。除读诵经广演法教,终不宣说无义之语,常念诸佛心心相续,乃至无有一念之间不见佛时,心专精故不离佛日。"①

《法华经安乐行义》中也讲道,只要读诵《法华经》,专修"法华三昧",就可"眼根清净得见释迦,及见七佛,复见十方三世诸佛"。②观想、礼拜七佛可带给人们种种好处,如"除却五百亿劫生死之罪。汝今见我,消除诸障,得无量亿旋陀罗尼,于未来世,当得作佛"③,"是时行者,见尸弃佛,复更增益,无量百千陀罗尼门,复更增广,得见百千无数化佛,于未来世过算数劫,于其中间,恒得值遇诸佛世尊,生菩萨家"④,"迦叶世尊,放大光明住其人前,佛长十六丈,身紫色金色相好具足。见此佛者,得寂灭光,无言相三昧,于未来世,恒住大空三昧海中"⑤,礼拜七佛不仅能宣法说教,还能消除众生的生死病痛,亦可通过禅观而往生兜率天。

古正美研究了弥勒信仰与以佛教意识形态治国之间的关系,3世纪左右,无著在辅助后贵霜王迦腻色迦王发展佛教以治国时,奠立了弥勒信仰。⑥自此之后,弥勒信仰便成为帝王发展犍陀罗模式或治理国家的重要

---

① [东晋]佛陀跋陀罗译《佛说观佛三昧海经》卷一〇,见《大正藏》第 0643 号,第 15 册,第 693 页。

② [南朝陈]慧思述《法华经安乐行义》卷一,见《大正藏》见第 1926 号,第 46 册,第 700 页。

③ [东晋]佛陀跋陀罗译《佛说观佛三昧海经》卷一〇,见第 0643 号,《大正藏》第 15 册,第 693 页。

④ [东晋]佛陀跋陀罗译《佛说观佛三昧海经》卷一〇,见第 0643 号,《大正藏》第 15 册,第 693 页。

⑤ [东晋]佛陀跋陀罗译《佛说观佛三昧海经》卷一〇,见第 0643 号,《大正藏》第 15 册,第 693 页。

⑥ (新加坡)古正美《贵霜佛教政治传统与大乘佛教》第 7 章第 1 节,台北:允晨文化实业股份有限公司,1993 年,第 534—541 页。

信仰。所谓"值遇弥勒"就是希望能在弥勒三转法轮时,听弥勒说法。"值遇弥勒"的信仰,乃载于3世纪左右犍陀罗的《弥勒下生经中》。该经说:弥勒成佛之后转第一法轮说法的背景,就是其下生在转轮王蠰佉王共同建立佛国的背景。①东魏北齐的昭玄大统法上深信佛法即亡并预测其年代。他曾在安阳修定寺山顶造弥勒堂,当北周灭法至此地时果然逃过一劫,他晚年发愿往生兜率天见弥勒。发自自身迫切的感受,诚信弥勒是未来佛法的唯一寄托,也是末法时期现世苦难中修行者的希望。

　　北朝布教与南方有别,在北魏新都传布初期,即积极投靠政治势力,主张佛即天子,主动致敬人主,因而取得了有力的外护,所以明元帝即位"仍令沙门敷导民俗",并于"京邑四方建立图像"。"世祖初即位,亦遵太祖、太宗之业,每引高德沙门与共谈论。于四月八日,舆诸佛像,行于广衢,帝亲御门楼,临观散花,以致礼敬……"②在此借用古正美的观点,结合北周历史,因周武帝毁佛事件而中途被迫停止的须弥山石窟第51窟,虽然我们无法看到类似于其他一些造像中诸多为他人或为自己祈求福田利益的题记,但其最初的设计中将七佛与弥勒作为主要的造像内容,无疑彰显了面对法难时石窟功德主的功利诉求,他们既希望能通过雕造七佛免除生死病痛之苦,通过信仰与观瞻七佛表达对七世祖先的怀念和祭拜,③也祈求通过观瞻弥勒而见诸弥勒,表达对自己和后代的美好诉求。

①[西晋]竺法护译《弥勒下生经》卷一,见《大正藏》第0453号,第14册,第421页。
②宿白《平城实力的聚集和"云冈模式"的形成与发展》,云冈石窟文物保管所《中国石窟·云冈石窟》(一),北京:文物出版社、株式会社平凡社,1991年,第181页。
③魏文斌《七佛、七佛窟与七佛信仰》,《丝绸之路》1997年第3期,第37页。

第六节　须弥山北朝洞窟图像布局思想的变化

　　须弥山石窟北魏、西魏和北周时期的洞窟中,有幸都有保存较为完整的造像,通过对这些洞窟窟内空间布局的研究,可以看出不同历史发展阶段流行于古代原州佛教信仰的差异。北魏时期禅观流行,须弥山石窟第24窟的内部造像都是围绕禅观而设计的,主要通过佛传、四方佛以及千佛的不同组合形式体现禅观的观想;第14窟中心柱窟的造像组合也与禅观有关,以释迦多宝、三世佛、交脚弥勒与千佛的组合进行布局,构成了一个与法华有关的佛教空间,体现了法华三昧观等思想。不同的规划营造,反映出须弥山北魏洞窟营建的多样性。第14窟的造像内容与组合还承袭北凉涅槃之学,反映出禅观、法华与涅槃思想的糅合与会通。西魏洞窟内部的造像组合、空间布局呈现出多种文化杂糅的状态,如第32窟中心柱塔上七佛布局中"七世父母"内涵的渗透,将源于西方的双层礼拜道形制、脱胎于印度窣堵坡兼具华风的中心方柱与来自汉式建筑的覆斗顶等共呈于第33窟的设计之中等,无不反映出一种多元性。到了北周时期,三世佛、七佛等思想继续流行,弥勒信仰在这一时期得到凸显。第45、46窟中通过不同壁面、不同装扮三世佛的组合来表现弥勒信仰中的上生与下生内容。

第 51 窟中通过七佛与弥勒的布局来突出弥勒的地位。第 46 窟窟门上方的维摩诘变相是须弥山北周洞窟中出现的新题材,反映出"义学"在北朝的发展。此外,这一时期地方长官等也参与了佛教石窟的营建,因此窟内出现了大量的供养人形象,加之武帝毁佛,神王等护法神众也被置于洞窟之中。

　　总之,须弥山石窟是丝绸之路文化传播的重要驿站,对于中国佛教思想的传承与发展具有承前启后的意义。原州特殊的地理位置和特殊的社会文化背景,使得这一地区的文化呈现多元性,须弥山北朝洞窟内部图像的布局也同样具有这一特点。关于须弥山北朝洞窟图像布局与佛教思想进行的研究,对挖掘北朝原州佛教更深层次的内涵具有重要的意义。

第四章

须弥山北朝石窟与其他石窟寺的关系

任何石窟的营建都不是孤立的，而是与其所处的地域文化环境紧密相连。须弥山北朝石窟东临庆阳、西安，西通河西走廊。丝绸之路东段有南北二道，其北道沿着泾河西北行，经邠州、泾州、平凉，至原州，过石门关，从固原往西北，经今海原县，再往西北至今甘肃省白银市平川区、靖远县。那里渡口众多，如今靖远县双龙乡仁和村和今景泰县五佛乡沿寺东南都有古渡口，①过黄河再往西走就可到达武威，进入河西走廊。须弥山石窟所在的固原不仅是丝绸之路东段北道上的重镇和东西经济、文化交流的驿站，而且是西域文化、中原农耕文化、北方草原游牧文化、丝路文化等各种文化的交流融汇之地。须弥山石窟从其地理位置来看，处在东西部文化之间的交会地带，因此，它的营建既受中原和河西、西域各地石窟的影响，又与周边石窟联系密切，无论是洞窟布局、形制还是雕凿风格，我们都可在这些地区的石窟中找到与它相关的因素。宿白给我们勾画了"凉州模式"的轮廓，谈到了凉州作为当时的西北佛教中心对周围地区所产生的辐射影响，也影响到了长安的佛教。②北魏统治者长期向国都平城聚集人力、物力，"云冈模式"的形成与发展，同样以强大的力量影响着周围地区的佛教

　　①刘满《西北黄河古渡考》(二)，《敦煌学辑刊》2005年第4期，第130—140页。
　　②宿白《平城实力的集聚和"云冈模式"的形成与发展》，云冈石窟文物保管所《中国石窟·云冈石窟》(一)，北京：文物出版社、株式会社平凡社，1991年，第176—197页。

艺术。①对于须弥山石窟与其他各地石窟的关系,李裕群在《北朝晚期石窟寺研究》中从政治、地域、经济、佛教文化、受外部因素影响等几个方面分析了东西部地区石窟之间的联系与区别,以及发展的不平衡。②陈悦新在《龟兹石窟与须弥山石窟中的穹窿顶窟》一文中指出,穹窿顶窟窟形仅见于龟兹石窟和须弥山石窟,这种洞窟四壁垂直,窟顶四周连接壁面处先折成平顶,然后在窟顶中间形成穹窿。穹窿顶形制由西而东传入我国,在龟兹石窟和须弥山石窟中数量不多,开凿洞窟的佛徒抑或与粟特人有某种关系。③王敏庆《北周长安造像与须弥山石窟》通过对北周文献和造像的考察,指出了须弥山北周石窟与长安造像的密切关系。④韩有成在《试论须弥山北魏洞窟中的"云冈因素"》中,从窟龛形制、造像题材、雕刻手法、艺术风格等方面分析了须弥山石窟所吸收的云冈因素。⑤前辈们曾经从不同的角度探讨了须弥山石窟与其他石窟之间的关系问题。

北朝时期,以平城、洛阳、邺城、长安等地为政治文化中心,开凿了大量的石窟。自5世纪晚期以来,以云冈石窟、龙门石窟的兴起为标志,中国北方地区都城附近的石窟,随着石窟艺术逐渐中国化的发展,对其周围地区石窟也产生了显著的影响。以北魏皇室开凿的云冈石窟、龙门石窟、巩县石窟为主流,延续至响堂山、天龙山等地石窟。石窟艺术的发展,受当时社会政治、经济、文化发展状况的制约与影响,皇室石窟与地方石窟,割据政权中心地区石窟与周围石窟之间,常常有一个前者影响后者

---

①宿白《平城实力的集聚和"云冈模式"的形成与发展》,云冈石窟文物保管所《中国石窟·云冈石窟》(一),北京:文物出版社、株式会社平凡社,1991年,第176—197页。

②李裕群《北朝晚期石窟寺研究》,北京:文物出版社,2003年,第177—199页。

③陈悦新《龟兹石窟与须弥山石窟中的穹窿顶窟》,《考古与文物》2004年第1期,第73—79页。

④王敏庆《北周长安造像与须弥山石窟》,《西夏研究》2012年第3期,第86—95页。

⑤韩有成《试论须弥山北魏洞窟中的"云冈因素"》,《固原师专学报》(社会科学版)2005年第4期,第44—46页。

的问题。①在丝绸之路佛教文化交流的过程中,以上主流石窟也对须弥山石窟造成了很大的影响,须弥山北朝石窟的窟龛形制、造像内容以及样式等,都可以在以上诸石窟中找到原型。以上前辈的研究对须弥山早期石窟与其他石窟的关系问题指明了方向,笔者将在前辈研究的基础上,利用图像比对、文献考证等方法,对须弥山北朝石窟与其他地区石窟之间的关系进行研究。上述研究为本文提供了既有价值,又富有启发性的资料。

①丁明夷《云冈石窟研究五十年》,云冈石窟文物保管所《中国石窟·云冈石窟》(二),北京:文物出版社、株式会社平凡社,1991 年,第 183 页。

第一节　窟龛形制

　　云冈石窟位于今山西省大同市旧城西 15 公里，文献记载："和平初，（道人统）师贤卒。昙曜代之，更名沙门统。……昙曜白帝，于京城西武州塞，凿山石壁，开窟五所，镌建佛像各一。高者七十尺，次六十尺，雕饰奇伟，冠于一世。"①可知其始于北魏文成帝和平初（460 年），最迟于孝明帝正光五年（524 年）结束。云冈石窟是北魏皇室集全国人力和财力所兴造的大型石窟群，它所创造和不断发展的新模式，自然地成为北魏领地内兴凿石窟所参考的典型样式。无论是东北地区的辽宁义县万佛堂石窟，还是西北地区陕、甘、宁各地的北魏石窟，都有云冈模式的影子，甚至河西走廊西端的敦煌莫高窟亦不例外。②云冈模式对北方石窟的影响，并不局限于北魏一个时期，它的持续影响甚至一直延续到北魏后期至隋代。须弥山石窟的开凿也受到云冈模式的持续影响。

---

　　①［北齐］魏收撰《魏书》卷一一四《释老志》，北京：中华书局，1974 年，第 3037 页。
　　②宿白《敦煌莫高窟早期洞窟杂考》，《大公报在港复刊三十周年纪念文集》上册，香港：大公报（香港）有限公司，1978 年，第 393—416 页。

一、三壁三龛形制

　　三壁三龛窟是云冈三期新出现的式样,即于洞窟后、左、右三壁各开一大龛。而且数量迅速增多,约占第三期中小窟室总数的二分之一,[①]如第4、5、11、12、13窟。龙门石窟和巩县石窟的三壁三龛窟是云冈石窟三壁三龛式传统的发展。[②]其他地区石窟中的三壁三龛窟的源流都是来自云冈石窟,如天龙山石窟(图4-1),瓦东、瓦中、瓦西(图4-2)、姑中、姑上窟(图4-3),麦积山石窟(图4-4)等,都有大量的这种窟形。须弥山石窟第18、19、34、35、119窟为平面方形(图4-5),三壁正中各开一浅龛。其中第18窟主室北壁龛内雕刻一铺五身像,东、西二壁龛内各雕一铺三身像;第19窟主室北、东、西三壁圆拱形龛内雕一佛二菩萨;第34窟主室南、西、北三壁均雕一铺三身像;第35窟西、南、北三壁各开一方形龛,雕像风化不清;第119窟北、东、西三壁凿有圆拱形浅龛,龛内造像已毁。

　　须弥山北朝石窟三个历史时期的窟形是云冈石窟三壁三龛模式的延续与发展,除了三壁三龛以外,还有正壁开一龛、左右两壁各开两龛的样式,如第14窟,以及三壁各开三龛共九龛的样式,如第33、45、46等窟。

　　据统计,云冈石窟三壁三龛窟以释迦多宝并坐像和单一的坐佛这两类像为主像,[③]而从须弥山石窟的三壁三龛内造像来看,已和云冈石窟不同,而一铺五身像的出现,则与龙门石窟和巩县石窟更为接近。与这种三壁三龛窟形或三壁九龛窟形等相对应的三佛题材,一般都为三世佛,也是对云

　　①宿白《平城实力的集聚和"云冈模式"的形成与发展》,云冈石窟文物保管所《中国石窟·云冈石窟》(一),北京:文物出版社、株式会社平凡社,1991年,第193页。
　　②吕采芷《北魏后期的三壁三龛窟》,《中国石窟·云冈石窟》(二),北京:文物出版社、株式会社平凡社,第218窟。
　　③吕采芷《北魏后期的三壁三龛窟》,《中国石窟·云冈石窟》(二),北京:文物出版社、株式会社平凡社,第216窟。

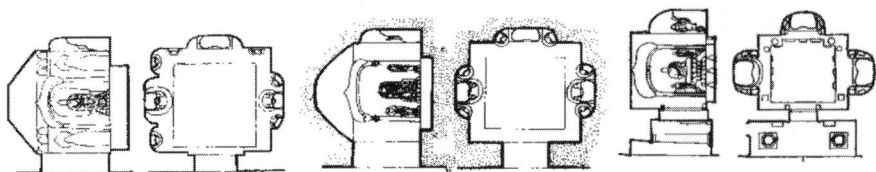

图 4-1　天龙山石窟第 2、3、16 窟平、剖面图

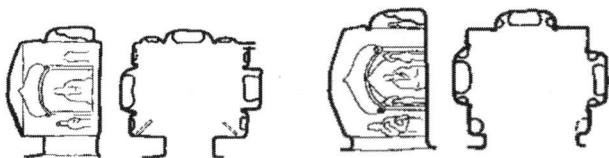

图 4-2　瓦窑村中、西窟平、剖面图

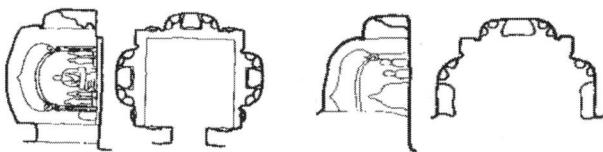

图 4-3　姑姑洞中、上窟平、剖面图

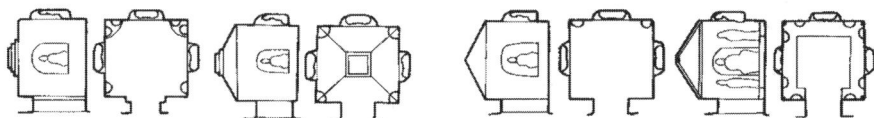

图 4-4　麦积山石窟第 87、81、72、62 窟平、剖面图

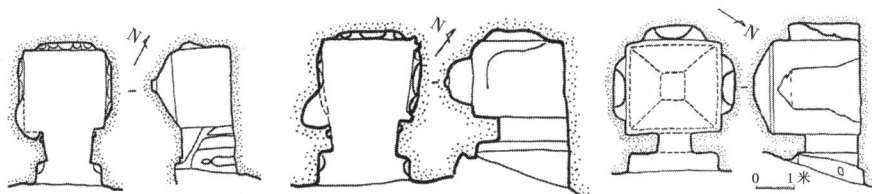

图 4-5　须弥山石窟第 18、19、35 窟平、剖面图

冈北朝石窟、龙门北朝石窟和巩县石窟题材的继续和发展,是法华思想的体现。在须弥山的三壁三龛洞窟中,一般正壁为现世佛释迦牟尼,左右壁坐佛尊格很难做出准确判断。而在须弥山石窟第 45、46 窟的三壁九龛窟

中,左右壁有倚坐的弥勒佛出现,对造像的尊格还是比较容易判断的。弥勒佛是未来佛,中间的一尊是释迦佛,与弥勒佛相对称的那一身佛像无疑就是过去佛了。

二、中心塔柱样式

中国石窟中的中心塔柱,与其原型印度"窣堵坡"相比发生了很大的变化,而每个时期、每个地域的中心塔柱也有不同的样式。须弥山石窟一期方形、多层塔式中心柱窟,主要有第 14、22、24、28、32、33 等窟,其中第14、22、24 窟的三层塔柱,是当地北魏洞窟所流行的,向上可以追溯到云冈石窟第 1、2、39 窟, 与陕北安塞区云岩寺石窟第 6 窟的形制极为接近(表4-1)。我们可以看到须弥山石窟所受云冈、陕北等地石窟的影响,而在佛教艺术传播的过程中并未一味地复制,须弥山石窟工匠在模仿其他石窟样式的基础上,进行了一些改变,将云冈、云岩寺石窟的中心塔柱较为写实的窟檐简化为隔梁,而且给上层塔柱的四角还做了变形,变为优美的双层仰莲瓣造型。上细下粗的样式与云岩寺石窟第 6 窟较为接近,塔柱上的造像内容也与云冈石窟、云岩寺石窟有所不同,如云岩寺石窟第 6 窟的上层为一佛二弟子、二菩萨、一佛二菩萨造像,中层为交脚弥勒和二菩萨、释迦涅槃像、鹿野苑说法,下层为舒足观音和二菩萨、一佛二菩萨[①]。而须弥山石窟第 24 窟的上层为乘象入胎、逾城出家、思惟像和行像,中、下层四面均为一佛二菩萨造像。

巩县石窟位于河南省巩县(孝义镇)东北 9 公里的洛水北岸寺湾村,往西距离现在的洛阳旧城约有 52 公里,共有五个洞窟、三尊摩崖大像、一个千佛龛和三百二十八个小龛。第 1、3、4、5 四个洞窟及摩崖大像是北魏后期雕刻的,第 1、3、4 窟是中心柱窟。具体而言,约开始于熙平二年(517 年)

---

① 靳之林《陕北发现一批北朝石窟和摩崖造像》,《文物》1989 年第 4 期,第 61 页。

的第 1、2 窟是为宣武帝及灵太后胡氏所造的双窟。第 3、4 窟是为孝明帝
后所造的双窟,开始于熙平二年或稍后一些,完成于孝昌四年(528 年)。
第 5 窟很可能为孝庄帝所造,经过孝昌四年的战事之后,至永安二年(529
年)曾有一年较为平静的时候。自云冈石窟、龙门石窟至巩县石窟,脉络分
明,是研究北魏雕刻最可靠的标准和重要资料。①巩县石窟第 1、3 窟的中
心塔柱为单层,最下面的基座上雕刻有神王。须弥山石窟北周时期中心柱
窟的中心塔柱,由多层变为仅有一层的粗壮塔柱,且下层基座也有神王内
容,亦可看出北魏中心文化的持续影响(表 4-1)。

表 4-1　云冈石窟、云岩寺石窟、须弥山北魏石窟中心柱统计表

窟名		中心柱样式			
		南向面	西向面	北向面	东向面
北魏	云冈石窟第 1 窟				
	云岩寺石窟第 3 窟				

①陈明达《巩县石窟寺的雕凿年代及特点》,河南省文物研究所编《中国石窟·巩县石窟寺》,北京:文物出版社、株式会社平凡社,第 189 页。

续表

窟名		中心柱样式			
		南向面	西向面	北向面	东向面
北魏	须弥山石窟第24窟				
	巩县石窟第1窟				
	巩县石窟第3窟				
北周	须弥山石窟第45窟				
	须弥山石窟第46窟				

河西地区的中心柱窟有 20 多座,天梯山石窟、千佛洞石窟、文殊山石窟等都有大量的中心柱窟(表 4–2)。

表 4–2　河西北朝石窟窟形统计一览表

石窟名称	中心柱窟	佛殿窟　敞口龛　禅窟等窟
天梯山石窟	3 座:第 1、4、8 窟	大型佛殿窟 2 座:第 16、17 窟 佛殿窟 5 座:第 5、6、7、8、9 窟
圣容寺石窟		摩崖造像 1 尊
金塔寺石窟	2 座:东窟、西窟	
千佛洞石窟	4 座:第 1、2、4、8 窟	小方窟 1 座:第 3 窟
下观音洞石窟	1 座:第 1 窟	佛殿窟 5:第 2、3、4、5、6 窟
童子寺石窟	3 座:第 2、3、8 窟	
文殊山石窟	8 座:第 1、2、3、4、7、8、9、10 窟	佛殿窟 1 座:第 11 窟 禅窟 1 座:第 12 窟
昌马石窟	2 座:第 2、4 窟	敞口龛 1 座:第 1 窟 禅窟 1 座:第 3 窟
旱峡石窟		方窟 2 座:东窟、西窟
莫高窟	16 座：第 251、254、257、260、263、265、246、248、288、431、435、437、290、428、432、442 窟	
西千佛洞	5 座:第 7、8、9、12、22 窟	
五个庙石窟	3 座:第 1、5、6 窟	佛殿窟 4 座:第 2、3、4 窟
总计	47 座	24 座(尊)

河西北朝石窟从东到西都是以中心柱窟为主导，这与甘肃境内其他地区的石窟寺不一样，关陇地区的炳灵寺石窟、麦积山石窟没有中心柱窟，陇东石窟群中仅有个别中心柱窟，如泾川王母宫石窟和庆阳北石窟寺的北1窟。连接河西石窟东端的丝路北线仍多中心柱窟，景泰五佛寺和靖远接引寺各有北朝晚期中心柱窟1座，靖远法泉寺有北朝晚期中心柱窟4座。须弥山北朝石窟北魏、西魏、北周时期共开凿有16座中心柱窟，数量众多。从丝绸之路北线来看，须弥山石窟应是河西石窟和中原石窟之间重要的连接点。

三、穹窿顶造型

须弥山北朝石窟的洞窟窟顶主要有覆斗顶、穹窿顶，还有少量的平顶，其中穹窿顶洞窟有第7、17、18、19、20、23窟等，主要集中在西魏时期，与新疆地区洞窟的穹窿顶比较接近。陈悦新通过对龟兹地区克孜尔、库木吐拉、森姆塞姆、克孜尔尕哈、玛扎巴哈、吐乎拉克埃肯、温巴什等石窟中穹窿顶的统计分析（图4-6、图4-7），认为龟兹石窟第一段的穹窿顶窟同须弥山石窟的穹窿顶窟大体同时或略早，以方形窟为主，前者在窟内绘制壁画，而后者则开龛造像。[1]穹窿顶这一洞窟形制由西而东传入我国，在须弥山石窟中数量不多，但开凿洞窟的佛徒抑或与粟特人有某种关系（图4-8、图4-9）。[2]

须弥山北朝石窟不同用途的洞窟具有不同的组合形式，包括僧房窟、禅窟、影窟、瘗窟以及大部分没有造像的洞窟，它们与有内容的洞窟一样，是须弥山石窟群不可或缺的组成部分。中心柱窟＋方形窟＋僧房窟、中心柱窟＋僧房窟、中心柱窟＋中心柱窟、中心柱窟＋中心柱窟＋

---

①陈悦新《龟兹石窟与须弥山石窟中的穹窿顶窟》，《考古与文物》2004年第1期，第76页。
②陈悦新《龟兹石窟与须弥山石窟中的穹窿顶窟》，《考古与文物》2004年第1期，第78页。

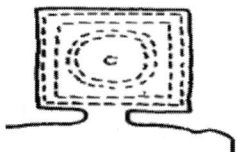

图 4-6 克孜尔石窟第 16 窟平、剖面图　　　图 4-7 库木吐拉石窟第 2 窟平、剖面图

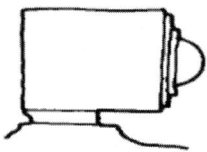

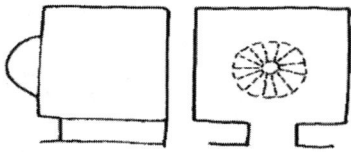

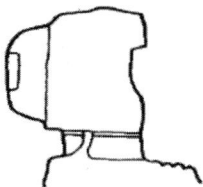

图 4-8 须弥山石窟第 17 窟平、剖面图　　　图 4-9 须弥山石窟第 19 窟平、剖面图

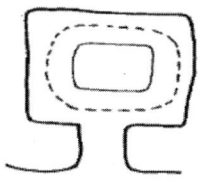

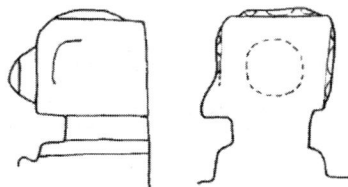

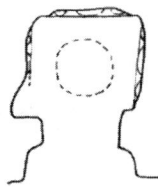

中心柱窟等它们的多种组合也不见于中原地区，而与新疆地区石窟类似，这种体制与新疆克孜尔石窟是相同的。在石窟寺院中，具备多种功能的多个洞窟既方便僧人听经礼佛、参禅打坐，又可方便他们的生活起居，这种组合结构的优越性比较明显。

四、帐形龛形式

"帐，张也，张施于床上者"。帐是我国古代的一种家具。帐形龛是佛龛样式模仿家具陈设中"坐帐"而成的一种样式，在北魏佛教艺术中就已出现（图 4-10）。北周的帐形龛在很大程度上继承和发展了北魏的帐形龛样式而得到凸显，这与北周文化的倾向即大行"周礼"的国策有很大关系。[1]

须弥山北周洞窟中出现了大量的帐形龛，龛两侧雕龙首、象首或凤鸟，口衔流苏，垂至龛底，龛口一般做方形或单束帐形，横枋下为不同的装饰，龛样式的不同主要体现在装饰纹样上。经梳理可发现，这里的帐形龛装饰纹样形式多样，变化丰富，为佛、菩萨营造了十分优美的空间环境（表

---

① 王敏庆《北周长安造像与须弥山石窟》，《西夏研究》2012 年第 3 期，第 88 页。

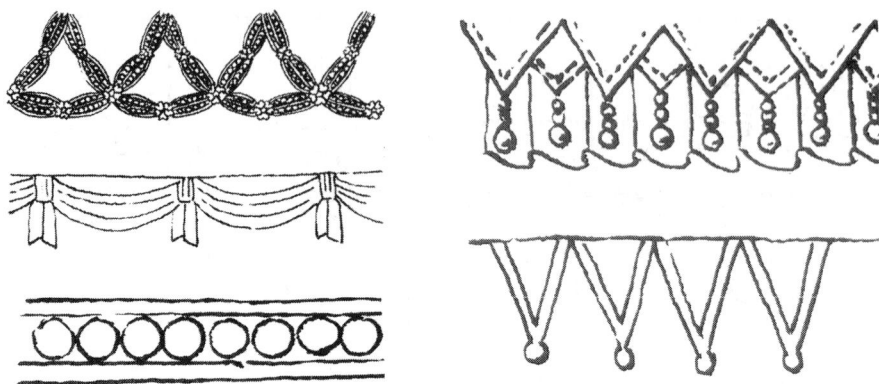

图 4-10 云冈石窟花绳纹、垂幔纹、璎珞纹,云冈垂铃纹、三角纹

4-3）。这些纹样基本上都能在云冈石窟的边饰中找到印记,而不同纹饰组合形式与西安出土北周佛造像的帐形龛装饰惊人一致，尤其是垂鳞+三角＋垂幔纹的装饰组合(图 4-11、图 4-12、图 4-13、图 4-14）。这两处造像帐形龛两侧下垂的铃铛都与北周夏侯纯陀造像碑上的铃铛造型完全相同(图4-15、图 4-16、图 4-17）。

表 4-3　须弥山北周石窟中的帐形龛边饰统计表

类型	窟号及位置	边饰图案
垂幔纹	45 窟东壁	
垂鳞＋垂幔纹	45 窟东壁	

续表

类型	窟号及位置	边饰图案
垂鳞 + 锯齿纹	45 窟南壁	
垂鳞 + 垂幔纹	第 45 窟西壁	
垂鳞 + 锯齿 + 垂幔纹	45 窟中心柱北面	
垂鳞 + 锯齿 + 垂幔纹	45 窟中心柱东面	
花绳 + 垂铃垂鳞 + 垂幔纹	45 窟中心柱南面	
垂鳞 + 锯齿 + 垂幔纹	45 窟中心柱西面	

续表

类型	窟号及位置	边饰图案
垂幔纹	46 窟东壁	
垂幔纹	46 窟南壁	
垂鳞＋垂幔纹	46 窟西壁	
锯齿＋垂幔纹	46 窟中心柱东面	
锯齿＋垂幔纹	46 窟中心柱西面	
锯齿＋垂幔纹	46 窟窟门上方	

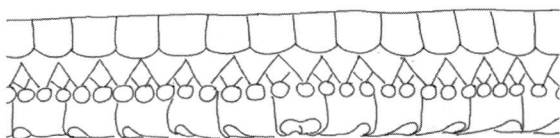

图 4-11　须弥山石窟北周帐形佛龛

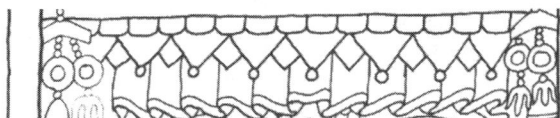

图 4-12　西安北草滩帐形佛龛

图 4-13　须弥山石窟北周帐形佛龛

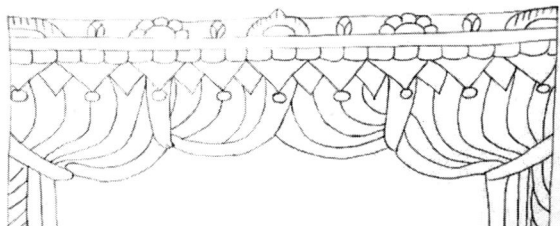

图 4-14　西安北草滩帐形佛龛

图 4-15　夏侯纯陀造像碑铃铛

图4-16 须弥山
石窟北周铃铛

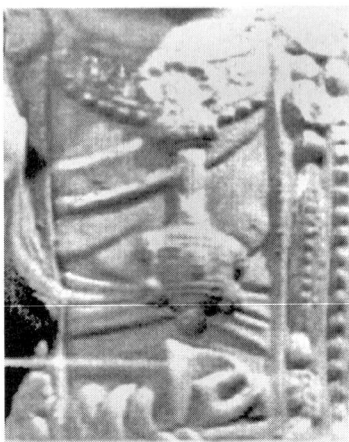

图4-17 西安北草滩
北周铃铛

须弥山北周洞窟还有一种尖楣圆拱龛,第46窟北壁西面龛就是这种类型的龛。龛楣内残存一些火焰纹饰,与西安北草滩的尖楣圆拱龛及龛楣内的火焰极为接近(图4-18、图4-19)。长安的造像样式经丝路东段北道传入固原,固原佛教造像严格秉承长安样式,随后又向西一路传播。

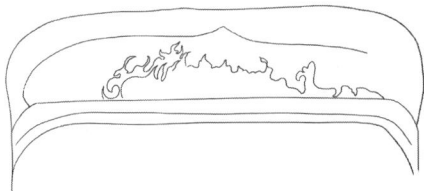

图4-18 须弥山石窟北周佛帐龛楣

图4-19 西安北草滩北周佛帐龛楣

五、仿木结构

麦积山石窟第11、136窟,北周大都督李允信所凿七佛阁(第4窟)有仿木结构,如窟内四角立柱,壁顶横梁、四披转角有角梁等构成了仿木结构,这是石窟模仿了中国传统建筑的结构形式,这种结构为东部地区石窟所不见(图4-20)。须弥山石窟一期晚期和二期所流行的仿木结构,在麦积山石窟一期就有出现,至二、三期广为流行。因此,须弥山石窟的仿木结构有可能受到了麦积山石窟的影响,当然也有可能直接受长安影响,但由于长安地区没有北朝石窟,无法做出令人信服的结论。[①]

须弥山石窟的仿木式佛帐结构主要有:第45、46、51窟,壁面上部雕出横枋,窟顶四披转角有角梁,中心柱四角柱,上承斗拱、横枋,使窟顶构成一个仿木式佛帐结构。第36、47、48窟内也有仿木结构,窟内四角增加角柱、柱础及仰莲柱头,使整个窟内构成一个完整的仿木式佛帐结构(图4-21、图4-22)。

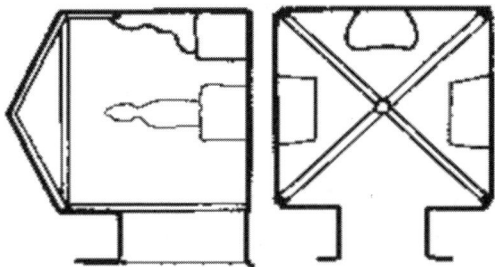

图4-20　麦积山石窟第136窟平、剖面图

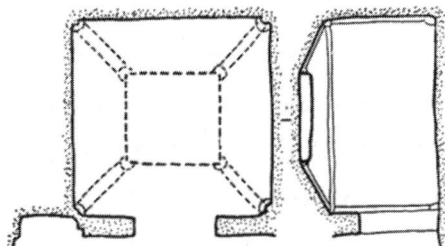

图4-21　须弥山石窟第47窟平、剖面图

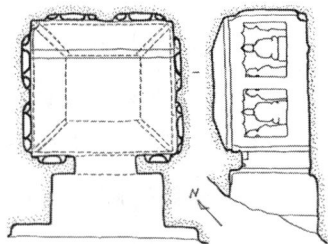

图4-22　须弥山石窟第36窟平、剖面图

①李裕群《北朝晚期石窟寺研究》,北京:文物出版社,2003年,第183页。

第二节 造像内容

一、佛传故事

云冈石窟的"乘象入胎"题材全部见于晚期窟龛,构图形式有两种:一是仅作一菩萨骑象,见于第 5-10、5-11、5-38、31、32-3、33-4、38 窟等(图4-23a、b),通常与"逾城出家"对称布局,这种构图模式影响深远,敦煌、龙门等地北朝诸石窟寺均受其染;另一种是第 37 窟东壁所表现的摩耶夫人侧卧于榻上,画面上角一菩萨坐于须弥座上,怀抱一小佛像乘象冲向摩耶右胁。榻下诸多伎乐天各持琵琶、腰鼓、琴等乐器共奏天乐。①须弥山石窟第 24 窟的佛传故事雕刻是受到第一种构图模式的影响,将乘象入胎、逾城出家与半跏思惟和立像并置于中心柱最上层的四个向面(图 4-24a、b)。从细节上讲,须弥山石窟与云冈石窟"逾城出家"题材中马的造型均为侧身,但"乘象入胎"题材中的大象与骑者有所区别,前者的大象和骑象者为正面,有一种更强烈的纵深空间感,而后者为侧面形象。因此两地石窟

①赵昆雨《云冈石窟佛教故事雕刻艺术》,南京:江苏美术出版社,2010 年,第 38 页。

图 4-23a、b 云冈石窟第 5 窟中的佛传故事

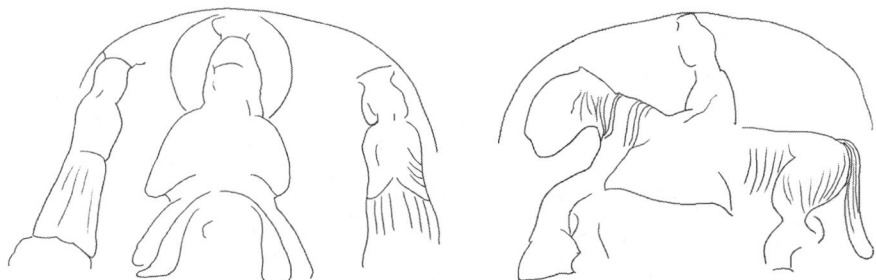

图 4-24a、b 须弥山石窟第 24 窟中的佛传故事

题材相同,但表达方式有别。

二、维摩文殊像

维摩文殊是北朝石窟中重要的题材内容,须弥山北朝石窟的两边维摩文殊隔主尊对坐与云冈石窟的维摩文殊有很大关系。

云冈石窟的维摩文殊布局主要有隔门对坐式、同龛对坐式、隔龛对坐式、同亭对坐式和龛上并列对坐式。其中同龛对坐式类型有维摩文殊隔佛对坐式,如云冈石窟第 6 窟南壁明窗与门拱之间雕一屋形龛,中间为释迦坐像,其左侧为维摩诘,右侧是文殊。第三种隔龛对坐式中,也有龛内为一

坐佛,龛外左右两侧有"维摩示疾"和"文殊来问"之形象,如第5-11、35-1
窟等(图4-25、26)。须弥山石窟第46窟窟门上方的维摩文殊是隔佛对坐
式,可以看出云冈样式与须弥山石窟的源流关系。须弥山石窟的维摩文殊
中间隔坐佛而对坐(图4-27),而且维摩文殊与中间坐佛体量相当,但维
摩诘、坐佛、文殊各雕于独立的龛内,可见,其对云冈样式的继承与发展。
胡装装扮也与云冈石窟维摩文殊的着装一致。此外,龙门石窟的维摩文殊
多为汉装的跪坐状,从这一点来说,须弥山石窟第46窟的维摩文殊也有
龙门元素渗透其中。

图4-25　云冈石窟第5窟南壁下层西侧　　图4-26　云冈石窟第35-1窟西壁下层

图4-27　须弥山石窟第46窟窟门上方维摩文殊对坐线描图

三、大象托塔

大象是佛教艺术中经常出现的动物图像，如乘象入胎、六牙象本生、大象托塔等。其中大象托塔在印度早期佛教艺术中就已出现，随着佛教的广布东传，云冈石窟、泾川王母宫石窟、须弥山石窟中都出现了大象托塔图式。

在印度，大象和狮子是受敬畏的动物，也是印度古代传统雕刻的重要题材，现存阿育王石柱以鹿野苑萨尔纳特狮子柱头最为有名（图4-28a、b）。石柱本身象征宇宙之根，其上石盘壁上的浮雕南有马，北有狮子，东有大象，西有瘤牛，它们代表着宇宙的四方，其间刻小法轮，依顺时针方向，从东面开始，以象表示

图4-28a 萨尔纳特 图4-28b 萨尔纳特
狮子柱头 狮子柱头

佛的诞生，马、牛代表佛的出家，狮子代表佛说法。四个法轮则喻佛法常存。一些笈多式、耆那教和犍陀罗造像中也有狮子出现于台座之下（图4-29、图4-30、图4-31）。

桑奇大塔的塔门上刻画有佛传、本生故事，以及很多装饰图案，它们都具有一定的象征意义。如在桑奇大塔南门上四只一组背对背的狮子柱头（图4-32），北门上、东门上（图4-33、图4-34）四头一组背对背的大象柱头等都说明这种装饰因素的存在。在印度教中大象是排除障碍之神，是财神，是命运之神，是学识之神，代表着智慧，象征着吉祥和成功，大象承托着佛陀的智慧和精神。①

---

①白文《从缘起到广布——古印度佛教艺术》，西安：陕西师范大学出版社，2010年，第106页。

图 4-29　曼库瓦尔
笈多式佛陀造像

图 4-30　耆那教祖师造像

图 4-31　佛陀说法

图 4-32　桑奇大塔
狮子柱头

图 4-33　桑奇大塔
北门大象柱头

图 4-34　桑奇大塔
东门大象柱头

　　云冈石窟第5、6窟中有背部承重的大象,大象要么承柱,要么托塔,明显地看到印度艺术图式的渊源,但又区别于印度的承重大象样式。第6窟窟门西侧有大象托柱(图 4-35、图 4-36、图 4-37),第5窟的南壁有两座佛塔建筑,由巨象承驮,大象只雕出一半。第6窟塔柱呈方形,分上下两层,上层四角刻有九重塔和华盖,华盖部分在襞折的垂帐下端保留有莲花纹装饰,四角的大象背负着左右九重塔,它的前脚和长鼻与五层方座的边缘平齐,每头大象头朝方柱的四角,从方柱的每个向面观看,都可看到明

图 4-35 云冈石窟
第 5 窟南壁线描图①

图 4-36 云冈石窟
第 6 窟窟门西侧线描图②

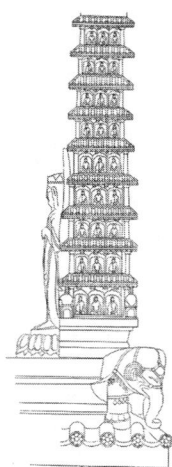

图 4-37 云冈石窟第 6 窟
方柱上层九层塔线描图③

显的侧面形象的大象，设计非常灵巧。

　　泾川王母宫石窟是陇东地区开凿年代较早的大型中心柱窟，石窟中心塔柱上层四角雕凿有托塔大象（图 4-38、图 4-39、图 4-40、图 4-41），与云冈石窟第 6 窟的形制极为相似，与镇原新发现的第 2 窟也有类同。

　　须弥山北周石窟第 45、46 窟中心柱四角亦雕凿有大象，承托着沉重的砂岩与佛陀的智慧，不难看出其与云冈以及陇东石窟大象托塔样式的传承关系，但也有所变化，不同之处在于须弥山中心柱四角的大象造型，完全内化于中心柱底座之中，不像前面两地石窟中的大象，相对独立于周围，大象的头部非常明显；须弥山石窟的大象更显抽象与图案化，云冈和王母宫石窟的大象则更为写实。

---

　　①京都大学人文科学研究所、中国社会科学院考古研究所编著《云冈石窟》（第二卷），北京：科学出版社，2014 年，第 14 页。

　　②京都大学人文科学研究所、中国社会科学院考古研究所编著《云冈石窟》（第三卷），北京：科学出版社，2014 年，第 21 页。

　　③京都大学人文科学研究所、中国社会科学院考古研究所编著《云冈石窟》（第三卷），北京：科学出版社，2014 年，第 30 页。

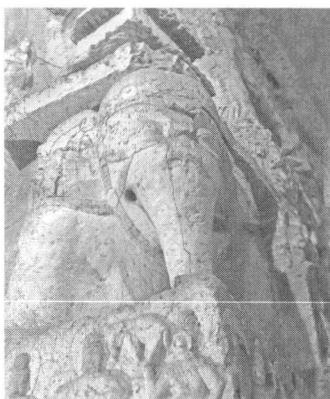

图 4-38　王母宫石窟
中心塔柱上层驮塔大象

图 4-39　王母宫石窟
中心塔柱南向面线描图

图 4-40　王母宫石窟
中心柱北向面线描图

图 4-41　王母宫石窟
中心柱上层四角大象驮塔线描图

　　从北魏到北周,从云冈石窟到王母宫石窟,再到须弥山石窟,通过对图像的梳理,可发现三者之间的紧密联系,尤其是作为统治中心地区的主流文化对周边文化的辐射影响。

四、神王

　　神王属于护法之列,关于须弥山石窟中的神王造像释读及其意义探

讨,本书中有专门章节(第五章第四节)进行探讨。神王、异兽等在其他石窟
中所见不多,东边的巩县石窟、天龙山石窟、安阳石窟、响堂山石窟都有出
现,而在西北地区的石窟中却较为罕见,显示出须弥山北周石窟可能受到
东部中原文化的影响。[①]在壁角雕刻神王,始见于龙门宾阳洞,宾阳洞礼佛
图下壁脚上雕了十个神王,巩县石窟第1、3、4窟在中心柱最下层四面基座
上雕刻有神王,除此之外,第4窟的壁面最下方也有雕刻。须弥山北周石窟
第46窟的神王像与巩县石窟之神王一样也雕刻于中心柱最下层的基座上
(表4-4),不同之处在于巩县石窟中心柱基座的神王雕像之间没有宝瓶。

表4-4　须弥山石窟与巩县石窟神王比较表

窟名		中心柱			
		南向面	西向面	北向面	东向面
巩县石窟	第1窟				
	第3窟				

---

①李玉珉《中国佛教美术史》,台北:东大图书股份有限公司,2001年,第102页。

续表

窟名		中心柱			
		南向面	西向面	北向面	东向面
巩县石窟	第4窟				
须弥山石窟	第46窟				

　　高欢于孝静帝天平元年(534 年)迁都邺城,标志着武川、抚冥、怀朔、怀荒、柔玄、御夷北方六镇的鲜卑武士集团的崛起,成为东魏北齐的邺城晋阳新一代权贵。北齐时期,随着皇室宗亲、达官贵族崇信佛教,邺城再次成为佛教传播中心。西魏北周也是由六镇武士掌控,在长安主持朝政的宇文家族,在文化上追随东魏北齐,望风影从。①

　　北齐天统年间以后新出现了三层高浮雕彩绘高台像座,这些台座上层为圆形,中下层为方形,而下层正面雕莲炉和双狮,其余三面雕刻十神

――――――――――――――

　　①毛铭《尔朱荣"河阴之变"与高欢迁邺——北朝"曹衣"佛像兴起的历史语境》,《北朝研究》(第9辑),北京:科学出版社,2018 年,第71—72 页。

王像。邺南城西门外出土的白石双面透雕交脚弥勒、六胁侍七尊造像的佛座上也浮雕有八神王。南响堂山、邯郸鼓山水浴寺西窟中心柱神王的布局为每个向面的神王两身一组，每组中间间隔有莲炉，与巩县石窟的神王组合相比，须弥山北周第46窟基座神王的组合形式更接近于北齐南响堂山、水浴寺等石窟的神王组合。因此，我们可以说，虽然北齐、北周政权并峙，但它们之间仍有文化上的交流。

第三节　造像样式

一、"密集阴刻平行线纹"

　　在甘肃东部、陕北地区以及西安及近郊的临潼区、富平县、耀州区,出现了一种较为独特的佛道造像样式,即"平行多线纹"。最早日本松原三郎将其称之为"鄜县样式"(今陕西省延安市富县),他以东京永清文库所藏来自陕西鄜县石泓寺的北魏永平年(508—511 年)铭道教三尊像为依据,将与其相似的其他造像都称为"鄜县样式"造像,这一样式的特点为衣纹是细密的绳状凸起线条。[1]他将这一新样式出现的原因与太武帝灭佛联系在了一起。在灭佛政令中,较为偏远的鄜县并未严格彻底地执行指令,佛教信仰者为了避免官吏的监督,用道教造像来伪装"隐藏的佛教信仰",这一样式很有可能是佛道造像出现之肇始。[2]很明显,松原三郎认为这一新

　　[1](日)松原三郎《北魏陕西石雕の谱系》,《中国佛教雕刻史研究》,东京:吉川弘文馆,1961年,第36、38页。

　　[2](日)松原三郎《北魏陕西石雕の谱系》,《中国佛教雕刻史研究》,东京:吉川弘文馆,1961年,第37、48、52页。

样式的产生与政治运动关系密切,同时,也是佛教与道教融合后以逃避毁佛厄运的一种新样式。

　　随着甘肃等地更多此类佛教造像样式的公布，斋藤龙一对松原三郎的"鄜县样式"称谓提出了质疑,通过对此类造像分布地西安及其近郊、陕西北部和西部及甘肃省东部所出土造像的梳理，发现甘肃宁县出土的太和十二年(488年)的成氏造像是此类造像中年代最早的。从而总结出虽然甘肃东部的平行多线纹造像数量较西安及其近郊少，流行程度不如后者，但陕西西部和甘肃东部的平行多线纹造像年代比西安及其近郊地区的早,后者来源于前者。他认为松原三郎的"鄜县样式"之说并不能解释清楚以永平年铭道教造像为首的日本藏同类造像出现的原因。除道教造像外,同时期的佛教造像、佛道造像中同样可以看到平行多线纹,这一样式的出现与道教三尊像可能没有直接关系。[①]笔者也认为松原三郎的观点有偏颇之处,赞同斋藤龙一的看法。对于这一"中国北朝独特的造像样式"，斋藤龙一并未说明它的根源何在。

　　须弥山北魏石窟第24窟中心柱上的主尊、胁侍菩萨造像都呈现出这种"平行多线纹"的样式，造像全身雕刻流畅的平行线，个别佛像的膝部和下摆是波状凹凸与阴刻线(图4-42a、b)。不难看出,须弥山石窟第24窟的这种造像雕刻样式与西安及其周边、陕西北部和西部及甘肃省东部的那类造像风格极为相似,应是北魏时期这一地区较为流行的一种样式。须弥山北魏造像中衣纹细密的服饰可追溯到陕北、陇东地区北魏佛教造像。李裕群认为"须弥山一期受到了云冈石窟—陕北石窟—陇东石窟的影响"应该也包括这种衣纹(图4-43)。[②]

---

　　①(日)斋藤龙一著,于春译《"鄜县样式"造像的再检讨——关于陕西北朝佛道"平行多线纹"造像》,《文博》2017年第2期,第110页。

　　②李裕群《北朝晚期石窟寺研究》,北京:文物出版社,2003年,第182页。

图 4-42a、b　须弥山石窟第 24 窟中心柱造像线描图　　　图 4-43　香坊石窟
第 2 窟东壁菩萨线描图

北石窟寺是北朝时期陇东地区最大的佛教石窟寺院，从文献记载来看，北石窟寺所在地古属《禹贡》雍州之域，公元 430 年，北魏置泾州，治安定郡临泾城[①]，至太和十一年(487 年)北魏孝文帝时期治豳州[②]。楼底村 1号窟中心柱下层西、北面龛楣上造像的衣纹由阳刻的等距离密集平行线组成(图 4-44)。关于此窟，暨远志运用考古学的研究方法，将该窟与王母宫石窟及云冈石窟第 6 窟进行比较，认为它们在洞窟形制、造像布局和题材内容方面有很大的相似性，该窟系泾州地区一期石窟，开凿时间是太和十九年(495 年)至景明四年(503 年)。[③]董华锋列举了大量例证，认为楼底村 1 号窟应开凿于北魏延昌至孝昌年间(512—528 年)[④]。夏朗云认为这种密集平行线的特殊风格与北朝长安及其附近地区石刻文化及道教艺术关系密切[⑤]，与松原三郎的观点一致。

①(北齐)魏收撰《魏书》卷一〇六《地形志》，北京：中华书局，1974 年，第 2618—2620 页。

②(北齐)魏收撰《魏书》卷一〇六《地形志》，北京：中华书局，1974 年，第 2627—2628 页。

③暨远志《泾州地区北朝石窟分期试论》，《考古与文物》2009 年第 6 期，第 36—45 页。

④董华锋《陇东北朝佛教造像研究》，兰州：甘肃教育出版社，2020 年，第 181 页。

⑤夏朗云《庆阳楼底村 1 号窟与王母宫石窟中的稍细密集平行线衣纹的考察》，贾延廉主编《陇东石刻初探》，内部发行，2010 年，第 122—137 页。

图 4-44　楼底村 1 号窟中心柱北向面龛楣线描图

从最早造像出现"平行多线纹"样式的地域来看，甘肃东部地区为最早，而且在彭阳县也有类似的北魏时期的造像碑出土（图 4-45）。因此，须弥山石窟第 24 窟的"平行多线纹"佛教造像样式应是受到陇东地区的影响。那么这种样式的造像是如何产生的呢？

北朝时期青铜、石造像较多，北魏早期的造像衣纹密集，且为凸起加阴刻线的表现形式，至北魏晚期有所变化，凸起减少，代之以更多的阴刻线。黄土高原地带更加强调了这种形式，使其逐渐成为这一地区造像比较有特点的样式。因此，以上石窟中的"平行多线纹"样式很有可能借鉴了早期的青铜、石造像之表现风格（表 4-5）。西安出土的（现藏波

图 4-45　彭阳县出土菩萨石造像线描图

士顿）承明元年（476 年）石造佛坐像为施禅定印的结跏趺佛坐像，其衣纹很密集，是典型的凸起状，每条凸起的衣纹中间又加以阴刻线。而陕西出土的景明四年（503 年）坐佛龛像的佛像衣纹则没有明显的凸起，但阴刻线增加。须弥山石窟第 24 窟的佛、菩萨像衣纹也是在这一背景下产生的阴刻"平行多线纹"的典型样式。

表 4–5 北魏早、晚期青铜、石刻造像衣纹统计对照表

名称及时期	出土地	图片	局部	衣纹样式
石交脚佛像 皇兴五年 （471 年）	西北地区（西安碑林博物馆藏）			凸起＋阴刻线
石造佛坐像 承明元年 （476 年）	西安（现藏波士顿）			凸起＋阴刻线
郭元庆等太子半跏像 太和十六年 （492 年）	灵台			阴刻线
金铜佛坐像 五世纪后半太和时期 （477—499 年）	陕甘			阴刻线
坐佛龛像 景明四年 （503 年）	陕西			阴刻线

从图像志的角度来看,这一佛教造像衣纹的整体风格还是"褒衣博带"式,宽大的衣服将身躯完全遮蔽在内,一派南朝文人士大夫之风范,是北魏服饰汉化的表现之一。根据衣服的摆动方向,雕刻一些密集的平行阴刻线,以表示身体大的转变关系,于是就变成了"平行多线纹",我们很容易将此跟南朝的"密体"联系起来。《历代名画记》卷二《论顾陆张吴用笔》云:"其后陆探微亦作一笔画,连绵不断……顾、陆之神不可见其盼际,所谓笔迹周密也。张、吴之妙,笔才一二,像已应焉,离披点画,时见缺落,此虽笔不周而意周也。若知画有疏密二体,方可议乎画。"①又"陆探微师于顾恺之"②,可见陆探微的画风大致为细致流畅、雅致飘逸一类的风格,是代表南朝宋时周密的画风。在此,笔者不揣冒昧,认为上述"平行多线纹"也与顾陆之"密体"有很大关系,也是北魏以来胡族统治者采取汉化政策的一种外在表现形式。

二、造像面相等的样式

佛教石窟起源于印度,传入我国以后在流传的过程中,其形制、造像样式等逐渐融入了很多本民族的建筑形式,不断被中国化。须弥山北周石窟内的帐形龛以及佛、菩萨造像的特征都非常突出,具有十分明显的时代特征,与北周政治文化中心长安的佛教艺术中的帐形龛、造像风格极为接近,可看到北周长安佛教文化的辐射影响。

北周首都长安城(今西安市未央区中查村)出土了一批北周单体佛、菩萨造像,它们是周武帝毁佛之前的作品③,是研究北周佛教艺术珍贵的

---

① [唐]张彦远著,俞剑华注释《历代名画记》第二卷,上海:上海人民美术出版社,1964年,第34—36页。

② [唐]张彦远著,俞剑华注释《历代名画记》第二卷,上海:上海人民美术出版社,1964年,第29页。

③中国社会科学院考古研究所编著《古都遗珍——长安城出土的北周佛教造像》,北京:文物出版社,2010年,第90页。

资料。从考古发掘来看,这些造像有存在于同一佛寺被毁后就近掩埋的可能,是否存在多佛组合,值得关注。仅就遗存下的单体佛、菩萨造像样式来看,与须弥山北周石窟的雕像具有很大的相似性。

中查村出土有 17 身立佛像,整体风格与须弥山北周石窟第 45、46 窟中的立佛接近。如第 3 号立佛有如下特点(图 4-46):肉髻低平、面相方圆丰润、鼓腹,左手置于腰部左侧握衣角,右臂屈起,右手已残。下身较短,显得比例不太协调。赤足立于莲台之上。外披通肩袈裟,袈裟下摆两角外撇后扬。衣领开口较高,位于颈下,呈圆领状。袈裟里面下身为长裙,裙摆下垂至脚面。裙筒的分叉在正前方双脚之间,袈裟衣纹用平直阶梯式直线或弧线来表现,上身衣纹从两肩垂下,然后呈弧形内卷,在胸腹部相接,呈"U"形。两腿部的衣纹对称,衣纹在两腿部上下错落近似"V"字形。须弥山北周石窟第 45 窟东壁的立佛,无论其面部特征、身体比例、佛装样式、衣纹都与此如出一辙(图 4-47),二者具有相同的时代风貌。两地其他立佛造像也基本风格一致,没有太大的区别。两地佛像还有一个比较明显的特点就是,腹部横束一带,打结后下垂,中查村的坐佛和立佛都有这种打结的装束(图4-48),须弥山石窟只有坐佛腹部打结(图 4-49)。此外两地部分佛像头顶还有螺发,可能受来自印度笈多王朝时期的秣菟罗艺术的影响。

两地菩萨的造型也基本一致。中查村 16 号菩萨(图4-52)和须弥山石窟第 46 窟中心柱南向面菩萨头戴花冠

图 4-46、图 4-47　西安市未央区中查村 3、5 号立佛线描图

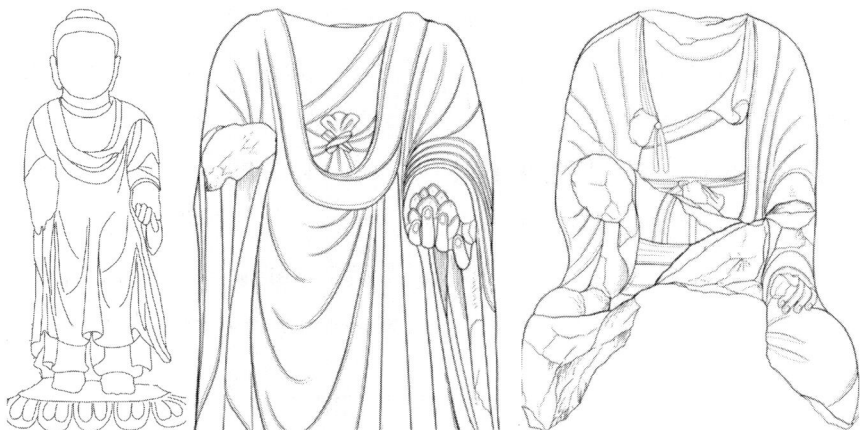

图 4-48　须弥山石窟　图 4-49、图 4-50　西安市未央区中查村 8 号立佛、10 号坐佛线描图
第 45 窟东壁立佛线描图

（图 4-53a、b），跣足立于莲台上，头大，面部圆浑，颈短，有项圈（第 46 窟
中心柱的菩萨项圈已残，窟内其他菩萨多有项圈），腹部前鼓突出。着裙
装，正面裙摆垂至脚面，裙外有复杂的披帛和璎珞，两者佩挂样式基本相
同，其中璎珞特显华丽，从背部绕过两肩、臂后沿着胸部呈"U"字形下垂，
于腹部相交，又分开顺两腿下垂一段后分别向两侧折回。

图 4-51　须弥山石窟　　　图 4-52　西安市未央区　　　图 4-53a、b　须弥山石窟
第 45 窟中心柱南坐佛线描图　中查村 16 号菩萨线描图　第 46 窟中心柱南向面菩萨线描图

　　此外,须弥山北朝石窟的佛像样式与麦积山石窟也有一定的相似性。

　　须弥山石窟一期佛像的特点是双肩下削,着通肩袈裟,裙摆短,身体清瘦。二期佛像的特点是肉髻低平,面相方圆,双肩宽平,身体健壮,着通肩或双领下垂袈裟,裙摆宽博,内外三层,衣纹水平状展开。一期菩萨像的特点为下身着长裙,衣纹略显细密。二期菩萨像的特点为面相、身姿同佛像,披巾交叉穿环和横于腹膝二道,璎珞交接于腹部莲花饰上,或垂于膝部。[①]现将须弥山石窟与麦积山石窟的佛像和菩萨像列表做一对比(表4-6):

表 4-6　须弥山石窟与麦积山石窟造像样式比较表

①李裕群《北朝晚期石窟寺研究》,北京:文物出版社,2003年,第104页。

续表

		须弥山石窟	麦积山石窟
佛像	二期	46　51 51　46	141　62 141　109
菩萨像	一期	24　24 24　32	127　44 44、20

续表

		须弥山石窟	麦积山石窟
菩萨像	二期	46　51 46　46	26　62

通过比较我们可以发现,麦积山石窟一期第76窟的佛像跟须弥山石窟比较接近,属于秀骨清像式,其他的佛像与须弥山石窟的二期样式更加接近。由此可见,麦积山石窟对须弥山石窟有较大的影响,西部地区的文化发展稍显滞后。到了二期,面相方圆、身体健壮的佛像均为二者所共有,佛像一般着通肩或双领下垂式袈裟,麦积山石窟佛像裙摆有覆座前、覆座上两种,有双阴线衣纹,而须弥山石窟的佛像裙摆都覆于座前。圆领通肩式袈裟,佛衣的悬裳呈向内收敛的弧状,可见二者之间的密切关联。①须弥

①王敏庆《北周长安造像与须弥山石窟》,《西夏研究》2012年第3期,第89页。

山等石窟流行的面相方圆、身体健壮的造像样式,应是受南朝张僧繇画风的影响。又不同程度地受到东魏、北齐石窟的影响,如褒衣博带式袈裟不再流行,取而代之的是通肩式或双领下垂式袈裟。

两地石窟一期的菩萨像区别较大,须弥山石窟的菩萨像多为双肩搭披巾,有的于胸腹间交叉,下着裙装,与麦积山石窟的区别较大。二期菩萨形体都是面相方圆,身体健壮。麦积山石窟菩萨像披巾多横于腹膝二道,交叉穿环者消失;须弥山石窟两种披巾样式都有,穿环者略少一些。

那么须弥山石窟以西地区石窟的造像样式,与须弥山石窟有什么样的关系呢? 关于河西地区佛教样式的不同传播方式,有西渐说和回传说,可能这两种情况都是存在的。张宝玺通过对云冈石窟中心柱窟与敦煌石窟中心柱窟在开凿时间上的比对,认为河西地区中心柱窟的流行不会早于云冈石窟,尤其在北魏灭北凉后对凉州中心地位的颠覆,以及北魏佛教国家化、民众化的历史背景下,河西石窟受云冈石窟很大的影响。[①]在河西走廊西端的敦煌莫高窟,最早的中心柱窟出现在二期,相当于北魏中期(465—500 年)[②],云冈石窟对于敦煌石窟的影响也显而易见。在这一影响的过程中,处于中间环节的固原须弥山石窟起了很重要的纽带作用。

武威天梯山石窟第 1、4 窟开凿于北魏时期,中心柱基座以上分三层凿龛造像,逐层收分,每层上部似有塔檐。窟壁不开龛,但从残存的图像来看,应塑绘有千佛。第 1 窟的上层每面凿并列的二圆拱龛,可能是二佛并坐,其他每层每面各开一圆拱龛。第 4 窟上层每面似未开龛,中下层每面各开一龛(图 4-54)。昌马石窟第 4 窟以及肃北五个庙石窟第 5 窟,都是开凿于北魏后期的中心柱窟,它们的形制与须弥山北魏石窟第 24 窟极为

①张宝玺《河西北朝石窟》,上海:上海古籍出版社,2016 年,第 19 页。

②樊锦诗等《敦煌莫高窟北朝洞窟的分期》,敦煌文物研究所编《敦煌研究文集》,兰州:甘肃人民出版社,1982 年,第 373 页。

相似(图 4-55),尤其是中心柱样式都是三层,逐层内收,四面开龛造像,可见中原佛教经原州一路向西传播的态势。

由于丝路的畅通,敦煌与内地联系的加强,又有崇信佛教的建平公于义和段永等出任瓜州刺史,带去长安新样式、新内容。所以这一时期的敦煌石窟主要受到了来自中原的影响。[1]到了北朝晚期,须弥山石窟出现的单层开龛中心柱,基座雕刻神王,皆与东部地区石窟影响有关,而敦煌石窟中心柱亦做单层开龛形制,应是受到东部地区石窟的影响,包括固原的须弥山石窟。

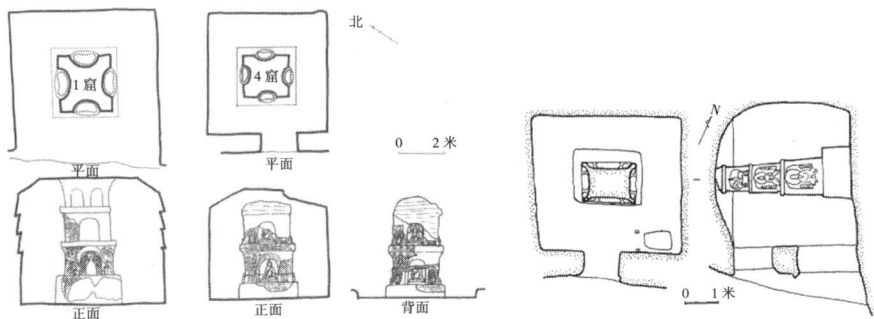

图 4-54　天梯山石窟第 1、4 窟平面及中心柱立面图[2]　图 4-55　须弥石窟山第 24 窟平、剖面图[3]

从风格上看,北魏以后河西地区石窟的图像明显滞后于东部地区石窟。

就敦煌石窟来说,以孝文帝太和改制为界线,在改制以前,石窟内造像或壁画中人物面相丰满略长,鼻梁高隆直通额际,眉长眼鼓,肩宽胸平,有立有坐,姿势单调。佛像一般着右袒式或通肩式袈裟,装饰性衣纹随身翻转,显得非常密集,给人以薄纱透体之感。菩萨戴宝冠,高髻,上身半裸或斜挎"天衣",腰部束有羊肠裙,神情端庄,体态健硕,趋向厚重简朴。可

---

① 李裕群《北朝晚期石窟寺研究》,北京:文物出版社,2003 年,第 189 页。
② 张宝玺《河西北朝石窟》,上海:上海古籍出版社,2016 年,第 28 页。
③ 宁夏回族自治区文物管理委员会、北京大学考古系编著《须弥山石窟内容总录》,北京:文物出版社,1997 年,第 55 页。

以看到当时的佛教艺术在很大程度上保留了外来的原始面貌。[①]

　　直到大约公元 500 年以后的第三期，敦煌佛教艺术中才流行秀骨清像、褒衣博带式的服装，如莫高窟第 437、435、431、248、249、288、285、286、247 等窟的造像中，出现了许多中原十分流行的面貌清瘦、身体扁平、脖项细长的秀骨清像、褒衣博带新样。佛像内穿交领僧祇支，束带后打小结于胸前，外着对襟式袈裟；菩萨像中仍有上身半裸、腰围长裙的西域式形象，然而褒衣博带式形象也已出现。总之，太和改制以后，佛教造像的艺术手法逐渐丰富，他们的性格类型化趋于明显，如佛的慈祥、菩萨的恬淡、力士的粗犷、天王的威武等，可以非常明显地看出当时士大夫阶层通脱潇洒的风貌。[②]这种风格明显区别于前期流行于西域的样式，可能与东阳王元荣于北魏孝昌元年（525 年）前，自洛阳出任瓜州刺史带来中原文化有很大关系。第 432 窟则有很多较晚的因素，塑像头部增大，面相近方圆，下肢偏短。第四期即北周时期，又有了头大、体壮、脸方等方面的新变化。敦煌地处西陲，整个北朝时期远离政治经济文化中心，由于路途遥远，交通不便，中原文化和造像新样式、新内容的传入，需要有一定的时间过程。须弥山石窟与麦积山石窟在发展阶段上大体同步，但敦煌石窟的造像样式的演变仍然晚于须弥山石窟和麦积山石窟，佛像虽然属于丰壮样式，但服饰仍是北魏晚期褒衣博带式袈裟的旧制。[③]第 442 窟的主尊一坐佛，面相方圆，与须弥山石窟北周时期的佛像一样，但其服饰与第 285 窟的佛像相似，仍是北魏晚期的旧制。又如须弥山石窟第 46 窟与莫高窟第 290 窟的菩萨，均面相方圆，披巾绕双臂后于腹部交叉穿环，极为相似。可以看

---

　　①段文杰《早期的莫高窟艺术》，敦煌文物研究所编著《中国石窟·敦煌莫高窟》（一），北京：文物出版社、株式会社平凡社，1999 年，第 176 页。

　　②段文杰《早期的莫高窟艺术》，敦煌文物研究所编著《中国石窟·敦煌莫高窟》（一），北京：文物出版社、株式会社平凡社，1999 年，第 176 页。

　　③李裕群《北朝晚期石窟寺研究》，北京：文物出版社，2003 年，第 183 页。

出,北朝后期,由于受中原文化的影响,莫高窟所彰显的文化内涵慢慢趋同于中原文化, 上述两地石窟之间造像的相似性可证明二者之间的交流与联系(图 4-56、图 4-57、图 4-58、图 4-59)。

图 4-56　须弥山石窟第 45 窟倚坐像线描图

图 4-57　须弥山石窟第 46 窟交脚像线描图

图 4-58　莫高窟第 442 窟倚坐像线描图

图 4-59　莫高窟第 285 窟倚坐像线描图

第五章

须弥山北朝石窟相关问题探讨

须弥山北朝洞窟有着明显的区段划分，每一时期的洞窟开凿相对固定，位于不同的区域，且洞窟根据功能需求有不同的组合方式。在每个洞窟中，有不同于同一时期其他地区洞窟和佛教图像的细节，彰显着须弥山石窟的特色。供养人像的样式和排布形式，是北朝历史与民族问题的反映；胡服跪坐的维摩文殊，说明具有民族特殊性的固原如何用特殊的样式凸显着北朝"义学"的兴起与维摩诘信仰的流行；北周造像的特点在须弥山也有传播与流行；神王、伎乐的表现展现出在民族文化交流的"万花筒"中，作为文化表征的视觉文化独有的魅力。这些都是进行中国美术史、中国雕塑史研究的重要形象史料。

第一节 须弥山北朝石窟供养人像及其变化

一、须弥山北朝石窟供养人像考察

石窟供养人,是指开窟造像的佛教信仰者、出资者,又称为施主、窟主、功德主,他们不仅代表的是佛教信徒这一宗教性意义,同时也反映出一定的社会性意义。也就是说,他们是现实生活中人物的写照,在一定程度上反映了当时的社会生活。

须弥山北朝石窟中,仅在北周第45、46窟中有供养人雕像,别的洞窟没有保存下来。

第45窟南壁东龛下四个长方形浅龛内各雕一手持莲蕾、半跪状的供养人,双手拱于胸前,面朝西。西龛龛下雕九个长方形浅龛,内各雕一半跪状供养人,面朝东。西壁三龛下部雕长方形浅龛,内雕供养人,北部供养人已风化,现残存十三身,均为持莲蕾、半跪状。北壁三龛下部风化严重,中龛下部有长方形浅龛痕迹,原应有供养人。东壁三龛下部雕长方形浅龛,内雕供养人,做半跪状,手持莲蕾。北部供养人风化模糊,可辨认出二十二身(图5-1)。

图 5-1 　须弥山石窟第 45 窟供养人

第 46 窟中心柱东向面基座上雕五个方形浅龛，正中龛内雕博山炉，北面两龛分别雕一供养比丘和二男供养人，南面两龛分别雕一供养比丘尼和二女供养人，均身着圆领窄袖胡服（图 5-2）。

图 5-2 　须弥山石窟第 46 窟供养人

通过对须弥山北朝石窟供养人基本资料的考察，现存的北朝供养人虽然少，但也凸显出须弥山北朝石窟中比较特殊的现象：

（一）北魏、西魏时期的洞窟内供养人缺失，到了北周时期，洞窟内有供养人出现，这两个窟的供养人是象征性的。在须弥山石窟，北周时期人们才开始注重供养人的雕刻，才在洞窟中有了一席之地，体现了佛教的世俗化倾向。

（二）在供养人行列中，男、女同时出现，并未脱离一般石窟内供养人的排列范式，但供养人的胡装装扮以及大部分跪姿姿态，较为特殊。

（三）供养人行列中有作为引导者的比丘和比丘尼出现，说明本地的僧侣集团也作为施主参与其中，很有可能北周时期原州地区有僧众集团的存在。

（四）《总录》《须弥山石窟》中都认为第 46 窟窟门上方两侧龛内造

像为供养人，笔者认为此供养人造像的认定有可疑之处。门上供养人位于中间五尊像的两侧龛内，但两侧男女供养人的大小与中间龛内主尊大小一致，又男女供养人两侧各有二侍从像，这种样式不太像供养人的配置。在北周之前各地石窟中未见有供养人出现于窟门上方的布局，敦煌莫高窟隋代第 271、302、303 等窟窟门下侧有供养人，吐蕃时期洞窟窟门上方最早出现了供养人画像，且供养人单独位于窟门上方，没有与佛像并置。关于供养人像出现于洞窟主室窟门上方的意义，沙武田在《吐蕃统治时期敦煌石窟研究》一文中认为，吐蕃第 231 窟窟门上方阴伯伦夫妇像的绘制，具有和传统意义上的供养人画像完全不同的时代特征，这是吐蕃统治时期敦煌石窟供养人画像所表现出的新现象。说明了这一供养人位置的变化在敦煌石窟中出现的政治隐情。①无论是与佛像并置还是单独出现，北周前后洞窟窟门上方都未曾有供养人形象出现。如果供养人在须弥山北周第 46 窟窟门上方出现，就显得非常孤立。韩国学者朱秀浣提出第 46 窟在入口上方中央描绘了坐佛像，其左右榻上有尊像，可能描绘了维摩与文殊问答场景②，但并未展开论述，笔者同意朱秀浣的观点，认为第 46 窟窟门上方并不是供养人，而雕刻的是维摩诘和文殊菩萨。对此窟维摩诘文殊图像的辨识、来源释读以及其与北朝佛教"义学"等关系问题的讨论，在下一节专门进行。

二、供养人像的分布位置与图像组合形式

（一）分布位置

北朝时期的供养人画像及其题名明显强调人对于佛的虔诚供养，

---

①沙武田《吐蕃统治时期敦煌石窟研究》，北京：中国社会科学出版社，2013 年，第 75 页。

②（韩）朱秀浣《须弥山石窟的佛教美术交流史的意义》，代学明主编《须弥山石窟研究》，银川：宁夏人民出版社，2016 年，第 111 页。

突出的是佛，而不是供养人①。云冈石窟的供养人大多位于龛下，且在壁面下层雕刻供养人行列也比较流行。须弥山石窟第45窟的供养人均出现在石窟四壁和中心柱的最下层，很不显眼，这与北朝其他地区石窟供养人的位置基本一致，排列整齐，仅20厘米左右（图5-3、图5-4）。第46窟的供养人也处在石窟中较低的位置，即在中心柱东向面基座

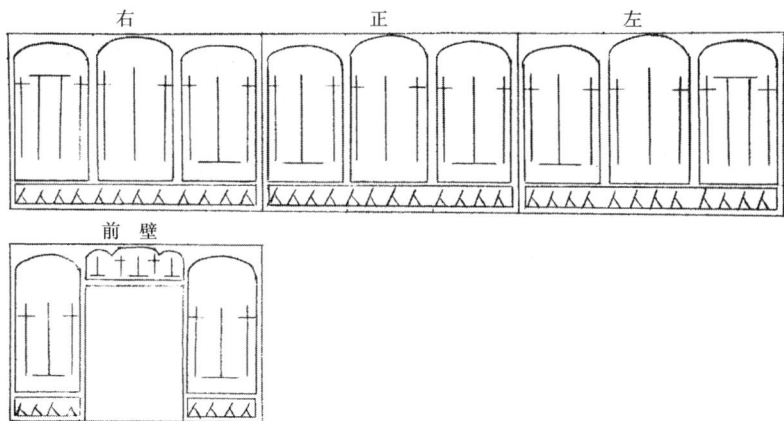

图5-3　须弥山石窟第45窟四壁布局示意图

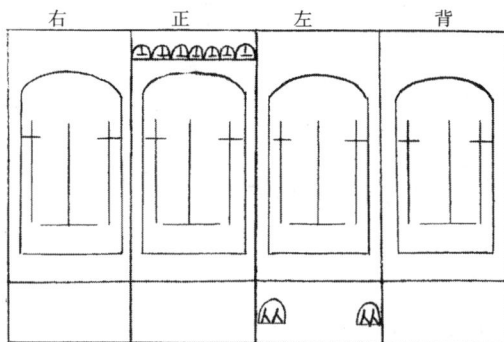

图5-4　须弥山石窟第46窟中心柱布局示意图

---

①贺世哲《从供养人题记看莫高窟部分洞窟的营建年代》，敦煌研究院编《敦煌莫高窟供养人题记》，北京：文物出版社，1986年，第195页。

上，男供养人、比丘以及女供养人、比丘尼分别位于香炉的两边，这里还有一个比较明显的部分，即供养比丘和比丘尼单独位于香炉左右龛内，而且龛内装饰有帷帐，两边的男女供养人两人置一龛，龛内没有任何装饰，可能这样的设计也是为了突出佛高于人，人对佛的虔诚与恭敬。总之，须弥山北周洞窟供养人的位置均出现于石窟下部的位置，是中国石窟中"上图佛会，下邈真仪"佛像和供养布局的一种体现。

（二）图像组合形式

从目前的考古发掘情况来看，须弥山北朝石窟供养人的组合形式比较简单，主要有以下几种样式：

1. 中间雕刻博山炉，两侧雕供养人（图 5-5）。第 45 窟的供养人位

图 5-5　须弥山石窟第 45 窟东壁下层供养人线描图

于石窟壁面最下层，都为跪姿，以香炉为中心，左右两边各四人为一组，面向香炉，其中紧挨香炉的两身供养人手执长柄香炉，其他三身手执莲蕾。由于风化较为严重，他们的性别等已难以辨别。对于这种胡跪姿的供养人形象，贵霜时期就已出现（图 5-6），莫高窟北凉第 275 窟北壁中层《月光王本生》中，月光王前有一人胡跪执盘，莫高窟北魏第 260 窟中心柱龛楣两侧满贴影塑胡跪供养人像。胡跪状的供养人图像，是从贵霜大夏之呾密，一直流行到北

图 5-6　古呾密石雕《大神变》

凉、北魏之敦煌的一种图像。[1]佛教艺术总会有一种共时性的表现特征,某种风格样式会持续流行一段时间。新疆克孜尔石窟中也绘有大量的供养人像,初期的供养人画像人物形象小,多为跪式,大多绘在窟壁的最下端。

2. 中间雕刻香炉,一侧雕两身男供养人和一身比丘,另一侧雕两身女供养人和一身比丘尼,位于中心柱东向面最下层的基座上。香炉居于供养人之间的布局,在佛教艺术图像中也是比较常见,如太安三年(457年)的石雕佛坐像;云冈石窟第11窟东壁第3层中部佛龛下方中央香炉两侧雕刻的供养人、南壁第4层东侧佛塔基座中央香炉两侧雕刻的供养人(图5-7),北石窟寺香炉两侧雕刻的两身跪坐状供养人(图5-8);龙门石窟也有这种类型,古阳洞北壁比丘惠成龛台座底部,中间有一香炉,左右两边各有两身胡服、跪坐的供养人,不过龙门以及巩县石窟中更流行类似长卷式的"主从形式"的供养人群像。[2]

图5-7 云冈石窟第11窟南壁第4层东侧佛塔基座供养人

从这种组合样式来看,僧人在供养人行列之中作为引导,男女供养人混合排列在一起,但手持物品有所不同。将男性和女性供养人像分别安排

---

① 姜伯勤《敦煌艺术宗教与礼乐文明——敦煌心史散论》,北京:中国社会科学出版社,1996年,第116页。

②(日)石松日奈子著,筱原典生译《龙门石窟和巩县石窟的汉服贵族供养人像——"主从形式供养人图像"的成立》,《石窟寺研究》2010年第00期,第98页。

图5-8　北石窟寺北朝供养人

是北魏以来佛教艺术中比较流行的表现方式。从供养人之"男左女右"的位置来看，符合以左为上的中国传统思想。[1]反映了中国传统思想中尊左卑右、男尊女卑的文化观念和以对称为美的审美观念。

三、供养人的服饰、手持物品及其他

须弥山石窟第45、46窟的供养人雕像全部身披胡服，我们可推测这两个洞窟的窟主有可能为胡人。第45窟的供养人残损较为严重，但从遗留的较为清晰的一些形象来看，都是胡装，圆领窄袖的特征较为明显（图5-9）。

第46窟的比丘身穿圆领僧祇支和长袍，外面罩着双领下垂袈裟，衣襟从胸前外翻下垂，脚穿屐（图5-10），与莫高窟第428窟的供养比丘之着装较为相似（图5-11）。男供养人上身套窄袖、紧身的圆领长袍，前面开襟，腰束革带（能明显地看出腰部粗壮，肚子浑圆），并非平民胡人所穿的

---

①（日）石松日奈子、筱原典生、于春《敦煌莫高窟第285窟北壁供养人像和供养人题记》，《敦煌研究》2016年第1期，第18页。

图 5-9　须弥山石窟第 45 窟壁面下层供养人

图 5-10　须弥山石窟第 46 窟供养比丘、比丘尼　　图 5-11　莫高窟第 428 窟供养比丘

常服袴褶①，因为平民所穿袴褶虽圆领、对襟、窄袖、紧身，但长不过膝，便于活动。在敦煌壁画里也常出现在官员权贵之服饰中②。巾帻③是北朝少数民族平民男子的一种帽饰，莫高窟北魏第 275 窟中的平民男子头裹巾帻（图 5-12），莫高窟北周第 296 窟的骑行男子头裹巾帻，步行男子头上为典型的平巾帻（图 5-13）。而笼冠是汉族官员常戴的一种帽子，从图像来

①袴褶，平民男子的常服一般是短衣下裤，即袴褶，为胡服。传说袴褶始于先秦赵武灵王，其实最早的袴褶形象见于陕西咸阳出土的春秋时期秦国骑兵陶俑。最早的文字资料载《三国志·吴志》吕范傅中注：当吕范自愿任都督时，"便释，着袴褶"。可知汉末在中原袴褶已相当流行，但多为低级将领及士卒之服。敦煌研究院主编《敦煌石窟全集·服饰画卷》，北京：商务印书馆，2005 年，第 27 页。

②敦煌研究院主编《敦煌石窟全集·服饰画卷》，北京：商务印书馆，2005 年，第 15 页。

③巾帻，为平民男子留发束髻，庶民不戴冠弁，以巾覆发，即"巾帻"。《说文》记载："发有巾则曰帻"。《广雅》曰："帻，巾覆结（髻）"。帻一般以质地厚实的方形布帛做成，折叠成固定形状，使用时绕髻一周。由于裹巾形状的不同，又分平上帻和介帻两种。平上帻又名平巾帻、小冠，中呈平型，帻后加高。介帻则顶端高起，形似尖角屋顶。敦煌研究院主编《敦煌石窟全集·服饰画卷》，北京：商务印书馆，2005 年，第 28—29 页。

图 5-12　莫高窟北魏第 275 窟
　　　　供养人头裹介帻

图 5-13　莫高窟北周第 296 窟男子

看,须弥山石窟第 46 窟的男供养人下身穿宽腿裤,窄(小)口,头戴高冠,并非平帻,不是一般的平民,隐含着其身份非富即贵,或为有一定身份地位的地方豪族。

　　靠近供养比丘尼的女供养人头梳高髻,上身套窄袖、紧身圆领(夹领)长袍,侧面开襟,长袍下有裙装,应为贵族。另外一位女供养人头部残,其服饰与前者装饰基本一致,只是上身长袍为对开襟(图5-14a、b)。

图 5-14a、b　须弥山石窟北周第 46 窟女供养人及线描图

　　这几身男女供养人的服饰与固原北魏漆棺画(图 5-15),西魏庄浪紫荆山梁俗男造像塔、李贤墓等艺术图像中鲜卑人所着服饰十分接近(图 5-16、图 5-17)。男供养人一般着裤装,上面套长袍;女供养人着裙装,上面套长袍。

图 5-15　固原北魏墓漆棺画人物线描图

图 5-16　庄浪紫荆山梁俗男造像塔供养人　　　图 5-17　李贤墓出土胡人陶俑线描图

关于供养人的手持物品，第45窟的供养人主要持有两种物品：一种为长茎莲蕾，一种是香炉，这也是石窟内供养人手中比较常见的手持物品。北周毛明胜造像碑上也有手持长茎莲蕾的供养人（图5-18）。马众庶造像碑右边的两身供养人手持盛开的长茎莲花，左边的供养人却手持盛开的忍冬花（图5-19）。陕西靖边统万城北朝壁画《胡人礼佛图》中，北壁礼佛舍利塔下站立着六名胡貌僧人，一字并立的僧人手持盛开的长茎莲花（图5-20）。可见，在北朝供养人的图像世界中，也是百花齐放，丰富多彩。第46窟的供养人手持物品不甚清楚。

段文杰认为："供养人像，是当时真人的肖像，也是宗教功德像。一画就成十上百，不能不采取程式化办法，主要表现其民族特征、等级身份和虔诚的宗教热忱，尽管都有题名，但不一定肖似本人，明显地看出来千人

图5-18 毛明胜造像碑碑阳供养人线描图　　图5-19 马众庶造像碑碑阳供养人线描图

图5-20 陕西靖边统万城北朝壁画胡人礼佛图

一面的倾向。"①敦煌石窟中多绘制有粟特、吐蕃、回鹘、吐谷浑等少数民族供养人,他们的个性减弱乃至于消失而共性特征突出,"千人一面"倾向明显。郑炳林从相书理论方面进行了深入研究,认为相书好相是敦煌地区审美观的集体再现,同时也影响了石窟供养人的绘制图式②。须弥山石窟供养人雕像也基本呈现了这一态势。

纵观这两窟内的供养人像,虽然数量不多,但每个人的动态、角度、着装等也有细微的差别,足见工匠的精湛技艺。胡同庆对敦煌北朝供养人画像的美学意义进行了探讨,他指出佛教画像除了有奉佛劝善戒恶的目的之外,也再现着那个时代的审美风尚。这是社会的要求、画像本人的需要、画师的需要,要求画像有风度有神韵③。须弥山北朝石窟供养人彰显了怎样的风度与神韵呢?以第46窟供养人为例,我们不难看出这一时代的审美风范。如果说北魏时期的供养人多有面庞清瘦、肩窄膀削的"秀骨清像"之风的话,那么,须弥山石窟第46窟的供养人与北周张石安敬造释迦牟尼碑中的供养人一样(图5-21),面目方圆、体态丰满、孔武有力、质朴淳厚,成为隋唐之风的前奏。

图5-21　北周张石安敬造释迦牟尼碑线描图

---

①段文杰《形象的历史——谈敦煌壁画的历史价值》,《段文杰敦煌艺术论文集》,兰州:甘肃人民出版社,1994年,第108—134页。

②郑炳林《敦煌写本相书理论与敦煌石窟供养人画像——关于敦煌莫高窟供养人画像研究之二》,《敦煌学辑刊》2006年第4期,第1—23页。

③胡同庆《试探敦煌北朝时期供养人画像的美学意义》,《敦煌研究》2015年第1期,第43页。

四、须弥山石窟第 45、46 窟供养人所反映的历史与民族问题

（一）须弥山石窟第 45、46 窟的窟主及营建时间

中国佛教造像是人们为满足佛教信仰而造，其实它们也极具政治性、社会性意义、目的和功能。胡服供养人意味着其为邦国理想的臣民像，具有向统治者表示顺从意志的功能……将供养人像刻于佛像本体周围，具有非常现实的目的。[①]供养人造像的表现方式与社会历史有不可分割的联系。须弥山石窟由于没有题记和其他文献的记载，我们无法知道洞窟窟主的族属，通过前面的分析我们可推测第 45、46 窟这两大窟窟主不是一般人，应是本地的大族，有一定的势力与地位，因此这两窟为胡人功德窟的可能性比较大。笔者发现约保定三年（563 年）所绘制的莫高窟北周"王公窟"之一的第 290 窟，与须弥山北周第 46 窟之间有着千丝万缕的联系，它们都与李贤、李穆有关，通过二者之间艺术图像的比较并结合史书中的相关文献记载，对进一步探究第 45、46 窟的营建等相关问题有着很大的启发。

莫高窟第 290 窟开凿在石窟群南区东段的北侧崖面上，是北周时期规模较大的中心柱窟，中心柱四面各开一圆拱形浅龛，东、南、北三向面龛内各塑一倚坐佛和二弟子，两侧及龛外塑四尊菩萨。基座四面上层绘供养人，下层绘力士。人字披绘佛传故事，四壁上段绘伎乐飞天，中段绘千佛，下段与中心柱相同，上层绘供养人，下层绘演奏器乐和跳舞的力士（图 5-22、图 5-23）。须弥山石窟第 45、46 窟也是须弥山北周开凿的最华丽的洞窟，规模也比较宏伟，中心柱基座周围有伎乐、神王、供养人，其他龛内凿有交脚佛、倚坐佛、菩萨等造像。因此，虽然第 45、46 窟的倚坐佛和交脚佛位于四壁，莫高窟第 290 窟的倚坐佛和交脚佛位于中心柱上；第 45、46

[①]（日）石松日奈子著，牛源译《中国佛教造像中的供养人像——佛教美术史研究的新视点》，《中原文物》2009 年第 5 期，第 84 页。

图 5-22　莫高窟第 290 窟中心塔柱东向面龛下供养人及药叉

图 5-23　莫高窟第 290 窟南壁下方东侧供养人及药叉

窟的伎乐、神王、供养人由于空间问题仅雕数身,而第 290 窟的伎乐、供养人规模较大,然仍可看出这两个洞窟的题材内容有很大的相似性。

　　关于莫高窟第 290 窟窟主及相关问题的讨论,研究成果不少。贺世哲《石室札记》初步推测第 290 窟的窟主是李贤的可能性非常大,[①]樊锦诗、

----

①贺世哲《石室札记》,《敦煌研究》1999 年第 4 期,第 50—55 页。

关友惠、马世长认为这一洞窟可能建于西魏大统十一年至隋开皇四年（545—584 年），而主要的开凿时期是在北周时期。①李崇峰认为它建于明帝武成二年至武帝建德三年之前（560—574 年）。②赵青兰认为营建于北周保定三年之后至武帝建德三年（563—574 年）左右。③马德考虑第290 窟具有莫高窟其他"王公窟"所具有的特点，大致判断第 290 窟最有可能营建于公元 563 年至 564 年之间，而此时任瓜州刺史的正是河西公李贤。④

　　关于第 290 窟开凿的时间笔者同意马德的观点，因为像这样规模的"王公窟"有两年时间也就可以基本完成，且窟内有药叉作为护法神众，可能是为了保护佛法，与灭法事件有关。而宇文邕在天和三年（568 年）八月和天和四年（569 年）二月召集群臣、沙门、道士等讨论儒、释、道，而"亲讲礼记"已经反映出其较为明确的思想倾向。北周建德三年（574 年），"初断佛、道二教，经像悉毁，罢沙门、道士，并令还民。并禁诸淫祀礼典所不载者，尽除之"。⑤已经进入了灭佛的白热化阶段。因此，对于第290 窟的开凿时间在公元 563 至 564 年间最有可能。

　　李贤是北朝时期的显赫人物，陇西成纪人，他的家族也是功臣世家，是西汉骑都尉将军李陵的后代，他的曾祖父李富、祖父李斌以及父亲李文保，曾在陇西和高平等地为官。李贤本人出生于高平城。史书中关于他一生中重要事件的记载如下：

---

①樊锦诗、马世长、关友惠《敦煌莫高窟北朝洞窟的分期》，《中国石窟·敦煌莫高窟》（一），北京：文物出版社，1996 年，第 197 页。

②李崇峰《敦煌莫高窟北朝晚期洞窟的分期与研究》，《敦煌研究文集·敦煌石窟考古篇》，兰州：甘肃民族出版社，2000 年，第 29—111 页。

③赵青兰《莫高窟中心塔柱窟的分期研究》，《敦煌研究文集·敦煌石窟考古篇》，兰州：甘肃民族出版社，2000 年，第 211—256 页。

④马德《敦煌莫高窟史研究》，兰州：甘肃教育出版社，1996 年，第 36 页。

⑤[唐]令狐德棻等撰《周书》卷五，北京：中华书局，1971 年，第 85 页。

大统八年(542年),任原州刺史;

大统十二年(546年)后,先后从征凉州,打败柔然,抚慰今敦煌、武威、张掖、酒泉、金城河西五郡;

大统十六年(550年),太祖至原州,令贤乘辂,备仪服,以诸侯会遇礼相见;

魏恭帝元年(554年),晋爵河西郡公;

北周闵帝元年(557年),宫廷政变中,因受其侄李植谋诛晋公宇文护一事牵连而被免爵;

北周保定二年(562年),周武帝"诏复贤官爵,仍授瓜州刺史",重新统治敦煌两年;

北周保定四年(564年),置河州总管,任河州刺史;

北周保定五年(565年),废河州总管建洮州总管府,改任洮州刺史;

北周天和四年(569年)三月,在京师病故,同年归葬原州。

李贤在保定二年(562年)再次西刺瓜州的时候,弟李穆也随兄西迁,寓家敦煌。敦煌《圣历碑》记载:"曾祖(李)穆,(北)周敦煌郡司马、使持节张掖郡诸军事、张掖太守、兼河右道诸军事、检校永兴酒泉二郡大中正、荡寇将军。"[1]而李穆在这之前,也就是公元554—560年任原州刺史,在敦煌之后再次内迁,居官于朝中,公元572年又任原州总管。可以看出在北朝原州至敦煌一线,李氏家族确实是很辉煌的。

现在我们回到敦煌与原州两地的两个石窟中。李贤的作为维护着丝绸之路的畅通,同时他也深受丝路文化的感染,在敦煌莫高窟第290窟的壁画中,《胡人驯马图》中的"马"与"鞍",就是文献中记载的周武帝赐给李贤的"中厩马"和"金装鞍勒",而壁画中两身气度不凡的供养人像,从他们

---

①郑炳林、郑怡楠辑释《敦煌碑铭赞辑释(增订本)》(上),上海:上海古籍出版社,2019年,第21—22页。

的着装和气质来推测应是朝野显赫人物李贤本人和他的弟弟李穆，再有洞窟北壁下一供养人像旁写有"吴氏爱亲"的题记，与李贤夫人吴辉相吻合。由此我们可以看出，李贤、李穆弟兄也是虔诚的佛教信仰者，这一"王公窟"便是例证。

须弥山石窟第45、46窟也具备马德所说的"王公窟"的特点，一是规模较大，在须弥山北朝洞窟中，除了第51窟以外，第45、46窟是位居其次的；二是内容丰富，贴近现实社会，如七佛、伎乐人、飞天、神王、供养比丘、供养比丘尼、世俗供养人、维摩文殊等题材众多，与世俗生活紧密相连；三是供养人雕像中有着装高贵、呈跪姿状的形象；四是新出图像比较多，如七佛、隔释迦对坐的维摩文殊图像都是前期洞窟中没有的新内容。前文我们梳理了莫高窟北周第290窟和须弥山北周第45、46窟洞窟图像的相似性。在此从这个方面可以推断，须弥山北周第45、46窟作为"王公窟"，与某位王公贵族有很大的关系。

李穆在公元554—560年任原州刺史，于保定二年（562年）随兄李贤西刺瓜州，天和二年（567年）进封申国公，邑五千户，持节安抚东境，修武、申、旦、郭、慈涧、崇德、安民、交城、鹿卢等城镇，于天和七年（572年）又任原州总管。而李贤于保定五年（565年）改任洮州刺史后基本上结束了他的仕途生涯。天和四年（569年），李贤在京都驾鹤西游，同年安葬原州落叶归根。须弥山石窟第45、46、47、48窟位于同一区段的同一组合中，下层的第47、48窟是因毁佛未完成的窟，结合上层第45、46窟洞窟内的护法题材内容，可知第45、46窟应是开凿于武帝灭佛之前夕。武帝在天和三年（568年）和天和四年（569年）只是有毁佛倾向，还未到达高潮。结合这些历史片段，我们可以大胆推测，李贤于天和九年（574年）安葬原州前，其弟李穆在任申国公期间就开始策划在原州开凿石窟，一来彰显功德，二为纪念贤兄，于天和七年（572年）任原州总管时开始营建，那么大的洞窟，历时一到两年基本结束，也就是在毁佛最严重的574年前基本上就建完了。再者,北周的灭佛,主要是武帝出于经济和政治上的考虑,①通过"求兵于僧众之间,取地于塔庙之下"②来强国富民。佛教徒为了增强佛像的庄严气质而贴金箔或涂金粉。"周建德元年(572 年),濮阳郡有石像,郡官令载向府,将刮取金",③他毁佛的目的之一是融刮金铜,以充国家资财,而在当时的须弥山石窟,佛像是在岩石上雕刻的,有的结合了泥塑,这与武帝"融刮圣容"的目的关系不大。因此,须弥山石窟第 45、46 窟的窟主很有可能是李穆,开凿的时间不会早于天和四年(569 年),下限不晚于572—573 年,也就是李穆任原州总管的时间。李氏家族成员在丝绸之路的那个时空中,足迹遍布东西,在遥远的敦煌留下了彰显他们信仰的印记,远隔千里的原州须弥山石窟中留下的也应该是他们信仰的折射。

(二)洞窟中的"胡装"所反映的民族问题

须弥山北周第 45、46 窟供养人的服饰均为胡装,窟门上方的维摩文殊也被穿上了胡服,这些图像有着更深层次的社会历史隐情。

史书及墓志对西魏北周时期原州的地方长官族属等多有记载。

宇文泰:

> 太祖文皇帝姓宇文氏,讳泰,字黑獭,代武川人也。其先出自炎帝神农氏,为黄帝所灭,子孙遁居朔野。有葛乌菟者,雄武多算略,鲜卑慕之,奉以为主,遂总十二部落,世为大人。其后曰普回,因狩得玉玺三纽,有文曰皇帝玺,普回心异之,以为天授。其俗谓天曰宇,谓君曰文,因号宇文国,并以为氏焉。④

①余嘉锡《卫元嵩事迹考》,《余嘉锡论学杂著》上册,北京:中华书局,1963 年,第 235—265页。
②释道宣《广弘明集》卷二四释昙积《谏周祖沙汰僧表》,见《大正藏》第 2103 号,第 52 卷,第229 页。
③[唐]魏征撰《隋书》卷二二,北京:中华书局,1973 年,第 643 页。
④[唐]令狐德棻等撰《周书》卷一,北京:中华书局,1971 年,第 1 页。

《李贤墓志》记载：

> 本姓李，汉将陵之后也。十世祖俟地归聪明仁智……乃率领
> 诸国定扶戴之议。凿石开路，南越阴山。竭手爪之功，成股肱之
> 任。建国拓（跖）拔，因以为氏。①

侯莫陈崇：

> 侯莫陈崇字尚乐，代郡武川人。其先，魏之别部，居库斛真
> 水。五世祖曰太骨都侯。其后，世为渠帅。祖允，以良家子镇武川，
> 因家焉。父兴，殿中将军、羽林监。②

宇文导为宇文泰之侄子，亦为鲜卑族人。

王盟：

> 字子仵，明德皇后之兄也。其先乐浪人。六世祖波，前燕太
> 宰。祖珍，魏黄门侍郎，赠并州刺史、乐浪公。父罴，伏波将军，以
> 良家子镇武川，因家焉。③

窦炽：

> 窦炽字光成，扶风平陵人也。汉大鸿胪章十一世孙。章子统，

---

① 银川美术馆编《宁夏历代碑刻集》，银川：宁夏人民出版社，2007年，第9页。
② [唐]令狐德棻等撰《周书》卷一六，北京：中华书局，1971年，第268页。
③ [唐]令狐德棻等撰《周书》卷二〇，北京：中华书局，1971年，第333页。

灵帝时,为雁门太守,避窦武之难,亡奔匈奴,遂为部落大人。后
魏南徙,子孙因家于代,赐姓纥豆陵氏。累世仕魏,皆至大官。父
略,平远将军。以炽著勋,赠少保、柱国大将军、建昌公。①

宇文胄:

　　北周代郡武川人,鲜卑族。宇文什肥子。什肥为高欢所杀,胄
以年幼下蚕室。武帝天和中,与齐通好,胄始归关中,袭爵邶国
公,累官荥州刺史。静帝大象末,杨坚辅政,胄举州兵应尉迟迥,
为杨素所败,被杀。②

　　《田弘墓志》③记载,田弘卒于北周武帝建德四年(575 年),是西魏、北
周的重将。志文载田弘"原州长城郡长城县人","大统十四年,授持节、都
督原州诸军事、原州刺史"。本传在记授原州刺史前,"累蒙殊赏,赐姓纥干
氏",但《田弘墓志》与《周柱国大将军纥干弘神道碑》俱言其"本姓田氏",
没有明确记载其赐姓一事。

　　西魏和北周的军事政治集中之区, 也就是来到关中的北方部族分布之
区,通过梳理可以看出,原州地方长官的族属几乎都为胡族,这与北周奠基
者宇文泰建立西魏政权以来赐、复胡姓有很大的关系。谷霁光④、马长寿⑤、周

---

①[唐]令狐德棻等撰《周书》卷三○,北京:中华书局,1971 年,第 517 页。

②[唐]令狐德棻等撰《周书》卷一○,北京:中华书局,1971 年,第 154 页。

③参考录文见原州联合考古队编《北周田弘墓》,东京:勉诚出版社,2000 年。

④谷霁光《府兵制度考释》,上海:上海人民出版社,1962 年,第 34—37 页。

⑤马长寿《碑铭所见前秦至隋初的关中部族》,北京:中华书局,1985 年,第 60 页。

伟洲[①]、李文才[②]等学者对这一问题进行了研究。总的来说，大规模推行复旧姓、赐胡姓运动的最终目的是扩大宇文氏族的势力，巩固其政治权力，在于利用鲜卑血缘关系充实府兵组织，以增强军事力量。虽然这一运动在历史的大趋势中，与北魏孝文帝的汉化潮流相逆而行，但对关中政权的强大及关陇本位政策的形成，具有十分重要的作用。[③]关陇、六镇的众多官员和地方势力，无论其先祖为何，都被赐予胡姓，受赐者中有一些原是胡族，在太和时改为汉姓，此时受赐胡姓，不过是循例复旧，如王盟、王德就是世居武川、高平等镇的武人家庭[④]。李贤是鲜卑拓跋氏的后裔，李穆也受赐姓拓跋，西魏统治者宇文泰，北周宇文邕多次出巡原州，到李贤宅邸"让齿而坐，行乡饮酒礼……欢宴终日"，他们同宇文泰的关陇本位政策是紧密联系在一起的。

同时，西魏、北周又明确以周礼为国策，这是对北魏孝文帝路线的继承。遵奉周礼与恢复胡姓的政策相融合，其实反映了北周时期胡汉融合的局面。[⑤]又如武帝宇文邕是胡族姓氏宇文，能够自如地使用鲜卑语，还将自己对军队发布的军令汇编成一本《鲜卑号令》，但他曾声称自己并不是五胡。[⑥]这看似矛盾，其实与上述西魏、北周一方面标榜周礼，另一方面恢复胡姓的做法是一致的。呈现出胡汉融合或混杂的局面。

---

①周伟洲《陕西北周墓葬与民族问题》，中国魏晋南北朝史学会编《魏晋南北朝史研究》，武汉：湖北人民出版社，1996年，第302—306页。

②李文才《试论西魏北周时期的赐、复胡姓》，《民族研究》2001年第3期，第40—47页。

③李文才《试论西魏北周时期的赐、复胡姓》，《民族研究》2001年第3期，第40页。

④参见姚薇元《北朝胡姓考》"乐浪王氏条"，北京：中华书局，2007年，第274页。

⑤（日）川本芳昭著，余晓潮译《中华的崩溃与扩大（魏晋南北朝）》，桂林：广西师范大学出版社，2014年，第257页。

⑥"佛生西域寄传东夏。原其风教，殊乖中国。汉魏晋世似有若无。五胡乱治风化方盛。朕非五胡心无敬事。既非正教所以废之。"[唐]释道宣《广弘明集》，见《大正藏》第2103号，第52册，第154页。

　　佛家洞窟是统治者表达意愿的一个"场所",供养人图像的塑绘是实现其意愿的表现方法之一[①]。北魏著名僧人法果礼拜天子曰:"我非拜天子,乃是礼佛耳"[②],视天子与佛等同。须弥山北朝石窟中规模较大的第45、46窟亦可看作是北周统治者意愿的影射,他们将自己治理国家的意志诉诸宗教意象,使之为其统治而服务。须弥山石窟第46窟中心柱下方的供养人身着胡装,窟门上方的维摩文殊也被穿上了胡装;第45窟的供养人均为胡装拜跪,我们也就不难理解了。原州官员、地方豪族为了维护自己的利益,给维摩文殊穿上胡装,让人顶礼膜拜,佛教信徒也着胡服拜跪,虔诚地信奉佛教,是"国家理想的臣民像"[③],无疑与"复旧姓、赐胡姓"殊途同归,他们既是"系统的艺术",又是时代特征的再现。

---

　　①(日)石松日奈子著,牛源译《中国佛教造像中的供养人像:佛教美术研究的新视点》,《中原文物》2009年第5期,第84页。

　　②[北齐]魏收撰《魏书》卷一一四《释老志》,北京:中华书局,1974年,第3031页。

　　③(日)石松日奈子著,牛源译《中国佛教造像中的供养人像:佛教美术研究的新视点》,《中原文物》2009年第5期,第78页。

第二节　关于维摩文殊对坐的讨论

　　东晋兴宁二年(364年),顾恺之在瓦官寺首创维摩诘像,自此以后,以《维摩诘经》为文本的维摩诘及其变相图像在中土广泛传播。尤其在南北朝时期的北方地区,多种样式的维摩诘变相图像相继出现,开造于西秦建弘元年(420年)的炳灵寺石窟第169窟中就出现了形式简单的维摩诘经变壁画。北魏时期尤其是中晚期,维摩信仰更为盛传,维摩图像也极为流行,云冈石窟第1、6、7、14等窟,龙门石窟古阳洞、宾阳中洞、莲花洞、魏字洞等窟,巩县石窟第1窟以及一些造像碑、金铜佛像上都有不少或塑或绘的维摩诘图像, 天龙山石窟第2、3窟和麦积山石窟第123、102、127等窟内有东魏和西魏时期的维摩诘形象。而在敦煌莫高窟,至隋代以后的洞窟中非常流行。经笔者释读,须弥山石窟第46窟窟门上方左右小龛内的造像并非供养人像,而是整个北朝时期比较流行的维摩文殊像,二者隔释迦对坐,且表现了《维摩诘经变》诸品中的部分内容。以上各地出现的同一题材不同形式的图像,其实彼此存在着复杂的历史关联性,在漫长的历史流变中,共同构成了中国维摩诘图像的发展系统。因此,对须弥山北周第46窟窟门上方的维摩诘图像的分析,寻找这一图像如何演绎至此的问题,是本节要讨论的关键性问题之一。同时,这一具有绘画性情节的图像是须弥山石窟北朝造像的突出性变化,这一题材的出现也反映出须弥山北朝石窟造像题材除了围绕"禅观"设计以外,自北魏倡导佛教义学后,北方义学也逐渐盛行,显示出佛教石窟已形成禅、理兼重的局面,除修禅行道之外,还要讲经论义,二者共同构建起宣扬佛教教义的场所。

一、《维摩诘经》在中国的流播

《维摩诘经》是最古老的大乘佛典之一,地位仅次于《大般若经》,是大乘佛教兴起所依据的重要经典[①],最早诞生于公元 1 至 2 世纪的古印度[②]。维摩诘是其中的主要人物,他是佛在世时印度毗耶离城的一名机智善辩的居士。其名原出天竺语,亦译为"毗摩罗诘""毗摩罗诘提",意译为"净名""无垢称""灭垢鸣",简称"维摩"。《维摩诘经》又名《维摩诘所说经》,经中讲道,维摩诘"自念寝疾于床",世尊即告遣舍利弗及诸大菩萨弟子前去问疾,诸菩萨弟子因往日修行时被维摩说教训诫,心存敬畏,不敢去问疾,只有文殊菩萨"承佛圣旨,诣彼问疾",有八千菩萨、五百声闻、百千天人等随她而去。文殊菩萨与维摩诘反复论辩佛法,维摩诘义理深奥,妙趣横生,诸菩萨、诸弟子说维摩诘"深达实相,善说法要,辩才无滞,智慧无碍;一切菩萨法式悉知,诸佛秘藏无不得入,降伏众魔,游戏神通,其慧方便,皆已得度"[③]。此经旨在弘扬"菩萨与一切众生悉皆平等"[④]之大乘佛教思想,该经的特点是"言虽简要,而义包群典"[⑤],维摩诘居士富于智慧和风度,宣传

---

①[唐]玄奘、辩机著,季羡林等校注《大唐西域记校注》第 7 卷,北京:中华书局,1985 年,第589 页。

②孙昌武《中国文学中的维摩与观音》,北京:高等教育出版社,1996 年,第 35 页。

③[后秦]鸠摩罗什译《维摩诘所说经》卷二,见《大正藏》第 0475 号,第 14 册,第 544 页。

④[后秦]鸠摩罗什译《维摩诘所说经》卷一,见《大正藏》第 0475 号,第 14 册,第 538 页。

⑤[后秦]僧肇撰《注维摩诘经》卷一〇,见《大正藏》第 1775 号,第 38 册,第 413 页。

大乘佛教菩萨行思想，此经被传译至中土后，与中国传统思想结合，自上而下极力效仿。

《维摩诘经》自汉末以来即有译本流传（严佛调于汉灵帝中平五年即188 年在洛阳翻译《古维摩诘经》二卷），译本传入日本、韩国后，流传亦盛，6 世纪就有日本圣德太子撰写的此经义疏。它的梵文原本现已不存，仅有若干残片散见于月称之《显句论》，即《中观论释》、寂天之《学处集论》与汉译《大乘集菩萨学论》以及莲花戒之《修习次第三篇》①。在汉唐之间的汉译本原有七种，吴黄武年间（222—229 年），支谦在建业译该经为《佛说维摩诘经》二卷，竺叔兰于晋元康元年（291 年）译《异维摩诘经》三卷，竺法护于太安二年（303 年）译《维摩诘所说法门经》一卷，祇多蜜于东晋译《维摩诘经》四卷，后秦弘始八年（406 年）鸠摩罗什译《维摩诘所说经》三卷，唐永徽元年（650 年）玄奘译《说无垢称经》六卷。而目前仅存支谦、鸠摩罗什和玄奘三本，其他译本已佚失。几个绢本卷数、品名有别，但区别不大②，一般有《佛国品》《方便品》《弟子品》《菩萨品》《文殊师利问疾品》《不思议品》《观众生品》《佛道品》《入不二法门品》《香积佛品》《见阿閦佛品》《法供养品》《不知品名者》等，其中《问疾品》是全经之纲要。佛教图像中以鸠摩罗什译本最为流行，共十四品。

---

①何剑平《中国中古维摩诘信仰研究》，成都：巴蜀书社，2009 年，第 14 页。

②现存三译本的品名：支谦本：佛国品，善权品，弟子品，菩萨品，诸法言品，不思议品，观人物品，如来种品，不二品，香积佛品，菩萨行品，见阿閦佛品，法供养品，嘱累弥勒品。鸠摩罗什本：佛国品，方便品，弟子品，菩萨品，文殊师利问疾品，不思议品，观众生品，佛道品，入不二法门品，香积佛品，菩萨行品，见阿閦佛品，法供养品，嘱累品。玄奘本：序品，显不思议方便善巧品，声闻品，菩萨品，问疾品，不思议品，观有情品，菩提分品，不二法门品，香积佛品，菩萨行品，观如来品，法供养品，嘱累品。

二、须弥山石窟第46窟维摩诘图像分析

(一)维摩诘图像的演绎

《维摩诘经》自传入中国后,中国人结合自身文化传统而创造出了维摩诘形象,他既有中国传统文人潇洒从容、博学多才的风范,又具佛教高僧精通义理、能言善辩的才能,是集儒、道、佛三家审美理想于一身的在家佛教徒,是佛教艺术中最受尊崇的典范之一。维摩诘变相的出现是5世纪佛教题材的重大变化之一。①在此经传译之盛的语境之中,东晋时期顾恺之在瓦官寺首创维摩诘像。

张彦远《历代名画记》卷二记载:

> 顾生首创《维摩诘像》,有清羸示病之容,隐几忘言之状,陆与张皆效之,终不及矣。②

《历代名画记》卷五:

> 《京师寺记》云,兴宁中瓦棺寺初置,僧众设会,请朝贤鸣刹注疏。其时士大夫莫有过十万者,既至长康,直打刹注百万,长康素贫,众以为大言。后寺众请勾疏,长康曰:"宜备一壁",遂闭户往来一月余日,所画《维摩诘》一躯,工毕,将欲点眸子,乃谓寺僧曰:"第一日观者请施十万,第二日可五万;第三日可任例责施。"及开户,光照一寺,施者填咽,俄而得百万钱。刘义庆《世说》云:

①张元林《兼容并蓄,融汇中西——灿烂的莫高窟西魏艺术》,载中国敦煌壁画全集编辑委员会编《中国敦煌壁画全集02·西魏》,天津:天津人民美术出版社,2002年,第10页。

②[唐]张彦远著,俞剑华注释《历代名画记》卷二,上海:上海人民美术出版社,1964年,第41页。

"桓大司马每请长康与羊欣论画书,竟夕忘疲。"①

同时期戴安道戴逵手制佛五躯、师(狮)子国所献玉像和长康之《维摩诘》画像,时称"三绝",足见顾恺之绘维摩诘像之盛名。后人多有褒奖,杜甫目睹后,也给予"虎头金粟影,神妙独难忘"的赞誉。可惜此作品在大中七年(853年)经卢简辞转入内府,后丢失,杜牧的摹本也随后散佚。顾恺之后,又有张墨、陆探微、张僧繇、袁倩等画《维摩诘居士》,然终不及顾恺之所创者也。《历代名画记》卷六载:

> 百有余事,运思高妙,六法备呈,置位无差。若神灵感会精光,指顾得瞻仰威容,前使顾、陆知惭,后得张、阎骇叹。②

晋张墨与卫协并为"画圣",其有:

> 屏风一,《维摩诘像》,杂白画一。③

梁张僧繇画《维摩诘》并《二菩萨》,"妙极者也"。

随着《维摩诘经》的流行,维摩诘画像很快受到画家的喜爱,不断盛行。《历代名画记》中还有诸多与此有关的记载:

---

①[唐]张彦远著,俞剑华注释《历代名画记》卷五,上海:上海人民美术出版社,1964年,第99页。

②[唐]张彦远著,俞剑华注释《历代名画记》卷六,上海:上海人民美术出版社,1964年,第134页。

③[唐]张彦远著,俞剑华注释《历代名画记》卷五,上海:上海人民美术出版社,1964年,第94页。

西廊菩提院,吴画《维摩诘本行变》。①

殿内《维摩变》吴画。②

殿内东壁孙尚子画《维摩诘》,其后屏风临古迹贴亦妙。③

圣慈寺西北禅院程逊画《本行经变》《维摩诘》,并诸功德,杨庭光画。

……④

现存佛教图像中,与维摩诘有关的最早实例为炳灵寺第169窟1号壁画《维摩诘经变》(图5-24),其中一铺位于"无量寿佛"坐像左侧的长方形帷帐内,墨书题记"维摩诘之像/侍者之像"可证明其身份。此铺中维摩诘身着菩萨装,有项光,头上方有宝盖,半卧于床榻,腿部盖被褥,身边立一侍者亦为菩萨装,应为《文殊菩萨问疾品》的场景。另一铺经变中,维摩诘像(编号为10号)也着菩萨装,冠式有别于卧像,立于释迦牟尼佛的右侧,释迦左侧壁画剥落,疑为文殊(图5-25)。根据层位关系,这一幅要早于前一幅。从经变画面整体来看,比较简单,维摩诘形象与经文描述形象出入较大,没有被后世所继承,而它本身可能受到东方长安的影响。⑤

5世纪后期的维摩诘经变主要留存于云冈石窟第二期第1、6、7等窟中。第6窟维摩诘经变雕刻于南壁窟门上部帐形龛内(图5-26),维摩诘

---

①[唐]张彦远著,俞剑华注释《历代名画记》卷三,上海:上海人民美术出版社,1964年,第60页。
②[唐]张彦远著,俞剑华注释《历代名画记》卷三,上海:上海人民美术出版社,1964年,第64页。
③[唐]张彦远著,俞剑华注释《历代名画记》卷三,上海:上海人民美术出版社,1964年,第67页。
④[唐]张彦远著,俞剑华注释《历代名画记》卷三,上海:上海人民美术出版社,1964年,第74页。
⑤宿白认为:"四世纪末五世纪初,当时长安对《法华》《维摩》之研讨论述影响广远,我们怀疑炳灵壁中出现早期形式的释迦多宝和维摩形象很可能和这样的历史背景有关。如果上述推测无大差误,那么,距长安较近的炳灵窟龛出现较多的大乘图像,除了西方于阗及其以东的影响外,很可能比凉州系统的其他石窟更多地受到来自东方长安的影响。至于5世纪前期的长安佛教及其造像,既有向西影响凉州的迹象,又有南下影响南方的文献记录。"宿白《凉州石窟遗迹和"凉州模式"》,《考古学报》1986年第4期,第445页。

图 5-24　炳灵寺石窟第 169 窟 10 号维摩诘像

图 5-25　炳灵寺石窟第 169 窟
左壁 113 号维摩诘像

居士戴尖顶帽，蓄倒三角状胡须，身穿胡服，右手执麈尾，垂脚坐于榻上，对面的文殊菩萨同样坐于榻，双手呈说法状，维摩诘居士与文殊菩萨分别坐于释迦佛两侧。第 7 窟的维摩诘居士与文殊菩萨与此十分接近。云冈石窟的维摩诘造像是 5 世纪后期维摩诘造像的代表，逐渐形成一种稳定的样

图 5-26　云冈石窟第 6 窟南壁中层中部

式特征，这种样式整体上还是较为简单，同时影响到其他地区。这种样式一般表现为：（一）维摩诘居士或与文殊菩萨等坐于屋中或帐内；（二）人物形象具有地域特征，维摩诘身着胡服，戴尖顶帽，执麈尾，坐于榻上；（三）画面人物较少，故事情节简单，主要人物身边有时无侍者，有时仅有一人。而到了 6 世纪，画面发生十分明显的变化。于向东讨论了 6 世纪前期维摩诘形象的变化[1]：（一）汉化，没有菩萨装，也少有胡装，而是褒衣博带的汉化文士形貌，倒三角的胡须、麈尾等是其重要的符号标志，如龙门古阳洞、

---

[1]于向东《6 世纪前期北方地区维摩诘经变的演变——兼论与南朝佛教图像的关联》，《艺术设计研究》2016 年第 4 期，第 11—17 页。

图 5-27　龙门石窟弥勒洞北二洞
北壁佛龛

弥勒洞、宾阳洞等中的维摩文殊像（图 5-27、图 5-28）；（二）隐几、隐囊出现①；（三）画面情节丰富，如麦积山北魏末至西魏时期第 127 窟东壁龛上的《维摩诘变》，场面宏大，在《问疾品》中穿插有《方便品》《香积品》《阿閦佛品》等场面内容（图 5-29）。由此得出这样的结论：5 世纪云冈石窟中的维摩诘经变可以视为北方传统样式，其后在龙门石窟、麦积山石窟等中流行的样式则迥异于此种传统，后者很可能源于南朝佛教图像（以建康为中心）。②

图 5-28　龙门石窟宾阳洞中洞前壁
维摩诘线描图

图 5-29　麦积山石窟西魏第 127 窟
左壁维摩诘像

①隐几、隐囊：身边的倚靠之物，也是尊贵地位的象征。如《历代名画记》记载："顾生首创维摩诘像，有清羸示病之容，隐几忘言之状，陆与张皆效之，终不及矣。"隐囊作为一种辅助坐具，流行于南朝齐、梁以后，据《颜氏家训·勉学第八》记载，梁朝全盛时，贵游子弟，无不"熏衣剃面，傅粉施朱，驾长檐车，跟高齿屐，坐棋子方褥，凭斑丝隐囊，列器玩于左右，从容出入，望若神仙。"

②项一峰《〈维摩诘经〉与维摩诘经变——麦积山 127 窟维摩诘经变壁画试探》，《敦煌学辑刊》1998 年第 2 期，第 94—102 页。

　　邹清泉对这一时期流行的维摩诘图像做了更为深入的论述。他认为宣武和孝明两代帝师崔光,精擅维摩,促使了维摩信仰在北魏中晚期的广泛流行。北魏帝室也喜好《维摩诘经》,云冈、龙门、麦积山、炳灵寺、巩县等石窟中所见的维摩诘图像,正是这一历史语境的视觉显现。[①]坐榻维摩是中古众多维摩图像的一种典型形式,上接汉晋坐榻人物画像,下连宋元绘画,他将其分为四种类型:(一)胡服坐榻维摩;(二)汉服坐榻维摩(龙门石窟之不同之处在于全部改为跪坐);(三)头顶华盖的坐榻维摩;(四)帷帐中的坐榻维摩。邹清泉将北魏云冈、龙门、巩县等石窟的维摩诘图像来源,归咎于汉晋坐榻人物画像的演绎发展,但其源头当在云冈,产生时间应在道武帝迁都平城以后的北魏中晚期。维摩信仰当时在汉地流行多年,已具有较普遍的民众基础,其时又逢精擅维摩的崔光仕于魏廷,云冈维摩像的雕绘应不晚于此。但从其服制与坐姿来看,云冈坐榻维摩显然未受汉地维摩图样的影响,尤与瓦官寺维摩画壁没有直接粉本渊源。云冈坐榻维摩像并不见隐几,而其坐态更无须隐几凭靠,这样的样式应为平城时期云冈工匠在汉晋坐榻人物画像传统基础之上的创新。[②]关于龙门的维摩图像,他认为是因袭了云冈石窟首创的坐榻维摩,如古阳洞北壁第188、186龛龛楣左侧胡服维摩像在形式上明显继承自云冈石窟第6、7窟,但服装已具汉式,显然是在云冈坐榻维摩基础上的新变,胡装坐榻维摩于龙门石窟销声匿迹,被汉服坐榻维摩,尤其是华丽的坐帐维摩取而代之,还有坐姿几乎全部改为跪坐,这些都可归因于孝文帝于太和十八年(494年)的改革之制。[③]

　　对以上两位学者观点的比对可以看出,作为"北方传统样式"的胡装特色明显的云冈维摩文殊像,影响了其他多地的维摩文殊塑绘,而后期龙

---

① 邹清泉《虎头金粟影:维摩诘变相研究》,北京:北京大学出版社,2013年,第80页。

② 邹清泉《虎头金粟影:维摩诘变相研究》,北京:北京大学出版社,2013年,第91—92页。

③ 邹清泉《虎头金粟影:维摩诘变相研究》,北京:北京大学出版社,2013年,第92页。

门汉装、跪坐等形式的嬗变，则是汉族传统文化渗透的物质显现，但图像的粉本与东晋顾恺之"清赢示病之容，隐几忘言之状"并无直接的传承关系。于向东的"很可能源于南朝佛教图像（以建康为中心）"所指其实也在汉文化传统。对这一图像细节的释读，是我们重新认知须弥山北周维摩文殊图像样式及其内涵的重要前提。

（二）须弥山北周第46窟维摩诘的图像分析

须弥山石窟第46窟窟门上方开有三个帐形龛（图5-30、图5-31），这些龛内雕刻着具有叙事内涵的图像，中间龛内雕释迦五尊像，西面龛内雕凿跪坐的维摩诘居士，面部残毁严重，头部有花形发髻，没有戴帽子，身着

图5-30　须弥山石窟第46窟窟门上方维摩文殊对坐

图5-31　须弥山石窟第46窟窟门上方维摩文殊对坐线描图

圆领窄袖胡服,体型饱满结实,他身边的两位侍者亦着胡服,身后的侍者为立姿,面前的侍者呈跪姿。与其相对的文殊菩萨也是跪坐状,头戴宝冠,面部残毁不清,身旁两位侍者相对而立,这个龛内的一组人物均身着胡服。维摩文殊面前有一造型抽象的卧狮背负长方形物体,上部应有榜题,现已无法辨识。窟门上方的这组图像应该表现的是《维摩诘经变》,它继承了前期维摩诘图像的一些元素,创造出了不同于其他历史时期和地区的一种样式。任何一幅叙事图像,是由不同意涵的元素构建而成的,以下对这一组图像中几个重要的图像元素做一分析:

1. 榻

须弥山石窟第46窟的维摩诘和文殊菩萨为侧身像,他们所坐之物值得探究,是汉代以来人们日常生活中非常流行的一种坐具。床和榻是中国古家具中重要的坐具,从汉代开始就盛行坐床、坐榻的习俗,在床榻上为跪坐。[1]床和榻虽都为坐具,但二者还是有一些细微的区别。刘熙《释名》"释床帐"云:"长狭而卑曰榻,言其鹤榻然近地也。小者曰独坐,主人无二,独所坐也。"《后汉书》"徐稺传"云:"(陈)蕃在郡不接宾客,惟(徐)稺来,特设一榻,去则县(悬)之。"《北史》"齐本纪中第七"云:"太后尝在北宫坐一小榻,帝时已醉,手自举床,后便坠落,颇有伤损。"从以上文献记载来看,榻一般比较低矮、狭窄,有两人坐的,也有一人独坐的,除了"尊者之专席",还是统治阶级和富有人家专享的坐具,[2]在大多数情况下是指一人独坐的小型榻,整体简洁、稳重、素雅,在空间上呈开放式,便于相互交谈[3]。北魏时期尤其是迁都洛阳以后,在汉文化的影响下继承了这一传统,在艺术

---

①朱大渭《六朝史论》,北京:中华书局,1998年,第37页。

②陈增弼《传薪:中国古代家具研究》,北京:故宫出版社,2018年,第93页。

③刘源、谷岩、易欣《释"床"说"榻"——中国古家具床、榻之辩》,《南京艺术学院学报》2015年第4期,第36—42页。

图像中也多有榻的描画,如河北望都汉墓壁画中人坐榻对谈(图5-32),《洛神赋》所绘画卷中诗人曹植坐在柳树下的榻上沉思(图 5-33)。坐榻维摩还是来自汉晋传统,云冈石窟第 6 窟南壁中层中部的维摩诘与文殊菩萨、龙门宾阳洞中洞前壁维摩诘所坐之器具均为"榻"。北周时期,坐榻人物仍有刻画,如西安北郊发现的一座北周天和六年(571 年)的粟特人康业的墓葬中,就有 5 幅坐榻人物的精美画像。将须弥山维摩诘文殊所坐器具与北朝其他图像中类似的坐具进行比对,发现其应为榻无疑,而且是富有尊贵象征的小榻。"独榻",是汉晋以来常见的,也是北朝维摩诘多时所坐的坐具。

图 5-32　河北望都汉墓壁画中的榻　　　图 5-33　顾恺之《洛神赋》局部

2. 胡服跪坐

须弥山石窟的维摩文殊均着圆领胡装,胡服在须弥山北周洞窟中也是供养人的普遍着装。我们在云冈石窟中可以看到大量的胡装维摩诘形象。"跪坐为商周礼教文化内容,汉魏以降汉人基本上继续传习恪守"。[①]榻上跪坐人物在汉代画像中也有频繁而广泛的表现,是源于商周以来的跪坐礼俗。在龙门石窟中,维摩诘的姿态几乎全部成了跪姿,也是尊崇汉文化礼仪之所需。

---

①朱大渭《六朝史论》,北京:中华书局,1998 年,第 44 页。

3. 凭具

典型的凭具"凭几",是人们在床、榻上跪坐时久易累,因此面前多有依靠的较为低的家具"几",所谓"有时乃隐几而坐,膝纳于几下,肘伏于几上",它一般上有倚横,下有两腿,腿或直或为兽形,汉代几多为两足,面上较窄且横直。魏晋南北朝时期,其大多演变为三足,呈"曲木抱腰"状,置于榻上,高度及腰供人倚靠。《高僧传》中有竺道生隐几的记载:"生既获斯经(涅槃),寻即讲说,以宋元嘉十一年(434年)冬十一月庚子,于庐山精舍升于法座。……法席将毕,忽见麈尾纷然而坠,端坐正容,隐几而卒。"①也有很多出土实物以及图像中有隐几的证据。另外还有一种常见的凭具"案",在战国时期就有出现(图5-34),此案为典型的兽足,所谓"狐蹲鹄膝"。汉代的书案,也被称为"几",一般被置于榻的旁边或者上面,可放置东西(图5-35、图5-36)。清代禹之鼎所绘《王原祁艺菊图》的坐榻上方也有一个三足凭几,凭几上放着书册、卷轴等物品(图5-37)。须弥山石窟榻上维摩诘、文殊菩萨面前放的物品应该也是类似于几或者案的一种凭具(图5-38),全侧面表现,兽足,脚下也有横枨,承面中间似有凹陷。从它与人物的位置关系来看,人物并没有"膝纳于几下",因此,它可能不是用于倚靠,而是用来放置物品的一种"凭几"。这一凭几的整体造型像一头勇猛

图5-34　战国彩绘书案　　　图5-35　绥德大坬梁汉墓石刻　　　图5-36　徐州十里铺东汉画像石

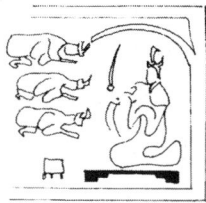

---

①[南朝梁]释慧皎撰,汤用彤校注,汤一玄整理《高僧传》,北京:中华书局,1992年,第256—257页。

图5-37 清代禹之鼎《王原祁艺菊图》

图5-38 须弥山石窟北周维摩诘像线描图

的狮子类动物,卧状,其背部还承载着厚重的纪念碑式的匾额。因此,除了作为营造维摩文殊辨法场景内的装饰物品外,可能也隐含着《不思议品》里的"借座灯王"故事,是典型的"双重图像志",这一点下文有论述。

4. 帷帐

云冈石窟第7窟坐榻维摩诘上方可以清楚地看到悬垂的帐幔,北魏永熙二年(533年)造像背面维摩诘上方也有帐幔垂落,并缀有珠状装饰物。北周时期的佛龛中也多有这种帐形龛,有帷帐作为装饰。须弥山北周第46窟窟门上方的维摩诘、文殊菩萨以及中间的佛菩萨造像分别被置于不同的帐形龛内,也可以看出维摩诘、文殊龛内上部和左右两边的帷帐下垂,并且有锯齿形的装饰,与他们跪坐的榻相对独立,并未构成一件整体床具,帷帐是室内真实空间的隐喻。

须弥山石窟第46窟窟门上方中间龛内为释迦,维摩诘与文殊菩萨两边对坐,这种隔主尊(释迦牟尼)对坐的维摩文殊图像的对称配置形式,是从云冈石窟最初隔门对坐式发展到后来的同龛对坐组合和隔龛对坐形式的嬗变结果,之后特别流行,从龙门、麦积山到敦煌,以及大量的造像塔(碑)很常见,原州的须弥山石窟中也出现了这种隔主尊对坐的维摩文殊像,也是维摩诘经变图像的核心。

具体分析须弥山北周石窟的维摩文殊像,可以看出以下图像特征:坐于榻上是云冈维摩基本图式的延续,然居士并非扶榻舒坐或仰身垂坐,而是身体直立拱手的跪坐,我们可以看到龙门跪坐维摩的身影;维摩诘所着之服装不是宽衣博带式的文人居士装,而被穿上了圆领窄袖的胡装,与云冈石窟大量出现的胡服维摩之形象较为接近,是北方传统经变中维摩诘形象的典型特征,一定程度上反映出胡人贵族的面貌,明显区别于南朝褒衣博带、秀骨清像式的士人形象;炳灵寺、云冈、龙门等地的维摩诘无隐几相伴,似乎与东晋巨匠顾恺之的维摩诘像无直接关系,须弥山的维摩诘和文殊菩萨面前有一凭几,可能并非用来倚靠,但这样的设计,也是对云冈、龙门传统模式的一种变革;华丽坐帐的布置更接近于龙门石窟的维摩之帐。

　　总之,不难看出须弥山石窟第 46 窟维摩诘经变图像的整体布局与 5 世纪以来云冈石窟中维摩诘经变的北方传统样式有很大的渊源关系,但在图像的具体细节方面,又与此不同,跪坐、凭几、胡装、帷帐等物象的表现,图像意义十分重要。跪坐、凭几、帷帐更多是传统汉文化的表征,其中跪坐姿势也凸显了儒家礼仪,而胡装则是少数民族文化的符号。因此,这一图像是综合性的视觉语汇,多种图像元素相互融合叠加,形成了一种南、北样式,胡、汉文化交互影响的混合风貌。为什么如此混搭?须弥山北周第 45、46 窟开凿于武帝灭佛前夕,作为着胡装的窟主,将本是佛教题材的维摩诘经变图像,在图像的表现上融合了许多其他元素,辅以儒家礼仪的元素,或许这也印证了武帝毁佛期间所提倡的"以儒为先"的政治主张,以及他本人对此的回应。在北周时期的这两个洞窟中,还有类似意图的图像,如七佛、神王等,都反映出凿窟者在当时的历史语境中复杂与纠结的心理,将其置于整个洞窟非常重要的位置,表明了开窟者的态度与诉求。

(三)"汉唐奇迹"背景下的艺术表达

　　从公元前 3 世纪到公元 8 世纪,表现人和动物的中国画经历了类似于希腊"觉醒奇迹"式的变化,即从古风时期的生硬呆板,演变为有机组合的、自然主义的形"象"。①雕塑的发展,也有类似的过程,具体来说,即从战国末经秦汉到北魏的 1000 年间,两维的"正面率"一直统治着人体的塑造,北魏侧重表现正面的古拙风格,结构平面而线条化。但 6 世纪中叶,一种新风格出现了:它呈圆柱状,有体量感,如北齐及隋代,转向厚重丰满、有圆柱立体感。到 7 世纪末 8 世纪初,人体的各部分又联为有机的一体,或空间的三维感,从而出现了一种逼真、有幻觉感的新风格。中国艺术的这种"模仿再现"的演变或者"苏醒",可称之为"汉唐奇迹"。②这一演变或者苏醒,与汉唐间的宗教、思想及其他文化活动的发展之间有着很大的联系。

须弥山石窟北周第 46 窟的维摩文殊像,是须弥山北朝雕像中少有的情节性雕塑,再现了维摩文殊辩法过程中的情节和场景,供观者在时间的流变中细细品读。仔细分析这一艺术图像,可以看到它的表达也代表着中国艺术在汉唐之间演变下的"模仿再现"。

艺术创作必须善于处理空间。先看维摩、文殊这两个龛内图像的安排,主尊维摩与文殊是画面的主体和中心,占据的画面比例最大,而他们后面的侍从明显低矮,主从之间也构成了近大远小的关系,营造了三维空间。文殊与其身后的一侍从有前后叠加之关系,其他人物之间并无明显的前后叠加,而是并置在一起,这样同样能够感受到由人物近大远小雕凿所表现出的立体空间。"群峰之势,若钿饰犀栉,或水石容泛,或人大于山,率皆附以树石"是中国早期山水画的空间写照,确实毫无空间感,无远小近大之变化,那一时期的人物画也同样不太注重这种关系。虽然中国早期绘画中也多用人物的叠加来表现空间,但是没有近大远小的变化,而第 46 窟的这一维摩变相所在龛的纵深空间很浅,但再现出的视觉空间却很真

①(美)方闻著,李维琨译《超越再现:8 世纪至 14 世纪中国书画》,杭州:浙江大学出版社,2011 年,第 9 页。

②(美)方闻著,谈晟广编《中国艺术史九讲》,上海:上海书画出版社,2016 年,第 112—113 页。

实;虽然是跪坐,但仍不失庄严、伟岸与神圣。中间龛内的五尊像,同样有这种变化,中间结跏趺坐的释迦最显高大,两旁侍立的菩萨身材瘦小,最后面左右两旁的二弟子与其各自旁边的菩萨稍有叠加,同时又低于二菩萨,形成了明显的平行透视的消失线(图5-39)。西安北周康业墓围屏正面左侧石板上所绘墓主前的栏杆,也呈现出非常明显的透视变化(图5-40)。这种形式的变化,在唐、宋、西夏时期的壁画中大量出现。

图5-39　须弥山石窟第46窟释迦五尊像　图5-40　北周康业墓围屏正面左侧石板线描图
　　　　线描图

　　在绘画领域,随着中国与中亚、印度、南亚等地密切的贸易与文化交往,西方的"明暗法"或称为"凹凸法"绘画为5世纪的中国艺术注入了新鲜血液,经中亚输入"华戎所交"之都会敦煌莫高窟,逐渐被改变为以粗与细、厚与薄为特征进行三维造型的笔墨,这一技法用"转折轻重"的笔触,表现出了人物的三维立体和透视效果①。在雕塑领域,6世纪后出现了一种注重体量与立体的人物造像风格, 这也是中西文化艺术碰撞融合的产

---

　　①(美)方闻著,申云艳译《"汉唐奇迹":如何将中国雕塑变成艺术史》,《美术研究》2007年第1期,第54页。

物。第 46 窟的维摩诘经变中的人物,脱胎于传统的雕塑语言而凸显着三维立体的真实感。维摩诘与文殊菩萨是正侧面形象,头、身体与腿部都是接近正侧的表现,他们远处的胳膊有明显的透视缩短效果,维摩居士跪地的双腿前后关系处理自然,其右边身体的弧线被精心刻画,腰部与臀部凹凸有致。虽然文殊菩萨的身体被衣服遮盖,但透过纹饰同样可以感觉到画工对人体解剖结构与比例的重视。从中我们可以看出画工们是在努力表现人体的体积和肉体感,这种表现与须弥山北魏时期的造像已经明显不同,如须弥山石窟第 24 窟的佛、菩萨造像,有着非常单纯的"正面率"形态,人物的衣纹平行雕刻、左右对称,从六盘山的砂岩上深深地雕刻出来了这种偏于二维的图画模式。而第 46 窟的维摩文殊造像的表现手法与秦始皇兵马俑头、躯干、手和前进的左足侧面转化为一种平面轮廓线的韵律来表现动作的做法更是相去甚远。

在这一组图像中,还有一点值得关注,就是人物的动态安排并非统一的角度,而是有着细微的变化:维摩诘和他身后的侍从为侧面,面向中间龛内的主尊,而他面前的那位侍从又转头与他相望;文殊菩萨及其身后的侍从也是侧面,面向中间龛内的主尊,而她旁边的侍从则为正面相。各个人物不同的角度与动态打破了僵硬的局面,使得辩法的场面生动而有趣。

经过北朝的探索,画家开始有意识地表现空间的远近关系,通过山峦、树木、建筑等表现一定的空间环境,把人物安置在有一定深度的空间里,使画面产生三维立体感。宫殿建筑形成的折线、山峦树木形成的层次以及人物排列的形式,都在不同程度地表现延伸的空间。[1]创作须弥山北周第 46 窟维摩诘图像的工匠们,有意识地表现了维摩文殊辩法场景的空间环境,将人物置于一定深度的空间之中,具有明显的三维立体空间感。

[1]赵声良等《敦煌石窟美术史·十六国北朝》(上卷),北京:高等教育出版社,2014 年,第 396页。

可以说,这一图像表征是中国美术在"汉唐奇迹"背景下,对"模仿再现"的追求,是中国美术图式演变的图像例证。

三、造像与佛经内涵的对应解读及其与《法华经》的"双弘并举"

(一)与佛经内涵的对应

须弥山石窟第 46 窟维摩诘经变造像的样式主要来源于云冈石窟,同时又是多种文化元素的混合体。由于雕塑空间及材质有限,它没有龙门石窟等石窟中维摩造像的典雅,也没有莫高窟壁画中经变画的华丽与场面的宏大,通过仔细比对研究,笔者发现仅有咫尺见方的有限空间内,工匠们塑造了内涵丰富的维摩文殊变。与这种处理手法类似,须弥山石窟中还有一些地方同样体现出了工匠对有限空间的着意经营,如第 46 窟中心柱南向面、西向面碑座上方,即两边胁侍菩萨的脚下各有一朵较为写实的莲花,在很小的空间内,同时雕刻出了莲蕾、盛开的莲花以及莲叶,也表现出了莲花生长的自然过程,具有时间性(图 5-41)。

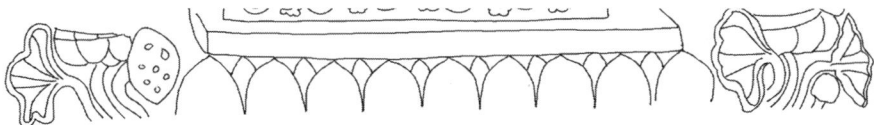

图 5-41　须弥山石窟第 46 窟中心柱南向面基座上方莲花线描图

这一组造像在内容上与《维摩诘经》有明确的对应关系,除了《问疾品》外,还有其他诸品。

1.《问疾品》

《问疾品》是《维摩诘经》的核心内容,围绕"问疾"而概括其他诸品的内容。《维摩诘所说经·文殊师利问疾品第五》:

　　尔时佛告文殊师利:"汝行诣维摩诘问疾。" 文殊师利白佛言:"世尊,彼上人者,难为酬对;深达实相,善说法要;辩才无滞,智慧无碍;一切菩萨,法式悉知。诸佛秘藏,无不得入,降伏众魔,游戏神通,其慧方便,皆已得度。虽然,当承佛圣旨,诣彼问疾。"于是众中诸菩萨、大弟子、释、梵、四天王等,咸作是念:"今二大士、文殊师利、维摩诘共谈,必说妙法!"即时八千菩萨、五百声闻、百千天人、皆欲随从。

于是文殊师利与诸菩萨、大弟子众及诸天人,恭敬围绕,入毗耶离大城。尔时长者维摩诘心念:"今文殊师利与大众俱来!"即以神力空其室内,除去所有及诸侍者。唯置一床,以疾而卧。文殊师利既入其舍,见其室空,无诸所有,独寝一床。时维摩诘言:"善来,文殊师利! 不来相而来。不见相而见。"①

须弥山石窟第46窟的维摩文殊隔释迦对坐,整体描绘的是释迦闻维摩诘有病,于是遣文殊菩萨去"问疾"的场景,文殊菩萨见到维摩诘后,与之讨论佛教义理。

2.《佛国品》

须弥山石窟第46窟的维摩文殊变在"维摩示疾"与"文殊来问"之间,雕刻了与释迦佛关联图像—佛二菩萨二弟子组合,释迦佛及其胁侍处在重要部位,在此类图像中,形成特殊结构的佛说维摩诘经构图。中间的释迦像具备"双重图像志"的内涵,既与窟门两侧的坐佛构成"三世佛",又表现了《维摩诘所说经》里的《佛国品》内容。《维摩诘所说经·佛国品第一》:

如是我闻,一时佛在毗耶离庵罗树园,与大比丘众八千人,

---

① [后秦]鸠摩罗什译《维摩诘所说经》卷二,见《大正藏》第0475号,第14册,第544页。

俱菩萨三万二千——众所知识，大智本行，皆悉成就。诸佛威神
之所建立，为护法城，受持正法。能师子吼，名闻十方。众人不请，
友而安之。……如是一切功德，皆悉具足——其名曰：等观菩萨、
不等观菩萨、等不等观菩萨、定自在王菩萨、法自在王菩萨、法相
菩萨、光相菩萨、光严菩萨、大严菩萨……文殊师利法王子菩萨，
如是等三万二千人，复有万梵天王尸弃等，从余四天下，来诣佛
所而听法。复有万二千天帝，亦从余四天下，来在会坐。并余大威
力诸天、龙神、夜叉、乾闼婆、阿修罗、迦楼罗、紧那罗、摩睺罗伽
等悉来会坐。诸比丘、比丘尼、优婆塞、优婆夷俱来会坐。彼时佛
与无量百千之众，恭敬围绕，而为说法。譬如须弥山王显于大海，
安处众宝师子之座，蔽于一切诸来大众。①

《佛国品》里除了释迦说法以外，还有"十方诸佛说法亦现于宝盖中"
"愿闻得佛国土清净""随其心净则佛土净"等宝盖供养和佛国净土。在这
里，根据经文雕刻一佛二弟子二菩萨说法，上部的帷幔似"宝盖"与莫高窟
盛唐第 103 窟之画塑类似。

3.《弟子品第三》

仔细辨别，维摩诘身旁的两位胁侍形象有所区别，身后的一位站立，
面前的一位体块较大，跪姿，与维摩诘相向而坐，可能是《弟子品》里的须
菩提乞食。《维摩诘所说经·弟子品第三》：

佛告须菩提："汝行诣维摩诘问疾。"须菩提白佛言："世尊，
我不堪任诣彼问疾。所以者何？忆念我昔，入其舍，从乞食。时维

---

① [后秦]鸠摩罗什译《维摩诘所说经》卷一，见《大正藏》第 0475 号，第 14 册，第 537 页。

摩诘取我钵,盛满饭,谓我言:'唯须菩提,若能于食等者,诸法亦等。诸法等者,于食亦等;如是行乞,乃可取食。若须菩提不断婬怒痴,亦不与俱;不坏于身,而随一相;不灭痴爱,起于明脱;以五逆相而得解脱,亦不解不缚;不见四谛,非不见谛。非得果,非不得果;非凡夫,非离凡夫法;非圣人,非不圣人。虽成就一切法,而离诸法相,乃可取食。'"①

4.《不思议品第六》

须弥山石窟第46窟的维摩诘和文殊面前以极为简洁的形式各雕刻有一个兽足的凭几,整体造型像一头狮子,背部还有一竖长方形的"碑座",可能是暗示了"狮子负座"。狮子卧在榻上,增加了画面的生动感,与云冈石窟中的形象相比,内容丰富了很多。这是表现了《不思议品》里的"借座灯王"故事。《维摩诘所说经·不思议品第六》:

> 尔时舍利弗见此室中无有床座,作是念:"斯诸菩萨、大弟子众,当于何坐?"长者维摩诘知其意,语舍利弗言:"云何仁者,为法来耶?求床座耶?"舍利弗言:"我为法来,非为床座。"维摩诘言:"唯,舍利弗,夫求法者,不贪躯命,何况床座?"②

> 尔时长者维摩诘,问文殊师利:"仁者游于无量千万亿阿僧祇国,何等佛土有好上妙功德成就师子之座?"文殊师利言:"居士,东方度三十六恒河沙国,有世界名须弥相,其佛号须弥灯王。今现在,彼佛身长八万四千由旬,其师子座高八万四千由旬,严饰第一。"于是长者维摩诘现神通力,即时彼佛遣三万二千师子

---

① [后秦]鸠摩罗什译《维摩诘所说经》卷一,见《大正藏》第0475号,第14册,第540页。
② [后秦]鸠摩罗什译《维摩诘所说经》卷二,见《大正藏》第0475号,第14册,第546页。

座,高广严净,来入维摩诘室。诸菩萨、大弟子、释、梵、四天王等,昔所未见。其室广博,悉皆包容三万二千师子座,无所妨碍。于毗耶离城,及阎浮提四天下,亦不迫迮,悉见如故。①

5.《观众生品第七》

须弥山石窟第 46 窟文殊菩萨的左侧是一个头戴花冠、双手捧花盘的天女,其对面立一胡装人物,与天女呼应配置,可能为舍利弗,所以这组造像中应有《观众生品》中描述的天女和舍利弗。《维摩诘所说经·观众生品第七》中记载了天女戏弄舍利弗的情节:

时维摩诘室有一天女,见诸大人闻所说法,便现其身。即以天华散诸菩萨、大弟子上。华至诸菩萨,即皆堕落。至大弟子,便著不堕。一切弟子神力去华,不能令去。尔时天女问舍利弗:"何故去华?"答曰:"此华不如法,是以去之。"天曰:"勿谓此华为不如法,所以者何?是华无所分别,仁者自生分别想耳!若于佛法出家,有所分别,为不如法。若无所分别,是则如法。观诸菩萨华不著者,已断一切分别想故。譬如人畏时,非人得其便。如是弟子畏生死故,色、声、香、味、触得其便也。已离畏者,一切五欲无能为也。结习未尽,华著身耳。结习尽者,华不著也。"……舍利弗言:"汝何以不转女身?"天曰:"我从十二年来,求女人相了不可得。当何所转?譬如幻师化作幻女,若有人问:'何以不转女身?'是人为正问不?"舍利弗言:"不也,幻无定相,当何所转?"天曰:"一切诸法亦复如是,无有定相,云何乃问不转女身?"即时天女以神通力,变舍利弗令如天女,天自化身如舍利弗,而问言:"何以不转

---

① [后秦]鸠摩罗什译《维摩诘所说经》卷二,见《大正藏》第 0475 号,第 14 册,第 546 页。

女身?"舍利弗以天女像而答言:"我今不知何转而变为女身?"天
曰:"舍利弗,若能转此女身,则一切女人亦当能转。如舍利弗非
女而现女身。一切女人亦复如是,虽现女身,而非女也。是故佛
说一切诸法非男、非女。"即时天女还摄神力,舍利弗身还复如
故。……尔时维摩诘语舍利弗:"是天女已曾供养九十二亿佛,
已能游戏菩萨神通,所愿具足,得无生忍,住不退转。以本愿故,
随意能现,教化众生。"①

须弥山石窟的维摩诘经变造像以维摩诘、文殊对坐论辩为基本框架,
又附加表现了《问疾品》《佛国品》《弟子品》《不思议品》《观众生品》等内
容,在有限的空间内,用极为简洁的图像昭示了丰富的内涵,在这一图像
向西传播的过程中起到了很好的桥梁作用。

(二)《维摩诘经》与《法华经》的"双弘并举"

颜娟英指出:"佛教图像在流传演变的过程中,除了由于地点与不同
民族文化的改变,图像的意义因而变化之外,即使在同一个文化地区也会
随着经典信仰的发展,而促使图像的意义更为丰富,也就是说图像牵涉的
经典继续扩大。多部经典会通共融的情形自中国北朝晚期以来非常普遍,
这也是在大乘佛教发达后很自然的现象。"②须弥山石窟第46窟窟门上方
中间龛内为释迦,维摩诘与文殊菩萨两边对坐,这种图像组合通常与《法
华经》关联图像相结合,从属于《法华经》图像。此类图像中以《法华经》为
主导图像,维摩诘经图像被纳入其中,统摄到洞窟的法华像之整体设计构
图中,③体现出了维摩诘、法华图像的"双弘并举",反映出南北朝至隋中国

①[后秦]鸠摩罗什译《维摩诘所说经》卷二,见《大正藏》第0475号,第14册,第547页。
②颜娟英《镜花水月:中国古代美术考古与佛教艺术的探讨》,台北:石头出版股份有限公
司,2016年,第331页。
③李静杰《北朝隋代佛教图像反映的经典思想》,《民族艺术》2008年第2期,第97页。

佛教义解与禅观并重的信仰与实践。①

云冈石窟北魏中期的维摩诘经变图像中，在主室前壁窟门两侧或上方，维摩文殊处在从属位置，与窟内主体《法华经》图像相呼应，共同表达大乘思想。以第7窟为例，是较早出现《维摩诘经》图像的洞窟，主室北壁下层浮雕释迦多宝佛，上层中央浮雕兜率天上交脚弥勒菩萨，二者的组合表现《法华经》信奉者将来往生兜率天的净土思想。主室南壁窟门的东西两侧分别浮雕维摩诘、文殊菩萨，象征大乘佛法。需要注意的是，此类洞窟中的维摩诘、文殊菩萨几乎都配置在窟门两侧或上方，图像与入口关系密切，很可能表现了《法华经》"入大乘为本"的思想②，须弥山石窟第46窟的维摩文殊可能也有类似的意图。

前文已述第46窟的东、南、西、北每一壁面雕有三佛，这里的三佛为三世佛，与法华思想有很大关系，东、西两壁又各雕有一身倚坐和交脚的菩萨装弥勒，二者的组合同样与《法华经》中将来往生兜率天的净土思想有关。《妙法莲华经》卷第一云：

> 佛告舍利弗："诸佛如来，但教化菩萨，诸有所作，常为一事。唯以佛之知见示悟众生。舍利弗，如来但以一佛乘故，为众生说法，无有余乘，若二、若三。舍利弗，一切十方诸佛，法亦如是。舍利弗，过去诸佛，以无量无数方便、种种因缘、譬喻言辞，而为众生演说诸法，是法皆为一佛乘故。……舍利弗，如此皆为得一佛乘，一切种智故。舍利弗，十方世界中，尚无二乘，何况有三？……舍利弗，汝等当一心信解受持佛语，诸佛如来言无虚妄，无有余

---

①肖建军《论南北朝至隋时法华造像与维摩诘造像的双弘并举》，《考古与文物》2012年第5期，第92—96页。

②卢少珊《北朝隋代维摩诘经图像的表现形式与表述思想分析》，《故宫博物院院刊》2013年第1期，第84页。

乘,唯一佛乘。①

　　比丘比丘尼,有怀增上慢。优婆塞我慢,优婆夷不信。如是四众等,其数有五千。不自见其过,于戒有缺漏。护惜其瑕疵玼,是小智已出。……我设是方便,令得入佛慧。未曾说汝等,当得成佛道。所以未曾说,说时未至故。今正是其时,决定说大乘。我此九部法,随顺众生说。入大乘为本,以故说是经。"②

　　第46窟窟门上方西东两侧的维摩诘、文殊菩萨,用以象征大乘佛法,维摩诘、文殊菩萨也在窟门的两侧,与入口关系密切,位于两边的维摩文殊面向中间的释迦,突出了释迦的中心地位,符合大乘佛教以佛陀为中心的构图理念,很可能也是表达了《法华经》"入大乘为本"的思想(图5-42)。

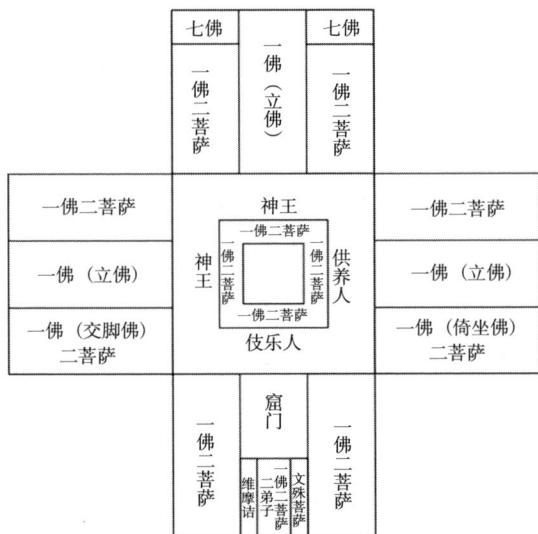

图 5-42　须弥山石窟第 46 窟图像配置示意图

---

①[后秦]鸠摩罗什译《妙法莲华经》卷一,见《大正藏》第 0262 号,第 9 册,第 7 页。
②[后秦]鸠摩罗什译《妙法莲华经》卷一,见《大正藏》第 0262 号,第 9 册,第 7 页。

也有学者认为,维摩诘经变中的《入不二法门品》大多隐含在"文殊问疾"图像之中。这种以窟门为中心,两边设计维摩、文殊,创造出以《佛国品》和维摩诘、文殊菩萨之间建构的"品字形"设计,始创于云冈石窟,可能还蕴含着以窟门喻"不二法门"的意涵①。第46窟的这种窟门也是须弥山石窟营造史上的"不二之门"。

四、北朝"义学"的兴起与维摩诘信仰的流行

《维摩诘经变》是北朝"义学"发展的例证,炳灵寺第169窟的题记"比丘道融之像"可以看出这些造像与关中罗什义学之间的关联②。须弥山石窟北周这一题材的出现,可看作是北朝"义学"在古代原州发展的例证。

北魏佛法本重修行,北方义学也较为落后。一般沙门自悉皆禅诵,不以讲经为意,遂至坐禅者或常不明经义,徒事修持。《广弘明集》载姚兴《与安成侯嵩书》有云:"吾曾以己所怀,疏条摩诃衍诸义,图与什公平详厥衷,遂有哀故,不复能断理。未久什公寻复致变。自尔丧戎相寻,无復(疑是得字)意事,遂忘弃之。""据此则什公死后,即在姚兴之世,法事已渐颓废。……汉魏之间,两晋之际,俱有学士名僧之南渡。学术之转徙,至此为第三次矣。自此以后,南北佛学,风气益形殊异。南方专精义理,北方偏重行业。此其原因,亦在乎叠次玄风之南趋也。"③而到了北魏后期,北方义学逐渐兴盛起来,中土广大僧人都修定法,并且有其所遵循的佛教经典。禅智兼弘,成为一时之风气④。北魏孝文帝是此义学的提倡者,史书对其多有

---

①于向东《敦煌维摩诘经变以窟门为中心的设计意匠——以莫高窟第103窟为例》,《敦煌学辑刊》2010年第3期,第133—141页。

②赖鹏举《北传佛教"净土学"的形成——西秦炳灵寺169窟无量寿佛龛造像的义学与禅法》,《圆光佛学学报》2000年第5期,第34页。

③汤用彤《汉魏两晋南北朝佛教史》(上),北京:中华书局,2016年,第240—241页。

④汤用彤《汉魏两晋南北朝佛教史》(上),北京:中华书局,2016年,第559页。

记载。《魏书》云：

> （文帝）善谈庄、老，尤精释义。才藻富赡，好为文章，诗赋铭颂，任兴而作。①
>
> 显祖即位，敦信尤深，览诸经论，好老庄。每引沙门及能谈玄之士，与论理要。②
>
> （太和元年）三月，又幸永宁寺设会，行道听讲，命中、秘二省与僧徒讨论佛义，施僧衣服、宝器有差。③

北周时期义学之风仍在继续。周都长安亦有诸多经典被翻译，译经沙门有攘那跋陀罗、阇那耶舍、耶舍崛多、阇那崛多、达摩流支五人，其赞助译经者为大冢宰宇文护，阇那崛多与北齐之那连提黎耶舍后亦在隋时出经。魏周之末，翻译有出于佛典以外者，所知者如下：《龙树菩萨和香方》《五明合论》《婆罗门天文》。④

《续高僧传》卷一六《齐邺西龙山云门寺释僧稠传》记：

> 释僧稠，姓孙，元出昌黎，末居矩鹿之瘿陶焉。……勤学世典、备通经史，征为太常博士。讲解坟索，声盖朝廷。⑤

这段记载说明北朝佛学与经学都十分发达，许多名僧具有深厚的经学根底，并援儒入佛。统治阶级重视仪容与辩才。《周书》卷二二《周惠达

---

①[北齐]魏收撰《魏书》卷七，北京：中华书局，1974年，第187页。

②[北齐]魏收撰《魏书》卷一一四，北京：中华书局，1974年，第3037页。

③[北齐]魏收撰《魏书》卷一一四，北京：中华书局，1974年，第3039页。

④汤用彤《汉魏两晋南北朝佛教史》（上），北京：中华书局，2016年，第288页。

⑤[唐]释道宣撰《续高僧传》卷一六，见《大正藏》第2060号，第50册，第553页。

传》记惠达：

> 幼有志操,好读书,美容貌,进退可观,见者莫不重之。①

卷二五《李贤传》记植弟基(字仲和)：

> 美容仪,善谈论,涉猎群书,尤工骑射。②

卷二六《长孙绍远传》记兄子儿：

> 性机辩,彊记博闻,雅重宾游,尤善谈论。③

卷四〇《宇文神举传》载神举：

> 伟风仪,善辞令,博涉经史,性爱篇章,尤工骑射。临戎对寇,勇而有谋。莅职当官,每着声续。兼好施爱士,以雄豪自居。故得任兼文武,声彰中外。百僚无不仰其风则,先辈旧齿至于今而称之。④

　　北周文化表现出对儒家文化的崇尚。由于太祖文皇帝对儒士入佛的大力推动,周世产生了许多由儒入释的学者。宇文邕曾致力于儒学及其统治术的研究,尊儒学为官学,曾与宇文孝伯"同业受经,思相启发。"⑤

---

①[唐]令狐德棻等撰《周书》卷二二,北京:中华书局,1974年,第361页。
②[唐]令狐德棻等撰《周书》卷二五,北京:中华书局,1974年,第423页。
③[唐]令狐德棻等撰《周书》卷二六,北京:中华书局,1974年,第431页。
④[唐]令狐德棻等撰《周书》卷四〇,北京:中华书局,1974年,第716页。
⑤[唐]令狐德棻等撰《周书》卷四〇,北京:中华书局,1974年,第716页。

其中比较显著的,据《周书儒林传》有卢光:

> 性温谨,博览群书,精于《三礼》,善阴阳,解钟律,又好玄言。……性崇佛道,至诚信敬。①

沈重:

> 重学业该博,为当世儒宗。至于阴阳图纬,道经释典,靡不毕综。②

原州刺史王盟:

> 盟姿度弘雅,仁而泛爱。虽位居师傅,礼冠群后,而谦恭自处,未尝以势位骄人。魏文帝甚尊重之。及有疾,数幸其第,亲问所欲。其见礼如此。③

地方豪族蔡佑:

> 佑性聪敏,有行检。袭之背贼东归也,佑年十四,事母以孝闻,及长,有膂力,便骑射。④

北齐儒风极盛之区,常为义学流行之域,这是北朝义学兴盛的基础所

---

①[唐]令狐德棻等撰《周书》卷四五,北京:中华书局,1974 年,第 807—808 页。
②[唐]令狐德棻等撰《周书》卷四五,北京:中华书局,1974 年,第 810 页。
③[唐]令狐德棻等撰《周书》卷二〇,北京:中华书局,1974 年,第 334 页。
④[唐]令狐德棻等撰《周书》卷二七,北京:中华书局,1974 年,第 443 页。

在。①在这样的社会文化背景下，佛教信仰也呈现出注重义理的特点。北周、北齐的维摩诘信仰，相对于异地南朝梁、陈，呈现出较为多元化的特征。如果说梁、陈佛教中的维摩诘信仰表现出更多的论辩色彩，那么北地佛教中的维摩诘信仰由于具备自孝文帝沿袭下来的汉化传统，则呈现出神通和义学兼备的风格，而此种佛教义学往往是由具备儒家学养的官僚来从事的。②

因此，我们可以看出须弥山石窟北周第46窟的维摩文殊穿上了胡装，不是坐卧而是跪坐于榻上。因为空间位置以及雕塑手段与材质的局限，没有出现非常具体宏大的场面，而是用非常简洁概括但又意味深长的意象来表达内涵丰富的佛教场面。从中，不难看出工匠的精心设计以及同一题材内容在不同地区的多样性表达。

---

①丁明夷《北朝佛教史的重要补正——析安阳三处石窟的造像题材》，《文物》1984年第4期，第17页。

②何剑平《中国中古维摩诘信仰研究》，成都：巴蜀书社，2009年，第228页。

第三节　须弥山北周造像的风格

一、北周造像丰腴之风的来源

北周是须弥山石窟营建史上的第二个高峰期，开凿了须弥山石窟群中最华丽的洞窟第 45、46 窟，以及规模最宏大的第 51 窟。前面的章节对北周洞窟的组合关系和主要洞窟内部的造像空间布局进行了研究。这一节主要对造像本身的风格特征进行探讨。

公元 5 世纪末至 6 世纪初，中原北方地区在造型艺术中有两次变化，人物的表现尤为明显。这两次造型艺术的变化和北方统治集团锐意汉化、模拟南朝政治制度与审美风尚有直接关系。因此，变化的源头要追踪到东晋(319—420 年)、刘宋(420—479 年)和萧梁(502—557 年)[①]时期。宿白也总结了北朝北方地区佛教艺术人物形象的变迁，总体表现为南方艺术风尚影响了中原北方地区的流行风尚，其内在的根源在于北方异族统治者"锐意汉化"的诉求。

---

①宿白《中国石窟寺研究》，北京：文物出版社，1996 年，第 349 页。

　　秀骨清像是东晋刘宋时期造型艺术的特征，以顾恺之和陆探微的画风为代表，其作品重在传神与骨气。《历代名画记》记载了张怀瓘对陆探微的评价：

> 　　陆公参灵酌妙，动与神会，笔迹劲利，如锥刀焉。秀骨清像，似觉生动，令人懔懔若对神明，虽妙极象中而思不融乎墨外，夫像人风骨，张亚于顾、陆也。张得其肉，陆得其骨，顾得其神。神妙亡方，以顾为最。比之书则顾、陆、钟、张也，僧繇、逸少也，俱为古今独绝，岂可以品第拘？彦远以此论为当。①

　　萧衍建梁，裁革齐制，②"五十年中，江表无事"，南朝风尚乃一变化，反映在造型艺术上，就是张僧繇画派的流行。③《历代名画记》载：

> 　　夫像人风骨，张亚于顾陆也，张得其肉。④
> 　　像人之妙，张得其肉。⑤

　　相较于前代顾恺之、陆探微的画风，张僧繇变顾陆之清瘦为丰壮，即"得其肉"。以此为代表的南朝新风，约在梁武帝中期又影响到了北魏新都

①[唐]张彦远著，俞剑华注释《历代名画记》卷六，上海：上海人民美术出版社，1964年，第126页。

②杜佑《通典》卷四一《礼典序》："齐武帝永明二年诏，尚书令王俭制定五礼，至梁武帝命群儒又裁成焉。陈武帝受禅，多准梁旧。"

③宿白《中国石窟寺研究》，北京：文物出版社，1996年，第350页。

④[唐]张彦远著，俞剑华注释《历代名画记》卷六，上海：上海人民美术出版社，1964年，第126页。

⑤[唐]张彦远著，俞剑华注释《历代名画记》卷七，上海：上海人民美术出版社，1964年，第152页。

洛阳,唐释道宣《续高僧传》载:

> 　　释法贞……善成实论,深得其趣,备讲之业,卓荦标奇。在于
> 伊洛,无所推下。与僧建齐名……会魏德衰陵,女人居上,毁论日
> 兴,猜忌逾积,嫉德过常,难免今世。贞谓建曰:大梁正朝,礼义之
> 国,又有菩萨,应行风教,宣流道法,相与去乎?今年过六十。朝闻
> 夕死,吾无恨矣。建曰:时不可失,亦先有此怀。以梁普通二年相
> 率南迈。贞为追骑所及,祸灭其身。……后南游帝室,达于江阴,
> 住何园寺,武帝好论义旨,勑集学僧,于乐受殿以次立义,每于寺
> 讲,成济后业,有逾于前。慧聪立心,闲豫解行远闻,道寂博习,多
> 通雅传师业,并终于魏土。[①]

　　《周书·于谨传》记载了公元554年大破江陵时,于谨等人"于煨烬之
中收其书画四千余轴,归于长安"的故事,这也是南朝造像风格传入长安
的有力证据。可见,对南朝新样式的模仿,又一次成为北朝艺坛的时尚。魏
末以来,这种趋势逾加强烈。[②]

二、北周有纪年的两件夏侯纯陀造像碑与须弥山北周造像的特点

　　甘肃省博物馆藏有北周石雕观音立像一躯,为单体造像。通高69厘
米,通身莲瓣形背光,桃形头光浅浮雕一周忍冬纹饰。正面菩萨像头戴珠
宝冠(束发花冠),冠前有一摩尼宝珠,两边饰下飘的宝缯,波浪形高发髻,
左手提净瓶,右手执杨柳枝。菩萨佩戴的璎珞由两重珠子穿组而成,项部

---

①[唐]释道宣撰《续高僧传》卷六,见《大正藏》第2060号,第50册,第474页。
②宿白《中国石窟寺研究》,北京:文物出版社,1996年,第351页。

中央有一下垂的铃铛形坠饰；长璎珞亦由双排宝珠构成，其间加以圆形宝珠等配饰，呈"U"字形自双肩垂至膝部。披帛从双肩搭下，沿手肘外侧下垂至膝际。菩萨跣足站立于莲花台座上，座前两侧为两尊护法卧狮，座下为方形基座，正面刻三浅龛，每龛内雕一结跏趺坐佛，低肉髻，波浪式衣纹。造像背面刻发愿文，共6行，每行18字（图5-43、图5-44）。

图5-43　甘肃省博物馆藏石观音造像　　图5-44　甘肃省博物馆藏石观音造像线描图

发愿文释录如下：

以如来应缘，摧降舍卫，闻耀教潜化，是故佛弟/子夏侯纯陀，割拾双珍，为忘(亡)父造像一区。愿使/观者，悉发暮(菩)提心，达斛(解)法杳(相)。复愿天王永隆，历/劫师徒，七世父母，一切众生，合家大小，永离盖/缠。讬(托)生兜率，面奉弥勒，常闻正法，所愿如是。/天和四年六月十五日同造佛像一区(躯)。

因有明确纪年,此石观音立像造毕于北周天和四年(569 年)六月十五日。无独有偶,西安碑林博物馆藏有一方柱体造像碑①"夏侯纯陀造像碑"(图 5-45a、b、c、d),竖长方形,高 1 米,宽 0.4 米,厚 0.2 米。此碑四周开龛,均位于碑面上部。造像碑的主要内容有佛、菩萨、弟子、双狮、香炉、供养人像等(详细内容见表)。碑右侧下层刻发愿文 8 行,每行 13 字:

图 5-45a、b、c、d　西安碑林博物馆藏夏侯纯陀造像碑

……以如来应缘,权降舍卫,闻耀□(教)/潜化,是故佛弟子夏侯纯陀,割捨/琼珍,为忘(亡)父造像一区,愿使观者/悉发菩提心,达解法相,复愿天王②/永隆,历劫师徒,七世父母,一切众/生,合家大小,永离盖缠,讬(托)生兜率,/面奉弥勒,常闻正法,所愿如是。/天和四年六月十五日造□□。

"叔祖洪善""门师比丘昙先""门师比丘僧安""伯祖夏侯周""伯祖供使""祖父供养"。

---

①金申名为"四面雕刻像龛的单节塔式造像碑"。金申《中国历代纪年佛像图典》,北京:文物出版社,1994 年,第 6 页。

②《陕西金石志》中录为"天王",甘肃省博藏夏侯纯陀碑发愿文中张宝玺录文为"天主",可能为工匠原因所致。武善树撰《陕西金石志卷六》,民国二十三年续修陕西通志稿排印本,第 86 页;张宝玺编著《甘肃佛教石刻造像》,兰州:甘肃人民美术出版社,2001 年,第 219 页。

　　西安碑林博物馆藏夏侯纯陀造像碑上的供养人中有叔祖、伯祖、祖父，以及两位僧人"门师比丘昙"和"门师比丘供"都参与了佛教法事活动。《佛学大辞典》中对"门师"解释为："居家之善信男女皈依三宝时之证明师。"《大正藏》曰："当高宗大帝乃至玄宗朝时，圆顿本宗未行北地，唯神秀禅师大扬渐教，为二京法主三帝门师，全称达摩之宗。"①唐杜宝《大业杂记》曰："出右掖门旁，傍渠西二里有龙天道场，南临石泻口，即炀帝门师济阇黎所居。"②其他的墓志铭和造像记中也有出现，如《北魏武泰元年薛慧命墓志铭并盖》《北魏武泰元年杜和容造像记》《北魏普泰二年路僧妙造像记》《西魏大统四年合邑多人造碑记》《北周冯永兴等人造像记》等中有"门师"参与；龙门石窟题记中也有类似的记载③。从夏侯纯陀造像碑中的"门师"，可以看出夏侯家族佛教信仰的程度之深，多个群体共同参与指导整个造像活动，完成"托生兜率"的祈愿。

　　这两件造像碑的造像者夏侯纯陀应为长安北一带的夏侯氏族，两件造像是夏侯家族对佛教贡献的例证，造像本身体现了 6 世纪中期佛教信仰的状况。甘肃省博物馆藏造像为观音，发愿内容与弥勒有关；陕西碑林博物馆藏造像中有佛像、观音和弥勒菩萨，这些内容反映了造像者的目的与信仰。弥勒信仰与观音信仰一样，都有祈愿众生安康的诉求，较之后者，前者更寄希望于来世，期盼"命终之时"，能"得生兜率陀天"，即"弥勒上生

---

　　①[唐]宗密述《禅源诸诠集都序》卷一，见《大正藏》第 2015 号，第 48 册，第 403 页。

　　②[唐]杜宝撰，辛德勇辑校《两京大业杂记辑校》，北京：中华书局，1991 年，第 2 页。

　　③吴元真主编《北京图书馆藏龙门石窟造像题记拓本全编》（全 10 册），桂林：广西师范大学出版社，2000 年。第 1 册（北魏）第 4 页《始平公造像记》、第 70 页《刘洛真兄弟造像并记》、第 121 页《惠荣造像并记》、第 170 页《静度造像并记》、第 188 页《法宁造像并记》，第 2 册（西魏）《丁义造像记》（第 218 页）、《佛弟子造像记》（第 344 页）中，都有"师僧"的题记。赵青山、蔡伟堂《从敦煌题记"师僧"看僧团师徒关系》一文中，对莫高窟题记及写经题记中的发愿者"师僧"进行了研究，认为这类群体为"亲教师"和"依止师"，即一个人出家时的传授指导者。这与"门师"有相同的含义。

信仰"①。北周时期弥勒信仰兴盛,两件夏侯纯陀造像碑的发愿文就反映了民众的弥勒信仰。"悉发菩提"与"托生兜率,面奉弥勒,常闻正法,所愿如是"等句体现了造像者生求道成佛、将来能往生弥勒净土的愿心。关中及其周边地区有不少天和年间的"成正觉"祈愿的造像题记。②

　　就这两件造像碑而言,造像者在信仰佛教的同时,还辅以世俗祈求的目的。发愿文中的"天王"③"师徒""七世父母""众生"等称谓,延续北魏模式再次出现,在北周其他造像记《雷文伯造像记》《权道奴造像记》《王甕生造像记》等中比比皆是。④可见,"造像记中所呈现出的从皇帝到众生这一有明显世俗政权秩序的福报体系,则是佛教对北朝以儒家孝道为中心的政

---

①弥勒信仰主要包括两个内容:一是弥勒上升兜率天,为诸天说法的信仰;二是讲弥勒下生世间成佛,"龙华三会"的内容。

②魏宏利《北朝关中地区造像记整理与研究》,北京:中国社会科学出版社,2017 年。张祥造像记:"天和三年四月八日,佛弟子为七世父母、所生父母、因缘眷属造释迦牟尼像一躯,等成正觉。合诸邑等二百五十人造像记:愿诸邑子,三慧内明,恒居上首,津彼四生,庆口口道,法界含生,俱成正觉"。杨连熙造像记:"天和三年岁次戊子二月廿七日,建威将军杨连熙为亡口祖父母、现世父母,敬造佛像一区,愿皇帝陛下,永隆福祚,合家眷属,一切众生,共成正觉。雷明香造像记:蒙此徽因,愿皇帝延祚无穷,下及七世师僧父母、因缘眷属,法界众生,咸同斯庆,等成正觉。"

③古正美认为"天王"传统的称谓来源于东南亚地区,施行这种"天王"即"神我合一"传统的帝王,有以湿婆或摩醯首罗天自居的情形,这些使用"天王"尊号的帝王有这种神话自己的倾向。中国"天王"制的出现,可以说是中国政治文化史上以佛教作为教化政策的又一史例。佛教并非消极逃世的宗教,它也如儒教一样,有教化及治世的功用。参见古正美《东南亚的"天王传统"与后赵时代的"天王传统"》,载于《佛学研究》,1998 年,第 319 页。宇文泰之子宇文觉建立北周,建都长安,史称大周"天王"。雷家骥从汉人文化优越的角度观察,他认为胡人君主因道德上、文化上、种族上,深感不如汉人,"内有惭德",因此不敢称"皇帝",而称天王。日本的谷川道雄从官僚体制运作的角度观察,他以为,胡人采用魏晋的封建体制,一方面表示他们的地位不及于"皇帝",一方面自称天王以凸显他们比族内的权臣有更高更大的权力。作为鲜卑族的宇文氏,其"上天有命,革魏于周""以木承水""周天王"的称号应与后赵石勒类同,体现出佛教利乐现世的帝王思想。

④参见魏宏利《北朝关中地区造像记整理与研究》,北京:中国社会科学出版社,2017 年。《雷文伯造像记》:"又为国主永康,师徒父母,一切众生,咸成斯愿";《权道奴造像记》云:"国主清化,民安丰洛";《王甕生造像记》:"上为天龙八部,下为人王帝主,七世父母";《保定五年王忻造像记》云:"上为天龙、帝主永隆,魔邪归正。"

治伦理观念体系的妥协"①。造像者为皇帝、国家、臣僚、父母、众生等祈福，体现了对国家的认同态度，表明民众心系国家以及佛教的帝王思想内涵。

　　需要说明的一点，天和四年（569 年）为武帝宇文邕统治时期，他是历史上有名的灭佛皇帝之一。武帝最初信仰佛教而造功德碑，但励精图治，以儒术为重，不以戎狄自居，不提倡胡教。他深知沙门病国之害，欲革除其敝，所以毁佛法，并及道教。②据《周书》记载："癸酉，帝御大德殿，集百僚及沙门、道士等亲讲礼记"③，"二月癸亥，以柱国、昌宁公长孙俭为夏州总管。戊辰，帝御大德殿，集百僚、道士、沙门等讨论释老义"，④宇文邕在天和三年（568 年）八月和天和四年（569 年）二月召集群臣、沙门、道士等讨论儒、释、道，而"亲讲礼记"反映出其较为明确的思想倾向。随后武帝于建德年间实行"以儒教为先，道教为次，佛教为后"⑤，"初断佛、道二教，经像悉毁，罢沙门、道士，并令还民。并禁诸淫祀，礼典所不载者，尽除之"⑥的政策便在情理之中。本朝民众为何祈愿"受禅"之周天王宇文觉"永隆"，而非当下皇帝，这与北周民众对佛教的虔诚和武帝灭佛倾向是有很大关系的。

　　从这两件造像碑造像的形式来看，人物形象、衣纹样式以及雕刻风格都反映出北周造像的特点。以此为参照，我们更能明晰须弥山北周造像之风。须弥山北朝石窟沿袭了不同时期的南朝样式，北魏洞窟造像削肩、瘦长、褒衣博带、秀骨清像（图 5-46）；西魏造像较之北魏，肩膀变得宽阔一些，衣纹也相对简洁，但还有北魏遗风（图 5-47）；而到了北周时期，完全脱离了北魏样式，无论佛像还是菩萨像，头大、脸圆、身体丰腴肥硕，一派

---

①张鹏《北朝石刻文献的文学研究》，北京：中国社会科学出版社，2015 年，第 71 页。
②汤用彤《汉魏两晋南北朝佛教史》（下），北京：中华书局，2016 年，第 389 页。
③[唐]令狐德棻等撰《周书》卷五《武帝邕上》，北京：中华书局，1974 年，第 75 页。
④[唐]令狐德棻等撰《周书》卷五《武帝邕上》，北京：中华书局，1974 年，第 76 页。
⑤[唐]令狐德棻等撰《周书》卷五《武帝邕上》，北京：中华书局，1974 年，第 83 页。
⑥[唐]令狐德棻等撰《周书》卷五《武帝邕上》，北京：中华书局，1974 年，第 85 页。

图 5-46　须弥山石窟第 24 窟佛像

图 5-47　须弥山石窟第 32 窟佛像

南朝新风(图 5-48、图 5-49、图 5-50、图 5-51)。

　　王敏庆在对北周时期长安佛教美术的研究中指出，北周佛教造像继承北魏而呈现出自己的特点，突出表现在帐形龛形制，佛、菩萨及弟子像圆脸细眉、小眼小口、略带微笑的特点，还有菩萨造像华丽的璎珞和特别的铃铛项饰等方面[①]。将以上两件夏侯纯陀造像与须弥山北周洞窟造像进

图 5-48　须弥山石窟第 45 窟
中心柱北佛、菩萨像线描图

图 5-49　庆阳北石窟寺北周第 204 龛
线描图

①王敏庆《北周佛教美术研究——以长安造像为中心》，北京：社会科学文献出版社，2013年，第32—48页。

图 5-50　须弥山石窟第 46 窟交脚弥勒　　　图 5-51　须弥山石窟第 45 窟倚坐弥勒

行比较,可以发现它们之间的相似之处:

（一）主尊倚坐且其衣裾一半覆座是一种新风貌。主尊为倚坐弥勒菩萨,菩萨裙腰向下外翻,衣纹下垂,帔帛下垂至地。

（二）菩萨裙腰翻出,帔帛下垂至双腿中间呈圆弧形（"U"形）,后绕右臂下垂。

（三）佛像身体圆浑、腹部鼓起、体形微胖,已经完全脱离北魏秀骨清像的特征。

（四）菩萨有"U"字形璎珞,璎珞的前部中央饰宝珠。

（五）菩萨头戴宝冠,两侧的宝缯下垂于肩,面相方圆、圆脸、细眉、长眼、小嘴、挺鼻,头大体短,头和身体比例较短,且头和手显得略大,头大体短,整体造像显得非常协调,有一种圆润的雍容华美之感。

（六）佛像内着由左上斜向右下的僧祇支,胸部打结系（图5-52a、b、图5-53、图5-54、图5-55、图5-56）。

须弥山石窟第 45、46、51 窟中的造像,与来自北周长安一带的佛教艺术形式一脉相承,可见长安佛教造像对周围地区的辐射影响。须弥山北周洞窟中的造像、夏侯纯陀造像碑以及西安出土的其他石佛像、菩萨像等,

图 5-52a、b 须弥山石窟第 51 窟佛像

图 5-53 北周青石佛立像

图 5-54 天龙山石窟第 3 窟佛像
线描图

图 5-55 天龙山石窟第 1 窟佛像
线描图

图 5-56 瓦窑村东窟佛像
线描图

雕刻技法尚显稚拙,但都呈现出佛像多螺发、面相方圆、身体圆浑、腹部鼓起、胸部打结等,菩萨面相浑圆、扭胯鼓腹、璎珞繁复等特征,有一种柔和的华贵之气,是典型的北周造像样式。隋代的佛教造像基本延续了北周的这一特征,而稍显瘦削、稀疏倾斜的衣纹又有别于北周之风格。

此外,以上两件夏侯纯陀造像的发愿文、造像题材以及组合,反映出了北周弥勒信仰的流行,有民众寄希望于来世,期盼"命终之时"能"得生兜率陀天",有往生弥勒净土的愿心和祈愿众生安康的诉求。须弥山石窟第45、46窟中有交脚和倚坐弥勒,第51窟南窟门上方有弥勒尊格的半跏思惟像,北窟门上方也有倚坐的弥勒造像,这些都是弥勒信仰的表现形式,是北周弥勒信仰的例证。

第四节　须弥山石窟神王及其内涵

　　神王是佛陀的护法神,神王像流行于北魏、北齐和北周的石窟及单体造像中,一般成组出现。须弥山石窟北周第46窟也雕刻有神王像,它们分布于中心柱基座的西向面和北向面。其中西向面基座雕五个方形浅龛,《总录》指出由左向右分别为山神王、树神王、莲炉、风神王、火神王,北向面基座也雕有五个方形浅龛,由左向右分别为狮神王(不明)、河神王、莲炉、象神王(不明)、蛇神王(表5-1)。①

---

　　①宁夏回族自治区文物管理委员会、北京大学考古系《须弥山石窟内容总录》,北京:文物出版社,1997年,第85页。

表 5-1 须弥山北周第 46 窟神王统计表

西向面	图片		
	线图		
	神王名称	山神王、树神王、风神王、火神王	
北向面	图片		
	线图		
	神王名称	狮神王、河神王、象神王、蛇神王	

　　中国的神王题材最早出现在北凉石塔上,石窟内雕刻神王,始见于龙门宾阳中洞,在《帝后礼佛图》下方雕有十神王像,窟门两侧各分布五身。这十身神王的名称则见于"东魏武定元年骆子宽等七十人造像石"上,所雕十神王名分别为:狮神王、象神王、龙神王、鸟神王、山神王、河神王、风神王、火神王、树神王和珠神王。这一具有明确榜题的造像碑为我们进行神王的定名及相关研究提供了可靠的依据。此外,巩县石窟、邯郸南石窟、北响堂山石窟、水浴寺石窟等中原石窟内神王造像频频出现,只是这些神

王的造型、名称和组合与骆子宽等七十人造像上的神王稍有差异,如巩县石窟寺又增加了兔首、牛首、马首等神像及双面人像。须弥山的神王雕像是西北地区出现较少的护法类图像,通过梳理可以发现须弥山石窟第46窟神王雕像与以上佛塔、造像及石窟内的神王像相似,但又有区别,它们之间应该有一定的传承关系。此窟是有供养人雕像的功德窟,窟主必定会将个人诉求付诸佛教造像之中,结合窟内其他的内容和社会历史背景,在这个众多图像组合而成的佛法场域之中,我们发现神王雕像并非只是简单的图像流播,还有其他更深层次的意涵。

一、须弥山北朝石窟神王雕像形式分析

中国神王多出现于北方佛教石塔、石窟中,现将中国佛教艺术中出现的神王图像做一统计(表5-2):

表5-2　北朝佛教艺术中的神王统计表

序号	名称	年代	线描
1	北凉马德惠塔	426年	
2	沙山塔基座	426年	
3	索阿俊塔像	426年	

续表

序号	名称	年代	线描
4	高善穆塔基座	428 年	
5	田弘塔基座	429 年	
6	王坚塔基座	433—439 年	
7	程段儿塔基座	436 年	
8	宋庆塔基座	442—460 年	
9	东魏骆子宽等七十人造释迦五尊像	543 年	

续表

序号	名称	年代	线描
10	龙门宾阳中洞前壁窟门两侧	515—517 年	
11	路洞的南北侧壁下部	525 年以后	
12	巩县石窟	北魏后期	

续表

序号	名称	年代	线描
12	巩县石窟	北魏后期	
13	南响堂山石窟	565 年	
14	北响堂山石窟	北齐初年	

续表

序号	名称	年代	线描
15	水浴寺	570—576年	
16	须弥山石窟	北周	
17	西安卧龙寺	北周	
18	长安桃园村	北周	
19	敦煌莫高窟249窟	西魏	
20	赵氏造弥勒像	552年	

续表

序号	名称	年代	线描
21	韩子思造思惟菩萨像	556 年	
22	刘氏造思惟菩萨像	556 年	
23	安阳灵泉寺大留圣窟	589 年	

　　须弥山石窟共有八身神王,均上身赤裸,下身穿短裤。有的头戴帽子,双手捧物,身体浑圆,均为一腿盘坐,一腿撑起,是佛经中对神王"却坐一面"描述的视觉呈现。神王高鼻、大眼,少数民族形象特征明显。下面依次描述第 46 窟的八大神王特征:

　　山神王:中心柱西向面基座左起第一身人物似坐在一个圆柱状的座子上,双脚分开,人首人身,似披发,双手抱着一块山石在怀里。山石是山神王最典型的特征,不同石窟山神王造像中石头的表现方式各不相同,比较易于辨认。巩县石窟山神王双手将巨石托举高于头部,龙门宾阳洞、安阳大留圣窟的山神王则右手托着一块较小的山石。

　　树神王:中心柱西向面基座左起第二身人物,左腿盘坐,右腿支撑,有发髻,戴一项圈,怀抱树木,这棵树的造型简单明了,笔直的树干在最上部分为两枝,分支上的叶子雕刻得非常概括。在目前所见的树神王中,神王所抱、肩扛或者倚靠树的造型有所不同,南响堂山、北响堂山的树枝叶繁茂,树枝上部枝丫分叉明显,与上述神王怀抱之树木不同;巩县石窟中的神王倚靠在一棵树旁边。

　　风神王：中心柱西向面基座左起第三身人物，右腿屈膝跪地，左腿支撑，头部残毁，双手抱一囊状物于怀中，这一风囊是风神王的标志性物品。与东魏武定元年（543年）骆子宽造像，巩县石窟、龙门石窟等地雕刻的风神王所抱的风囊相似，没有太大差别。

　　火神王：中心柱西向面基座左起第四身人物，腿部动作与第二身树神王的腿部动作相反，即右腿盘坐，左腿支撑，头部为侧面。火神王一般为双手或者一只手执火把，也有手托燃烧火苗者，须弥山石窟的火神王双手各执一正在燃烧的火把，且两个火把的火苗样式略有差异，并非类同。

　　狮神王、象神王（？）：中心柱北向面基座左起第一身人物，左腿盘坐，右腿支撑，头戴帽子，右手握着左手。笔者认为这一神王应为狮神王，这一向面基座左起第三身左腿盘坐、右腿支撑的人物，可能为象神王。在此，从以下方面做判断：

　　1.从神王的造型来看，这一形象与巩县石窟第4窟中心柱北面的狮神王比较接近（图5-57、图5-58）。神王自头而下披一张狮皮，神王左边弯曲状似为狮子的鬃毛。而且二者手部的动作相同，似狮子爪子的造型。

图5-57　须弥山石窟第46窟狮神王线描图

图5-58　巩县石窟第4窟狮神王线描图

2. 东魏武定四年(546年)道凭法师为修禅而开凿的安阳灵泉寺大留圣窟的倒凹字形基坛南、北两面刻有八大神王,刘东光认为道凭石堂原石室中的造像约属于北齐时代[①],其中南侧有四身神王:龙神王、火神王、风神王、树神王,北侧亦有四身神王:山神王、河神王、象神王、狮神王。从图像组合的对比来看,它与须弥山石窟第46窟一样都有八身神王,前者神王的定名已经确定无疑。再从时间上推断,须弥山石窟北周第46窟的神王可能也受其影响,其中不明身份的神王有可能是狮神王和象神王,两地神王身份相吻合。

3. 高氏塔中的象、火、山、河、鸟、狮、树、龙八神王,与昙无谶《大般涅槃经》中所记录的八神王基本相同,只是高氏塔中缺一风神王,而多一火神王,或许是以火代风。须弥山石窟的神王整体还是与高氏塔中的八神王较为接近,如果可确定狮神王,其他一身不明身份的神王应是象神王。而北凉高氏塔的八面基座上的八神王与中国传统的"八卦"相对应,这是对印度原生的神王图像通过中国传统文化概念进行的一种融合,对于须弥山石窟来说,这也是基于武帝毁佛事件的一种有意义的回应方式。

河神王:中心柱北向面基座左起第二身人物,与上一身一样也是左腿盘坐,右腿支撑,但是右腿的角度不同,这一身的右腿更靠内。河神王的标志性特征是鱼,须弥山石窟中的河神王肩上扛一条鱼,并用左手托举鱼头、右手抚握鱼尾,鱼的身体肥硕,呈S形弯曲状,甚至可见鱼身上部分细密的鳞片。这一河神王的样式与赵氏造弥勒像、巩县石窟、北响堂山石窟中的神王样式接近,南响堂山石窟中的河神王没有肩扛而是将鱼置于胸前,双手抱持。

蛇(龙)神王[②]:中心柱北向面基座左起最后一身人物,与他旁边的象神王的动作一致,蛇神王肩扛一条蛇,蛇缠绕其全身,充满动感。中国中原北方

---

①刘东光《有关安阳两处石窟的几个问题及补充》,《文物》1991年第8期,第71—78页。

②此神王应为"龙神王",蛇即为小龙,称之为龙神王,与八大神王的名称更为契合。

的蛇还有手握一条蛇者,如巩县石窟第 3 窟中心柱北面的蛇神王。

北凉石塔神王手中持物是表明不同神王的象征。仔细分析图像我们可以看出,须弥山石窟第 46 窟的神王雕像与前期其他地区的神王有一定的传承关系,须弥山石窟中的神王为人首人身,手持物表明不同的身份,与巩县石窟、莫高窟等石窟中长着各种兽头的神王有所不同。一般来说,神王的数量与排列没有严格规律,十神王大概有一套共通样式,其余的则可以自由创造。他们一般位于窟内四壁下方或中心柱下方和单身像台座上,是护持攘灾、守土镇方的神祇。①

须弥山石窟神王雕刻呈现出以下特点:(1)神王位于中心柱下方基座上;(2)神王与伎乐、供养人相互配合,均出现于中心柱下方,这与巩县石窟比较接近,如巩县石窟第 4 窟东壁壁脚雕有神王,与之相对的东壁位置则雕刻有伎乐人;(3)神王是常见的几种类型,共有八个;(4)神王各置于一方形壶门之中;(5)神王的造型特征不是秀骨清像的北魏样式,而是面相方圆、体态丰满,但不显力度,具有明显的北周风格;姿态也多为一腿盘坐,一腿撑起,由此可看出它对龙门石窟、巩县石窟的继承性。

须弥山石窟第 46 窟的神王布局样式、表现方式与巩县石窟、响堂山石窟、水浴寺石窟的神王组合样式较为接近,雕刻于中心柱基座下部的浅龛内,且神王中间有莲炉。北响堂山石窟开凿于北齐初年,是北齐皇室显贵开凿的,第 4 窟中心柱下方正面、南面、北面中间为线刻莲炉,两边有风神王、火神王、珠神王、狮神王、火神王、河神王等,后面又刻香炉、蹲狮、供养比丘(图 5-59)。水浴寺西窟开凿于北齐武平年间(570—576 年),中心柱基座正、西、东三面各开有五个圆拱龛,火焰形龛楣,龛间立柱,柱头饰覆莲与摩尼珠。中间龛雕莲炉,两侧各有一供养比丘,两端二龛刻神王(图 5-60)。这种布局与须弥山石窟第 46 窟中心柱下部基座的布局很相似。

①金申《关于神王的探讨》,《敦煌学辑刊》1995 年第 1 期,第 57 页。

图 5-59 南响堂山石窟第 7 窟南壁神王线描图

图 5-60 邯郸鼓山水浴寺西窟中心柱东面神王线描图

须弥山北周第 46 窟的神王与其他地区的神王一脉相传,但并不完全一样,有其自身的特点。火神王将燃烧的火把置于胸前,巩县石窟第 4 窟中心柱东面的火神王亦双手执燃烧的火把,但双手敞开,火把置于离身体较远的位置。树神王怀抱一棵较为抽象的双树,不像骆子宽等七十人造释迦五尊像中将象征树神王的树雕于身后, 也与北响堂山石窟第 7 窟中心柱北面的树神王所执枝叶繁茂的双树有所区别。

二、神王图像来源

神王像源于印度民间信仰与婆罗门教,5 世纪后随着佛教的传入在中国佛教艺术中出现,又先后与中国的阴阳五行、神仙鬼神意识及儒道思想相结合。[①]这些神王是被人格化了的自然现象。

药叉是印度早期的守护神,可以说是神王的前身。作为家庭幸福的守护神,通常将两个站立的药叉雕刻在门口两侧的门柱上,他们是尊严的卫

---

① 赵秀荣《北朝石窟中的神王像》,《敦煌学辑刊》1995 年第 1 期,第 67—69 页。

图 5-61　旃陀罗药叉女　　　图 5-62　桑奇大塔东门药叉女　　图 5-63　狄大甘吉出土
　　　（公元前 2 世纪）　　　　　　（公元前 1 世纪）　　　　　　　药叉女

士（图 5-61、图 5-62、图 5-63）。佛教诞生以后，它便融合印度早期自然崇拜中的民间神灵来安抚民众。

作为护法之"神王"，早期的佛教经典主要有如下记载。西晋月氏国三藏竺法护译《佛说海龙王经》卷一云：

> 帝释、四天王与忉利天人俱；焰天、兜术天、不憍乐天、化自
> 在天、魔子道师、梵天王、梵净天王、善梵天王、梵具足天王、大神
> 妙天、净居天、离垢光天、乃至一善天、燕居无善神王，各与眷属
> 六万，山树神王四万二千，力士神王，一名持华，三万二千，与香
> 音神俱；无焚龙王与七万二千诸龙俱，四方金翅鸟王，及余一切
> 诸大尊神、天龙鬼神、无善神、凤凰神王、山树神王、甜柔神等，各
> 与眷属来诣佛所。①

---

①[西晋]竺法护译《佛说海龙王经》卷一，见《大正藏》第 0598 号，第 15 册，第 132 页。

东晋平阳沙门法显译《佛说大般泥洹经》卷一云：

尔时十六大国比丘比丘尼，唯除尊者大迦叶尊者、阿难二众，余者悉集满一由旬悉皆如前。比丘比丘尼众于晨朝时，来诣佛所稽首佛足，绕百千匝于一面住。复有万恒河沙诸小山神王，大山神王，世界中间诸鬼神，王须弥山神王，食诸树叶华果种种生类，皆有神力放大光明，来诣佛所稽首礼足于一面住。①

后秦鸠摩罗什译《孔雀王咒经》卷一云：

护世四天王、娑婆世界主梵天王、尸弃大梵光明大梵等，金刚蜜迹摩醯首罗、大金色孔雀王、鸠槃茶王大辩神王、那罗延王韦提希子阿阇世王，山神王、树神王、河神王、海神王、地神王、水神王、火神王、风神王，夜叉大将罗刹王、满善宝善车伽罗钵罗昙摩罗、钵罗檀吒罗阿伽蠡等。八大神王吒翅等七大神王，佉佉卢陀等诸大神王，荼罗等六大神王，识又迦罗等十大神王，仙人鬼大幻持咒王等，皆当拥护(某乙)之身，即说咒曰(已上三纸七行经音指为伪经)。②

北齐居士万天懿译《尊胜菩萨所问一切诸法入无量陀罗尼门经》云：

尔时三千日月诸天王、诸龙王、诸阿须伦王、主天地大鬼神及天魔王、火神王、山神王、树神王、诸神王，即于佛前叉手作礼，

---

① [东晋]法显译《佛说大般泥洹经》卷一，见《大正藏》第0376号，第12册，第855页。
② [后秦]鸠摩罗什译《孔雀王咒经》卷一，见《大正藏》第0988号，第19册，第482页。

奉行诵此咒者。我日日往供养，便不横死，一切诸恶皆不得便，持
是咒所在处。诸天王诸须伦王诸大鬼将军，皆共敬护承事之，学
是咒者自致作佛(尔时已下五纸丹藏皆无)。①

从经典可见"山神王、风神王、树神王、火神王、龙神王"这五大神
王出现的较多，而不见"珠神王、象神王、狮神王、鸟神王、兔神王"等，
后者或为佚经中所见，或依当时口传佛典雕刻而成②。而且这些神王
形象在早期的杂密经典中出现很多，尤其是杂咒。《佛说大孔雀咒王
经》云：

> 如是等从无热恼池，出四大河流赡部洲，及余江河淮济之属
> 诸河神王，于此大地依止而住。种种形状种种颜色，随乐变身成
> 就明咒作吉凶事，斯等诸神并诸眷属，亦皆以此大孔雀咒王，拥
> 护我某甲并诸眷属。寿命百年离诸忧恼莎诃，阿难陀汝当受持五
> 十二诸大山王所有名字若识，知者或在山谷旷野之处。③

唐般若斫羯罗译《摩诃吠室罗末那野提婆喝罗阇陀罗尼仪轨》之《结
界品》云：

> 若欲结界时。先念摩诃毗卢遮那佛一百遍，然后结界，即发
> 大愿言，我某甲顶戴五夜叉，脚踏诸罗刹，仰启尽虚空遍法界一

①[北齐]万天懿译《尊胜菩萨所问一切诸法入无量陀罗尼门经》卷一，见《大正藏》第1343
号第21册，第848页。

②赵秀荣《北朝石窟中的神王像》，《敦煌学辑刊》1995年第1期，第69页。

③[唐]义净译《佛说大孔雀咒王经》卷三，见《大正藏》第0985号，第19册，第473页。

切诸佛菩萨,金刚密迹力士一切诸善神王,天神王地神王山林河海日月五星二十八宿,阎罗法王五道将军太山府君司命司录,怨家债主冥官业道行病鬼王毗首羯摩天子,五方药叉大将三天童子七星七宿日月天子。难陀跋难陀和修吉等诸大龙王皆悉证知。[①]

上文《摩诃吠室罗末那野提婆喝罗阇陀罗尼仪轨》是唐人般若斫羯罗所译,神王中掺杂有日月五星二十八宿、七星七宿等神像。巩县石窟、敦煌北魏诸窟中的兔首、牛首、马首、双面人等就是神王与其他星宿神像的糅合。其中兔首像是尾宿、牛首像是心宿、马首像是亢宿,双面人像可能是十二宫中的阴阳宫[②]。

学界把公元3世纪前半叶开始传入中国的各种经咒散说、仪规等称为"杂密",经文中记载的神王是为了供养、护持佛法和保佑吉祥。如《佛说灌顶经》中详细列举了"十八神王""十二神王""十神王""十六神王""十九神王""二十七神王"等名称以及他们的职责。其名称有:道轲弥伽罗移嘻隶、嘻隶殷鞞阿罗鞞、摩比丘披赖兜呵赖沙、翅拘梨因提隶比丘披、沤罗须弥者罗阿罗因、阿罗耶阿耆破者、耶勿遮坻鞞移阿鞞、沤那是陀沤弥提屠等,关于十神王,此经文也指出了他们的作用为:"护今现在及未来世诸比丘辈,不令五温疫毒之所侵害。若为虐鬼所持,呼十神王名号之时虐鬼退散,自护汝身亦当为他说使获吉祥之福。"[③]在这样的社会环境下,杂密经咒中具备各种神异功能的护法诸天、诸神王鬼怪一呼即出,满足了人们除

①[唐]般若斫羯罗译《摩诃吠室罗末那野提婆喝罗阇陀罗尼仪轨》卷一,见《大正藏》第1246号,第21册,第219—220页。

②陈明达《巩县石窟寺的雕凿年代及特点》,河南省文物研究所编《中国石窟·巩县石窟寺》,北京:文物出版社,2012年,第186页。

③[东晋]帛尸梨蜜多罗译《佛说灌顶经》卷一,见《大正藏》第1331号,第21册,第495页。

邪恶、定吉凶、攘灾招福的愿望。这是神王在中土出现的又一原因。[1]可见，这些神王们与日天、月天、摩醯首罗天、毗瑟纽天、鸠摩罗天、毗那夜迦天、四大天王等护法诸天有相同的功用。而且，这些杂密经典初传中土，有诸多与传统文化不相融合之处，因此它们不断变化以适应本土的新环境，如象神王、狮神王等早期经典中并未出现的神王，很有可能也是中国化的结果，在不同的历史时期，为人所用。

　　总之，须弥山石窟北周第 46 窟中的神王，主要受到中原地区神王造像的影响而产生，虽然组合形式发生了一些改变，但其名称以及功能不出以上所述。金申指出神王在河南、河北和山西等地集中出现并流行的原因，在于有记载神王佛经的传播，以及这些地区汉文化的发达，特别是有尊崇杂祀鬼神的传统，同时也创造出了多种不同形象的神王。因此，神王的流行是二者碰撞交融的结果。[2]这一条神王流播的路线，其实反映着丝路佛教文化、中原农耕文化等多种文化的传播路线。须弥山石窟所在的固原，本为羌戎游牧之地，北朝时期，多个民族在此聚集杂居，多种文化在此交融汇集。那么，在北周开凿的洞窟中，为何会重现其他地区曾经出现过的神王呢？我们将对这一原因予以分析。

三、须弥山神王出现的原因分析

　　僧俗阶层根据不同层次的需求而选择造像题材的雕刻，造像反映了当时社会的一个侧面，与当时的社会历史背景有关联。[3]须弥山石窟北周第 46 窟的神王雕刻，与北凉、北魏以及北齐的神王有着不可分割的联系，然而它不是简单的图像移植，而是有着深层的隐性内涵。

---

①赵秀荣《北朝石窟中的神王像》，《敦煌学辑刊》1995 年第 1 期，第 70 页。
②金申《关于神王的探讨》，《敦煌学辑刊》1995 年第 1 期，第 61 页。
③李裕群《北朝晚期石窟寺研究》，北京：文物出版社，2003 年，第 235 页。

（一）末法时期理想家园的描绘

须弥山北朝时期的有些洞窟窟门外残存着石窟的"守护者"——天王造像。第46窟将石窟"守护神"这一职责进行了不同方式的表现，把他们移至室内，雕凿在中心柱基座上，而且两面雕凿。在北朝末期这一特殊的历史时期，是洞窟营建者在末法时期渴求理想家园的一种描绘。

北凉译经大师昙无谶在《涅槃经》中将佛教分为正法五百年、像法一千年、末法一万年三个阶段。所谓三阶，是指佛法的三个阶段，一阶即一乘，为初五百年，修净土；二阶即三乘法，为次五百年；三阶为佛法灭后千年之末法时期，修"普敬认恶"之宗。北朝晚期当为像法之末[①]，末法思想流行，《摩诃摩耶经》卷下曰："天龙八部莫不忧恼，恶魔波旬及外道众踊跃欢喜，竞破塔寺、杀害比丘。"[②]十六国北凉时期，末法思想首先在河西地区流行。酒泉出土的北凉石塔之发愿文就说明了末法思想与社会动荡之间的密切关系：

> 凉故大沮渠缘禾三年岁次甲戌（434年）七月上旬，清信士白双置自惟薄福，生值末法，波流苦深，与圣录旷正，惟慨□□永叹，即于山岩步负斯石，起灵塔一尊一窟，形容端严，愿此福报，使国主兄弟善心纯熟，典作三宝，现在师僧证菩提果，七世父母兄弟宗亲舍身受身，值遇弥勒，心门意解，获其果愿。[③]

---

①[北齐]慧思《南岳思大禅师立誓愿文》云："生死日增苦轮常转未曾休息。往来五道横使六识轮回六趣。进不值释迦出世。后复末蒙弥勒三会。居前后众难之中。又借往昔微善根力。释迦末世得善人身。仰承圣教之所宣说。释迦牟尼说法住世八十余年。导利众生化缘既讫便取灭度。灭度之后正法住世经五百岁。正法灭已像法住世经一千岁。像法灭已末法住世经一万年。我慧思即是末法八十二年。太岁在乙未十一月十一日。于大魏国南豫州汝阳郡武津县生。"按此说法，5世纪前期已进入末法时期。

②[萧齐]昙景译《摩诃摩耶经》卷二，见《大正藏》第0383号，第12册，第13页。

③王毅《北凉石塔》，文物编辑委员会编《文物资料丛刊》（1），北京：文物出版社，1977年，第84页。

此石塔上还刻有八大神王，他们手持莲花、三股叉等护法神器以护持佛法，图像与经文所表达的思想一致。

北齐天统四年（568 年）始，唐邕在北响堂山刻经，发愿将一切经尽刻于名山之上[①]，"以为缣缃有坏，简侧非久，金牒难求。皮纸易灭"。于是造佛凿经随着末法思想而在这一地区流行。安阳灵泉寺石窟大住圣窟外壁的佛经记载"面别镌法灭之相"，所刻《大集经》《胜鬘经》《摩诃摩耶经》等经典均是为了宣扬末法思想。窟内壁所刻《大集经·华严经》与《大集经·月藏分》中所记大住圣窟的二神王"为护持震旦国的天部"，生当佛法"末世"，镌刻经像以备"法灭"，均与"末法"有关。

周武帝灭法也是末法思想能够根植于社会的重要原因。自太武帝颁布末法诏书一百多年后，宇文邕在大德殿召集百僚、沙门、道士等，亲讲《礼记》。天和四年（569 年）以后，北周武帝开始组织"三教"人士进行争论，讨论释老的义理，裁量"三教"的优劣，时有卫元嵩上书力排佛教，又有道士张宾谶言"黑衣，当王"。经历多次激烈的论争后，武帝确立了儒为先、道为次、佛居后的态度，表现为逐渐偏重道教，而终致有毁佛之决定，成为历史上"三武灭佛"的帝王之一[②]。周武帝的灭法运动在此验证了末法时代的到来，北周佛教徒对末法也是深信不疑。佛教徒当以持戒护法为本，他们开窟造像的目的很明确，就是要使佛法永不坠毁。

须弥山圆光寺区的洞窟组合中，第 45、46 窟位于上方，是开凿精美且较为完整的大型洞窟，而下层洞窟中第 48 窟尚未完成，与武帝灭佛有很

---

①丁明夷详认为大住圣窟卢舍那、阿弥陀、弥勒三尊主佛，三十五佛、七佛以及《五十三佛名》《二十五佛名》《三十五佛名》等经都与信行所撰的《七阶佛名》相合。见丁明夷《北朝佛教史的重要补正——析安阳三处石窟的造像题材》，《文物》1988 年第 4 期。李裕群在《北朝晚期石窟寺研究》中对丁明夷的观点进行了补充，认为大住圣窟中还有《七阶礼忏文》，是三阶教徒常诵之忏悔文，因此，有可能是三阶教徒在这里活动频繁所致。

②赖永海主编《中国佛教通史》（二），南京：江苏人民出版社，第 99—100 页。

大关系。第 45 窟中心柱下部基坛仅有伎乐,无神王等护法神众;而第 46 窟却出现了护法之神王。我们可推测,第 46 窟在建造时间上可能晚于第 45 窟,而且正在周武帝灭法前期。佛教造像是反映当时佛教史以及社会生活史的生动资料,适逢周武帝灭佛,窟主于须弥山北周第 46 窟中雕凿神王,显然具有"护法"之意,以此希冀佛法永存,构建自我心中的理想家园。

(二)三教融合的图像程序与具有道教色彩的神王

殷光明在《试论北凉石塔基座像与神王》一文中指出,北凉神王像源于印度、犍陀罗佛教艺术,也受到了中国传统文化的影响,尤其是阴阳八卦、谶纬和神鬼信仰,类似于道家对各种神仙之称谓。北凉石塔建造者也按八卦来雕刻和排列佛教神王。[①]与昙曜主持开凿的昙曜五窟利用帝王至尊达到护法的目的一样,须弥山石窟第 46 窟窟主在佛教石窟内雕凿的神王,虽然并未完全按照《大般涅槃经》等佛典所记的神王、北凉石塔神王八卦的顺序雕刻,但基本特征并未改变,笔者认为也同样具有阴阳八卦、谶纬和神鬼信仰。

此外,须弥山石窟第 46 窟的七佛也值得关注,七佛雕刻于洞窟正壁(北壁)左右两个龛的龛楣上方和中心柱正面(北向面)龛楣上方,这三处位置都是窟内极为显眼的重要位置,七佛有"七世父母"的内涵。神王、七佛是须弥山北周洞窟中的原创性题材,同时出现于第 46 窟,这不是偶合,而是有意识经营的结果。

周武帝重视儒家礼仪,"幼而孝敬,聪敏有器质",[②]在其废佛期间抨击佛教最主要的一个方面是佛教徒出家后不侍奉父母。范泉研究了北周洞窟中大量描绘的本生故事、佛传故事画与"忠君、孝亲"之间的关系,认为佛教徒从佛经中找出具有忠君、孝亲思想的题材,绘制于窟龛庙塔,用于

---

①殷光明《试论北凉石塔基座像与神王》,《敦煌研究》1996 年第 4 期,第 10—11 页。
②[唐]令狐德棻《周书》卷五《帝纪》第五,北京:中华书局,1971 年,第 63 页。

回应外界对佛教的攻击①。石窟本来是佛教思想的艺术表现形式，开窟者将佛、弟子、菩萨、天王、力士、飞天、伎乐等组合成一个完整的法会场面②，须弥山石窟第46窟中的神王与其他内容构成一个宗教思想浓郁且又隐含"他者"的艺术空间。笔者认为从图像学的角度看，这一洞窟中具有儒家思想的七佛和渗透道教色彩的神王，共同丰富了传统的佛教图像程序，这些图像是中国石窟中文化混合的证据，掺杂了不同文化和艺术传统的图像，体现出儒、释、道三教之合一。这样的融合在整个北朝时期已经很常见了，如固原北魏墓漆棺画中，漆棺盖上的日轮和东王公以及月轮和西王母是一幅带有道教色彩的天相图，它与孝子图像和菩萨像同样营造了一个道、儒、释融合的墓室空间。

---

①范泉《周武灭法与敦煌北周石窟营造的关系——以莫高窟第428窟供养人图像为中心》，《敦煌学辑刊》2008年第4期，第120页。

②常青《北朝石窟神王雕刻述略》，《考古》1994年第12期，第1140页。

第五节　须弥山石窟的伎乐图像

一、须弥山北周伎乐性质的判定

石窟中出现的各类伎乐以及乐器，与佛教经典关系密切。《妙法莲花经》序品偈颂云：

> 若使人作乐，击鼓吹角贝，箫笛琴箜篌，琵琶铙铜钹，如是众妙音，尽持以供养，或以欢喜心，歌呗颂佛德，乃至一小音，皆已成佛道。①

《佛本行集经》曰：

> 彼阎浮城，常有种种微妙音乐，所谓钟、铃、蠡、鼓、琴、瑟、箜

_____

① [后秦]鸠摩罗什译《妙法莲华经》卷一，见《大正藏》第 0262 号，第 9 册，第 9 页。

篌、篳篥、笳、箫、琵琶、筝、笛，诸如是等种种音声。①

竺法护译《普曜经》卷一曰：

其王宫里大鼓小鼓，箜篌琴瑟，筝笛箫笳，不鼓自鸣，演悲和
音。②

在洞窟中绘制乐舞场面，是为了弘扬佛法，烘托佛国世界的崇高与庄
严，反映佛国世界的欢乐与祥和。一般来说，伎乐主要分伎乐天和伎乐人。
伎乐天主要包括飞天伎乐、化生伎乐、天宫伎乐以及各类经变画中的乐
舞，这些场景中的人物都是天人或者菩萨形象。此外还有天王、金刚力士、
药叉神将、迦陵频伽等佛教护法神伎乐。③《大智度论》云：

问曰："诸佛贤圣皆是离欲人，则不须音乐歌舞，何以伎乐供
养？"答曰："诸佛于一切法中心无所着，于世间法尽无无须；诸佛
怜悯众生故出世，应随供养者，令随愿得福故受。"④

又云：

是菩萨欲净佛土故，求好音声，欲使国土中众生闻好音声，
其心柔软，心柔软故，易可受化，是故以音声因缘而供养佛。⑤

①[隋]阇那崛多译《佛本行集经》卷二，见《大正藏》第0190号，第3册，第660页。
②[西晋]竺法护译《普曜经》卷一，见《大正藏》第0186号，第3册，第488页。
③季羡林主编《敦煌学大辞典》，上海：上海辞书出版社，1998年，第247页。
④[后秦]鸠摩罗什译《大智度论》卷九三，见《大正藏》第1509号，第25册，第710页。
⑤[后秦]鸠摩罗什译《大智度论》卷九三，见《大正藏》第1509号，第25册，第710页。

鸠摩罗什在其所译的《妙法莲花经》中提出了十种供养,伎乐便是其中的一种供养:

一、花,二、香,三、璎珞,四、抹香,五、涂香,六、烧香,七、缯盖幡,八、衣服,九、伎乐,十、合掌。

伎乐人是表现人间各种场合的世俗乐舞活动中的奏乐、起舞者,描绘了现实社会的音乐生活,具有较强的写实性。[①]据牛龙菲《敦煌壁画乐史资料总录与研究》统计[②],中国佛教艺术中的伎乐人远不及伎乐天多,而在北朝,北周时期的伎乐人数量比较多。

须弥山石窟北周第45、46窟中雕凿了多身伎乐形象,他们位于第45窟中心柱南、西、北、东向面和第46窟中心柱南向面的基座上,伎乐手持各种乐器,或坐或跪,雕刻精美,颇为生动,营造出乐舞飞扬的场面(图5-64、图5-65、图5-66、图5-67、图5-68)。《总录》对于伎乐所持乐器的定名如下(表5-3):

图5-64　须弥山石窟第45窟中心柱基座南向面伎乐线描图

图5-65　须弥山石窟第45窟中心柱基座西向面伎乐线描图

①敦煌研究院主编《敦煌石窟全集·音乐卷》,北京:商务印书馆,2005年,第148页。
②牛龙菲《敦煌壁画乐史资料总录与研究》,兰州:敦煌文艺出版社,1991年,第4—52页。

图 5-66　须弥山石窟第 45 窟中心柱基座北向面伎乐线描图

图 5-67　须弥山石窟第 45 窟中心柱基座东向面伎乐线描图

图 5-68　须弥山石窟第 46 窟中心柱基座南向面伎乐线描图

表 5-3　须弥山石窟第 45、46 窟中心柱伎乐所持乐器统计表

窟号	中心柱位置	乐器名称（从左到右）
第 45 窟	南向面	鼓（铜鼓）、箫（竖笛）、竖箜篌、琵琶、竽（笙）、排箫、鼓（腰鼓）、横笛
	西向面	箫（竖笛）、竖箜篌、竽（笙）、排箫、琵琶、不明（莲蕾）、横笛、腰鼓
	北向面	不明（法螺）、琵琶、长角、古筝、鼓（铜鼓）、竖箜篌、腰鼓、横笛
	东向面	琵琶、横笛、腰鼓、排箫、竽（笙）、不明（角）、箫（竖笛）、鼓（铜鼓）
第 46 窟	南向面	腰鼓、琵琶（五弦琴）、笙、箫（竖笛）

（注：括号内乐器为新辨认的名称）

那么这些伎乐属于什么性质呢？首先，天王、金刚力士、药叉神将、迦陵频伽等佛教护法神伎乐形象较为独特，极易分辨，第45、46窟的伎乐明显不属于这一类型。其次，须弥山石窟第45窟窟顶四披均刻有浅浮雕供养飞天、莲花、香炉、云纹、忍冬、化生、禽鸟等图案，第46窟窟顶风化剥落严重，仅存部分浮雕，依稀可辨飞天、莲花、云纹等图像，这两处的内容正是表现经文所说"诸天伎乐，百千万神，于虚空中一时俱作，雨众天华"①的景象（图5-69）。其描绘了佛国世界中的乐舞场景，无疑就是伎乐天，至于洞窟中心柱最底部的伎乐是伎乐天的可能性不大。

图5-69　须弥山石窟第45窟窟顶东披伎乐天线描图

因此，第45、46窟中心柱下方的伎乐应是人间世俗乐舞的伎乐人或供养人乐伎，表现的是世俗人间的音乐生活画面，"人天交接，两得相见"，与窟顶的伎乐天所再现的佛国世界遥相呼应，与窟内不同弥勒造像所表现的"弥勒上生"与"弥勒下生"思想相吻合。这些伎乐图像是北周乐舞图重要的考古发现，《总录》对他们进行了内容辨识，但有部分乐器并未命名，有的定名或有不妥，有必要进一步考释。现将其未尽之处做一探讨。

---

①[后秦]鸠摩罗什译《妙法莲华经》卷二，见《大正藏》第0262号，第9册，第12页。

二、须弥山石窟伎乐的图像志分析

"乐器"是第三等级的乐史资料,是乐史的标尺和"化石",古代乐器是了解先民音乐艺术志的物质材料。[①]虽然石窟中的音乐是为烘托佛国的神圣氛围,但其总会有时代的影子,通过对古代乐器的研究可从另一个视角看到历史的原貌,听到历史的回音。以下对须弥山北周石窟中的乐器历史进行梳理,并对部分乐器的名称重新认定。

(一)不明手持物及乐器的推测

1. 莲蕾

第45窟中心柱基座西向面右起第三身伎乐面部圆润,形象丰满,袒胸、腹部隆起、双手捧物、屈膝而坐,左腿平放于地上,脚心向上,右腿屈立脚心着地。飘带缠绕上肢后在身体两侧向上飘扬,富有动感,这两窟中其他的伎乐都有类似的飘带。《总录》并未指明这一伎乐持物的名称,经过仔细辨认,笔者发现此伎乐的姿态并无吹奏打击之感,头部向左微侧,有一种凝思状,因此笔者认为他手中所持之物并非乐器,而是一枝莲蕾(图5-70)。持莲之伎乐与持乐器之伎乐并列的组合非此一例,如巩县石窟第4窟有一身伎乐左手持莲花,右手持莲叶,与其他几身持乐器之乐人共处于西壁壁角(图5-71),强化了乐人演奏场面的神圣。从整体艺术风格来看,须弥山石窟伎乐的雕刻较之于巩县石窟之伎乐更显浑厚,可能系不同工匠雕凿。而且从图式来看,没有重复巩县石窟伎乐手中的荷叶与莲花,将它们变成了含苞待放的莲蕾。虽然两地石窟开凿于北朝不同的历史时期,但荷叶、莲蕾、莲花三者同属于一个系统,我们似乎借此看到三者所构成的荷花生长的完整的时间序列,或许,须弥山石窟的工匠们非常熟悉巩县石窟的内容样式,曾经作为皇家石窟的辉煌艺术成就便在须弥山石窟中延续着。

[①]牛龙菲《敦煌壁画乐史资料总录与研究》,兰州:敦煌文艺出版社,1991年,第4页。

莲蕾

图 5-70 须弥山石窟第 46 窟持莲蕾的伎乐

莲叶　莲花

图 5-71 巩县石窟第 4 窟伎乐莲花手

2. 角

须弥山石窟第 45 窟中心柱基座东向面右起第三身伎乐头部及上身残毁,其坐姿与旁边吹笙的伎乐别无二致,从上部残存的一点乐器留痕来看,应该是比较长的一种吹奏乐器,也有可能是大角之类(图 5-72、图 5-73、图 5-74)。

3. 法螺

须弥山石窟第 45 窟中心柱基座北向面左起第一身伎乐高发髻,面相方圆,其服饰、坐姿与上述伎乐相同,身体的角度更向左一些,双手捧一乐

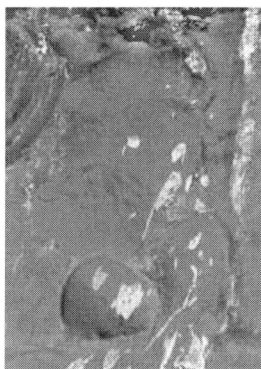

图 5-72 须弥山石窟
第 45 窟伎乐

图 5-73 彭阳新集墓
吹角陶俑

图 5-74 莫高窟北凉
第 275 窟吹角伎乐

图 5-75 须弥山石窟第 45 窟伎乐

图 5-76 莫高窟第 249 窟南壁吹法螺的天宫伎乐

器,用心演奏,此乐器疑为法螺(图 5-75、图 5-76),敦煌北朝石窟中不乏此类乐器。

(二)其他乐器的辨析

1. 铜鼓

须弥山石窟第 45 窟南向面左起第一身、北向面右起第四身和东向面右起第四身为击打相同类型鼓的鼓手(图 5-77a、b、c),鼓置于地面,鼓手正用一只手击鼓。南、北向面的鼓手头戴花瓣形帽子,帽形略有差异,未击鼓的一只手置于胸前。北向面的鼓手似乎戴着一顶隆起的高冠,未击鼓的

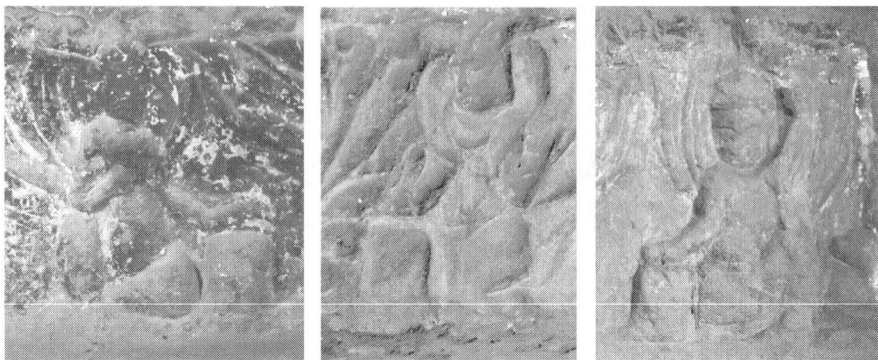

图5-77a、b、c　须弥山石窟第45窟南面、北面、东面击鼓伎乐

手置于身体侧面。《总录》称这三人所击乐器为"鼓",未确定其类型。笔者通过这三架鼓的形状判断以及鼓手拍打的动作初步判断,它们应为铜鼓。关于"铜鼓",《旧唐书·音乐志》有记载:

> 铜鼓,铸铜为之,虚其一面,覆而击其上。南夷抚南、天竺类皆如此。岭南豪家则有之,大者广丈余。①

文献中的"虚其一面,覆而击其上"非常重要,须弥山石窟第45窟中置于地上、似桶状的鼓就是如此,不是上下两面敲打,而是"击其上"。无独有偶,固原李贤墓墓室南壁东端的女伎乐也在演奏类似的铜鼓(图5-78a、b)。东向面的铜鼓保存相对较好,尤其鼓的上部边缘,与上部壁画中的鼓很接近。

关于"铜鼓",很容易将其与"羯鼓"混淆。唐南卓《羯鼓录》记载:

> 羯鼓出外夷乐,以戎羯之鼓,故曰羯鼓。其音主太簇一均,龟

---

① [后晋]刘昫《旧唐书》卷二九《音乐志》,北京:中华书局,1975年,第1078页。

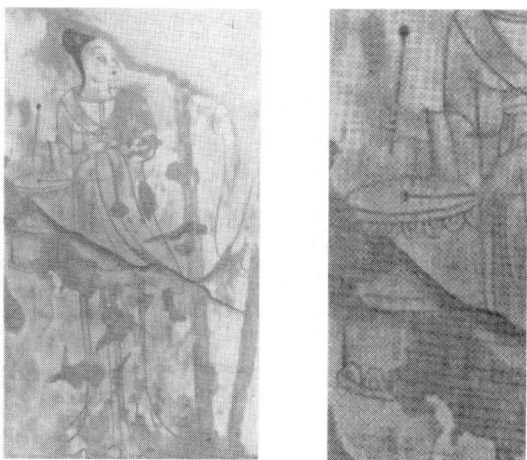

图5-78a、b　李贤墓伎乐女工及其演奏的铜鼓

兹部、高昌部、疏勒部、天竺部皆用之,次在都昙鼓、答腊鼓之下,鸡娄鼓之上。磙如漆桶,下以牙床承之,击用两杖。其声焦杀鸣烈,尤宜促曲急破,作战杖连碎之,又宜高楼玩景,明月清风,凌空透远,极异众乐。①

从文献记载可见,羯鼓最突出的特征是"如漆桶",与中间纤细的细腰鼓、上大下小的行鼓等有很大的区别。②羯鼓与铜鼓都似桶状,但不同之处在于铜鼓虚其一面,从一面敲打,而羯鼓一般是横置于牙床上,以两杖击奏,故而又称为"两杖鼓"。如巩县石窟第4窟西壁壁角南起第八身伎乐所持的鼓,莫高窟初唐第220窟、莫高窟中唐第112窟中出现的鼓(图5-79、图5-80、图5-81),从图像的描绘来看,可从两面击打,演奏者或手拍或杖击,与须弥山石窟第45窟中心柱下部北向面、东向面和南向面雕刻的三个"铜鼓"是有区别的。一般来说,羯鼓一般置于乐队前列,或居于高处,看

①[宋]李昉等《太平广记》卷二〇五《羯鼓录》,北京:中华书局,1961年,第1559页。
②牛龙菲《敦煌壁画乐史资料总录与研究》,兰州:敦煌文艺出版社,1991年,第489页。

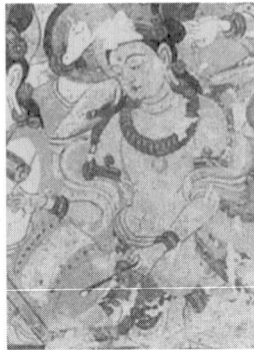

图 5-79　巩县石窟第 4 窟鼓手　图 5-80　莫高窟第 220 窟鼓手　图 5-81　莫高窟第 112 窟南壁鼓手

来有控制全局、统领乐队节奏的意义。从须弥山石窟第 45、46 窟中心柱下部的伎乐布局来看,也有一个很有趣的地方:即以中间的莲炉作为区隔,这三身铜鼓伎乐都位于四人一组的最前端,而腰鼓伎乐则不然,或许这是石窟开凿者有意设计,可见铜鼓的重要性,可与羯鼓相媲美。

2. 腰鼓

须弥山石窟第 45、46 窟击腰鼓的伎乐共有五身,第 45 窟南向面右起第二身、西向面右起第一身、北向面右起第二身、东向面左起第二身和第 46 窟南向面左起第一身,中心柱的每一向面各有一腰鼓伎乐(图 5-82a、b、c)。《总录》没有指明北向面的鼓为腰鼓。这五身伎乐的坐姿相同,皆为

图 5-82a、b、c　须弥山石窟第 45 窟中心柱南、西、东向面击腰鼓伎乐

席地而坐,盘着双腿;有的戴冠,有的高肉髻没有戴冠,鼓置于腰部,击打动作自如。鼓腔两头大,中间细,圆形鼓面。从保存较好的南、西、东向面的腰鼓可以看出,乐人左手掌心向内,击于鼓面,右手执上大下小的鼓槌敲击右侧。《通典》乐典"鼓"条载:

> 近代有腰鼓,大者瓦,小者木,皆广首而纤腹……都昙鼓,似腰鼓而小,以槌击之。毛员鼓似都昙鼓而稍大。[1]

又载:

> 正鼓、和鼓者,一以正,一以和,皆腰鼓也。[2]

腰鼓一般是用手拍打,那么既击又拍的鼓是什么呢?《文献通考》记载:

> 唐有正鼓、和鼓之别;后周有三等之制;右击以杖,左拍以手,后世谓之杖鼓、拍鼓,亦谓之魏鼓。每奏大曲入破时,与羯鼓、大鼓同震,作其击和壮而有节也。[3]

可见正鼓、和鼓是既用手又用杖双管齐下拍打的,"右击以杖,左拍以手",南、西、东向面腰鼓的定名细化为此或许更为妥帖。因风化严重,另外两身伎乐如何击打,不好判断。

---

① [唐]杜佑撰《通典》卷一四四,北京:中华书局,1984 年,第 3676—3677 页。
② [唐]杜佑撰《通典》卷一四四,北京:中华书局,1984 年,第 3677 页。
③ [宋元]马端临、贵与著《文献通考》卷一三六,皇明己卯岁慎独齐刊行,第 1208 页。

3. 竖笛与横笛

须弥山石窟第45窟中心柱南向面左起第二身、西向面左起第一身、东向面右起第三身和第46窟南向面右起第一身共有四身吹奏竖长乐器的伎乐，双手一高一低持管身。第45窟的三身伎乐的动作完全一致，正面，屈膝而坐，一腿平放于地上脚心向上，一腿屈立脚心着地；而第46窟的一身伎乐为胡跪，身着有腰带的袍子，与第46窟裸露上身的伎乐有很大的区别（图5-83a、b、c、d）。《总录》称这几身伎乐所吹的乐器为箫，有误。应该是竖笛比较合适。

图5-83a、b、c、d　须弥山石窟第45窟中心柱南、西、东向面，第46窟南向面吹竖笛伎乐

笛屡见于汉以后的诗文之中，如汉代蔡邕《瞽师赋》："抚长笛以摅愤兮，气轰锽而横飞。"蔡琰《悲愤诗》："长笛声奏苦。"笛最早起源于羌中，马融《羌笛赋》就有说明："近世双笛从羌起，羌人伐竹未及已。"[1]《隋书·音乐志》云：

> 三曰笛，凡十二孔，汉武帝时丘仲所作者也。京房备五音，有
> 七孔，以应七声。黄钟之笛，长二尺八寸四分四厘有奇，其余亦上
> 下相次，以为长短。[2]

---

①[东汉]马融《长笛赋》，[南朝梁]萧统《昭明文选》卷一八，北京：中华书局影印本，1983年，第254页。

②[唐]魏征、令狐德棻撰《隋书》卷一五，北京：中华书局，1973年，第375页。

箫也是一种由羌族传入中原的竖吹的
单管乐器。但宋以前文献中的"箫"指排箫，
而并非后代所指之"箫"或"洞箫"，因此，第
45、46 窟中伎乐吹的竖长的管状乐器应为
"竖笛"。这种竖笛与唐以后出现的一种新
型乐器"尺八"极为相似（图 5-84）。陈旸
《乐书》："尺八其长数也，后世宫悬用之"。
可见其形状比较粗长，与另一种竖吹乐器
觱篥要加以区别。觱篥属于吹奏乐器，它是

图 5-84　尺八线描图

由古代龟兹人发明创造的，最早的文献记载见于南朝何承天的《纂文》：

必栗（纂文云必栗者羌胡乐器名也经文作觱篥也）。

而唐代的段安节则在《乐府杂录》中明确了它的发源地：

觱篥者，本龟兹国乐也。亦名悲篥，有类于茄也。①

竖笛和觱篥都是吹奏乐器，但竖
笛的吹口是圆的，不含在嘴里吹；觱篥
的吹口是扁的，含在嘴里吹。前者较
长，而后者更为细短，下大上细的觱篥
就更容易辨认了（图 5-85）。

这两个石窟中还有四身吹横笛的
伎乐：第 45 窟中心柱南向面右起第一

图 5-85　王建墓吹觱篥的伎乐线描图

---

① [唐]段安节撰《乐府杂录》，北京：中华书局，1985 年，第 31 页。

身、西向面右起第二身、北向面右起第一身和东向面左起第二身（图5-86a、b、c、d），他们袒露上身，衣袂飘飘，一手心朝内、一手心朝外吹奏横笛，南向面和北向面伎乐的坐姿相同，为胡跪状，西向面和东向面的伎乐均为一腿平放于地上，一腿屈立。

图5-86a、b、c、d　须弥山石窟第45窟中心柱南、西、北、东向面吹横笛的伎乐

4. 笙

须弥山石窟第45窟中心柱南向面右起第四身、西向面左起第三身、东向面右起第一身均为吹"笙"的伎乐，而《总录》称他们吹奏的乐器为"竽"，有误，应为"笙"。这几身伎乐有胡跪者，也有一腿平放地上、一腿屈立者，双手握一笙做吹奏状（图5-87a、b、c、d）。

笙是一种很古老的乐器，东汉许慎《说文解字·竹部》记载：

图5-87a、b、c、d　须弥山石窟第45窟中心柱南、西、东向面，第46窟南向面吹笙的伎乐

笙,十三簧,象凤之身也。正月之音。物生,故谓之笙。①

《宋书·乐志》云:

笙,随所造,不知何代人。列管匏内,施簧管端。宫管在中央,
三十六簧曰竽;宫管在左傍。十九簧至十三簧曰笙。其它皆相似
也。竽今亡。②

就管数,隋唐时期的笙有 13、17 和 19 等多种,而北宋年间 19 管簧笙
又开始比较流行。竽也是一种古簧管乐器,管数也比较多,战国至汉代曾广
泛流传,原 36 管,后减至 23 管。总体来看,它们虽然都是一种吹奏乐器,但
有明显的区别,一般来说,竽形似笙而较大,管数也比较多,《吕氏春秋·仲
夏纪》高诱注:"竽,笙之大者"。须弥山石窟中的"笙"因风化我们无法辨清
其管的数量,但是从它跟吹奏者的身体相比,比较纤小,是笙而不是竽。再
者,既然第 46 窟的那身造像是吹笙伎乐,他吹的乐器跟第45 窟的那三身
乐人所吹的乐器之大小形制很接近,那么,后者所吹乐器为"笙"确定无疑。

在这里还有一点需要特别提出, 这几身吹笙伎乐身体角度全为接近
正侧面,笙的形象特征表现得非常明显,如果将人物雕刻成正面,笙的形
象特征可能就没有这么突出了。前文几种乐人身体转向的角度、乐器的布
置其实都有这样的规律, 雕刻者将最能表现乐器个性特征的视角展现给
观者,如正面的腰鼓、排箫和竖笛。这跟埃及"正面率"的艺术表达方式殊
途同归。北朝其他石窟中的伎乐也有类似的表达方式,从接受学的角度来
说,石窟艺术不仅仅是建造主、功德主的意愿再现,同时它也有为其他信

---

①[东汉]许慎《说文解字》,北京:中华书局,2013 年,第 93 页。
②[南朝梁]沈约撰《宋书》卷一九,北京:中华书局,1974 年,第 557 页。

徒提供宗教服务的功能，也就是说要让观者能够看得懂并能领悟其中的意涵，因此，通过诸如上述的有意设计，其功能性极易彰显。同时，因这一设计的需求，人物的身体动态也很自然地发生了不同角度的变化，虽然是凝固的雕塑，而石窟创造者们却给我们营造出了一个动态的乐舞场面。

5. 排箫

须弥山石窟第45窟中心柱南向面右起第三身、西向面左起第四身、东向面左起第四身是吹排箫的伎乐人，他们双手举排箫做吹奏状，其中东向面排箫伎乐比较清楚，他右手握箫柄，左手托前端（图5-88a、b、c）。排箫的形状略有差异，有的扁长，有的方正。《通典》载：

> 箫，《世本》曰："舜所造。"其形参差，像凤翼。十管，长二尺。《尔雅》曰："编二十三管，长一尺四寸者曰管；十六管，长尺二寸者曰筊。"凡箫一名籁。①

排箫原名"箫"，是用长短不等的竹管组合而成的吹奏乐器，又名"参差"

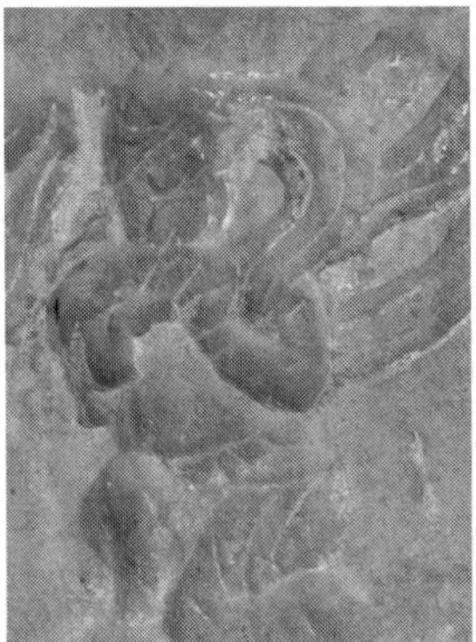

图5-88a、b、c 须弥山石窟第45窟中心柱南、西、东向面吹排箫的伎乐

①[唐]杜佑撰《通典》卷一四四，北京：中华书局，1988年，第3681页。

"籁"，如屈原之《九哥·湘君》中就提道："吹参差兮谁思。"庄子云："人籁则比竹是矣。"后人为了将其与竖长竹管做的"洞箫"加以区别才命名为"排箫"。

不同长度的竹管有多种排列方式，形成了箫的不同样式。一般可以分为三类：第一类是齐管，从外观看，各支箫管都等长，通过管身灌蜡等方法，调整音律；第二类是差管，按照箫管长度从短至长依次排列；第三种是中间短，两侧长。就数目而言，燕乐箫为 21 管，清乐箫为 21 管，鼓吹箫为 11 管。须弥山石窟里的箫管数目不太清楚，似乎没有 16 管、21 管那么多。

6. 竖箜篌

须弥山石窟第 45 窟窟内共有三身弹竖箜篌的伎乐，即第 45 窟中心柱南向面右起第四身、西向面左起第二身和北向面右起第三身（图 5–89a、b、c），第 46 窟中没有箜篌。这几身伎乐各怀抱一竖箜篌进行弹奏。据杜佑《通典》记载：

> 竖箜篌，胡乐也。汉灵帝好之。体曲而长，二十二弦，竖抱于怀中，用两手齐奏，俗谓之擘箜篌。①

图 5–89a、b、c　须弥山石窟第 45 窟中心柱南、西、北向面弹箜篌的伎乐

①[唐]杜佑撰《通典》卷一四四，北京：中华书局，1988 年，第 3680 页。

上述文献讲述了箜篌之名的来历，并指出竖箜篌是一种外来乐器，大约在汉代由西亚传入我国，后期一直流传使用。《洛阳伽蓝记》中记述了一位叫徐月华的箜篌演奏家，她是高阳王元雍的乐伎，"善弹箜篌，能为明妃出塞之歌，闻者莫不动容"。她的演奏技艺高超，声音美妙，曾招来众人聆听："宅近青阳门，徐鼓箜篌而歌，哀声入云，行路听者，俄而成市。"北魏、西魏、北周时期的艺术图像中也有对箜篌的表现，如固原出土的北魏绿釉乐舞扁壶上有乐人抱着演奏的箜篌，莫高窟西魏第285窟窟内绘有竖箜篌，西安北周史君墓石椁上也雕刻有这种类型的箜篌（图5-90a、b，图5-91，图5-92）。

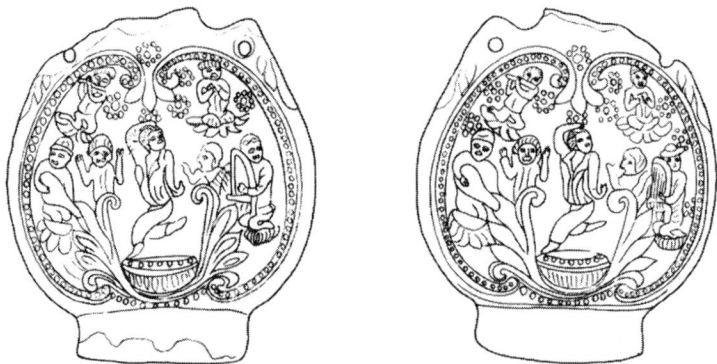

图 5-90a、b　固原出土北魏绿釉乐舞扁壶

图 5-91　莫高窟第285窟西魏竖箜篌

图 5-92　北周史君墓石椁上的箜篌

箜篌的形制变化多，体形大小不一，演奏方法不尽相同。有三角形的，也有弓形的；有一手弹的，也有两手弹的。上述莫高窟第285窟的箜篌就是典型的三角形，云冈石窟第9窟前室北壁列龛第二身伎乐所持箜篌也是三角形的，云冈石窟第12窟前室明窗处的箜篌是弓形的。仔细辨认可以看出，须弥山石窟里的这三个竖箜篌也是弓形的，形状不尽相同，有弦，但其数目难以识别。

7. 琵琶

须弥山石窟第45窟中心柱基座的每个向面均有一身弹琵琶的伎乐，一身跪姿，一身盘腿而坐，另外两身一腿平放于地，一腿屈立。他们所弹奏的琵琶均为曲项琵琶，柄为弯曲状。南向面、北向面和东向面的乐人左手握琵琶的曲颈，右手抱琵琶于胸前，用手或一拨进行弹奏（图5-93a、b、c、d）。《总录》称须弥山石窟第46窟南向面左起第二身伎乐所弹的乐器也是琵琶，与第45窟琵琶的不同之处在于是直项的造型（图5-94）。

图5-93a、b、c、d　须弥山石窟第45窟中心柱南、西、北、东向面弹琵琶的伎乐

琵琶，本是胡乐器，后传入我国流行至今。《通典》载：

"体圆柄直，柱有十二"。其他皆充上锐下，曲项，形制稍大，本出胡中，俗传是汉制。兼似两制者，谓之"秦汉"，盖谓通用秦汉之法。《梁史》称侯景之害简文帝也，使太乐令彭隽赍曲项琵琶就

图 5-94　须弥山石窟第 46 窟中心柱南向面弹五弦琵琶的伎乐

图 5-95　须弥山石窟第 45 窟中心柱北向面鼓筝的伎乐

帝饮,则南朝似无曲项者。五弦琵琶,稍小,盖北国所出。①

一般在正史中"琵琶"特指四弦的琵琶,"五弦"指五弦琵琶。四弦曲项琵琶产自波斯,经龟兹传入中原,又称波斯琵琶或龟兹琵琶,称龟兹琵琶者更多。五弦直项琵琶产自印度。在莫高窟北朝至隋代石窟中,琵琶的形制是相对稳定的,四弦琵琶一般是曲项,五弦琵琶一般是直项。唐代以后,尤其是晚唐以后,就没那么清晰了,四弦直项和五弦曲项的琵琶都能见到。须弥山石窟第 46 窟的五弦琴的弦数可以清晰地数出来,是五弦琵琶无疑,而第45 窟曲项琵琶上的弦数则模糊不清,无法细数。云冈石窟北魏第 12 窟、莫高窟北周第 299、301 窟中都有这样的五弦琵琶。

8. 筝

须弥山石窟第 45 窟内只有一身鼓筝的伎乐,位于中心柱基座北向面左起第四身。从图像可以看出这位伎乐头戴花瓣形帽子,双膝跪地,凝神弹奏(图5-95)。彭阳北魏新集墓出土有一件长 26.6 厘米、宽 6 厘米的类似的乐器,其比例与须弥山北周石窟中的筝一样(图 5-96)。

---

① [唐]杜佑撰《通典》卷一四四,北京:中华书局,1988 年,第 3679 页。

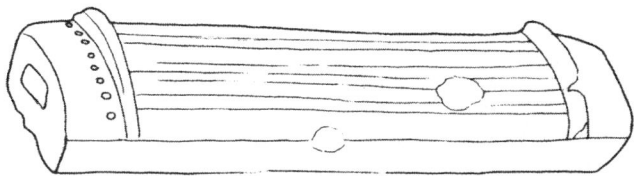

图 5-96　彭阳新集墓出土北魏古筝线描图

　　"筝"和"古琴"比较接近,两者的演奏方法类似,外形相似,在这里应该引起注意。最大的区别是,"筝"上有琴码,把琴弦支起来;古琴上无琴码,但是有徽位,就是在面板的一侧画一排圆点。因此,从独立的图像来看,不排除这位伎乐弹奏古琴的可能性。但古琴是雅乐和文人音乐中使用的乐器,在隋唐的七部乐至十部乐中,古琴一般不出现在与胡乐相关的乐部中。所以,从这两个洞窟的乐器组合上来推断,这一伎乐所持的是筝而不是古琴。

　　鼓筝的动作有多种:一为右手执筝,左手弹奏;二为左手执筝,右手弹奏;三是双手弹奏。须弥山石窟第 45 窟的乐人似乎右手执筝,左手在弹奏,与此不同的是莫高窟第 299 窟的乐人左手持琴,右手弹拨(图 5-97)。而巩县石窟第 1 窟东壁的伎乐则双手演奏(图 5-98)。可见,须弥山石窟第 45 窟的鼓筝雕刻,是研究古代乐舞的重要图像资料。

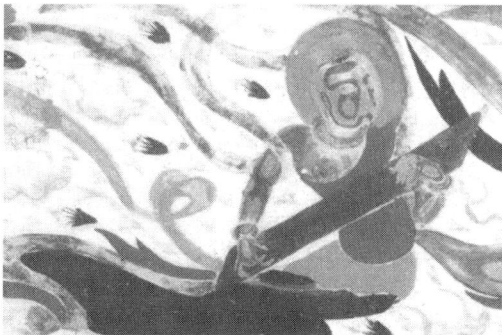

图 5-97　莫高窟北周第 299 窟鼓筝的伎乐

图 5-98　巩县石窟第 1 窟东壁鼓筝的伎乐

图 5-99 须弥山石窟第 45 窟
中心柱北向面吹长角的伎乐

9. 长角

在须弥山石窟目前所见的伎乐图像资料中，仅有一身吹长角的，位于第45 窟中心柱基座北向面左起第三身。乐人一腿平放，一腿立起，身体为正面，头部偏左，长角的形象特征非常明显（图 5-99）。

以上对须弥山石窟第 45、46 窟伎乐所持乐器的重新梳理以及个别名称的重新认定，对我们探讨须弥山石窟乐舞制度有很大的帮助。

三、须弥山北周石窟伎乐所反映的乐舞制度

上文已对须弥山北周石窟第 45、46 窟内的各种乐器的来源与发展进行了梳理，并对部分乐器进行了重新认定（结果如表 5-3，其中括号内注明的乐器名称为新判定的乐器名称），最后我们需要对这些伎乐的性质即乐舞制度做一讨论。

北朝的统治者大都热衷于西域乐舞，促进了西域乐舞在中原的传播，北魏孝武帝作宫廷雅乐时，就采用了“戎华兼采”的乐曲，将西域音乐与中原音乐相结合，以后称此乐曲为“洛阳旧学”。虽然在隋代已有雅、俗二部之分的概念，还有胡乐在很长的时间内走的还是相互融合的道路，晚唐仅有雅、俗之分，已无胡、俗之别。《新唐书·礼乐志》载：

丝有琵琶、五弦、箜篌、筝，竹有筚篥、箫、笛，匏有笙，革有杖鼓、第二鼓、第三鼓、腰鼓、大鼓，土则附革而为鞚，木有拍板、方

响,以体金应石而备八音。①

将须弥山石窟的伎乐与此文献相比对,我们可以发现只有个别的鼓、拍板等无法对应以外,其他大部分乐器可以相互吻合,所以须弥山石窟伎乐所演奏的乐器属于俗乐无疑。虽然在这里对应了隋唐时期的文献资料,而且这种雅、俗的区别在隋唐时期才得以明确区分,但是通过须弥山石窟以及其他北朝时期的乐舞资料来看, 这一时期的音乐已经非常发达、完善,它们奏响了隋唐音乐的序曲。

隋代九部伎已分"坐""立"二部,其中的"坐部"即"汉乐坐部":

> 隋文帝分九部伎。乐以汉乐坐部为首,外次以陈国乐舞(注云:《后庭花》也)。西凉与清乐,并龟兹、五天竺国之乐,并合佛曲(注云:《池曲》也),石国、百济、南蛮、东夷之乐(注云:皆合野音之曲,胡舞之舞也)。唐分九部伎,乐以汉部燕乐为首,外次以清乐、西凉、天竺、高丽、龟兹、安国、疏勒、高昌、康国,合为十部。②

"汉乐坐部"当是与其他诸乐"立部"相对而言。此所谓"坐""立"二部的区分,是隋代尊崇"汉乐"正统,贬斥"亡国之音",区分边地、四夷之乐的表现,后世之"四部乐"中,"胡部""龟兹部"大致相当于原先的"坐部","大鼓部""鼓笛部"在职能上大致相当于原先的"立部"。石窟中的伎乐有坐姿者,也有立姿者,而须弥山石窟的伎乐则属于"坐伎"。有的平坐,有的跪坐,仅有第46窟的一伎乐站立,与吹笙者位于同一龛内,双手上举一侧,似乎在拍打什么。

---

① [宋]欧阳修、宋祁《新唐书》卷二二《礼乐志》,北京:中华书局,1975年,第473—474页。
② [宋]王应麟撰《玉海》卷一〇五,南京:江苏古籍出版社,1987年,第1916页。

凉州建国后至北凉的 130 多年,佛教发展迅速,所谓"村坞相属,多有塔寺""象教弥增矣"。北魏太武帝于太延三年(437 年)灭北凉后,也将佛教以及与在佛教浸染下的西凉、龟兹、天竺、疏勒、安国、高丽等各部音乐带到了平城,总体呈现出杂用胡汉的特点。北齐初年祖珽上书曰:"魏氏来自云、朔,肇有诸华,乐操土风,未移其俗。至道武帝皇始元年(396 年),破慕容宝于中山,获晋乐器,不知采用,皆委弃之。天兴初,吏部郎邓彦海,奏上庙乐,创制宫悬,而钟管不备。乐章既阙,杂以《簸逻回歌》。初用八佾,作《皇始》之舞。至太武帝平河西,得沮渠蒙逊之伎,宾嘉大礼,皆杂用焉。此声所兴,盖苻坚之末,吕光出平西域,得胡戎之乐,因又改变,杂以秦声,所谓《秦汉乐》也。至永熙中,录尚书长孙承业,共臣先人太常卿莹等,斟酌缮修,戎华兼采,至于钟律,焕然大备。自古相袭,损益可知,今之创制,请以为准。"①

西魏初期,宇文泰模仿南朝,制作朝廷伎乐,史书记载:"迎魏武入关,乐声皆阙。恭帝元年(554 年),平荆州,大获梁氏乐器,以属有司。"北周时期伎乐的主要倾向是汉化,但同时也采用胡乐,将胡族伎乐纳入汉族伎乐的体制之中,如:"太祖辅魏之时,高昌款附,乃得其伎,教习以备飨宴之礼。及天和六年(571 年),武帝罢掖庭四夷乐。其后帝娉皇后于狄,得其所获康国、龟兹等乐,更杂以高昌之旧,并于大司乐习焉。采用其声,被于钟石,取《周官》制以陈之。"②"及宣帝即位,而广召杂伎,增修百戏。鱼龙漫衍之伎,常陈殿前,累日继夜,不知休息。好令城市少年有容貌者,妇人服而歌舞相随,引入后庭,与宫人观听。"③到北周后期,胡族伎乐与汉族伎乐已进入融合的阶段,民间艺伎也能进入后庭,与朝廷官伎同歌共舞。

---

①[唐]魏征、令狐德棻撰《隋书》卷一四,北京:中华书局,1973 年,第 313 页。

②[唐]魏征、令狐德棻撰《隋书》卷一四,北京:中华书局,1973 年,第 342 页。

③[唐]魏征、令狐德棻撰《隋书》卷一四,北京:中华书局,1973 年,第 342 页。

石窟艺术中的各类伎乐就是各时期音乐的物质载体。荆三林《河南巩县石窟寺北魏伎乐浮雕初步调查研究》通过比对指出巩县石窟西一窟、东一窟和东二窟的乐队分别是西凉、疏勒和龟兹三部乐①。关于西凉音乐、乐队及其乐器，《隋书·音乐志》记载较为详尽。

《隋书·西凉乐》载：

> 西凉者起符氏之末，吕光、沮渠蒙逊等，据有凉州，变龟兹声为之，号为秦汉伎。魏太武既平河西，得之，谓之《西凉乐》。至魏周之际，遂谓之国伎。……
>
> 其乐器有钟、磬、弹筝、搊筝、卧箜篌、竖箜篌、琵琶、五弦、笙、箫、大筚篥、长笛、小筚篥、横笛、腰鼓、齐鼓、担鼓、铜钹、贝等十九种，为一部。工二十七人。②

《隋书·龟兹乐》载：

> 其乐器有竖箜篌、琵琶、五弦、笙、笛、箫、筚篥、毛员鼓、都昙鼓、答腊鼓、腰鼓、羯鼓、鸡娄鼓、铜钹、贝等十五种，为一部。工二十人。③

《隋书·天竺乐》载：

> 乐器有凤首箜篌、琵琶、五弦、笛、铜鼓、毛员鼓、都昙鼓、铜

①荆三林《河南巩县石窟寺北魏伎乐浮雕初步调查研究》，《音乐研究》1958 年第 5 期，第 89 页。

②[唐]魏征、令狐德棻撰《隋书》卷一五，北京：中华书局，1973 年，第 378 页。

③[唐]魏征、令狐德棻撰《隋书》卷一五，北京：中华书局，1973 年，第 379 页。

钹、贝等九种,为一部。工二十人。①

《唐六典》载:

> 凡大燕会别设十部之伎于庭,以备华夷……三曰西凉伎,编
> 钟、铜磬各一架,歌二人,弹筝、搊筝、竖箜篌、卧箜篌、琵琶、五
> 弦、笙、长笛、短笛、大筚篥、小筚篥、箫、腰鼓、担鼓各一,铜钹二,
> 贝。②

这一记载中的西凉乐有乐器 17 种,总人数为 22 人,与《隋书·音乐志》所载的西凉乐之乐器数目大致相等,但是乐工数量不一致,说明同一乐部在不同的历史时期,乐队的组织有别,人数或多或少,乐器也有更改。③其他乐部应该也有同样的情况(表 5-4)。那么须弥山石窟的伎乐属于哪一部呢?

表 5-4　须弥山石窟第 45、46 窟乐器统计表④

乐器	须弥山石窟	西凉乐	龟兹乐	燕乐
琵琶	4	1	1	2
五弦	1(46 窟)	1	1	2
箜篌	3	2	1	2

①[唐]魏征、令狐德棻撰《隋书》卷一五,北京:中华书局,1973 年,第 379 页。
②[唐]杜佑撰《通典》卷第一四四,北京:中华书局,1988 年,第 3687—3688 页。
③荆三林《河南巩县石窟寺北魏伎乐浮雕初步调查研究》,《音乐研究》1958 年第 5 期,第 89 页。
④此表参考罗丰《胡汉之间——"丝绸之路"与西北历史考古》,北京:文物出版社,2004 年,第 324 页表格。

续表

乐器	须弥山石窟	西凉乐	龟兹乐	燕乐
筝	1	1		1
角	1	2	1	2
排箫	3	1	1	1
笛（横笛）	4+1（46窟）	2	1	1
笙	3+1（46窟）	1	1	2
腰鼓	4+1（46窟）	1	1	
毛员鼓	铜鼓 3	齐鼓	1	楷鼓 2
达腊鼓			1	连鼓 2
鸡娄鼓			1	桴鼓 2
羯鼓			1	
大鼓		担鼓		鼓 2
拍板				
方响				1
钹		2	2	2
尺八	3			1
贝			1	2
钟		1		吹叶
磬		1		1
持莲	1			
资料来源		《唐六典》卷十四		

须弥山石窟第 45 窟共有 32 名乐工,第 46 窟共有 4 名乐工,其乐器为腰鼓、五弦琵琶、笙、竖笛。这两大石窟在圆光寺区的同一高度,且窟形、题材内容、雕刻手法十分接近,应该为同一时期相同的工匠雕凿,洞窟的规划无疑有很紧密的联系,可将他们置于同一个乐队组合进行讨论。周武帝好西域乐舞,他师从龟兹音乐家,学会了弹奏五弦琵琶,在北周灭北齐后举行的庆功宴上,"自弹胡琵琶,命孝王行吹笛"。苏祗婆是 6 世纪龟兹的音乐大师,随西突厥阿史那公主入嫁北周长安,她所传的"五旦七声"演变为隋唐燕乐二十八调,是中国古代宫调体系建立的基础。

通过以上表格的统计可以看出,须弥山石窟的乐队组合跟西凉乐、龟兹乐、燕乐的大部分乐器相契合,但有个别无法一一对应。体现出了北朝音乐文化多元融合的特点。须弥山石窟的伎乐是一个中间环节,它的发现为我们提供了另外一个认识和研究北朝、隋唐艺术的契机。

四、从伎乐人看须弥山北周洞窟营建

在供养人和神王的研究中,笔者曾经探讨过须弥山石窟第 46 窟的营建问题。第 45 窟的伎乐赤裸上身,下身着裤,而第 46 窟中心柱正面的四身伎乐身着圆领窄袖特征明显的胡服。北朝官员着装中与袍服相配套的是腰间束带,腰带以皮革为主,也可用丝带系扎。从表现形态来看,第 46 窟伎乐腰间的带子比较硬,似以革制成。他们的帽子由多瓣组合而成,似汉代冠帽中的方山冠。

《后汉书》载:

> 方山冠,似进贤,以五采縠为之。祠宗庙,《大予》《八佾》《四时》《五行》乐人服之,冠衣各如其行方之色而舞焉。[1]

---

[1] [南朝宋]范晔《后汉书》卷一二〇,北京:中华书局,1965 年,第 3668—3669 页。

　　方山冠的形制与进贤冠较为相似（图5-100），以青、赤、皂、白、黄五色縠为之，以象征东南西北中五方。祭祀宗庙、行舞时，舞人、乐者均戴之。①从样式来看，须弥山石窟第46窟伎乐人戴的帽子与方山冠的描述较为接近，巩县石窟、南响堂山石窟中也有戴类似帽子的伎乐人（图5-101、图5-102、图5-103）。

图 5-100　进贤冠②

图 5-101　须弥山石窟
第 46 窟伎乐线描图

图 5-102　南响堂山
石窟第 5 窟树神王线描图

图 5-103　巩县石窟
第 3 窟河神王线描图

　　这几身伎乐胡跪演奏，表现出了他们对佛教的虔诚供养。在这里胡装伎乐也说明了该窟营建过程中包含的深刻的政治意义。具体来说，此窟的开凿与"周武灭佛"有很大的关系，在灭佛前期，似乎暗示着一种寻求自我存在的愿望。作为胡人功德主，信仰佛教，但将他们对武帝的妥协体现在嫁接于胡服与汉式帽子的混搭之中。

---

①楼慧珍等编著《中国传统服饰文化》，上海：东华大学出版社，2003 年，第 66 页。
②楼慧珍等编著《中国传统服饰文化》，上海：东华大学出版社，2003 年，第 66 页。

第六章

须弥山北朝石窟的特点及其地位

石窟是在河畔山崖开凿的佛教寺庙①，它是佛教文化的特殊载体，也是一个综合艺术的表现空间。须弥山石窟开凿在六盘山余脉的具有丹霞地貌特征的山峰上，峰峦叠嶂，林海茫茫，曲径幽深，山前还有石门水徐徐流过，从自然环境来看，很适合于进行禅修、礼拜等佛事活动。固原又是关中通往河西走廊、大漠南北的交通枢纽，也是丝绸之路重要的节点，曾经有众多僧侣来往于此，并在此驻留。因此作为丝路要道上的佛教艺术遗存，是我们认识丝路文化、佛教文化以及古代艺术发展的重要物质呈现。须弥山北朝石窟的开凿历经北魏、西魏和北周三个历史时期，有禅窟、僧房窟、中心柱窟、佛殿窟、影窟等多种功能的洞窟，还有为僧人们提供日常用水的水窖，以及防止雨水冲刷壁面使石窟坍塌、集中雨水于水窖中的人字形排水系统。须弥山北朝石窟分区明显，窟形多样，内容丰富，多民族营建，雕塑技艺娴熟，显示出了须弥山北朝石窟的特点，是反映当时佛教思想及其历史变迁的重要物质表征。

---

①宿白《中国石窟寺研究》，北京：文物出版社，1996年，第16页。

第一节　不同时代洞窟分区明显

　　须弥山石窟群之洞窟从南向北依次分散开凿在呈莲花状的八座山峰之东南崖面上，分八个区：大佛楼、子孙宫、圆光寺、相国寺、桃花洞、松树洼、三个窑和黑石沟区，每个不同历史时期的洞窟开凿有较为明显的"区段"划分。北魏洞窟主要开凿在子孙宫区的南部和中部，西魏洞窟主要开凿在子孙宫区的西端和北端，北周洞窟主要开凿在圆光寺区。而在松树洼区，有相对集中的影窟出现。正是因为有这样的地理条件，所以有些洞窟甚至独占一山，出现了超大规模且结构独特的洞窟，如北周第 51 窟独立开凿于圆光寺区的一座山峰上，洞窟规模非常宏大，也具备设计三个窟门的条件，将具有弥勒尊格的半跏思惟像和倚坐菩萨像分别置于南、北窟门上方，表现弥勒上生和下生思想，在同一历史时期较为独特。须弥山北朝石窟群每个区段由若干洞窟组成，在这些洞窟组合中，主要有方形窟和禅窟的组合、中心柱窟和禅窟或禅房窟的组合以及其他类型的洞窟组合，整体来看，不同区段的洞窟组合构成了较为明显的石窟寺院。

第二节 禅窟和中心柱窟数量多

在须弥山北朝石窟中，有大量禅窟开凿，据统计禅窟主要有：第3、4、7、9、13、16、20-2、40、41、、42、111窟，僧、禅兼用窟有：第6、10、11、12、23、38、39、43、44、45-、120、122、125窟，可以看出北朝时期北方习禅之风的盛行，突出了北方佛教注重禅修的特点。每一个洞窟都是用于佛教礼仪的空间，它本身也是相对独立的。在一个石窟群中，也与其他石窟存在一定的联系，从属于一定的组合之中，而且其内部的壁画或者雕塑都被统一规划，纳入一定的思想体系之中。如此众多的禅窟并非各自独立，而是与周围的礼拜窟和僧房窟有一定的组合关系。

须弥山北朝石窟中的中心柱窟多，也出现了相对较多的布局特殊的中心柱窟，即四壁素壁无龛像，仅在中心柱上雕凿内容。如开凿于北魏时期的第22、24窟，也是须弥山石窟中开造最早的中心柱窟，此外第17、47窟也有类似的设计。

第三节 多种佛教思想的集中表现

　　须弥山石窟第 14、24、22、32、33、45、46、51 窟等窟是北朝洞窟中保存相对完整、内部有造像的洞窟，而且开凿于北魏、西魏和北周三个不同的历史时期，它们内部造像的空间布局，基本上可以反映和代表须弥山北朝石窟开凿的完整历史状况。从单纯的图像研究走入信仰背景的探讨，从这些洞窟内部造像的空间组合形式可以探究石窟的宗教功能，透视其当初的营建思想，或者探究通过这些造像的组合所折射出的佛教思想。

　　须弥山地区北魏时期禅法盛行，以第 24 窟为代表的中心柱窟内部造像都是围绕禅观而设计，不同的组合都体现了禅观的观想。第 22、24 窟的四壁素壁无造像，是为了突出佛塔礼拜的功能。三层中心塔柱四面的图像有表现释迦成佛过程的"四相"，还有四方佛和千佛，它们都是禅观的内容，选择不同的图像组合，总体都表现禅观的观想，是一种有意义的空间组合。第 14 窟中出现了"二佛并坐"造像，"二佛并坐"与交脚弥勒以及其他题材造像的组合，共同体现了北朝时期法华思想在须弥山的流行。同时，这些内容也与禅观有关，在造像内容的组合上，第 24 窟主要通过佛传、四方佛以及千佛的配置来表达，而第 14 窟则以释迦多宝、三世佛、四方佛(中心柱中层四向面)与千佛的组合进行布局,不同于其他地区的营造规划,反映出须弥山北朝石窟的多样性。此外,第14窟又体现了法华三昧观,其中二佛并坐位于中心柱下层龛的右面,是礼拜正龛主尊之后开始进行右绕的第一个向面,足见其在观像礼拜时的重要性。第14窟在体现大乘法华及其三昧禅观的同时,其造像内容与组合还承袭北凉涅槃之学,反映出法华、禅观与涅槃的糅合与会通。

　　"义学"之风也是须弥山北朝石窟内容思想的一个特点。"汉魏之间,两晋之际,俱有学士名僧之南渡。学术之转徙,至此为第三次矣。自此以后,南北佛学,风气益形殊异。南方专精义理,北方偏重行业。此其原因,亦在乎叠次玄风之南趋也"。①而自北魏末期以后,受南朝佛教重视"义学"的影响,北朝佛教也反映出"禅、义并重"的特点。在这一佛教背景的影响下,须弥山西魏以及北周石窟的开凿明显呈现出与北魏时期的不同, 具体表现在:第33窟壁面的五佛,寓意着"五门",即菩萨修行的五个重要阶段;也有"五佛"之义,代表释迦如来五分法身像,与禅观关系密切。因此,这一洞窟的布局既体现出终北朝一世禅观思想的流行, 又反映出西魏义学的发展。第46窟窟门上方的维摩文殊对坐造像同样彰显着须弥山"义学"之风的流行。

　　此外,须弥山西魏石窟中出现了多层中心塔柱,反映出中心柱样式在不同历史时期的变化,三壁三龛形制在这一时期非常流行,体现了三佛思想信仰的盛行。西魏洞窟窟形出现了新样式——第33窟的双层礼拜道,这一来源于印度石窟形制的风格主宰了整个洞窟,但其窟顶、位于石窟中央而非后部的中心塔柱以及墙壁龛内残存的佛像, 都是源于中国的主题元素。

---

①汤用彤《汉魏两晋南北朝佛教史》(上),北京:中华书局,2016年,第240—241页。

　　另,北周第45、46窟是须弥山北朝石窟中最华丽的洞窟,中心柱、窟顶及四壁构成了一个神圣的空间,即天宫、佛国与人间的宇宙空间。四方佛、三世佛以及弥勒信仰是洞窟造像组合所反映出的主要佛教思想。最值得关注的是,不同壁面、不同坐姿、不同装扮的弥勒表现,代表了上生和下生的弥勒思想信仰。北周第51窟是须弥山石窟中规模最大的洞窟,窟内有七佛造像。南门上方中间龛内的弥勒半跏思惟像与两侧的半跏思惟菩萨及其弟子共同表现了弥勒菩萨在兜率天宫说法的场景,并与对面北门上方的倚坐弥勒像共同表达了弥勒上生与弥勒下生的思想。就整窟的观像顺序来说,从正门进入,观七佛,然后观南北两门,旨在观弥勒上生和下生,并与七佛关联起来。整窟的造像组合反映出七佛与弥勒信仰的交融。

第四节   多个民族参与营建

　　须弥山石窟所在的固原自古为少数民族杂居之地,徙至于此的敕勒、柔然、高车、粟特等民族长期生活繁衍。固原发掘的墓葬和造像碑有很多与少数民族有关,它们呈现出的民族属性,是一种多元的杂糅。须弥山北朝石窟第33窟的"双层礼拜道"在国内石窟中是一孤例,可能与粟特人有很大的关系,粟特人远离故土,将他们的信仰播撒华土,并与中国本土文化相交融。此外,通过对须弥山北朝石窟中供养人、维摩文殊、神王等图像来源、流变的梳理考证,可以看出它们在须弥山北朝石窟中不同的呈现方式,这些图像的内容和形式具有少数民族风格。

第五节　雕刻技艺表现成熟

须弥山石窟开凿于砂岩上，工匠们用雕刀精雕细刻，虽然没有缤纷的色彩，但因体积而形成光影的不同变化，呈现出与多彩壁画一般灿烂的景象，丰富了中国古代美术史的内容。

一、雕刻技艺的新发展

在须弥山北朝时期的洞窟中，圆雕是最为常见的一种雕凿方法，如第24、32窟中心柱龛内的佛、菩萨造像，第45、46、51窟每个壁面、中心柱龛内较大的造像，都采用圆雕的手法，塑造出了他们的神圣与庄严。第46窟窟门上方的维摩文殊，还有第51窟南、北窟门上方的半跏思惟状和倚坐状的弥勒层次比较多，但相对于前者而言空间处理有一定的压缩，采用了半圆雕的形式。第45、46窟窟顶的天界图像、中心柱基座上的伎乐、神王、供养人以及其他龛上龛楣的装饰，则采用浮雕的形式。须弥山北朝石窟中的线刻主要有：第14窟中心柱的每个"隔梁"上，线刻有双层倒三角形的装饰，最上层四角的莲瓣上线刻有莲瓣的经脉；第32窟中心柱的"隔梁"上，也有线刻，如圆形的莲花瓣和衣服的飘带，从造像最底部延伸出来，经过佛龛的平面后,在"隔梁"的立面空间上继续雕刻,而且还有近大远小的变化,生动而富有动感;第33窟内层墙壁上的五个小龛外也有线刻痕迹。

较之前代的传统,两晋南北朝时期的佛教雕塑最突出的成就就是浮雕艺术手法已从前代接近于平面的形式,发展成为完整而丰美的浮雕(包括低浮雕与高浮雕),这是中国雕塑史上一个极大的突破。而且这些浮雕和圆雕、刻线,往往互相结合使用于同一个作品之中。这一方面可以说明这一时期中国雕塑的特点,同时它也是由于佛教雕塑复杂内容的需要所决定的。①我们在大型皇家石窟云冈石窟的石雕和麦积山石窟的泥塑造像中,都可见到。须弥山北朝石窟中圆雕、半圆雕、浮雕与线刻的结合使用,无疑也反映了这一时期中国雕塑发展的新面貌。

须弥山的岩石属于质地较松软的红色砂岩,极易风化,须弥山石窟以石雕为主,但还有其他造像可见到另一种特殊的技法,即石雕与麻布塑彩的结合,有些雕成的造像露出肌肤的部分,先在石面上加一层麻布,再敷泥施彩装銮。这样使造像塑造得极为精微,有砂岩不易刻成的效果。此技法与泥塑及夹纻都有关联,足见古代匠师运用雕塑结合手法的创造性。②

从整体艺术风格来看,须弥山北朝石窟艺术发生了从"秀骨清像"到"肉感丰腴"的变化。画史上从顾恺之、陆探微"秀骨清像"到张僧繇"张得其肉"代表着南朝两种画风的转变,而这两种画风在不同时期都影响到了北朝的艺术,在须弥山北朝石窟中也能看到这种变化,如北魏第24窟造像是明显的"秀骨清像"式,而到了北周第45、46窟以及第51窟则呈现出明显的丰腴之感,可以看出汉文化的影响与渗透。北方少数民族建立政权后,为了显示正统性,于是不断向汉文化学习靠近,在借用外来佛教辅助治国的同时,又糅合诸多汉文化因素,中华民族多元一体化格局就是在这

---

①王子云《中国雕塑艺术史》(上),北京:人民美术出版社,2012年,第342—343页。

②田青主编《中华艺术通史·三国两晋南北朝卷》,北京:北京师范大学出版社,2006年,第252页。

样的斗争与融合中不断生成的。

二、雕刻空间的再营造

经过北朝的探索,画家们开始有意识地表现空间的远近关系,通过山峦、树木、建筑等营造一定的空间环境,把人物安置在有一定深度的空间中,使画面产生三维立体空间感。宫殿建筑形成的折线、山峦树木形成的层次以及人物排列的形式,都在不同程度地表现着延伸的空间。[①]绘画如此,在雕塑中亦有类似的表现。

须弥山石窟第46窟窟门上方中间龛内的释迦,两边各有两胁侍,虽然这一佛龛本身的纵深空间有限,但人物造像有明显的近大远小的变化。同样,这一龛两边的维摩文殊图像表现了维摩文殊辩法场景的空间环境,将人物置于一定深度的空间之中,具有明显的三维立体空间感。这些图像表征是中国美术在"汉唐奇迹"背景下,对"模仿再现"的追求,是中国美术图式演变的图像例证。第45窟中心柱主尊下的莲座中,每一个花瓣的雕刻也注重细节,连最前面的花尖都雕刻出来了,向外翻转,充满动感。而且前面的每两个大莲瓣之间又有较小的莲瓣,体现出了近大远小的透视关系。衣纹也出现了很多层次的变化,显得非常柔和、自然,与固原北周李贤墓壁画采用中原式的"染高不染低"而形成的立体效果,共同丰富着中国美术史对空间的营造之法。

此外,从洞窟整体来看,覆斗顶窟的窟顶表现了空旷无垠的宽广空间,通过流动的祥云以及在祥云之间飞翔的飞天、宝瓶等渲染出了天界的辽阔,这是延续了汉代以来中国墓葬等艺术中经常表现天界的方式,完全采用了中国式的空间表现手法,这种空间意识和表现手法是对佛教艺术

---

①赵声良等《敦煌石窟美术史·十六国北朝》(上卷),北京:高等教育出版社,2014年,第396页。

的一个很大的冲击,"画面"中具有"空"的表现。

　　佛教自印度一路入中土后在传播的过程中,紧随时代气息不断地调整自己,与具体时期、具体地域的文化风气相互融合、激荡。南北朝时期延续了东汉以来分裂混乱的局面,政治更迭,社会动荡,同时众多北方少数民族入主中原,在很大程度上加深了民族文化的交融。北朝是中国佛教艺术史上非常重要,而且也是极具特点的时期。这一时期的佛教以民族性为特点,在北方地区演绎了地域性、人间性与社会性的杂糅,同时凸显出实践性的功能。①须弥山北朝石窟的开凿就植根于这样的文化土壤,借鉴融汇其他历史时期、其他地域的佛教艺术和本地的地域文化,创造了中国中古时期极为重要的佛教艺术,再现了古代佛教艺术的丰富面貌。须弥山北朝诸多洞窟表面风化较为严重,且缺乏题记以及其他文献资料的记载,给我们造成研究上的盲点,但是在蛛丝马迹的描绘中,我们仍然可以找到佛教文化思想传播的线索,看到来自遥远异域他乡佛教文化的辉煌成就和对中国佛教文化深远的影响。须弥山北朝石窟作为佛教艺术遗存,在美术史以及佛教文化史上都具有不可或缺的作用。

　　北朝文化呈现双向的大脉动:南北向游牧草原文化与农耕文化的碰撞,以及东西向丝路的中西文化交流。两种波澜壮阔的文化脉动与佛教东传相互激发,共同塑造出北朝文化丰富的面貌。②须弥山北朝石窟是在全国大的历史背景下营建的,从中反映出了多种佛教思想信仰在古代原州的流布。同时,这些思想在原州流布的过程中,又表现出了一定的特殊性,并展现出北朝文化所特有的多元性。补充完善了中国美术史和佛教史的序列,丰富了原州历史文化。

---

①黄夏年《北朝民族佛教的性格》,《西南民族大学学报》2020年第6期,第52页。
②林圣智《图像与装饰:北朝墓葬的生死表象》,台北:台湾大学出版中心,2019年,第318页。

参考文献

参考文献

一、典籍文献

[1][西汉]司马迁《史记》,北京:中华书局,1963 年。

[2][汉]班固等《汉书》,北京:中华书局,1975 年。

[3][东汉]许慎《说文解字》,北京:中华书局,2013 年。

[4][南朝宋]范晔《后汉书》,北京:中华书局,1965 年

[5][南朝梁]释僧祐撰,苏晋仁、萧錬子点校《出三藏记集·法显法师传》,北京:中华书局,1995 年。

[6][南朝梁]释慧皎撰,汤用彤校注,汤一玄整理《高僧传》,北京:中华书局,1992 年。

[7][南朝梁]萧子显撰《南齐书》,北京:中华书局,1972 年。

[8][南朝梁]沈约撰《宋书》,北京:中华书局,1974 年。

[9][南朝梁]萧统《昭明文选》,北京:中华书局影印本,1983 年。

[10][北魏]郦道元注,民国杨守敬、熊会贞疏,段熙仲点校,陈桥驿复校《水经注疏》,南京:江苏古籍出版社,1989 年。

[11][北齐]杨衒之撰、范祥雍校注《洛阳伽蓝记校注》,上海:上海古籍出版社,1978 年。

[12][北齐]魏收撰《魏书》,北京:中华书局,1974 年。

[13][唐]令狐德棻等撰《周书》,北京:中华书局,1971 年。

[14][唐]魏征、令狐德棻撰《隋书》,北京:中华书局,1973 年。

[15][唐]李延寿撰《南史》,北京:中华书局,1975 年。

[16][唐]房玄龄撰《晋书》,北京:中华书局,1974 年。

[17][唐]姚思廉《梁书》,北京:中华书局,1973 年。

[18][唐]张彦远著、俞剑华注释《历代名画记》,上海:上海人民美术出版社,1964 年。

[19][唐]杜佑撰《通典》,北京:中华书局,1984 年。

[20][唐]杜宝撰,辛德勇辑校《大业杂记辑校》,北京:中华书局,1991 年。

[21][唐]玄奘、辩机著,季羡林等校注《大唐西域记校注》,北京:中华书局,1985 年。

[22][后晋]刘昫《旧唐书》,北京:中华书局,1975 年。

[23][宋]欧阳修、宋祁《新唐书》,北京:中华书局,1975 年。

[24][宋]司马光编撰,邬国义校点《资治通鉴》,上海:上海古籍出版社,2017 年。

[25][宋]郭若虚著,俞剑华注释《图画见闻志》,上海:上海人民美术出版社,1964 年。

[26][宋]李昉等《太平广记》,北京:人民文学出版社,1995 年。

[27][宋]司马光《资治通鉴》,北京:中华书局,1963 年。

[28][宋]王应麟撰《玉海》,南京:江苏古籍出版社,1987 年。

[29][元]马端临撰,上海师范大学古籍研究所等点校《文献通考》,北京:中华书局,2011 年。

［30］［明］杨经纂辑《嘉靖固原州志》，银川：宁夏人民出版社，1985 年。

［31］［明］刘敏宽纂次《万历固原州志》，银川：宁夏人民出版社，1981 年。

［32］［清］《宣统固原州志》，西安：陕西人民出版社，1993 年。

［33］［清］彭定求编《全唐诗》北京：中华书局，1960 年。

［34］［清］陆耀遹撰《金石续编》，上海：上海人民出版社，2020 年。

［35］大正新修大藏经刊行会编《大正藏》，台北：新文丰出版有限公司，1983 年。

［36］凤凰出版社编《宣统新修固原直隶州志》，南京：凤凰出版社，2008 年。

二、中文专著

［1］陈增弼《传薪——中国古代家具研究》，北京：故宫出版社，2018 年。

［2］晁华山《佛陀之光——印度与中亚佛教胜迹》，北京：文物出版社，2001 年。

［3］丁福保《佛学大辞典》，北京：中国书店，2011 年。

［4］邓万儒、陈剑《彭阳情韵——彭阳文史资料选编》，银川：宁夏人民出版社，2009 年。

［5］杜斗城《河西佛教史》，北京：中国社会科学出版社，2009 年。

［6］甘肃北石窟寺文物保护研究所编著《庆阳北石窟寺内容总录》，北京：文物出版社，2013 年。

［7］谷霁光《府兵制度考释》，上海：上海人民出版社，1962 年。

［8］贺世哲《敦煌图像研究：十六国北朝卷》，兰州：甘肃教育出版社，2006 年。

［9］何剑平《中国中古维摩诘信仰研究》，成都：巴蜀书社，2009 年。

［10］侯旭东《五、六世纪北方民众佛教信仰：以造像记为中心的考察》，北京：中国社会科学出版社，1998 年。

[11]韩有成《须弥山石窟艺术》,银川:阳光出版社,2014年。

[12]黄永武主编《敦煌宝藏》,台北:新文丰出版公司,1981年。

[13]金申《中国历代纪年佛像图典》,北京:文物出版社,1994年。

[14]姜伯勤《敦煌艺术宗教与礼乐文明——敦煌心史散论》,北京:中国社会科学出版社,1996年。

[15]姜伯勤《中国祆教艺术史研究》,北京:生活·读书·新知三联书店,2004年。

[16]李裕群《北朝晚期石窟寺研究》,北京:文物出版社,2003年。

[17]李崇峰《中印佛教石窟寺比较研究——以塔庙窟为中心》,北京:北京大学出版社,2003年。

[18]李玉珉《中国佛教美术史》,台北:东大图书股份有限公司,2001年。

[19]凌海成主编《泾川佛教瑰宝——甘肃泾川佛舍利与百里石窟长廊及金石文物》,北京:五洲传播出版社,2010年。

[20]林圣智《图像与装饰:北朝墓葬的生死表象》,台北:台湾大学出版中心,2019年。

[21]楼慧珍等编著《中国传统服饰文化》,上海:东华大学出版社,2003年。

[22]赖永海主编《中国佛教通史》,南京:江苏人民出版社,2010年。

[23]赖鹏举《敦煌石窟造像思想研究》,北京:文物出版社,2009年。

[24]兰州大学敦煌学研究所编《敦煌归义军史专题研究》,兰州:兰州大学出版社,1997年。

[25]罗丰《胡汉之间——"丝绸之路"与西北历史考古》,北京:文物出版社,2004年。

[26]罗丰编著《固原南郊隋唐墓地》,北京:文物出版社,1996年;

[27]刘淑芬《中古的佛教与社会》,上海:上海古籍出版社,2008年。

［28］马世长《中国佛教石窟考古文集》，北京：商务印书馆，2014年。

［29］马长寿《碑铭所见前秦至隋初的关中部族》，北京：中华书局，1985年。

［30］马德《敦煌莫高窟史研究》，兰州：甘肃教育出版社，1996年。

［31］马汉雄编《固原佛教简史》（内部资料），固原：固原行署民族宗教局，1998年。

［32］宁夏回族自治区文物管理委员会、北京大学考古系编著《须弥山石窟内容总录》，北京：文物出版社，1997年。

［33］宁夏回族自治区文物管理委员会、中央美术学院美术史系《须弥山石窟》，北京：文物出版社，1988年。

［34］宁夏回族自治区概况编写组《宁夏回族自治区概况》，北京：民族出版社，2008年。

［35］宁夏固原博物馆《固原北魏墓漆棺画》，银川：宁夏人民出版社，1988年。

［36］牛龙菲《敦煌壁画乐史资料总录与研究》，兰州：敦煌文艺出版社，1991年。

［37］任继愈主编《中国佛教史》，北京：中国社会科学出版社，1985年。

［38］荣新江主编《唐研究》第九卷，北京：北京大学出版社，2003年。

［39］宿白《中国石窟寺研究》，北京：文物出版社，1996年。

［40］孙昌武《中国文学中的维摩与观音》，北京：高等教育出版社，1996年。

［41］孙昌武《北方民族与佛教：文化交流与民族融合》，北京：中华书局，2015年。

［42］宋永忠《须弥山石窟艺术研究》，银川：阳光出版社，2013年。

［43］沙武田《吐蕃统治时期敦煌石窟研究》，北京：中国社会科学出版社，2013年。

[44]汤用彤《汉魏两晋南北朝佛教史》(上、下),北京:中华书局, 2016年。

[45]田青主编《中华艺术通史·三国两晋南北朝卷》,北京:北京师范大学出版社,2006年。

[46]魏文斌《麦积山石窟初期洞窟调查与研究》,兰州:甘肃教育出版社,2017年。

[47]魏宏利《北朝关中地区造像记整理与研究》,北京:中国社会科学出版社,2017年。

[48]武善树撰《陕西金石志卷六》,民国二十三年续修陕西通志稿排印本。

[49]吴元真主编《北京图书馆藏龙门石窟造像题记拓本全编》(全10册),桂林:广西师范大学出版社,2000年。

[50]王子云《中国雕塑艺术史》,北京:人民美术出版社,2012年。

[51]王敏庆《北周佛教美术研究——以长安造像为中心》,北京:社会科学文献出版社,2013年。

[52]王琨、佘贵孝编著《须弥山石窟》,银川:宁夏人民出版社,2008年。

[53]须弥山石窟文物管理所编《须弥山石窟志》,银川:阳光出版社, 2016年。

[54]萧默《敦煌建筑研究》,北京:文物出版社,1989年。

[55]姚薇元《北朝胡姓考》,北京:中华书局,2007年。

[56]殷光明《北凉石塔研究》,台北:台湾觉风佛教艺术文化基金会, 2000年。

[57]原州联合考古队编《北周田弘墓》,东京:勉诚出版社,2000年。

[58]杨宁国主编《彭阳县文物志》,银川:宁夏人民出版社,2003年。

[59]颜娟英《镜花水月:中国古代美术考古与佛教艺术的探讨》,台北:石头出版股份有限公司,2016年。

[60]张宝玺编著《甘肃佛教石刻造像》,兰州:甘肃人民美术出版社,2001 年。

[61]张宝玺《河西北朝石窟》,上海:上海古籍出版社,2016 年。

[62]张鹏《北朝石刻文献的文学研究》,北京:中国社会科学出版社,2015 年。

[63]邹清泉《虎头金粟影:维摩诘变相研究》,北京:北京大学出版社,2013 年。

[64]朱大渭《六朝史论》,北京:中华书局,1998 年。

[65]中国社会科学院考古研究所编著《古都遗珍——长安城出土的北周佛教造像》,北京:文物出版社,2010 年。

[66]郑炳林、沙武田《敦煌石窟艺术概论》,兰州:甘肃文化出版社,2005 年。

[67]赵声良等《敦煌石窟美术史·十六国北朝》,北京:高等教育出版社,2014 年。

[68]赵昆雨《云冈石窟佛教故事雕刻艺术》,南京:江苏美术出版社,2010 年。

三、中文论文

[1]安永军《须弥山石窟洞窟形制和造像特点》,《宁夏师范学院学报》(社会科学版)2008 年第 2 期。

[2]安永军《须弥山相国寺石窟探讨》,《宁夏师范学院学报》(社会科学版)2010 年第 4 期。

[3]安永军《试论须弥山唐代造像艺术及其价值》,《宁夏师范学院学报》(社会科学版)2012 年第 4 期。

[4]毕波《信仰空间的万花筒——粟特人的东渐与宗教信仰的转换》,载荣新江、张志清主编《从撒马尔干到长安——粟特人在中国的文化遗

迹》,北京：北京图书馆出版社,2004 年。

[5]白文《"七佛"与弥勒信仰——庆阳北石窟寺第 165 窟的主像构成》,《敦煌学辑刊》2018 年第 3 期。

[6]白文《陕西富县博物馆藏北魏隋代造像碑研读》,《敦煌学辑刊》2016 年第 2 期。

[7]陈育宁《宁夏境内的丝绸之路及须弥山石窟》,《丝绸之路》1995 年第 6 期。

[8]陈悦新《须弥山早期洞窟的分期研究》,《华夏考古》1995 年第 4 期。

[9]陈悦新《须弥山石窟概述》,载宁夏回族自治区文物管理委员会、北京大学考古系《须弥山石窟内容总录》,北京：文物出版社,1997 年。

[10]陈悦新《甘宁地区北朝石窟寺分期研究》,2004 年北京大学博士学位论文。

[11]陈悦新《龟兹石窟与须弥山石窟中的穹窿顶窟》,《考古与文物》2004 年第 1 期。

[12]陈悦新《中心文化对须弥山北朝洞窟的影响》,《北京理工大学学报》(社会科学版)2005 年第 1 期。

[13]陈悦新《须弥山石窟佛衣类型》,载代学明主编《须弥山石窟研究》,银川：宁夏人民出版社,2016 年。

[14]陈悦新《青州地区北朝佛衣类型》,《敦煌学辑刊》2013 年第 4 期。

[15]陈悦新《大足石窟佛像着衣类型》,《敦煌学辑刊》2016 年第 1 期。

[16]陈运涛《须弥山石窟：见证古丝绸之路的文化交融》,《文化学刊》2015 年第 6 期。

[17]陈清香《麦积山 10 号造像碑的图像源流与宗教内涵》,载《麦积山石窟艺术文化论文集——2002 年麦积山石窟艺术与丝绸之路佛教文化国际学术研讨会论文集》(上),兰州：兰州大学出版社,2004 年。

[18]陈明《论敦煌北魏石窟艺术成就的历史背景》,《敦煌学辑刊》

2015 年第 3 期。

　　[19]陈明达《巩县石窟寺的雕凿年代及特点》,载河南省文物研究所编《中国石窟·巩县石窟寺》,北京:文物出版社,2012 年。

　　[20]陈晓露《从八面体佛塔龛犍陀罗艺术之东传》,《西域研究》2006年第 4 期。

　　[21]程纪中《河北藁城县发现一批北齐石造像》,《考古》1980 年第 3 期。

　　[22]程晓钟、丁广学《庄浪县出土北魏石造像塔》,《敦煌学辑刊》1997年第 4 期。

　　[23]董广强、魏文斌《陵墓与佛窟——麦积山第 43 窟洞窟形制若干问题研究》,《敦煌学辑刊》2014 年第 2 期。

　　[24]崔峰《从写经题记看北朝敦煌民众的崇佛心理》,《敦煌学辑刊》2006 年第 2 期。

　　[25]常青《北朝石窟神王雕刻述略》,《考古》1994 年第 12 期。

　　[26]晁华山《库木吐喇石窟初探》,载新疆维吾尔自治区文物管理委员会、库车县文图保管所、晁华山《克孜尔石窟的洞窟分类与石窟寺院的组成》,《龟兹文化研究》(三),乌鲁木齐:新疆人民出版社,2006 年。

　　[27]杜建录《须弥山〈敕赐禅林〉碑所载崇宁三十五年辨析》,《固原师专学报》1992 年第 2 期。

　　[28]代学明《论丝路申遗与须弥山石窟的关系》,载代学明主编《须弥山石窟研究》,银川:宁夏人民出版社,2016 年。

　　[29]戴春阳《敦煌石窟覆斗顶的考古学观察(下)——覆斗顶渊源管窥》,《敦煌研究》2013 年第 4 期。

　　[30]丁明夷《北朝佛教史的重要补正——析安阳三处石窟的造像题材》,《文物》1984 年第 4 期。

　　[31]丁明夷《云冈石窟研究五十年》,载云冈石窟文物保管所《中国石窟·云冈石窟》,北京:文物出版社,1991 年。

［32］杜斗成、孔令梅《简论十六国北朝时期的敦煌大族与佛教》,《敦煌学辑刊》2010 年第 6 期。

［33］杜海《魏晋南北朝时期敦煌建置沿革》,《敦煌学辑刊》2019 年第 4 期。

［34］董华峰《南朝造像题记与南朝佛教相关问题考论》,《敦煌学辑刊》2013 年第 4 期。

［35］董华峰《庆阳北石窟寺北魏洞窟研究》,2010 年兰州大学博士学位论文。

［36］董华锋《试论北魏陇东的八面体中心塔柱》,载郑炳林、俄军主编《2009 丝绸之路国际学术研讨会论文集》,西安:三秦出版社,2010 年。

［37］段文杰《早期的莫高窟艺术》,载敦煌文物研究所编著《中国石窟·敦煌莫高窟》(一),北京:文物出版社,1999 年。

［38］段文杰《形象的历史——谈敦煌壁画的历史价值》,载《段文杰敦煌艺术论文集》,兰州:甘肃人民出版社,1994 年。

［39］樊锦诗、马世长、关友惠《敦煌莫高窟北朝洞窟的分期》,收录于敦煌文物研究所编《中国石窟·敦煌莫高窟》(一),文物出版社、株式会社平凡社,1982 年。

［40］范泉《周武灭法与敦煌北周石窟营造的关系——以莫高窟第 428 窟供养人图像为中心》,《敦煌学辑刊》2008 年第 4 期。

［41］费泳《"垂领式"佛衣的典型特征及其在北方佛像中的应用》,《敦煌学辑刊》2011 年第 2 期。

［42］贺世哲《敦煌莫高窟北朝石窟与禅观》,《敦煌学辑刊》1980 年第 00 期。

［43］贺世哲《从供养人题记看莫高窟部分洞窟的营建年代》,载敦煌研究院编《敦煌莫高窟供养人题记》,北京:文物出版社,1986 年。

［44］贺世哲《关于十六国北朝时期的三世佛与三佛造像诸问题(一)》,

《敦煌研究》1992 年第 4 期。

［45］贺世哲《莫高窟北朝五佛造像试释》，《敦煌研究》1995 年第 3 期。

［46］贺世哲《石室札记》，《敦煌研究》1999 年第 4 期。

［47］黄文智《河北中南部北魏晚期至东魏石刻佛像造型分析》，《敦煌学辑刊》2016 年第 1 期。

［48］韩兆民《宁夏固原北周李贤夫妇墓发掘简报》，《文物》1985 年第 11 期。

［49］韩有成《须弥山石窟碑刻题记的史料价值》，《固原师专学报》(社会科学版)2000 年第 5 期。

［50］韩有成《须弥山石窟与北朝原州历史文化》，《天水师范学院学报》2002 年第 1 期。

［51］韩有成《试论须弥山石窟艺术史上的六个高潮》，《四川文物》2002 年第 5 期。

［52］韩有成《须弥山中心柱洞窟及其造像》，《固原师专学报》2003 年第 2 期。

［53］韩有成、李玉芳《试论须弥山石窟开凿与形成的原因》，《固原师专学报》(社会科学版)2004 年第 4 期。

［54］韩有成《试论须弥山北魏洞窟中的"云冈因素"》，《固原师专学报》(社会科学版)2005 年第 4 期。

［55］韩有成《宁夏须弥山北周洞窟建筑及造像探析》，《文物春秋》2006 年第 5 期。

［56］韩有成、李玉芳《试析须弥山大佛造像的艺术风格》，《宁夏社会科学》2007 年第 2 期。

［57］韩有成《从须弥山石窟看原州古典建筑式样——略析须弥山石窟建筑》，《宁夏师范学院学报》(社会科学版)2009 年第 2 期。

［58］韩有成《读须弥山石窟题刻题记札记》，《宁夏师范学院学报》

2010 年第 4 期。

[59]韩有成《须弥山唐代中心柱洞窟初探》,《石窟寺研究》2012 年第 00 期。

[60]韩有成《宁夏原州区禅塔山石窟调查报告》,《敦煌研究》2015 年第 3 期。

[61]胡同庆《试探敦煌北朝时期供养人画像的美学意义》,《敦煌研究》2015 年第 1 期。

[62]侯旭东《北朝民间佛事活动与民众佛教信仰》,《文史知识》2000 年第 8 期。

[63]黄夏年《北朝民族佛教的性格》,《西南民族大学学报》2020 年第 6 期。

[64]靳之林《陕北发现一批北朝石窟和摩崖造像》,《文物》1989 年第 4 期。

[65]金易明《鸠摩罗什及关河之学对中国两晋后佛教影响窥豹》,载黄夏年主编《第三届河北禅宗文化论坛论文集·北朝佛教研究》,郑州:大象出版社,2015 年。

[66]暨远志《酒泉地区早期石窟分期试论》,《敦煌研究》1996 年第 1 期。

[67]暨远志《北凉石塔所反映的佛教史问题》,载颜廷亮、王亨通主编《炳灵寺石窟学术研讨会论文集》,兰州:甘肃人民出版社,2003 年。

[68]暨远志《泾川王母宫石窟窟主及开窟时代考》,《考古与文物》2007 年汉唐考古增刊。

[69]暨远志《泾州地区北朝石窟分期试论》,《考古与文物》2009 年第 6 期。

[70]荆三林《河南巩县石窟寺北魏伎乐浮雕初步调查研究》,《音乐研究》1958 年第 5 期。

［71］金申《关于神王的探讨》,《敦煌学辑刊》1995 年第 1 期。

［72］寇小石等《西安北周康业墓发掘简报》,《文物》2008 年第 6 期。

［73］林蔚《须弥山唐代洞窟的类型和分期》,《考古学研究》1997 年第 00 期。

［74］李志荣《须弥山石窟晚期重装遗迹》,载代学明主编《须弥山石窟研究》,银川:宁夏人民出版社,2016 年。

［75］李裕群《须弥山石窟晚期洞窟分期》,载代学明主编《须弥山石窟研究》,银川:宁夏人民出版社,2016 年。

［76］李并成《北朝时期瓜州建置及其所属郡县考》,《敦煌学辑刊》1995 年第 4 期。

［77］李茹《敦煌李贤及其功德窟相关问题试论》,《敦煌学辑刊》2009 年第 6 期。

［78］李茹《敦煌莫高窟第 290 窟佛传故事画的图式艺术及其源流试释》,《敦煌学辑刊》2009 年第 3 期。

［79］李森《青州龙兴寺造像北齐大盛原因考》,《敦煌学辑刊》2013 年第 2 期。

［80］李国、沙武田《敦煌石窟粟特美术研究学术史》,《敦煌学辑刊》2016 年第 4 期。

［81］李翎《从犍陀罗开始:柯利谛的信仰与造像》,《敦煌学辑刊》2014 年第 2 期。

［82］李玉珉《半跏思惟像再探》,台北《故宫学术季刊》第三卷第三期,1986 年春。

［83］李玉珉《敦煌莫高窟第二五九窟研究》,《敦煌学国际研讨会文集——纪念敦煌研究院成立五十周年》,兰州:甘肃民族出版社,2000 年。

［84］李玉珉《金塔寺石窟考》,《故宫学术季刊》2004 年第 22 卷第 2 期,2004 年。

［85］李崇峰《敦煌莫高窟北朝晚期洞窟的分期与研究》,《敦煌研究文集·敦煌石窟考古篇》,兰州:甘肃民族出版社,2000 年。

［86］李崇峰《龟兹与犍陀罗的造像组合、题材及布局》,载李崇峰《佛教考古:从印度到中国》,上海:上海古籍出版社,2015 年。

［87］李静杰《北朝隋代佛教图像反映的经典思想》,《民族艺术》2008年第 2 期。

［88］李文才《试论西魏北周时期的赐、复胡姓》,《民族研究》2001 年第 3 期。

［89］陆锡兴《影神、影堂及影舆》,《中国典籍与文化》1998 年第 2 期。

［90］陆离《论诸凉入魏人士对北魏的政治、军事贡献》,《敦煌学辑刊》2000 年第 2 期。

［91］罗丰,李志荣《宿白先生与须弥山石窟调查》,《敦煌学辑刊》2020年第 2 期。

［92］梁晓鹏《作为符号的塔及其意义初探》,《敦煌学辑刊》2012 年第2 期。

［93］柳洪亮《关于吐鲁番柏孜克里克新发现的影窟介绍》,《敦煌研究》1986 年第 1 期。

［94］刘慧达《北魏石窟与禅》,《考古学报》1978 年第 3 期。

［95］刘慧达《北魏石窟中的"三佛"》,《考古学报》1958 年第 4 期。

［96］刘敏《甘肃固原的石窟造像》,《文物参考资料》1956 年第 4 期。

［97］刘永增《莫高窟北朝期的石窟造像与外来影响——以第 275 窟为中心》(上),《敦煌研究》2004 年第 3 期。

［98］刘满《西北黄河古渡考》(二),《敦煌学辑刊》2005 年第 4 期。

［99］刘满《北朝以来炳灵寺周围交通路线考索》,《敦煌学辑刊》2014年第 3 期。

［100］刘源、谷岩、易欣《释"床"说"榻"——中国古家具床、榻之辩》,

《南京艺术学院学报》2015 年第 4 期。

[101]刘东光《有关安阳两处石窟的几个问题及补充》,《文物》1991 年第 8 期。

[102]刘玉权《敦煌莫高窟北朝动物画漫谈》,《敦煌学辑刊》1980 年第 2 期。

[103]刘晓毅、项一峰《麦积山石窟北方少数民族因素之探析》,《敦煌学辑刊》2018 年第 1 期。

[104]林芝《须弥山石窟史略》,《固原师专学报》(社会科学版)1996年第 4 期。

[105]罗丰《须弥山石窟的布局与开凿》,载代学明主编《须弥山石窟研究》,银川:宁夏人民出版社,2016 年。

[106]赖文英《泾川王母宫石窟造像思想探析》,《敦煌学辑刊》2011 年第 2 期。

[107]赖文英《南北朝"涅槃"学与"般若""法华"的会通》,载圆光佛学研究所《圆光佛学学报》第八期,2003 年。

[108]赖文英《北传早期的"法华三昧"禅法与造像》,《圆光佛学学报》2001 年第 6 期。

[109]赖鹏举《北传佛教"净土学"的形成——西秦炳灵寺 169 窟无量寿佛龛造像的义学与禅法》,《圆光佛学学报》2000 年第 5 期。

[110]吕采芷《北魏后期的三壁三龛式窟》,载云冈石窟文物保管所编《中国石窟云冈石窟》(二),北京:文物出版社,2016 年。

[111]卢少珊《北朝隋代维摩诘经图像的表现形式与表述思想分析》,《故宫博物院院刊》2013 年第 1 期。

[112]马世长《中国佛教石窟的类型和形制特征——以龟兹和敦煌为中心》,《敦煌研究》2006 年第 6 期。

[113]马世长《克孜尔石窟中心柱窟主室券顶与后室的壁画》,载《中

国石窟·克孜尔石窟》(二),北京:文物出版社,1996 年。

[114]马若琼《莫高窟第 285 窟窟顶壁画题材与构图特征》,《敦煌学辑刊》2017 年第 4 期。

[115]苗利辉《克孜尔石窟寺院组成及其功能》,载《龟兹学研究》(第四辑),乌鲁木齐:新疆人民出版社,2012 年。

[116]毛铭《尔朱荣"河阴之变"与高欢迁邺——北朝"曹衣"佛像兴起的历史语境》,载《北朝研究》(第九辑),北京:科学出版社,2018 年。

[117]宁夏回族自治区博物馆等编《宁夏固原北周李贤夫妇墓发掘简报》,《文物》1985 年第 11 期。

[118]彭金章、沙武田《试论敦煌莫高窟北区洞窟出土波斯银币和西夏钱币》,《文物》1998 年第 10 期。

[119]屈涛《麦积山宋僧秀铁壁考》,载《麦积山石窟艺术文化论文集》,2002 年。

[120]屈涛《说影堂》,《中国文化》2012 年第 36 期。

[121]荣新江《北朝隋唐粟特人迁徙及其聚落》,载北京大学中国传统文化研究中心编《国学研究》第 6 卷,北京:北京大学出版社,1999 年。

[122]宿白《凉州石窟遗迹和"凉州模式"》,《考古学报》1986 年第 4 期。

[123]宿白《敦煌莫高窟早期洞窟杂考》,载《大公报在港复刊三十周年纪念文集》(上册),香港,大公报(香港)有限公司,1978 年。

[124]宿白《平城实力的集聚和"云冈模式"的形成与发展》,载云冈石窟文物保管所《中国石窟·云冈石窟》(一),北京:文物出版社、株式会社平凡社,1991 年。

[125]沙武田《北朝时期佛教石窟艺术样式的西传及其流变的区域性特征——以麦积山第 127 窟与莫高窟第 249、285 窟的比较研究为中心》,《敦煌学辑刊》2011 年第 2 期。

［126］邵强军《从宫殿到石窟：莫高窟早期平棋艺术的构成形式及其功能变迁》，《敦煌学辑刊》2016 年第 1 期。

［127］孙晓峰、曹小玲《长安与麦积山石窟北周佛教造像比较研究——以西安北草滩出土的北周白石龛像为中心》，《敦煌研究》2014 年第 1 期。

［128］孙晓峰《麦积山石窟双窟研究》，《敦煌学辑刊》2016 年第 2 期。

［129］圣凯《敦煌文献中的西魏、北周佛教思想》，《世界宗教研究》2009 年第 2 期。

［130］宋永忠《论须弥山石窟艺术的美学价值》，《大众文艺》2015 年第 17 期。

［131］宋永忠《浅析须弥山石窟造像艺术审美特征与表现技法的变迁》，《前沿》2011 年第 24 期。

［132］宋永忠《由须弥山意象图式看佛教的审美观》，《美术界》2015年第 9 期。

［133］宋永忠《须弥山石窟艺术的美学风格探析》，《书画世界》2015年第 5 期。

［134］佘贵孝《丝绸之路与须弥山石窟》，载代学明《须弥山石窟研究》，银川：宁夏人民出版社，2016 年。

［135］唐仲明《独具特色的塔形窟——响堂山石窟》，《东方收藏》2011年第 2 期。

［136］唐仲明《响堂山石窟北朝晚期中心柱窟的"西方"因素》，《故宫博物院院刊》2014 年第 2 期。

［137］汤长平、周倩《西魏北周时期的河西》，《敦煌学辑刊》1998 年第 2 期。

［138］王景荃《试论北朝佛教造像碑》，《中原文物》2000 年第 6 期。

［139］王敏庆《北周长安造像与须弥山石窟》，《西夏研究》2012 年第

3 期。

[140]王怀宥、郭永利《北魏金猥墓志考释》,《西北民族论丛》2017 年第 2 期。

[141]王怀宥《甘肃华亭县出土北朝佛教石刻造像供养人族属考》,《敦煌学辑刊》2016 年第 2 期。

[142]王明珠、林太仁《甘肃省博物馆藏北魏石塔有关题材考证》,《敦煌学辑刊》2001 年第 2 期。

[143]王万青《炳灵寺石窟西秦和北魏造像》,《敦煌学辑刊》1990 年第 1 期。

[144]王友奎《大同云冈第 1、2 窟图像构成分析》,《敦煌学辑刊》2017 年第 2 期。

[145]王洁《敦煌早期覆斗顶窟形式初探》,《敦煌研究》2008 年第 3 期。

[146]王毅《北凉石塔》,载文物编辑委员会编《文物资料丛刊》(1),北京:文物出版社,1977 年。

[147]魏文斌《关于十六国北朝七佛造像诸问题》,《北朝研究》1993 年第 4 期。

[148]魏文斌《七佛、七佛窟与七佛信仰》,《丝绸之路》1997 年第 3 期。

[149]魏文斌、吴荭《甘肃镇原县博物馆藏北魏青铜造像及有关问题》,《敦煌研究》2003 年第 3 期。

[150]魏文斌《麦积山石窟初期洞窟三佛造像考释》,《敦煌学辑刊》2008 年第 3 期。

[151]魏文斌《汉至北魏秦州佛教史料与麦积山石窟》,《敦煌学辑刊》2013 年第 1 期。

[152]谢继胜《宁夏固原须弥山圆光寺及相关番僧考》,《西夏研究》2013 年第 1 期。

[153]谢群《漂浮在丝绸之路上的祥云——宁夏须弥山石窟云纹图饰

研究》，《美术大观》2010 年第 8 期。

　　[154]薛正昌《艺术明珠,丝路瑰宝——须弥山石窟的称谓和开凿年代浅议》，《文博》1994 年第 1 期。

　　[155]薛正昌《须弥山石窟佛教艺术东传与草原丝绸之路》，《论草原文化》2008 年第 5 辑。

　　[156]薛正昌《须弥山石窟与藏传佛教造像》，《甘肃社会科学》2013 年第 1 期。

　　[157]徐殿魁《洛阳地区隋唐墓的分期》，《考古学报》1989 年第 3 期。

　　[158]夏朗云《庆阳楼底村 1 号窟与王母宫石窟中的稍细密集平行线衣纹的考察》，载贾延廉主编《陇东石刻初探》(内部发行)，2010 年。

　　[159]肖建军《论南北朝至隋时法华造像与维摩诘造像的双弘并举》，《考古与文物》2012 年第 5 期。

　　[160]项一峰《〈维摩诘经〉与维摩诘经变——麦积山 127 窟维摩诘经变壁画试探》，《敦煌学辑刊》1998 年第 2 期。

　　[161]于向东《北魏至隋代敦煌中心柱窟图像布局的演变》，《南京艺术学院学报》2016 年第 3 期。

　　[162]于向东《6 世纪前期北方地区维摩诘经变的演变——兼论与南朝佛教图像的关联》，《艺术设计研究》2016 年第 4 期。

　　[163]于向东《敦煌维摩诘经变以窟门为中心的设计意匠——以莫高窟第 103 窟为例》，《敦煌学辑刊》2010 年第 3 期。

　　[164]殷光明《试论北凉石塔基座像与神王》，《敦煌研究》1996 年第 4 期。

　　[165]余嘉锡《卫元昊事迹考》，载《余嘉锡论学杂著》(上册)，北京:中华书局,1963 年。

　　[166]释印顺著,释昭慧记录《大智度论之作者及其翻译》，《东方宗教研究》1990 年第 2 期。

[167]杨晓春《从〈金石录〉的一则题跋推测甘肃泾川王母宫石窟的开凿者与开凿年代》,《敦煌研究》2008 年第 1 期。

[168]杨慧玲《须弥山石窟的凿造与固原社会经济》,《宁夏师范学院学报》(社会科学版)2015 年第 2 期。

[169]杨森《跋甘肃武山拉哨寺北周造大佛像发愿文石刻碑》,《敦煌学辑刊》2005 年第 2 期。

[170]项一峰《麦积山北魏 115 窟造像壁画内容考释》,《敦煌学辑刊》2004 年第 2 期。

[171]朱希元《宁夏须弥山圆光寺石窟》,《文物》1961 年第 2 期。

[172]张宝玺《〈法华经〉的翻译与释迦多宝佛造像》,《佛学研究》1994 年第 00 期。

[173]张宝玺《北魏太和时期的中心柱窟》,载云冈石窟文物研究所《2005 年云冈国际学术研讨会论文集·研究卷》, 北京：文物出版社, 2006 年。

[174]郑炳林《敦煌写本邈真赞所见真堂及其相关问题研究——关于莫高窟供养人画像研究之一》,载兰州大学敦煌学研究所《佛教艺术与文化国际学术研讨会论文提要集》,2004 年。

[175]郑炳林《敦煌写本相书理论与敦煌石窟供养人画像——关于敦煌莫高窟供养人画像研究之二》,《敦煌学辑刊》2006 年第 4 期。

[176]郑炳林《须弥山石窟与丝绸之路的关系、价值及研究》,载代学明主编《须弥山石窟研究》,银川：宁夏人民出版社,2016 年。

[177]郑国穆、魏文斌《甘肃合水保全寺石窟调查简报》,《石窟寺研究》2011 年第 00 期。

[178]周伟洲《陕西北周墓葬与民族问题》,载中国魏晋南北朝史学会编《魏晋南北朝史研究》,武汉：湖北人民出版社,1996 年。

[179]张宝玺《甘肃泾川王母宫石窟调查报告》,《考古》1984 年第 7 期。

［180］张宝玺《北石窟寺七佛窟之考释》,载甘肃北石窟寺文物保护研究所编著《庆阳北石窟寺内容总录》(上),北京:文物出版社,2013 年。

［181］张元林《兼容并蓄、融会中西——灿烂的莫高窟西魏艺术》,载吴健编著《中国敦煌壁画全集 02·西魏》,天津:天津人民美术出版社,2002 年。

［182］张元林《粟特人与莫高窟第 285 窟的营建——粟特人及其艺术对敦煌艺术的贡献》,载云冈石窟研究院编《2005 年云冈国际学术研讨会论文集·研究卷》,北京:文物出版社,2006 年。

［183］张元林《北朝——隋时期敦煌法华艺术研究》,2009 年兰州大学博士学位论文。

［184］张总《北朝半跏思惟像的形式及题材演变》,《美术史论》1995 年第 2 期。

［185］张焯《徐州高僧入主云冈石窟》,《文物世界》2004 年第 5 期。

［186］张景峰《敦煌莫高窟的影窟及影像——由新发现的第 476 窟谈起》,《敦煌学辑刊》2006 年第 3 期。

［187］张小舟《北方地区魏晋十六国墓葬的分区与分期》,《考古学报》1987 年第 1 期。

［188］张箭《北朝周齐寺僧数研究述评》,载中国魏晋南北朝史学会、大同平城北朝研究会编《北朝研究》(第六辑),北京:科学出版社,2008 年。

［189］张铭《麦积山石窟第 4 窟研究》,2017 年兰州大学博士学位论文。

［190］张善庆《涅槃经变、金光明经变抑或降魔成道图——甘肃马蹄寺石窟群千佛洞第 1 窟北朝壁画考(一)》,《敦煌学辑刊》2012 年第 4 期。

［191］张善庆《涅槃经变、金光明经变抑或降魔成道图——甘肃马蹄寺石窟群千佛洞第 1 窟北朝壁画考(二)》,《敦煌学辑刊》2013 年第 1 期。

［192］张善庆《佛教艺术语境中的启门图》,《敦煌学辑刊》2018 年第 3 期。

[193]赵立春《响堂山北齐塔形窟述论》,《敦煌研究》1993 年第 2 期。

[194]赵秀荣《北朝石窟中的神王像》,《敦煌学辑刊》1995 年第 1 期。

[195]周佩妮《佛教乐舞与须弥山石窟中的乐伎雕刻探述》,《宁夏社会科学》2014 年第 2 期。

[196]周方、卞向阳《莫高窟西魏第 288 窟男窟主装束及身份再探》,《敦煌学辑刊》2018 年第 1 期。

[197]赵超《覆斗式、穹窿顶墓室与覆斗形墓志——兼谈古代墓葬中"象天地"的思想》,《文物》1999 年第 5 期。

[198]赵青兰《莫高窟中心塔柱窟的分期研究》,载《敦煌研究文集·敦煌石窟考古篇》,兰州:甘肃民族出版社,2000 年。

四、国外论著

[1](美)阿布贤次《莫高窟第 254 窟的艺术和佛教实践活动》,《敦煌学国际研讨会文集》,沈阳:辽宁美术出版社,1995 年。

[2](美)E.潘洛夫斯基著、傅志强译《视觉艺术的含义》,沈阳:辽宁人民出版社,1987 年。

[3](美)方闻著,李维琨译《超越再现:8 世纪至 14 世纪中国书画》,杭州:浙江大学出版社,2011 年。

[4](美)方闻著,谈晟广编《中国艺术史九讲》,上海:上海书画出版社,2016 年。

[5](美)罗伊·C.克雷文著,王镛等译《印度艺术简史》,北京:中国人民大学出版社,2004 年。

[6](美)巫鸿《礼仪中的美术》,北京:生活·读书·新知三联书店,2016 年。

[7](美)巫鸿《黄泉下的美术》,北京:生活·读书·新知三联书店,2016 年。

［8］（美）巫鸿著，郑岩编《超越大限：巫鸿美术史文集卷二》，上海：上海人民出版社，2019 年。

［9］（美）方闻著，申云艳译《"汉唐奇迹"：如何将中国雕塑变成艺术史》，《美术研究》2007 年第 1 期。

［10］（日）川本芳昭著，余晓潮译《中华的崩溃与扩大（魏晋南北朝）》，桂林：广西师范大学出版社，2014 年。

［11］（日）宫治昭著，张萍、张清涛译《涅槃和弥勒的图像学——从印度到中亚》，北京：文物出版社，2009 年。

［12］（日）宫治昭著，贺小萍译《吐峪沟石窟壁画与禅观》，上海：上海古籍出版社，2009 年。

［13］（日）横超慧日《中国佛教的国家意识》，《中国佛教研究》，台北：台湾新文丰出版社，1958 年。

［14］（日）荒牧俊典编著《北朝隋唐中国佛教思想史》，京都：法藏馆，2000 年。

［15］（日）吉村怜著，卞立强译《天人诞生图研究——东亚佛教美术史论文集》，上海：上海古籍出版社，2009 年。

［16］（日）京都大学人文科学研究所、水野清一、长广敏雄、中国社会科学院考古研究所《云冈石窟第 2 卷》，北京：科学出版社，2016 年。

［17］（日）镰田茂雄著，郑彭年译、力生校《简明中国佛教史》，上海：上海译文出版社，1986 年。

［18］（日）栗田功编著《大美之佛像：犍陀罗美术》，东京：二玄社，1988 年。

［19］（日）塚本善隆《塚本善隆著作集第 1 卷·魏书释老志研究》，东京：大东出版社，1974 年。

［20］（意）魏正中《区段与组合——龟兹石窟寺院遗址的考古学探索》，上海：上海古籍出版社，2013 年。

[21]（日）石松日奈子《中国佛教造像的供养者像：佛教美术研究的新视点》，《中原文物》2009 年第 5 号。

[22]（日）山田胜久《关于敦煌之二佛并坐的渊源——走访已消失的城市》，《敦煌研究》2019 年第 2 期。

[23]（日）久野美树《二佛并坐像考》，《Museum》第 446 号，1988 年 5 月。

[24]（日）吉村怜《云冈石窟莲花化生の表现》，收录于同作者《中国仏教图像の研究》，东京：东方书店，1984 年。

[25]（韩国）朱秀浣《须弥山石窟的佛教美术交流史的意义》，载代学明主编《须弥山石窟研究》，银川：宁夏人民出版社，2016 年。

[26]（韩国）辛尚桓《丝绸之路的多样路线》，载代学明主编《须弥山石窟研究》，银川：宁夏人民出版社，2016 年。

[27]（韩国）赵胤宰《中国佛教石窟考古学与须弥山石窟》，载代学明主编《须弥山石窟研究》，银川：宁夏人民出版社，2016 年。

[28]（日）东山健吾《敦煌莫高窟北朝期尊像の图像的考察》，《东洋学术研究》第 24 卷第 1 期（1985 年 5 月）。

[29]（日）邓健吾《麦积山石窟的研究和有关初期石窟的二、三个问题》，载麦积山石窟艺术研究所编《中国石窟·天水麦积山》，北京：文物出版社、株式会社平凡社，1998 年。

[30]（日）内藤藤一郎《萝殿秘仏と中宫寺本尊》，《东洋美术》四、五、六、八号，1930 年、1931 年。

[31]（日）水野清一、长广敏雄《云冈图像学》，载京都大学人文科学研究所研究报告《云冈石窟》第 11、12 洞，1953 年。

[32]（日）松原三朗《中国佛教雕刻史研究》，东京：吉川弘文馆，1961 年。

[33]（日）山下将司《新出土史料所见北朝末至唐初间粟特人的存在形态》，《唐代史研究》2004 年第 7 号。

[34]（日）石松日奈子著，牛源译《中国佛教造像中的供养人像——佛

教美术史研究的新视点》,《中原文物》2009 年第 5 期。

[35](日)石松日奈子著,筱原典生译《龙门石窟和巩县石窟的汉服贵族供养人像——"主从形式供养人图像"的成立》,《石窟寺研究》2010 年第 00 期。

[36](日)石松日奈子、筱原典生、于春《敦煌莫高窟第 285 窟北壁供养人像和供养人题记》,《敦煌研究》2016 年第 1 期。

[37](日)田村圆澄《半跏思惟像の诸问题》,载田村圆澄、黄寿永编著《半跏思惟像の诸问题》,吉川弘文馆,昭和六十年。

[38](日)斋藤龙一著,于春译《"鄜县样式"造像的再检讨——关于陕西北朝佛道"平行多线纹"造像》,《文博》2017 年第 2 期。

[39](法)童丕《中国北方的粟特遗存——山西的葡萄种植业》,载《法国汉学》丛书编辑委员会编《粟特人在中国:历史、考古、语言的新探索》,北京:中华书局,2005 年。

[40]N.Sims-Williams, *The Sogdian Merchants in China and India*, Cina e Iran da Alessandro Magno alla Dinastia Tang, ed.A.Cadonna e L.Lanciotti, Firenze1996.

[41]Wu.N.I, *Chinese and Indian Architecture*: *the City of Man*, *the Mountain of God*, *and the Realm of the Immorta*, New York: George Braziller Inc., 1963, 16.

[42]Wu.N.I, *Chinese and Indian Architecture*: *the City of Man*, *the Mountain of God*, *and the Realm of the Immorta*, New York: George Braziller Inc., 1963, 16.

[43]A.Foucher, op.cit., Tome Ⅱ, pp.210-236; A.C.Soper, *Literary Evidence for Early Buddhist Art in China*, Ascona, 1959, pp.216-217; J.M.Rosendield, op.cit.

五、图像资料

[1]北京图书馆金石组编《北京图书馆藏中国历代石刻拓本汇编》,郑州:中州古籍出版社,1989—1991 年。

[2]北京大学考古系《中国石窟·库木吐喇石窟》,北京:文物出版社,1992 年。

[3]敦煌文物研究所编《中国石窟·敦煌莫高窟》(全 5 册),北京、东京:文物出版社、日本平凡社,1997 年。

[4]敦煌研究院编《敦煌石窟艺术》(全 22 册),南京:江苏美术出版社,1995 年。

[5]敦煌研究院编《敦煌石窟全集》(全 26 册),北京:商务印书馆,1999 年。

[6]敦煌研究院《敦煌莫高窟北区石窟》,北京:文物出版社,2004 年。

[7]段文杰等主编《中国敦煌壁画全集》,天津:天津人民美术出版社,1996 年。

[8]樊锦诗编《莫高窟壁画艺术》,兰州:甘肃人民出版社,1986 年。

[9]甘肃省博物馆编、俄军主编《甘肃省博物馆文物精品图集》,西安:三秦出版社,2006 年。

[10]甘肃北石窟寺文物保护研究所编著《庆阳北石窟寺内容总录》(上),北京:文物出版社,2013 年。

[11]河南省文物研究所编《中国石窟·巩县石窟寺》,北京:文物出版社,2012 年。

[12]金申《中国历代纪年佛像图典》,北京:文物出版社,1994 年。

[13]京都大学人文科学研究所著,中国社会科学院考古研究所编译《云冈石窟》,北京:科学出版社,2014 年。

[14]龙门文物保管所《中国石窟·龙门石窟》,北京:文物出版社,

2012 年。

[15]宁夏固原博物馆编《固原历史文物》,北京:科学出版社,2004 年。

[16]陕西省博物馆编《陕西省博物馆藏石刻选集》,北京:文物出版社,1957 年。

[17]陕西省考古研究院、陕西省铜川市药王山管理局编《陕西药王山碑刻艺术总集》,上海:上海辞书出版社,2014 年。

[18]陕西石窟内容总录编纂委员会编《陕西石窟内容总录·延安卷》,西安:陕西人民出版社,2017 年。

[19]曾布川宽《世界美术大全集·东洋编 3·三国·南北朝》,东京:日本小学馆,2000 年。

[20]西安碑林博物馆编《西安碑林博物馆》,西安:陕西人民出版社,2000 年。

[21]新疆维吾尔自治区文物管理委员会、拜城县克孜尔千佛洞文物保管所、北京大学考古系编《中国石窟·克孜尔石窟》,北京:文物出版社,1989 年。

[22]云冈石窟文物保管所编《中国石窟·云冈石窟》,北京:文物出版社,2016 年。

[23]银川美术馆编著《宁夏历代碑刻集》,银川:宁夏人民出版社,2007 年。

[24]张宝玺编著《甘肃佛教石刻造像》,兰州:甘肃人民美术出版社,2001 年。

[25]浙江大学、须弥山石窟文物管理所《须弥山圆光寺考古报告》,北京:文物出版社,2020 年。

图版目录

图版目录

第一章

图 1-1　须弥山前的石门关　笔者摄

图 1-2　开凿石窟的莲花状山脊　笔者摄

图 1-3　须弥松涛　来源于《宣统新修固原直隶州志》

图 1-4　须弥山石窟全景图　笔者摄

图 1-5　禅塔山石窟外景　来源于《宁夏原州区禅塔山石窟调查报告》

图 1-6　禅塔山石窟第 10 窟　来源于《宁夏原州区禅塔山石窟调查报告》

图 1-7　常湾摩崖造像　笔者摄于彭阳县博物馆

图 1-8　北魏建明二年造像碑　来源于《固原历史文物》

图 1-9　残彩绘石造像碑　笔者摄于泾川县博物馆

图 1-10　须弥山石窟第 7 窟平、剖面图　来源于《须弥山石窟内容总录》

图 1-11　须弥山石窟第 6 窟平、剖面图　来源于《须弥山石窟内容

总录》

　　图 1-12　须弥山石窟第 9 窟平、剖面图　来源于《须弥山石窟内容总录》

　　图 1-13　须弥山石窟第 111 窟平、剖面图　来源于《须弥山石窟内容总录》

　　图 1-14　须弥山石窟第 15 窟平、剖面图　来源于《须弥山石窟内容总录》

　　图 1-15　须弥山石窟第 8 窟平、剖面图　来源于《须弥山石窟内容总录》

　　图 1-16　须弥山石窟第 24 窟平、剖面图　来源于《须弥山石窟内容总录》

　　图 1-17　须弥山石窟第 32 窟平、剖面图　来源于《须弥山石窟内容总录》

　　图 1-18　须弥山石窟第 46 窟平、剖面图　来源于《须弥山石窟内容总录》

　　图 1-19　覆斗顶示意图　笔者绘

　　图 1-20　敦煌壁画中的"斗帐"　来源于《敦煌建筑研究》

　　图 1-21　西魏大统十三年(547 年)李贤妻吴辉墓志　笔者绘

　　图 1-22　北周天和四年(569 年)李贤墓志　笔者绘

　　图 1-23　北周建德四年(575 年)田弘墓志　笔者绘

　　图 1-24　须弥山石窟第 14 窟平面展开示意图　笔者绘

　　图 1-25　须弥山石窟第 24 窟平面展开示意图　笔者绘

　　图 1-26　须弥山石窟第 32 窟平面展开示意图　笔者绘

　　图 1-27　须弥山石窟第 45 窟平面展开示意图　笔者绘

　　图 1-28　须弥山石窟第 46 窟平面展开示意图　笔者绘

第二章

图 2-1 须弥山石窟区域分布示意图 来源于《须弥山石窟内容总录》

图 2-2 须弥山石窟洞窟位置分布图 来源于《须弥山石窟内容总录》

图 2-3 须弥山北朝石窟全景图 笔者绘

图 2-4 克孜尔石窟第 1—40 窟立面、联合平面图 来源于《区段与组合——龟兹石窟寺院遗址的考古学探索》

图 2-5 须弥山石窟第 2—4 窟崖面图 笔者摄绘

图 2-6 须弥山石窟第 6—15 窟崖面及联合平面图 笔者绘

图 2-7 须弥山石窟第 22—24 窟崖面及联合平面图 笔者绘

图 2-8 须弥山石窟第 16—20 窟崖面及联合平面图 笔者绘

图 2-9 须弥山石窟第 32—39 窟崖面及联合平面图 笔者绘

图 2-10 须弥山石窟第 42—49 窟崖面及联合平面图 笔者绘

图 2-11 响堂山石窟阁楼式塔形窟 来源于《响堂山北齐塔形窟述论》

图 2-12 须弥山石窟第 44—49 窟崖面图 笔者绘

图 2-13 须弥山石窟第 110、111、113、115 窟崖面及联合平面图 笔者绘

图 2-14 须弥山石窟第 113 窟内高僧影像 笔者摄

图 2-15 须弥山石窟第 115 窟内未完成石胚 笔者摄

图 2-16 须弥山石窟第 119—121 窟崖面及联合平面图 笔者绘

图 2-17 须弥山石窟第 119—121 窟崖面局部图 笔者摄

图 2-18 须弥山石窟第 16—20 窟联合平面图 笔者绘

图 2-19 克孜尔石窟第 181—191 窟连续平面图 来源于《龟兹佛教

文化论集》

图 2-20　须弥山石窟第 5 窟附窟　笔者摄

图 2-21　须弥山石窟第 5 窟附窟平面图　来源于《须弥山石窟内容总录》

第三章

图 3-1　须弥山石窟第 22、24 窟连续平面图及外景　笔者绘

图 3-2　须弥山石窟第 24 窟中心柱北、南、西、东向面线描图　笔者绘

图 3-3　犍陀罗雕刻　来源于《大美之佛像:犍陀罗美术》

图 3-4　犍陀罗雕刻　来源于《大美之佛像:犍陀罗美术》

图 3-5　犍陀罗窣堵坡　笔者摄于伦敦维多利亚博物馆

图 3-6　犍陀罗佛塔礼拜　来源于《犍陀罗美术》

图 3-7　酒泉出土曹天护石造像塔　笔者摄

图 3-8　敦煌出土北魏石造像塔　笔者摄

图 3-9　庄浪出土北魏造像塔　来源于《甘肃佛教石刻造像》

图 3-10　隆德出土四面造像塔　来源于《固原历史文物》

图 3-11　须弥山石窟第 14 窟中心柱　笔者摄

图 3-12　须弥山石窟第 24 窟中心柱　笔者摄

图 3-13　陕西安塞区云岩寺第 6 窟中心柱　来源于《陕西石窟内容总录·延安卷》(上)

图 3-14　巩县石窟第 1 窟中心柱东、南、北、西面线描图　来源于《中国石窟·巩县石窟寺》

图 3-15　印度阿旃陀石窟第 10 窟　魏文斌摄

图 3-16　须弥山石窟第 24 窟透视图　笔者绘

图 3-17　隆德县神林乡出土石造像塔　来源于《固原历史文物》

图 3-18　须弥山石窟第 14、15 窟平面及造像配置图　来源于《须弥

山石窟内容总录》

　　图 3-19　须弥山石窟第 14 窟中心柱北、东、南、西向面线描图　笔者绘

　　图 3-20　云冈石窟第 6 窟中心柱　来源于《中国石窟·云冈石窟》

　　图 3-21　王母宫石窟　笔者摄

　　图 3-22　须弥山石窟第 14 窟中心柱　笔者摄

　　图 3-23　炳灵寺石窟第 169 窟第 11 号壁画释迦多宝佛塔　来源于《甘肃佛教石刻造像》

　　图 3-24　云冈石窟第 5 窟南壁及东西壁佛龛分布图　来源于《云冈石窟》第 2 卷

　　图 3-25　马蹄寺千佛洞第 8 窟中心柱南面壁画示意图　来源于《河西北朝石窟》

　　图 3-26　彭阳县新集乡出土铜造像（正、背面）　来源于《固原历史文物》

　　图 3-27　镇原县博物馆藏铜造像（正、背面）　笔者摄

　　图 3-28　庆阳保全寺石窟第 3、4 窟立面图　来源于《甘肃合水保全寺石窟调查简报》

　　图 3-29　彭阳县新集乡出土建明二年石造像碑　来源于《固原历史文物》

　　图 3-30　泾川出土二佛并坐造像碑　笔者摄于泾川县博物馆

　　图 3-31　莫高窟第 259 窟西壁塔柱龛　来源于《敦煌石窟全集·法华经画卷》

　　图 3-32　莫高窟第 285 窟释迦、多宝二佛说法图　来源于《中国敦煌壁画全集》（二）

　　图 3-33 佛说法雕刻板　来源于《犍陀罗艺术》

　　图 3-34　吉尔吉特释迦、多宝二佛并坐的岩绘　来源于《犍陀罗：巴

基斯坦的佛教遗产传说·僧院·净土》

图 3-35　须弥山石窟第 32 窟侧面图　来源于《须弥山石窟内容总录》

图 3-36　须弥山石窟第 24 窟侧面图　来源于《须弥山石窟内容总录》

图 3-37　云冈石窟第 7、8 窟主室力士托塔　来源于《云冈石窟》(第四、五卷)

图 3-38　秦安权氏石造像塔　来源于《甘肃省博物馆文物精品图集》

图 3-39　云冈三期三壁三龛窟布局　来源于《中国石窟·云冈石窟》(二)

图 3-40　龙门、巩县石窟三壁三龛窟窟形及主像组合　来源于《中国石窟·云冈石窟》(二)

图 3-41　须弥山石窟第 18 窟平、剖面图　来源于《须弥山石窟内容总录》

图 3-42　须弥山石窟第 19 窟平、剖面图　来源于《须弥山石窟内容总录》

图 3-43　须弥山石窟第 20 窟平、剖面图　来源于《须弥山石窟内容总录》

图 3-44　须弥山石窟第 34 窟平、剖面图　来源于《须弥山石窟内容总录》

图 3-45　须弥山石窟第 35 窟平、剖面图　来源于《须弥山石窟内容总录》

图 3-46　须弥山石窟第 18、20 窟三佛示意图　笔者绘

图 3-47　须弥山石窟第 45 窟三佛示意图　笔者绘

图 3-48　须弥山石窟第 33 窟平、剖面图　来源于《须弥山石窟内容总录》

图 3-49　莫高窟北区第 113 窟平、剖面图　来源于《敦煌莫高窟北区石窟》(二)

图 3-50　文殊山后山第 88 窟平、立面图　来源于《酒泉地区早期石

窟分期试论》

图 3-51　吐峪沟石窟第 1 窟平面图与正壁　来源于《吐峪沟石窟壁画与禅观》

图 3-52　吐峪沟石窟第 42 窟平面图　来源于《吐峪沟石窟壁画与禅观》

图 3-53　纳西克石窟第 3 窟平面图　来源于《中印佛教石窟寺比较研究——以塔庙窟为中心》

图 3-54　阿旃陀石窟第 12 窟平面图　来源于《佛陀之光:印度与中亚佛教胜迹》

图 3-55　阿旃陀石窟第 9 窟平、剖面图　来源于《佛陀之光:印度与中亚佛教胜迹》

图 3-56　阿旃陀石窟第 10 窟平、剖面图　来源于《佛陀之光:印度与中亚佛教胜迹》

图 3-57　卡尔拉塔堂窟平、剖面图　来源于《佛陀之光:印度与中亚佛教胜迹》

图 3-58　杜尔贾莱纳石窟第 3 窟平、剖面图　来源于《中印佛教石窟寺比较研究——以塔庙窟为中心》

图 3-59　纳西克石窟第 18 窟平、剖面图　来源于《中印佛教石窟寺比较研究——以塔庙窟为中心》

图 3-60　珀贾石窟第 12 窟平、剖面图　来源于《中印佛教石窟寺比较研究——以塔庙窟为中心》

图 3-61　菲勒汉奈第 6 窟平、剖面图　来源于《中印佛教石窟寺比较研究——以塔庙窟为中心》

图 3-62　莫高窟第 285 窟平、剖面图　来源于《中国石窟·敦煌莫高窟》(二)

图 3-63　印度阿旃陀石窟第 12 窟中厅　魏文斌摄

图 3-64 须弥山石窟第 33 窟 笔者摄

图 3-65 须弥山石窟第 33 窟剖面图 来源于《须弥山石窟内容总录》

图 3-66 天梯山石窟第 18 窟剖面图 来源于《河西北朝石窟》

图 3-67 金塔寺东窟中心柱西面剖面图 来源于《河西北朝石窟》

图 3-68 须弥山石窟第 33 窟内景 笔者摄

图 3-69 须弥山石窟第 45 窟四壁与中心柱布局示意图 笔者绘

图 3-70 须弥山石窟第 46 窟四壁与中心柱布局示意图 笔者绘

图 3-71、72、73、74、75、76、77、78、79、80、81、82、83、84、85、86 须弥山石窟第 45、46 窟四壁与中心柱线描图 笔者绘

图 3-87 北魏交脚弥勒佛 来源于《长安佛韵：西安碑林佛教造像艺术》

图 3-88 须弥山石窟第 45 窟西壁倚坐菩萨装弥勒 笔者摄

图 3-89 须弥山石窟第 45 窟东壁倚坐佛装弥勒 笔者摄

图 3-90 须弥山石窟第 46 窟西壁交脚菩萨装弥勒 笔者摄

图 3-91 须弥山石窟第 46 窟东壁倚坐佛装弥勒 笔者摄

图 3-92 须弥山石窟第 45 窟透视图 笔者绘

图 3-93 须弥山石窟第 51 窟外观图 笔者摄

图 3-94 须弥山石窟第 51 窟平、剖面图 来源于《须弥山石窟内容总录》

图 3-95 须弥山石窟第 51 窟南窟门上方图像 笔者摄

图 3-96 树下观耕的悉达太子 来源于《涅槃和弥勒的图像学——从印度到中亚》

图 3-97 太子决意出家 来源于《大美之佛像：犍陀罗美术》

图 3-98 犍陀罗佛说法图 来源于《大美之佛像：犍陀罗美术》

图 3-99 犍陀罗佛说法图 来源于《大美之佛像：犍陀罗美术》

图 3-100 迦毕试兜率天上弥勒菩萨 来源于《涅槃和弥勒的图像

学——从印度到中亚》

图 3-101 云冈石窟第 26 窟西壁上层 来源于《中国石窟·云冈石窟》(二)

图 3-102a、b、c 克孜尔石窟第 38 窟窟门上方半跏思惟像 来源于《中国石窟·克孜尔石窟》(一)

图 3-103 武威北凉石塔展开图 来源于《北凉石塔研究》

图 3-104 3 世纪过去七佛与弥勒菩萨石浮雕 来源于《佛陀之光：印度与中亚佛教胜迹》

图 3-105 北石窟寺第 165 窟平面图 来源于《北石窟寺内容总录》(上)

图 3-106 南石窟寺第 1 窟平、剖面图 来源于《北石窟寺内容总录》(上)

图 3-107 须弥山石窟第 51 窟北门倚坐像 笔者摄

图 3-108 上博藏北周千佛造像碑 来自网络 http://blog.sina.com.cn/s/blog_4a4a45bc0102wi1u.html

图 3-109 毛明胜造像碑展开图 来源于《陕西药王山碑刻艺术总集第三卷·北周造像碑》

第四章

图 4-1 天龙山石窟第 2、3、16 窟平、剖面图 来源于《北朝晚期石窟寺研究》

图 4-2 瓦窑村中、西窟平、剖面图 来源于《北朝晚期石窟寺研究》

图 4-3 姑姑洞中、上窟平、剖面图 来源于《北朝晚期石窟寺研究》

图 4-4 麦积山石窟第 87、81、72、62 窟平、剖面图 来源于《北朝晚期石窟寺研究》

图 4-5 须弥山石窟第 18、19、35 窟平、剖面图 来源于《须弥山石窟内容总录》

图 4-6　克孜尔石窟第 16 窟平、剖面图　来源于《龟兹石窟与须弥山石窟中的穹窿顶窟》

图 4-7　库木吐拉石窟第 2 窟平、剖面图　来源于《龟兹石窟与须弥山石窟中的穹窿顶窟》

图 4-8　须弥山石窟第 17 窟平、剖面图　来源于《须弥山石窟内容总录》

图 4-9　须弥山石窟第 19 窟平、剖面图　来源于《须弥山石窟内容总录》

图 4-10　云冈石窟花绳纹、垂幔纹、璎珞纹,云冈垂铃纹、三角纹来源于《中国纹样全集》

图 4-11　须弥山石窟北周帐形佛龛　笔者绘

图 4-12　西安北草滩帐形佛龛　笔者绘

图 4-13　须弥山石窟北周帐形佛龛　笔者绘

图 4-14　西安北草滩帐形佛龛　笔者绘

图 4-15　夏侯纯陀造像碑铃铛　笔者摄

图 4-16　须弥山石窟北周铃铛　笔者摄

图 4-17　西安北草滩北周铃铛 来源于《长安佛韵:西安碑林佛教造像艺术》

图 4-18　须弥山石窟北周佛帐龛楣　笔者绘

图 4-19　西安北草滩北周佛帐龛楣　来源于《长安与麦积山石窟北周佛教造像比较研究——以西安北草滩出土的北周白石龛像为中心》

图 4-20　麦积山石窟第 136 窟平、剖面图　来源于《北朝晚期石窟寺研究》

图 4-21　须弥山石窟第 47 窟平、剖面图　来源于《须弥山石窟内容总录》

图 4-22　须弥山石窟第 36 窟平、剖面图　来源于《须弥山石窟内容

总录》

图 4-23a、b　云冈石窟第 5 窟中的佛传故事　笔者绘

图 4-24　须弥山石窟第 24 窟中的佛传故事　笔者绘

图 4-25　云冈石窟第 5 窟南壁下层西侧　来源于《中国石窟·云冈石窟》(一)

图 4-26　云冈第 35-1 窟西壁下层　来源于《中国石窟·云冈石窟》(二)

图 4-27　须弥山石窟第 46 窟窟门上方维摩文殊对坐线描图　笔者绘

图 4-28a、b　萨尔纳特狮子柱头　来源于《从缘起到广布：古印度佛教艺术》

图 4-29　曼库瓦尔笈多式佛陀造像　来源于《印度美术》

图 4-30　耆那教祖师造像　来源于《印度美术》

图 4-31　佛陀说法　来源于《从缘起到广布：古印度佛教艺术》

图 4-32　桑奇大塔狮子柱头　来源于《从缘起到广布：古印度佛教艺术》

图 4-33　桑奇大塔北门大象柱头　来源于《从缘起到广布：古印度佛教艺术》

图 4-34　桑奇大塔东门大象柱头　来源于《从缘起到广布：古印度佛教艺术》

图 4-35　云冈石窟第 5 窟南壁线描图　来源于《云冈石窟》(第二卷)

图 4-36　云冈石窟第 6 窟窟门西侧线描图　来源于《云冈石窟》(第三卷)

图 4-37　云冈石窟第 6 窟方柱上层九层塔线描图　来源于《云冈石窟》(第三卷)

图 4-38　王母宫石窟中心塔柱上层驮塔大象　笔者摄

图 4-39　王母宫石窟中心塔柱南向面线描图　来源于《泾川王母宫石窟造像思想探析》

图 4-40　王母宫石窟中心柱北向面线描图　来源于《甘肃泾川王母宫石窟调查报告》

图 4-41　王母宫石窟中心柱上层四角大象驮塔线描图　来源于《甘肃泾川王母宫石窟调查报告》

图 4-42a、b　须弥山石窟第 24 窟中心柱造像线描图　笔者绘

图 4-43　香坊石窟第 2 窟东壁菩萨线描图　笔者绘

图 4-44　楼底村 1 号窟中心柱北向面龛楣线描图　来源于《北石窟寺内容总录》

图 4-45　彭阳县出土菩萨石造像线描图　笔者绘

图 4-46　西安市未央区中查村 3 号立佛线描图　来源于《古都遗珍——长安城出土的北周佛教造像》

图 4-47　西安市未央区中查村 5 号立佛线描图　来源于《古都遗珍——长安城出土的北周佛教造像》

图 4-48　须弥山石窟第 45 窟东壁立佛线描图　笔者绘

图 4-49　西安市未央区中查村 8 号立佛线描图　来源于《古都遗珍——长安城出土的北周佛教造像》

图 4-50　西安市未央区中查村 10 号坐佛线描图　来源于《古都遗珍——长安城出土的北周佛教造像》

图 4-51　须弥山石窟第 45 窟中心柱南坐佛线描图　笔者绘

图 4-52　西安市未央区中查村 16 号菩萨线描图　来源于《古都遗珍——长安城出土的北周佛教造像》

图 4-53a、b　须弥山石窟第 46 窟中心柱南向面菩萨线描图　笔者绘

图 4-54　天梯山石窟第 1、4 窟平面及中心柱立面图　来源于《河西北朝石窟》

图 4-55　须弥山石窟第 24 窟平、剖面图　来源于《须弥山石窟内容总录》

图 4-56　须弥山石窟第 45 倚坐像线描图　笔者绘

图 4-57　须弥山石窟第 46 窟交脚像线描图　笔者绘

图 4-58　莫高窟第 442 窟倚坐像线描图　来源于《敦煌莫高窟北朝洞窟的分期》

图 4-59　莫高窟第 285 窟倚坐像线描图　来源于《敦煌莫高窟北朝洞窟的分期》

第五章

图 5-1　须弥山石窟第 45 窟供养人　笔者摄

图 5-2　须弥山石窟第 46 窟供养人　笔者摄

图 5-3　须弥山石窟第 45 窟四壁布局示意图　笔者绘

图 5-4　须弥山石窟第 46 窟中心柱布局示意图　笔者绘

图 5-5　须弥山石窟第 45 窟东壁下层供养人线描图　笔者绘

图 5-6　古呾密石雕《大神变》　来源于《敦煌艺术宗教与礼乐文明——敦煌心史散论》

图 5-7　云冈石窟第 11 窟南壁第 4 层东侧佛塔基座供养人　笔者摄

图 5-8　北石窟寺北朝供养人　笔者摄

图 5-9　须弥山石窟第 45 窟壁面下层供养人　笔者摄

图 5-10　须弥山石窟第 46 窟供养比丘、比丘尼　笔者摄

图 5-11　莫高窟第 428 窟供养比丘　来源于《中国敦煌壁画全集》

图 5-12　莫高窟北魏第 275 窟供养人头裹介帻　来源于《中国敦煌壁画全集》

图 5-13　莫高窟北周第 296 窟男子　来源于《中国敦煌壁画全集》

图 5-14a、b　须弥山石窟北周第 46 窟女供养人及线描图　笔者摄绘

图 5-15　固原北魏墓漆棺画人物线描图　来源于《世界美术大全集·东洋编 3·三国·南北朝》

图 5-16 庄浪紫荆山梁俗男造像塔供养人 来源于《甘肃佛教石刻造像》

图 5-17 李贤墓出土胡人陶俑 来源于《固原出土丝路文物线图艺术》

图 5-18 毛明胜造像碑碑阳供养人线描图 来源于《陕西药王山碑刻艺术总集》

图 5-19 马众庶造像碑碑阳供养人线描图 来源于《陕西药王山碑刻艺术总集》

图 5-20 陕西靖边统万城北朝壁画胡人礼佛图 来源于《胡汉合乐:北周礼佛石刻画艺术新样》

图 5-21 北周张石安敬造释迦牟尼碑线描图 来源于《胡汉合乐:北周礼佛石刻画艺术新样》

图 5-22 莫高窟第 290 窟中心塔柱东向面龛下供养人及药叉 来源于《敦煌石窟艺术·莫高窟第 290 窟》

图 5-23 莫高窟第 290 窟南壁下方东侧供养人及药叉 来源于《敦煌石窟艺术·莫高窟第 290 窟》

图 5-24 炳灵寺石窟第 169 窟 10 号维摩诘像 魏文斌摄

图 5-25 炳灵寺石窟第 169 窟左壁 113 号维摩诘像 魏文斌摄

图 5-26 云冈石窟第 6 窟南壁中层中部 来源于《中国石窟·云冈石窟》(一)

图 5-27 龙门石窟弥勒洞北二洞北壁佛龛 来源于《中国石窟·龙门石窟》

图 5-28 龙门石窟宾阳洞中洞前壁维摩诘线描图 来源于《传薪:中国古代家具研究》

图 5-29 麦积山石窟西魏第 127 窟左壁维摩诘像 来源于《中国敦煌壁画全集·麦积山炳灵寺》

图 5-30　须弥山石窟第 46 窟窟门上方维摩文殊对坐　笔者摄

图 5-31　须弥山石窟第 46 窟窟门上方维摩文殊对坐线描图　笔者绘

图 5-32　河北望都汉墓壁画中的榻　来源于《传薪：中国古代家具研究》

图 5-33　顾恺之《洛神赋》局部　来源于《中国美术全集》

图 5-34　战国彩绘书案　来源于《传薪：中国古代家具研究》

图 5-35　绥德大㧑梁汉墓石刻　来源于《传薪：中国古代家具研究》

图 5-36　徐州十里铺东汉画像石　来源于《传薪：中国古代家具研究》

图 5-37　清代禹之鼎《王原祁艺菊图》　来源于《释"床"说"榻"——中国古家具床、榻之辩》

图 5-38　须弥山石窟北周维摩诘像线描图　笔者绘

图 5-39　须弥山石窟第 46 窟释迦五尊像线描图　笔者绘

图 5-40　北周康业墓围屏正面左侧石板线描图　来源于《西安北周康业墓发掘简报》

图 5-41　须弥山石窟第 46 窟中心柱南向面碑座上方莲花线描图　笔者绘

图 5-42　须弥山石窟第 46 窟图像配置示意图　笔者绘

图 5-43　甘肃省博物馆藏石观音造像　魏文斌摄

图 5-44　甘肃省博物馆藏石观音造像线描图　笔者绘

图 5-45a、b、c、d　西安碑林博物馆藏夏侯纯陀造像碑　魏文斌摄

图 5-46　须弥山石窟第 24 窟佛像　笔者摄

图 5-47　须弥山石窟第 32 窟佛像　笔者摄

图 5-48　须弥山石窟第 45 窟中心柱北佛、菩萨像线描图　笔者绘

图 5-49　庆阳北石窟寺北周第 204 龛线描图　来源于《北石窟寺内容总录》

图 5-50　须弥山石窟第 46 窟交脚弥勒　笔者摄

图 5-51　须弥山石窟第 45 窟倚坐弥勒　笔者摄

图 5-52a、b　须弥山石窟第 51 窟佛像　笔者摄

图 5-53　北周青石佛立像　来源于《泾川佛教瑰宝》

图 5-54　天龙山石窟第 3 窟佛像线描图　来源于《北朝晚期石窟寺研究》

图 5-55　天龙山石窟第 1 窟佛像线描图　来源于《北朝晚期石窟寺研究》

图 5-56　瓦窑村东窟佛像线描图　来源于《北朝晚期石窟寺研究》

图 5-57　须弥山石窟第 46 窟狮神王线描图　笔者绘

图 5-58　巩县石窟第 4 窟狮神王线描图　来源于《北朝石窟神王雕刻述略》

图 5-59　南响堂山石窟第 7 窟南壁神王线描图　来源于《北朝石窟神王雕刻述略》

图 5-60　邯郸鼓山水浴寺西窟中心柱东面神王线描图　来源于《北朝石窟神王雕刻述略》

图 5-61　旃陀罗药叉女（公元前 2 世纪）　来源于《印度美术》

图 5-62　桑奇大塔东门药叉女（公元前 1 世纪）　来源于《印度美术》

图 5-63　狄大甘吉出土药叉女　来源于《印度美术》

图 5-64　须弥山石窟第 45 窟中心柱基座南向面伎乐线描图　笔者绘

图 5-65　须弥山石窟第 45 窟中心柱基座西向面伎乐线描图　笔者绘

图 5-66　须弥山石窟第 45 窟中心柱基座北向面伎乐线描图　笔者绘

图 5-67　须弥山石窟第 45 窟中心柱基座东向面伎乐线描图　笔者绘

图 5-68　须弥山石窟第 46 窟中心柱基座南向面伎乐线描图　笔者绘

图 5-69　须弥山石窟第 45 窟窟顶东披伎乐天线描图　笔者绘

图 5-70　须弥山石窟第 46 窟持莲蕾的伎乐　笔者摄绘

图 5-71　巩县石窟第 4 窟伎乐莲花手　笔者摄绘

图 5-72　须弥山石窟第 45 窟伎乐　笔者摄

图 5-73　彭阳新集墓吹角陶俑　来源于《固原历史文物》

图 5-74　莫高窟北凉第 275 窟吹角伎乐　来源于《中国敦煌壁画全集》

图 5-75　须弥山石窟第 45 窟伎乐　笔者摄

图 5-76　莫高窟第 249 窟南壁吹法螺的天宫伎乐　来源于《中国敦煌壁画全集》

图 5-77a、b、c　须弥山石窟第 45 窟南面、北面、东面击鼓伎乐　笔者摄

图 5-78a、b　李贤墓伎乐女工及其演奏的铜鼓　来源于《宁夏固原北周李贤墓发掘简报》

图 5-79　巩县石窟 4 窟鼓手　来源于《中国石窟·巩县石窟》

图 5-80　莫高窟第 220 北壁鼓手　来源于《中国敦煌壁画全集》

图 5-81　莫高窟第 112 窟南壁鼓手　来源于《中国敦煌壁画全集》

图 5-82a、b、c　须弥山石窟第 45 窟中心柱南、西、东向面击腰鼓伎乐　笔者摄

图 5-83a、b、c、b　须弥山石窟第 45 窟中心柱南、西、东向面,第 46 窟南向面吹竖笛伎乐　笔者摄

图 5-84　尺八线描图　来源于《日本古典全集》

图 5-85　王建墓吹筚篥的伎乐线描图　笔者绘

图 5-86a、b、c、b　须弥山石窟第 45 窟中心柱南、西、北、东向面吹横笛的伎乐　笔者摄

图 5-87a、b、c、b　须弥山石窟第 45 窟中心柱南、西、东向面,第 46 窟南向面吹笙的伎乐　笔者摄

图 5-88a、b、c　须弥山石窟第 45 窟中心柱南、西、东向面吹排箫的

伎乐　笔者摄

图 5-89a、b、c　须弥山石窟第 45 窟中心柱南、西、北向面弹箜篌的伎乐　笔者摄

图 5-90a、b　固原出土北魏绿釉乐舞扁壶　来源于《固原出土丝路文物线图艺术》

图 5-91　莫高窟第 285 窟西魏竖箜篌　来源于《中国敦煌壁画全集》

图 5-92　北周史君墓石椁上的箜篌　来源于《图像与装饰：北朝墓葬的生死表象》

图 5-93a、b、c、d　须弥山石窟第 45 窟中心柱南、西、北、东向面弹琵琶的伎乐　笔者摄

图 5-94　须弥山石窟第 46 窟中心柱南向面弹五弦琵琶的伎乐　笔者摄

图 5-95　须弥山石窟第 45 窟中心柱北向面鼓筝的伎乐　笔者摄

图 5-96　彭阳新集墓出土北魏古筝线描图　来源于《固原出土丝路文物线图艺术》

图 5-97　莫高窟北周第 299 窟鼓筝的伎乐　来源于《中国敦煌壁画全集》

图 5-98　巩县石窟第 1 窟东壁鼓筝的伎乐　来源于《中国石窟·巩县石窟》

图 5-99　须弥山石窟第 45 窟中心柱北向面吹长角的伎乐　笔者摄

图 5-100　进贤冠线描图　来源于《中国传统服饰文化》

图 5-101　须弥山石窟第 46 窟伎乐线描图　笔者绘

图 5-102　南响堂山石窟第 5 窟树神王线描图　来源于《北朝石窟神王雕刻述略》

图 5-103　巩县石窟第 3 窟河神王线描图　来源于《北朝石窟神王雕刻述略》

后　记

　　秋天的须弥山总会是这样的一种景致：植被并不密集，稀疏但有层次。赤色的丹霞山体混合着鲜黄的秋叶和常青的松柏，一曲红黄绿的交响，鲜亮迷人！层叠起伏的山脉在湛蓝空旷的蓝天里，被勾勒出了清晰柔美的轮廓。温馨恬静的阳光，凉爽怡人的秋风，装满了整个天地……七年前，也就是 2016 年的国庆节，我第一次来到了须弥山，领着三岁多的女儿，我们一家沿着时缓时急的台阶拾阶而上，带着向往走进她，感受雕凿在崖壁上的艺术，寻找曾经发生在这座山里的故事。因为有在兰大读博的机遇，所以就有了与须弥山的因缘。国庆节过后返校，在衡山堂二楼的考古与博物馆学工作室里，导师魏文斌教授让我们谈谈自己的论文选题，我列出了三个方向：敦煌美学、西夏美术和须弥山石窟，经过和老师的沟通，最后确定将须弥山北朝石窟作为我的研究对象。后来，我曾多次在这里驻足……这本书就是在我博士论文的基础上修改完成的。

　　石窟艺术不单纯是佛教仪轨的图像系统，也是知识世界、生活方式和文化传播的形象载体。那些雕像不是冰冷的"他者"，而是充满温度的文化印记。一千多年前，智慧的工匠们，用他们满腔的热情和灵巧的双手，在六盘山的崖壁上，雕绘出了那个时代的图景，给我们留下了如此珍贵的文化记忆，让我们去探究，去体味，去欣赏！

对于丰富的作品进行实地调查和考察，在其产生的环境中进行体验，我们会发现，历史的真相就藏在细枝末节中。须弥山峰陡壁俏，苍劲雄浑，曲径幽深，松柏桃李郁然，山前流水潺潺，山脉的造型俨然一朵盛开的莲花，加上"赤壁丹崖"作为底色，和雕凿在丹崖之上的窟龛，我们不禁会感叹，大自然给我们馈赠了那么美丽的风景，工匠们给我们创造出了那般神奇的作品！调研可以刺激我们的眼球，触动我们的感知，深化我们的思考。导师魏老师就非常重视田野考察和一手资料的价值，上博的第一学期就带领我们去考察，一路细心讲解，并且亲手指导绘图，他的敬业精神深深感动着我。尤其是 2017 年 4 月在固原和陇东地区以及 6 月在靖远和景泰地区的系统考察，老师带着我们翻山越岭考察洞窟，参观博物馆，让我收获了很多有价值的资料，它们是我博士论文得以开展的重要基础。后来，同门张敏、刘丹、张利明等师妹师弟们又不辞辛苦，从兰州开车远赴固原，爬上须弥山，帮我测量洞窟、拍摄照片、绘制图片，甚为感激……我们共同寻找着历史！

每次调研，我都有新的收获，都有不同的感触，发现了须弥山石窟的许多新东西。第 14 窟中心柱最上层的莲瓣造型，第 45 窟中心柱基座四角富有装饰味的大象，第 46 窟窟门上方立体味道浓厚的维摩文殊……它们，都是须弥山石窟中非常宝贵的艺术创造，点点滴滴，共同描画着须弥山的历史文脉，丰富着须弥山的历史文化厚度……看着斑驳的痕迹，一幅幅清晰的画面出现在眼前：我们仿佛看到，不管是风和日丽还是漫天风沙，在贯通中亚、西亚、西域和中原的丝路上，忙碌的商贾、僧侣和工匠们往返于其中。须弥山前的这条被称为石门关的通道，同样迎来送往着那些文明的使者。正因为不断的交往与交流，须弥山石窟的工匠们的智慧之花才得以绽放。

　　或许，我们用"心"去做研究，在这里的驻足、观望与深思，其实也是灵魂与灵魂之间的碰触，更多的是一种"此在在此"的哲学巡礼，看到了历史变迁，触摸到了岁月留痕，感悟着作为生命个体"在此"的自在！手拈一朵莲，胸怀整座山！

　　研读经典文献，是历史学、考古学以及艺术学研究的一个重要方法，它让我们"行事有依据，心智有涵养"。这就更需要我们要有足够的耐心和韧性，正如郑炳林老师对我们的教导："我们要学会坐'冷板凳'"！由于我前期的教育学术背景，影响到我的研究有时弱于对文献的研读和运用，总觉得缺少足够的深度。经过四年半博士的学习，我深切地感受到了这一方法对于研究的重要性，利用相关文献，可弥补诸多视觉图像研究的盲点，进行"图文互证"，感受与熟习不同风格的石窟艺术所隐含的文化讯息，更真实地接近历史"原境"真相，进而深化我们对历史物象的深层感知。

　　逝者如斯夫，不舍昼夜！从 2020 年 12 月博士毕业至今，已经整整三年了。读博四年多的拼搏，还有毕业后两年的修改，这本书终于能够付梓，它是我的生命中所遇恩师和亲友相助的结果。感谢兰州大学敦煌学研究所创造的宽广的学术平台，感谢郑炳林教授的教诲与鼓励，以及敦煌研究院和敦煌研究所所有老师的帮助！感谢我的导师魏文斌教授，老师总是指点迷津，耐心指导，一直激励着我克服各种困难，完成学业。感谢张铭、李甜、张丽娜、杨波、周晓萍、汪雪、陈月莹、闫丽和其他各位师兄弟姐妹们的无私帮助！感谢姬慧对论文的校对！感谢兰州大学敦煌学研究所 2016 级的同学们，与你们有缘相聚兰大，同窗四载，风雨同舟，值得珍存！感谢须弥山文管所的王玺所长和韩有成老师，他们为我的考察提供了很多便利。感谢宁夏大学的领导和同事。感谢我的家人，他们的默默支持与付出，让我时常感受到了生活中的爱与温暖。感谢所有给予我帮助的人！

　　"焚膏油以继晷，恒兀兀以穷年。"路漫漫，唯勤勉前行。经历了 1500 多年岁月洗礼的须弥山石窟傲然矗立着，还有诸多本源需要我继续去探

索。今后,我将不忘初心,常怀感恩,在须弥山石窟以及敦煌艺术研究的道
路上坚实地走下去。

2023 年金秋

王艳于塞上银川